U0533046

美国史话

还原一个真实立体的美国

枫落白衣 著

浙江人民出版社

图书在版编目（CIP）数据

美国史话：还原一个真实立体的美国 / 枫落白衣著.
杭州：浙江人民出版社，2024.7. — ISBN 978-7-213
-11527-1

Ⅰ．K712.09
中国国家版本馆CIP数据核字第202474HW06号

美国史话：还原一个真实立体的美国

枫落白衣　著

出版发行：浙江人民出版社(杭州市环城北路177号　邮编　310006)
　　　　市场部电话：(0571)85061682　85176516
责任编辑：朱碧澄　　　　　　　　营销编辑：张紫懿
责任校对：陈　春　姚建国　　　　责任印务：程　琳
封面设计：天津北极光设计工作室
电脑制版：杭州天一图文制作有限公司
印　　刷：浙江新华数码印务有限公司
开　　本：710毫米×1000毫米　1/16　　印　张：28.75
字　　数：458千字　　　　　　　　　　　插　页：8
版　　次：2024年7月第1版　　　　　　　印　次：2024年7月第1次印刷
书　　号：ISBN 978-7-213-11527-1
定　　价：118.00元

如发现印装质量问题，影响阅读，请与市场部联系调换。

1 位于佐治亚州新埃可塔的"眼泪之路"纪念碑,用以缅怀死于迁移途中的切罗基人
2 《"五月花"号在普利茅斯港》(威廉·哈尔索尔创作)

1 《华盛顿横渡特拉华河》（埃玛纽埃尔·洛伊茨创作）
2 《签署美利坚合众国宪法的情景》（霍华德·钱德勒·克里斯创作）
3 麦克亨利要塞战斗，弗朗西斯·斯科特·基为此写下的《星条旗之歌》，后成为美国国歌
4 美英双方签订《根特条约》

A VIEW of the BOMBARDMENT of Fort McHenry, near Baltimore, by the British fleet taken from the Observatory under the Command of Admirals Cochrane & Cockburn, on the morning of the 13th of Sept 1814 which lasted 24 hours & thrown from 1500 to 1800 shells in the Night attempted to land by forcing a passage up the ferry branch but were repulsed with great loss.

1	3
2	4

1 美军士兵在硫磺岛折钵山上竖起美国国旗
2 诺曼底登陆前的盟军合照
3 经济大萧条时期，纽约的美国联合银行出现挤兑
4 美国弗吉尼亚州阿灵顿的反越战示威中，一名女示威者向五角大楼站岗的军警献花

《揭幕自由女神像》（爱德华·莫兰创作）

序：
还原一个真实立体甚至不为人知的美国

掐指一算，我在北美已经住了20多年，从开始的无比向往，到迷茫，再到品尝各种酸甜苦辣，最后是现在的淡然，可以说，半辈子活出了别人两辈子的滋味。

北美这地方，人与人之间的距离，就像是上学时，我和我们班班花之间的距离，只限于在彼此的平行线上点头问个好，所以平时闲着的时间也比较多，幸好我有一个从小自带的爱好，可以消磨这些时光，那就是读书，尤其是读历史书。

这20多年里，我把这边图书馆的历史书几乎读了一个遍，互联网大普及之后，就改在网上读，读着读着，我就想自己写点儿历史方面的东西。

我对网上和书店里能找到的历史资料都不太满意——这里没有任何不敬的意思，不过他们大多或者支离破碎，前因后果交代得很不清楚，或者是极其枯燥无味的大块头著作，再或者就是根本无视历史事实，根据个人立场天马行空随意发挥的。

我就琢磨，如果说我不喜欢这三种讲历史的方式，那肯定也有和我一样的人，希望看到一种完整、清晰、客观，且读起来轻松的历史。

基于这个原因，我萌生了自己写美国通史的念头。

为什么要写美国通史，主要原因是我在北美生活了20多年，看得最多的历史书也是关于这个国家的。不过除了这个主要原因，还有很重要的两个原因促使我写美国史。

第一个原因，美国是一个有超强影响力的大国。古代的罗马帝国，中国的汉唐，也可以把自己的影响辐射到周边国家，但是限于当时的科学技术水平，他们最多是让欧洲或者亚洲晃荡一下，美国就不一样了。

那么，美国究竟是如何做到这一点的呢？归根结底，是大家都熟悉的那四个元素：强大无比的军事力量，作为全球货币的美元，远超其他国家的高科技，无与伦比的话语权。

如果我们真的去考察，你就会发现，美国拥有这"四大件"其实还不到100年时间，那为什么它能够在短时间内就拥有别人梦寐以求的"四大件"呢？

有人说是因为制度，有人说是地缘，有人说是运气，等等。

我个人的观点是，无论是什么，只有去做一件事才能告诉我们相对准确的答案，那就是看历史，"以古为鉴，可以知兴替"，只有静下心来，了解了这个国家的前因后果，才能把握住它的脉搏，明白它为什么是它，这就是我决心总结美国历史的第一个原因。

第二个原因是这些年来中美之间的摩擦，也可以说是竞争。

意大利学者克罗齐说过，一切历史都是当代史，换句话说，学习历史是预测未来走向的一个方法。那么，我们研究美国史，对这个"修昔底德陷阱"也许就是有意义的，它可能能让我们在一些事情的判断上，把握住先机。

还有一个小原因，也是我完成这部史话的动力，那就是当我和朋友们闲聊分享美国历史时，他们都觉得我讲的美国历史很有意思。有一位朋友这样总结，说这是一位理科学霸用逻辑和理性把美国历史讲成了一个个的段子。于是，我最终利用工作之余的时间，创作了这部我觉得很理性、很多朋友觉得很好看的美国史，希望大家能够喜欢。

有一点也许要事先说明，那就是针对历史大事件，我的讲述方式基本是先按照流行的，或者说正经史书里描写的讲述一番，然后对其中不合理之处进行质疑和答疑，最后亮出我的推断和分析。如果有多本权威书籍记录了不同的故事版本，我的原则一般是全都展现给听众，再表明我的观点。当然，这里面有一些观点很可能是颠覆性的，或者完全不同于你以前的认知，对于这些，欢迎您读后发表意见，我们一起探讨。

接下来，让我们一起走进美利坚合众国几百年的历史，感受其中的沧海桑田和风云变幻。我坚信当你读完这本书，你会对美国，乃至对世界有一个全新的认识。

目 录

 发现新大陆
　　　从理想到现实，清教徒移民前后的选择　　　001

寻找通往亚洲的香料之路　/ 003
从恩里克到麦哲伦，百舸争流大航海　/ 010
三大文明皆覆灭，文明战胜了野蛮？　/ 023
三角航线，谁是始作俑者？　/ 032
弗吉尼亚的烟草生意　/ 040
开往美洲的"五月花"号　/ 046
北美初兴十三州，为什么英国殖民者笑到了最后？　/ 055

二 自立门户
现实主义者的建国、立宪和扩张　　063

英王和北美铁公鸡的摩擦　/ 065
莱克星顿，谁打响了第一枪？　/ 079
《常识》《宣言》惊天下　/ 086
华盛顿制胜的战略和机遇　/ 094
建国之初，四大不美好　/ 100
1787年那个制宪的夏天　/ 107
首部成文宪法和它的修正案　/ 115
汉密尔顿为美国经济打下第一块基石　/ 121
两党之争和司法独立的形成　/ 128
神秘的1812年战争和美国第一银行　/ 136
门罗主义出炉，美洲成其后花园　/ 146
首位平民总统的荣耀和腐败　/ 152

三 当战争不可避免
南北战争前后的那些事儿　　161

"显然天命"和印第安人西迁　/ 163
鸦片战争打秋风，《望厦条约》美欺中　/ 171
南扩西进增疆土　/ 176
西部淘金神话下的难题　/ 184
林肯当选总统是因主张废奴吗？　/ 192
为什么是南方开了第一炮？　/ 198
北方制胜的两件法宝　/ 207

林肯之死、三K党和党争 / 215

千百华人枕木下 / 228

"镀金时代"的A面和B面 / 238

老罗斯福开启进步时代 / 252

妇女选举权和美联储的诞生 / 260

四 美利坚利益至上

一战、二战中的抉择　　265

美西开打，大帝国冉冉升起 / 267

从"柯立芝繁荣"到股市大崩盘 / 281

大萧条与小罗斯福新政 / 290

二战中的生意人 / 298

日本为何殴老美？ / 308

四巨头携手 / 315

诺曼底成神，"雅尔塔"分蛋糕 / 322

战后"铁幕"贯欧亚 / 341

世界权杖新主人 / 348

我有一个平等梦 / 364

五 帝国的现实主义

二战后美国的纵横捭阖　　373

"猪湾事件"和古巴导弹危机 / 375

北部湾谎言和越战泥潭 / 385

"特里芬难题" / 398

尼克松访华：实用主义的握手 / 403

中东乱局：人质危机和两伊战争　/412

演员总统的经济猛药　/419

对手远去，睥睨天下　/439

后　记　449

一

发现新大陆
从理想到现实,清教徒移民前后的选择

01
寻找通往亚洲的香料之路

美利坚的历史，要从中国古代的一本奇书——《金瓶梅》讲起。

听见这本书的名字，很多男人都会会心一笑，但我敢打赌，笑了的男人可能都没有看过这本书，或者只挑了其中一些章节看了，因为性描写不到全书百分之一的《金瓶梅》根本就不是一本"新婚夫妇指南"，而是一部最真实、最直白描绘明朝市井生活的经典。

我现在要讲的是美利坚合众国，为什么要提到《金瓶梅》？原因很简单，虽然《金瓶梅》的作者根本不知道未来世界会有一个美国，但他确实在这本书里描绘了一个现象，而这个现象所揭示的，恰恰是催生美利坚合众国诞生的一个重要因素。

我们先来看看作者兰陵笑笑生在《金瓶梅》里揭示了一个什么现象。

在这本书的第十六回，大美女李瓶儿死了丈夫，她想改嫁给大流氓西门庆为妾，就对西门庆说："奴这床后茶叶箱内，还藏三四十斤沉香、二百斤白蜡、两罐子水银、八十斤胡椒。你明日都搬出来，替我卖了银子，凑着你盖房子使。"

所谓的蛛丝马迹，就是这段话了，因为它透露了一个很重要的信息：那时候胡椒很贵，和沉香这种"高大上"的商品是一个等级的。家境豪富像李瓶儿这样的，也把它当作贵重物品来储存，卖掉80斤胡椒得到的钱，可以作为西门庆盖豪宅的部分资金。

如果我们顺着这条线索追下去，就会看到，推动人类近代历史发展，并演变出波澜壮阔一幕的，其实本质上正是"胡椒很贵"这四个字所代表的经济和地域现象。

而我们这本书的主角，有着"新罗马帝国"称号的美利坚合众国，也恰好是在这几粒小小胡椒推动之下，顺势创造出来的一个大国。

那么，胡椒是如何推动历史并且创造出美国的？

胡椒有多贵

我们先来看看"胡椒"到底是什么。

胡椒，还有大料、花椒、桂皮、肉蔻、茴香等等这些东西，在古代，有一个统称，叫作"香料"。

当今社会，你说你买不起猪肉，也许是真的，但你要是说你买不起一小把胡椒或者八角，那大家都知道你是在说笑。可是在中国古代，这些东西还真不是一般人能买得起的，那时候大部分香料都是进口货。胡椒胡椒，这个"胡"字就是"外国"的意思，你一听名字就知道这不是咱们中国农民伯伯种出来的。

古时候，几乎所有香料的原产地都是在东南亚，比如今天的马来西亚、印度、斯里兰卡等等。千里迢迢，甚至需要经过海运才能来到中国内陆的各种香料自然是要价很高。

不过，贵不贵这事儿也要看和谁比，比起15世纪的欧洲，香料在同时代的我国明朝那价格还算公允。在15世纪的欧洲，你可能会看到下面这种奇特的现象：一个农民用若干头牛换了一小袋黑乎乎的东西，然后在城里用这袋东西换了一所房子。这神奇的、黑乎乎的东西自然就是胡椒。

15世纪的欧洲，一粒胡椒在很多时候，可以当作同样体积的金子使用，在某些时候，甚至一粒胡椒可以换一枚金币，换句话说，它的价值远远超过了黄金，因为它可以换到体积和重量都比它大很多的金子。根据现有史料记载，当时东西方胡椒的差价，经常达到惊人的1万倍以上。这样的价格，只能用八个字形容：没有最贵，只有更贵。

所以，《金瓶梅》里李瓶儿私藏的那80斤胡椒，当时如果拿到欧洲，那她就是名副其实的富豪了，也就没有什么陪嫁不陪嫁的问题，反而要仔细掂量一下，像西门庆这样的货色，到底值几粒胡椒。

那么，为什么那时候这些东西在欧洲这么贵。

答案也很简单，不需要任何经济学家解释，只需要套用一句我们的古话，那就是"物以稀为贵"。

简单来说，就是两个原因：需求大，东西少。

胡椒需求有多大

先说需求大。

香料在欧洲的用途一向广泛，不过这里必须先破除一个谬论，那就是18世纪的一些学者认为的，中世纪的欧洲人之所以需要大量香料，是因为要用来做肉和鱼的防腐剂与除味剂。在他们看来，中世纪欧洲人过得太惨了，因为缺少食物，不得不吃一些变质了的鱼和肉，而香料能让这些东西腐烂得慢一点，即便腐烂了，也比较容易下咽。

我们很容易就能发现，这种说法在逻辑上有其不通之处——那些有能力使用香料的大富翁们，应该根本就不关心食物是不是变质。你想啊，香料是如此之贵，这些人只要花上买香料的一小部分钱就能买到新鲜的肉，为什么还要买昂贵的香料以维持价格低廉的鱼、肉的新鲜？这是一笔相当不划算的买卖。至于说那些连新鲜肉都消费不起的穷人，他们更消费不起香料。所以，为了肉类食品的保鲜而大量使用香料这种说法是靠不住的。

不过，中世纪欧洲大量消耗香料的第一个原因还是和吃有关。我们东方人在烹调肉食的时候，放胡椒或者花椒一般是几粒就足够了，而且除了焖、煮、炖，其他像煎、炒、炸等烹调方式还不一定要放香料。但如果你吃过西餐，并且还点过一道叫"黑椒牛柳"或者"胡椒牛排"的菜，你就会发现，他们会在烤好的牛肉上面浇一层厚厚的调味汁。当时欧洲出版的食谱，即便里面有几百种菜肴，大多数后面都有一句"撒上胡椒即可食用"，可以说，没有香料，这饭就没法吃了。

不仅如此，欧洲人之所以需要大量的香料，还因为，根据他们的习俗，香料有一些独特的用途。比如，自希腊和罗马时代开始，就有富人在亲人的葬礼上燃烧肉桂皮。据说，燃烧肉桂皮可以产生一种圣洁的香味，而这种香味可以让灵魂复活。罗马曾经有一个出名的暴君，叫尼禄，他坏事做尽，不过倒是一个很重感情的人，他在情妇波皮厄死去后，用一整堆桂皮为她举行火葬，烧了整整一夜。能够花这么大价钱来超度自己的情妇，尼禄对这位波皮厄绝对是真爱。

除此之外，那时候西欧人还没有良好的卫生习惯，很多人长期不洗澡，比如法国的"太阳王"路易十四，据御医记载，此人64年里只洗过一次澡；而资助过哥伦布的西班牙女王伊莎贝拉，最骄傲的事情就是一生洗了两次澡，一次是出生，一次是新婚的洞房之夜；还有很多神职人员，比如圣亚伯拉罕、圣西蒙等等，都坚持保持身体的原始状态，不愿意清洗。

后人根据那时候欧洲人尤其是西欧人的洗澡习惯，创造了一个词，叫"千年不洗澡的欧洲人"，虽然没有那么夸张，但很少洗，那是肯定的。

很多人可能好奇，为啥中世纪的西欧人不喜欢洗澡？这事儿的答案主要是两个。

第一个就是14世纪开始流行的黑死病让欧洲的那些庸医们怀疑澡堂

子是传播疾病的地点，进而宣扬水是罪魁祸首，没事别洗澡，洗澡易得病。

第二个原因就是那时候天主教教会的神职人员也跟着忽悠说，肮脏的、原汁原味的身体更容易接近上帝，大家一听，不洗澡能健康长寿，还能获得上帝的青睐，自然是能不洗就不洗。

除了不爱洗澡，当时欧洲人还习惯随地大小便，只要有需要，那都是随时随地解决，即使是贵族，也基本如此，这个习惯一直持续到19世纪。

我相信去过巴黎的人都参观过凡尔赛宫，但可能从来没有留意过一件事——那就是，这座宫殿的公共厕所设计得极其不合理。首先是很少，鼎盛时期的凡尔赛宫里住着几万人，可是根据一个名叫威廉·里奇·牛顿写的《大门背后》一书，公共厕所只有29个，结果就是哪里方便就在哪里"方便"，尤其是仆人，他们怎敢和国王贵族们抢厕所？即便那29个厕所也是既不能及时清理，清理技术也不过关，所以当时的凡尔赛宫经常臭味弥漫，有时国王不得不暂住到枫丹白露、马利宫等其他行宫，躲避那臭味。

总而言之，因为恶劣的卫生习惯，公共设施的严重缺乏，贵族们需要使用一些气味浓郁的香料以保持自己闻起来不那么吓人，当然就是可以理解的。

香料需求大的最后一个原因就是"比阔"。

如何能让别人知道自己有钱呢？最直接的办法就是购买、使用奢侈品。当时的欧洲人请客，只要是有点身份的贵族，必然大量使用香料，谁家使用的香料多，谁的身份就尊贵，就是别人眼里的"老大"。由此，中世纪的欧洲还催生了一句著名的俗语，叫"他没有胡椒"，这句俗语即表示对方是一个无足轻重的小人物。

欧洲的胡椒为什么那么少

说完了中世纪的欧洲人对香料的需求大,再说说为什么当时欧洲这玩意儿那么少。

中世纪欧洲和我们的明朝一样,不产香料,农民也没研究出怎么能种出这些"高大上"的东西,这就决定了他们必须从东南亚进口这种金贵的植物。

按道理说,进口就进口,陆路有闻名于世的丝绸之路,海路也有两条航道可以直达东南亚。问题是,11世纪后期,随着奥斯曼帝国的崛起,这三条路全部落入奥斯曼帝国手里,对于欧洲的商人来说,那就等于商道断绝了。

从那以后,亚洲商品到欧洲的交易基本是按照下面的流程走的:阿拉伯人从印度进口胡椒,运到埃及,在埃及批发给意大利人,然后由意大利人转运到威尼斯,在威尼斯批发给欧洲各地的转运商,这些人再转几次手,才能到达消费者手里。这一路下来,每一次转手的商人理所当然、天经地义地雁过拔毛,层层加价,处处盘剥,最后的价格如果不高,那才是见鬼了。

高昂的价格和欧洲市场上的大量需求,必然催生另一种职业,那就是没本钱的买卖了——强盗。商人们万里跋涉,本钱巨大,还要冒着被抢劫血本无归的风险,一旦流年不利,命还得搭上。这所有因素加起来,使得干这一行的商人越来越少。

香料商人们越来越少,他们的要求也越来越高,口头禅是:小本经营,概不赊欠。不仅不能赊欠,还要求必须用黄金这种硬通货结算。这一下更是让欧洲人叫苦连天,因为欧洲的黄金产量相当少,当时只有奥地利山脉才能开采出少量的金子,那么一点点黄金,根本就不足以支撑起整个欧洲商品的交易量。

就这样，15世纪初的欧洲，上至王公贵族，下到黎民百姓，因为几粒小小的胡椒，经常半夜睡不着觉，痛苦不堪。

那么，有没有解决这个问题的办法呢？

办法还是有的，而且大多数人都能想到，主要有两个办法。

一是打破奥斯曼帝国的封锁，让欧洲商人可以直接去亚洲进货。可是这个办法需要强大的武力和经济实力，若是打得过，早就打了，胡椒也不会成为一个问题。实际情况就是打不过，奥斯曼帝国不来打，欧洲人就已经烧高香了，所以，这个办法只能作罢。

第二个办法很简单，那就是再找一条路到亚洲去。能想到这个办法的人肯定也不少，但大多数最后都退缩了，因为这条路不仅要求能运送大量货物，而且必须安全。

安全就意味着要绕过奥斯曼帝国的势力范围，以那个时代一般人的地理知识，这也几乎不可能，当时的中东和北非都在人家的控制之下，你怎么绕？

不过，如果所有人都这么想，我们的故事就可以结束了，因为美利坚合众国可能就不存在了。可以这么说，在99.99%的欧洲人认为绕路是不可能的情况下，还有0.01%的人，相信这个办法应该是可以的，至少，可以试一试。

到了15世纪下半叶，终于有一些欧洲人开始行动了，这些不限于空想、挽起袖子干活的实干家才是推动历史进程的真正英雄。

他们当中，失败的也是大多数，可终于还是有人走到了最后，获得巨大的成功，他们书写了欧洲历史上，甚至人类历史上著名的大航海时代。

02 从恩里克到麦哲伦，百舸争流大航海

中世纪的欧洲人为了香料着急上火，一些航海家便决定在茫茫大洋上找到另一条通往香料原产地亚洲的路。但这种想法却有个前提条件——要有极高的航海技术。

西方航海技术不过关？

现在我们提到世界上的文明，经常会说西方人是海洋文明，这样一说，好像航海这事儿一直都是西方人擅长的项目，其实这种说法不是十分准确。

你要是说现代西方是靠海洋发家的，并且现在依旧保持航海优势，那是对的，时至今日，美国称霸世界的武力基础之一就是手里握着的超一流航母，但你要是说西方人在征服海洋的道路上一直都领先世界，那就是胡扯了。至少，15世纪之前，欧洲人航海技术相当差劲，他们一直都在地中海这个澡盆子里折腾，即便后来能稍微离开岸边远一点，当时也是远远比不上东方两大帝国的。

首先它肯定不如阿拉伯帝国，当时要是在海上能干翻阿拉伯人的船

队，欧洲人怎么可能憋憋屈屈、老老实实地待在欧洲？他们早就冲出地中海，到亚洲吃胡椒去了。

其次，那时候遥遥领先欧洲航海技术的，就是我们中国的大明王朝，明朝的大太监郑和从1405年开始，七次率领船队在太平洋和印度洋上航行，最远到达了非洲的东海岸，史称"郑和下西洋"。

但郑和的200多艘船只是明朝舰队的一小部分，在鼎盛时期的1420年，大明王朝拥有船舰3800艘，其中战船1350艘，大船400艘，超大船只，也就是所谓的"宝船"250艘，此外还拥有大量的警戒执法船和传令船。所以，客观地说，在人类探索大洋的道路上，中国在15世纪的时候，远远走在欧洲人前面，只不过，后来由于自身观念的局限性，主动从大洋上撤回到黄土地。

现在流行的观点是，因为太费钱，明朝才不再继续进行航海活动，舰队太多，实在是养不起了，只能逐渐解散了事。但这个观点是值得商榷的，我的《细说五千年：写给普通人的中国史》中，对此有详细的讨论。不过大明王朝面对东南亚和印度洋里的那些岛国一向以"天朝上国"自居，不仅没好意思抢人家，有时还予以接济，也是事实。

从这里可以看出，历史是很幽默的，欧洲人自夸是海洋文明，可那时候航海技术不如阿拉伯人和中国人。而中国人总是说自己会种地，什么萝卜、青菜、小麦都能种，叫农耕文明，其实那时候种地这活儿中国人也是不如同时代的印第安人，这个后面再说。

恩里克王子推动大航海时代

落后的欧洲人从15世纪下半叶开始，在航海技术上开始了疯狂的进步，拼命赶上并超过了上面两个"不思进取"的帝国，最终称霸了世界，并在随后的地理大发现中获得了巨大的财富。这个过程在西方有一个专有名词，叫"大航海时代"，我们这里就先来介绍一下推动这个过程的几位欧洲人。

如果你去过中国的澳门，你可能知道，澳门有一条街，叫"殷皇子大马路"，这条马路主要是为了纪念一个人，更具体地说，是一个真正的、如假包换的王子。

亨利·恩里克，生于1394年，葡萄牙王子。不过，这个王子不太可能继承王位，因为他排行老三，当时欧洲实行的是长子继承制，他这个老三自然是很难继承王位，不过他可能也不在乎，因为他还有一个兼职，那就是葡萄牙基督军事骑士团的首领。

因为这个兼职，恩里克王子很有钱，而且这钱还不是葡萄牙王室的，是他自己的，换句话说，他不仅仅是"富二代"，还是"富一代"。

一般来说，这种人很有可能架鹰逗狗，骄奢淫逸，要不然就是争权夺利，但这些恶习恩里克王子一个都没有，终其一生，他好像只有一个兴趣，那就是航海。

前面说过，中世纪欧洲的航海技术不过关，除了造船的硬件技术外，后勤保障、生活条件也不过关，航海这事儿在当时一点儿也不浪漫，所有的海船都很小很小，卫生条件很差。

据史料记载，那时候海员出海之后的死亡率高达50%，出海之前，要拉着好朋友的手先哭一场。50%的死亡率，不是你就是我，反正有一个是回不来了，要是你死了，那就啥也不说了；要是我死了，你可千万替我照顾我家里的人等等，如此这般交代一下。

在这种情况下，别说贵族，就是生活正常一点的人都很难有兴趣去航海，在当时的欧洲，成为海员的常常是无业游民、小偷、罪犯等人——请注意，这一点对于后来有些事情的发展很重要，至于是什么事情，这里先卖一个关子，后面会提到。

恩里克王子就是在这样的背景下开始了他的事业，主要来说，他的目标是海船的改进，更大、更安全、更卫生。因为他有钱，他就按照这些标准，装备了几支远航探险队。

更重要的是，他还创建了一所航海学校，把一些同样不想平庸活着的人聚在一起，彼此交流航海、天文、地理等知识。这是人类第一次创建正规的航海学校，这所学校也是欧洲中世纪最重要的一个天文观测站，从此以后，欧洲的航海知识才呈现爆发式的传播。仅仅在这一点上，这位王子对航海业的贡献就可以被称作伟大了。

随后，在他的带领下，葡萄牙人开始了海上的大冒险，有了下面的成就：

1418年，札科发现马德拉群岛。

1431年，札科又到了亚速尔群岛。

1434年，吉尔越过博哈多尔角，进入传说中的"魔鬼之海"。

1445年，迪亚士出场，到达塞内加尔河，发现佛得角；同年，同为葡萄牙人的费尔南迪斯发现了冈比亚河。

总之，在恩里克王子的带领和感召之下，小小的葡萄牙王国几乎探索了整个非洲的西海岸。

那么，开发非洲西海岸的航线又有什么意义呢？

我们别忘了，刚刚提过的明朝大太监郑和，他是在1421年左右，从亚洲到达了非洲的东海岸。

现在只要沿着恩里克在西边探索的区域，绕过非洲南边，就会发现东边郑和走过的航路，从而开发出一条前所未有的、从欧洲绕过非洲直达亚洲的新航路。

这其实是一道已经解开了90%，只剩最后一点点，并且得分极高的作业题，谁找到答案，那就算大功告成。最终，下面这位同学给出了圆满的答案。

达·伽玛发现新航线

瓦斯科·达·伽玛，生于1469年，葡萄牙人，航海家。

1497年7月8日，在恩里克王子航海学校的航海家们的仔细计算之下，葡萄牙王国决定派遣远航舰队，绕过非洲最南端，探索去亚洲的道路。达·伽马就是那个被葡萄牙国王挑中的幸运儿。

达·伽玛受国家的派遣，率船从里斯本出发，经加那利群岛，绕过非洲最南端的好望角，经莫桑比克等地，航行了大概10个月之后，于1498年5月20日到达东方的印度。

这一年的秋天，他离开印度，于1499年9月9日回到里斯本。

在人类历史上，这是一次很伟大的远航，一条崭新的、欧洲通往亚洲的航线终于被开通了。对于葡萄牙这个小国来说，那意义太大了，用史学家的话来说，"从此欧洲没有人不相信葡萄牙将成为一个富强的国家"。

事实也确实如此，葡萄牙从此一跃成为世界超级强国，强盛时期超过100年，不仅称霸欧洲，势力范围还覆盖了整个亚洲。清朝初年的时候，葡萄牙在中国人心中相当有名，甚至相当于现在美国的地位，只不过我们当时管它叫"佛郎机"。

那么，为什么仅仅发现一条航线，就能造就一个帝国呢？两个字：金钱。亚洲的香料，那就相当于金子，相当于源源不断、滚滚而来的财富。

有钱之后，可以买原料，可以造枪炮，可以开办学校，提升国民素质，同时招揽人才做科学研究，改造技术。国家一旦有了这些，想不强大都不行。

我们来看一下达·伽马当年是如何发财的。

他第一次去印度的时候，带了很多欧洲的商品，本来也有交换的意思，毕竟，欧洲人与东南亚人，几百年没什么来往了，人家到底是个什么经济和军事水平，那是完全不知道的。

很不幸，到了才知道，人家根本看不上他带去的那些破破烂烂的商品，当地人还嘲笑了他一番。他觉得很没面子，垂头丧气。不过，随后，他就惊喜地发现，东南亚的这些国家，每天歌舞升平，军事水平相当烂。

既然这样，那就啥也别说了，抢吧。最后的结果就是，他抢了大量的香料，还有一些宝石。不过，达·伽马等人回程的时候，厄运连连，三分之二的水手都死了，包括达·伽马的亲弟弟，这里是不是有上天的某种警示，那就不知道了。但就在最后只剩下两条船的情况下，他带回来的香料，还是让他赚得盆满钵满。

葡萄牙先是封锁了达·伽马带着香料回来这个消息，随后派出大批船只，在印度洋上抢夺和封锁航道，终于在1503年打败了阿拉伯海军，从此成为欧洲到印度洋的海上霸主。

麦哲伦首次环球旅行

还有一位大家比较熟悉的人物，斐迪南·麦哲伦，他生于1480年，同样是葡萄牙人，也是航海家，干过什么事呢？四个字：环球旅行。

实际上，这是不太准确的，这位麦哲伦先生的脾气大了一点，在菲律宾的时候，和当地人吵架，结果一不留神，被人家一斧子给砍死了。

船上的水手在他死后继续向西航行，回到欧洲。所以，确切的说法是，麦哲伦率领的船队在1519年到1521年完成了人类首次环球航行。

有一点要强调一下，公元1500年前后的这些地理大发现是西方和东方在世界领导权上的一个分水岭，就是从大航海时代开始，西方开始了他们在全世界掠夺、占领和殖民的过程，并逐渐取得了全球的领导权。

以葡萄牙人为代表的一些航海家，开启了欧洲人的大航海时代，他们沿着非洲西海岸，发现了绕过非洲到达亚洲的新航线。

其实，在同一时间，还有一些欧洲人在探索另一条可能的航线，那就是欧洲西边一望无际的大西洋。

他们认为，一直沿着大西洋向西走，一定也能到达亚洲，买到香料，进而实现胡椒炖肉自由，这些人的理论基础就是五个字：地球是圆的。

在这些人里面，以克里斯托弗·哥伦布最为出名。

哥伦布四处拉投资

图 1-1　哥伦布画像

哥伦布是当时欧洲的热那亚共和国人，这个"热那亚"在今天的意大利境内，所以，你可以说他是意大利人。

史书上说哥伦布从小就喜欢航海，我个人是支持这一说法的，他对于一切有关航海的东西都感兴趣，包括他后来费尽心力娶了一位船长的女儿。他还是早期地圆说的强烈支持者，在他的推断里，从欧洲出发，一路向西航行，一定可以到达遍地铺满黄金和香料的东方。

除了支持地球是圆的，哥伦布还对东方有一种强烈的向往和崇拜，这种情感来自一本书，书名叫《马可·波罗游记》。

它讲述的是一个名叫马可·波罗的威尼斯商人，在亚洲和非洲东海岸旅行的经历，主要记述了蒙古、中国、日本、印度，以及中东和中亚很多国家的地理和人文风貌。

其中的第二卷，对中国，也就是当时的元朝，进行了详细的描写，基本上都是夸奖和赞美。

14世纪初，这本游记开始在欧洲流行，被翻译成很多种语言。在它流行之前，很少欧洲人听说过中国；在它之后，中国就成了欧洲人眼里的天堂。这也是为什么这本书在今天的中国也很有名的原因，因为它替我们在外面扬名了。

不过也有很多现代学者怀疑这位马可·波罗先生从来没到过中国，他的很多描述只是道听途说而已，但不管你信不信，当年的哥伦布是信了，至少他坚信亚洲遍地财富，就等着自己去发现。

哥伦布收拾好包袱，走出家门，开始游说当时欧洲的各国君王。

具体的方式就是，跑到王宫里说：我们合伙吧，你出钱，我出力，找到中国和印度之后，赚到的钱大家都有份，如此云云。

除了他自己的国家热那亚（或者说意大利），他还去过葡萄牙、英国、法国、荷兰和西班牙，几乎跑遍了当时的欧洲强国。

葡、英、法、荷四国对他的回答非常简单明了，两个字：再见。这里面主要有两个原因，第一是虽然哥伦布无比坚信地球是圆的这一说法，但当时还有很多欧洲人是不信的，他们认为如果一直向西航行，船最后就会掉下去，至于掉到哪里，那就不一定了，反正人是不可能活着回来的，哥伦布掉不掉下去他们不关心，但是他们不能让自己的钱也跟着掉下去。第二个原因就是根据后来哥伦布和西班牙达成的协议来看，当时的要价有点儿高了。

不过葡萄牙拒绝他很可能还有第三个原因，那就是他们的恩里克王子相信科学，早就通过计算得到一个推论——他们正在探索的，后来被达·伽马证实的，绕过非洲到达亚洲的航线应该是最短的；而哥伦布的计算被他们认为是错误的，也就是往西航行，即便能到亚洲，那航程也是相当远，远到当时的航海物资不足以支撑到他们完成航行，所以，哥伦布的这种游说在他们那里是没有市场的。

总之，哥伦布四处游说了十几年，什么也没得到，就在他灰心丧气，琢磨着是不是回去和他的父亲一起经营那个破烂的小客栈时，命运女神终于注意到了这个野心勃勃的小伙子——西班牙女王伊莎贝拉最终接受了哥伦布的请求。

和西班牙的惊天协议

不过伊莎贝拉女王和她的丈夫斐迪南国王也没有钱，他们虽说住着大房子，穿着豪华的袍子，但那都是王室的面子，里面是空空如也——实际上这对夫妇当时连相当于1万美元的现金都拿不出来，最后还是找了一对叫平松的兄弟帮忙，才算凑齐了这笔路费。

1492年，哥伦布终于和西班牙王室签订了《圣塔菲协定》，斐迪南国王和伊莎贝拉女王答应哥伦布，如果他成功了，他将被授予"世界海军上将"头衔，并被指派为所有他发现并宣布为西班牙领地的地区的总督和统治者。对新土地上的任意一个部门，他都有权让王国从他提名的三人中指定一人任职，他还将可以永远从新土地的总收入中提成百分之十。另外，他还有权利购买和享受新土地上开展的任何商业冒险事业的八分之一的股份。

大家可以发挥自己的想象力：如果哥伦布活到今天，如果这份协议还有效，那么世界上最富、最有权势的人应该是谁？别的不说，每年美洲包括美国百分之十的收入归这位克里斯托弗·哥伦布是一个什么概念？用"惊人"这个词形容一点儿都不过分。

对于西班牙和哥伦布来说，这份协议也许体现了他们的契约精神，办事儿之前先签好合同，可是无论如何，我都要称呼这样的契约为"强盗协议"。因为这是一份准备对未知区域大抢一番的宣言书，无论那个地方是平静的世外桃源，还是寸草不生的蛮荒之地，这些统统不在他们的考虑之内，他们想要做的，就是跑过去，然后把对方的财富劫掠一空，如果可以抢两颗钻石，就尽量不要只带一颗回来。

就这样，1492年8月3日夜里，带着国王斐迪南写给中国皇帝和印度君主的国书，哥伦布的舰队从西班牙帕洛斯港出发了。

他的舰队由3艘帆船和90名船员组成，旗舰是一条大型的克拉克帆船——"圣玛利亚"号，以及两艘小型的卡拉维尔帆船——"平塔"号和"圣克拉拉"号。

如果你把这个规模和郑和的船队比一下，那只能用寒酸来形容。但现在的我们都知道，哥伦布的这次远航，在历史意义上，要远远超过郑和的那七次航行，因为他最终发现了一块新大陆。

总体来说，他的旅程还算顺利，虽然教科书中说是"千辛万苦"，但比起同时期的航海，他已经算是超级顺利了。

在1492年10月12日星期五凌晨，"平塔"号上一名叫胡安的水手第一个看到了陆地。

哥伦布的舰队在当地人称为"瓜那哈尼岛"的地方和一群棕色皮肤、浑身插满羽毛的土著会面了，这是历史性的一刻。从这时候开始，这块后来叫"美洲"的新大陆和欧亚旧大陆开始出现在彼此的视线里，并互相影响，一直到今天。

哥伦布大手一挥，将这个会面地点称为"圣萨尔瓦多"。然后再看看那些身上有各种花纹的土著，他做出了人类历史上最张冠李戴的事情，他叫道："嗨，你们，一定就是印度人吧？别瞒我，我可是见过大世面的。"

当然，没有一个人反驳他的话，因为谁也不知道他在说什么。从此，这片大陆上的土著就有了一个统一的名字"印第安人"，这四个字是西班牙语"印度人"的意思。

会面之后，虽然谁也不知道对方在说什么，但丝毫不妨碍哥伦布踌躇满志地继续驾着船，往南，往西，探索着大大小小的岛屿。我们现在知道了，他当时去过的地方是今天中美洲东边的几个小岛。

哥伦布最终也没有找到日本、印度或者中国，既没有遍地的金银，也没有那些传说中房檐上蹲满龙头的中国漂亮建筑。最后，由于种种原因，哥伦布只好在1493年3月，也就是登上新大陆6个月之后，带着强行挟持的一些印第安人和一些金饰品踏上了返回西班牙的路。

从出发的目的来说，哥伦布是彻底失败了，但这丝毫不妨碍他回到欧洲后，坚决声称自己就是到了遍地黄金的印度，并说只是可能对方今年歉收，所以当地人都穿得破破烂烂的，以后有时间再去，肯定能弄到香料回来。

对于哥伦布发现了印度这件事，西班牙皇室和老百姓将信将疑。

因为哥伦布带回来的金子和印第安人，怎么看都不像是从传说中的印度带回来的。但不管是不是印度，那里有一片陆地，陆地上有金子，这是千真万确的，于是乎，西班牙从此掀起了向西航行的热潮。

几个月后，在哥伦布的游说之下，西班牙王室委派他开始了第二次航行，这一次因为投资者增强了信心，哥伦布鸟枪换炮，带了17艘船只、1000多人，这也是他四次登上美洲之旅中规模最大的一次。就在这一次，他在今天古巴南面的多米尼加共和国境内，修建了一座城堡，取了一个名字叫"伊莎贝拉堡"，这是西班牙人，也是欧洲人在美洲的第一块殖民地。

接着哥伦布就开始驱使当地人到金矿从事奴隶劳动，最后还抓获了很多印第安人，志得意满地运回欧洲，贩卖为奴隶。无论是西班牙皇室还是哥伦布本人，那时候对彼此都还算满意。

到了1498年5月30日，他又开始了第三次航行，但这一次他登上中美洲之后就不想回欧洲了。想想也是，在美洲，他就是土皇帝，回到欧洲，别说地位，就是伊莎贝拉女王问他："你说的那个印度到底在哪儿？"他肯定也是无言以对，老脸通红，因为越来越多的事实证明，这块地方可能真的不是印度。

1498年，达·伽马发现了通往亚洲的最短航线，并且于1499年9月从货真价实的印度带了28吨香料回到了葡萄牙，举世轰动。随后，哥伦布和他的两个弟弟就以乱七八糟的罪名被强行押回西班牙。

西班牙王室终于确认了一点：哥伦布一直在忽悠他们，他到的地方绝对不是亚洲。而这时候的美洲，还没有发现大量的金矿和银矿，大片的种植园也没有出现，有的只是几个勉强可以作为奴隶的土著和偶尔出现的几个金首饰，哥伦布这个冒险家必须为他的谎言付出代价。虽然他进了监狱不久就被释放了，但他的财产和权力却永远也要不回来了。

事情到了这个地步，欧洲的航海家们和上流社会几乎都意识到了一件事：哥伦布这家伙嘴里的"印度"应该是我们欧洲人从来都不知道的另一片土地。

1506年，哥伦布在西班牙北部一个普通的旅店里去世。一年之后，他所发现的新大陆被正式命名了，那就是"阿美利加"，但这事儿居然和哥伦布一毛钱关系也没有，这是为什么呢？

美利坚最初的得名

为了解释这件事，我们要先介绍另一个人，亚美利哥·韦斯普奇，生于1454年3月，也是意大利人，家乡是佛罗伦萨。

1499年的时候，45岁的他和一些伙伴在跟随哥伦布的脚步对新大陆探索过之后，就断定，这不可能是亚洲，在这片新大陆和亚洲之间，必然还有一片广大的水域——今天我们大家都知道，他是对的，那就是太平洋。

这位亚美利哥是一个文化人，平时没事就愿意写点儿什么，就在他一边航行一边思考的空隙，他给他的家人写了一些信件。而他的家人又是商业意识很强的一群人，这些信件最后被整理成两个小册子，分别叫《新大陆》和《第四次航行》，一经出版，马上就在欧洲流行开来。

就在1507年，哥伦布登上新大陆15年，魂归天国1年之后，法国一个小镇的一所学院，院长瓦尔德希默勒决定出版一本世界地理的小册子。

问题是，西边那个不断有各种传说出现的新大陆怎么办？是不是要给一个正式的名字？如果给一个名字，叫什么？

有人就提议："谁对这片大陆的发现和开发贡献最大，就应该用谁的名字。"这当然是一个好主意，那么，这个人是谁？

历史，在这里展示了它的幽默和无所谓。

院长马上就想到了《新大陆》和《第四次航行》这两本小册子，这可是人家亚美利哥先生写的，我们是不是就用他的名字？或者用这个名字的拉丁文叫法"阿美利加",显得更加优美一些?没人有异议,不就是一个名字嘛!

于是,新大陆的名字正式登场,"阿美利加"这个名字马上流传开来,一直到今天。这就是"美洲"这个名字的最初版本,当然,也是美利坚合众国这个国家名称的最初版本。

03
三大文明皆覆灭，文明战胜了野蛮？

历史上有个争论，一直持续到今天：到底哥伦布是不是发现美洲大陆的第一人？

有很多种说法，有人说北欧的维京人莱夫早在公元1000年左右就到了美洲；也有人说，中国的郑和也到过美洲且比哥伦布早了70年。

其实，准确来说，最早到达美洲的，既不是哥伦布，也不是郑和，更不是什么莱夫，而是被哥伦布称为"印第安人"的原住民，包括玛雅人、印加人和阿兹特克人，只不过这些人现在基本都被消灭了，剩下的很少一部分在美洲大陆上的保留地里很佛系地活着，争不争这个"美洲发现者"的名头对他们来说早已没有意义。

你如果去过加拿大首都渥太华的文明博物馆，就会在原住民展厅里惊奇地发现一件事：这些原住民怎么和我们中国人长得这么像？

你得到这个结论一点也不稀奇，因为现代史学家比较一致的说法是，美洲原住民，也就是印第安人，应该是在距今天7万年到1.5万年之间，由亚洲的东北部跨过了白令海峡，到达美洲的。为什么他们和中国人长得像？因为同属蒙古人种。

那么，为什么那时候他们可以跨过白令海峡？是造船术先进吗？不是，因为那时候是地球上的最后一个冰河期，海面大概下降了130米到160米，水深只有几十米的白令海峡就露出了一座陆桥，把亚洲东北部和今天美国的阿拉斯加州连了起来，当时以打猎为生的亚洲东北部猎人很有可能就是尾随一些猎物的踪迹，穿过了白令海峡，来到了美洲，成为创造美洲远古文明的始祖。

这些亚洲人也不是在同一时期来到美洲的，不同部落到达美洲的时间不一样，在美洲大陆上迁徙的距离也不一样，最远的走到了南美洲，形成了印加文明；近一点的，在中美洲形成了玛雅文明和它的继承者阿兹特克文明——这三者即美洲早期的三大文明。当然，还有更晚的、走得更近的，就是今天生活在加拿大的因纽特人，不过他们不是我们讲述的重点。

三大文明的覆灭

美洲三大古文明中的玛雅文明应该是我们中国人最耳熟能详的一个，前些年一度流行的"2012世界末日"说法，究其根本原因，就是玛雅人惹的祸，也可以说是一个玩笑。原因是这样的，玛雅人的天文很发达，发达到什么程度呢？我们有时候听评书，听见说书人描写古代那些足智多谋的人，比如说刘伯温、诸葛亮等，都要加上一句，叫"前知五百年，后知五百年"，玛雅人比他们还牛，人家是后知上千年，一本历法，直接编到了公元2012年12月22日。

后来的人没事就瞎琢磨，他们为什么只编到这一天？那这一天肯定非常特殊。琢磨来琢磨去，就琢磨出一个"世界末日"的说法来，加上很多神汉、神婆的推波助澜，结果很多人就相信了。

据说，玛雅人在中美洲住了很长时间之后，在公元800年左右，也就是哥伦布登上美洲约700年前，一夜之间，突然就彻底消失了，扔下了大批未完工的宫殿、城市和建筑。

他们到底因为什么原因而消失，现在我们也不知道答案。

这确实是一件很神秘的事情，别说几百万的人口，就是一万人，突然搬走，也会留下一点痕迹，但玛雅人走得是那么决绝，一点线索也没给后世留下。

玛雅人消失之后的两三百年，从北边又来了一个衣衫褴褛的部落，他们就停留在玛雅人原来活动的中美洲，即今天的墨西哥，然后部分地继承了玛雅文化，这也是哥伦布和西班牙人来到美洲之后，接触并毁灭的第一个美洲文明，叫阿兹特克文明。

阿兹特克文明被摧毁的过程很魔幻，也很有戏剧性。在1519年，哥伦布登上新大陆的27年之后，西班牙有一支不到1000人的部队，来到了中美洲，他们的首领叫科尔特斯。

在他的率领之下，只用了不到5年的时间，这伙人就征服了阿兹特克帝国，攻占了首都特诺奇蒂特兰，并毁灭了整座城市。后来，在这片废墟上，他们又建立起一座新城，这就是今天的墨西哥城。

西班牙军队只有1000人，虽然今天对阿兹特克帝国当时的人口数量还有分歧，但根据托马斯·惠特摩尔计算机模型的分析，当时墨西哥谷地有150万人，整个帝国大概是1600万。我们这里少算一点，按1200万算，首都特诺奇蒂特兰人口大概是20万左右，是当时世界上最大的城市之一，"干净，整洁，充满秩序"这几个字是当时一个西班牙士兵在日记里给我们留下的记载。但结果却是，1000人的西班牙军队来了，1200万人的阿兹特克崩溃了。

美洲的最后一个原始文明——印加文明，在今天的南美洲。

1533年，西班牙人皮萨罗率领169名西班牙士兵，诱捕了这个拥有1000万人口的印加帝国国王阿塔瓦尔帕——其实说"诱捕"是不正确的，因为西班牙人是在几万名印加人眼皮子底下，直接抓住了他们高贵的国王。然后皮萨罗就和印加人进行谈判，如果印加人用黄金堆满一间长6.6米、宽5.5米、高2.7米的房间，就放了他们的国王。

想象一下，你家有一间36平方米的卧室，里面从地板一直到高达将近3米的天花板，都是黄澄澄的金子，那是什么感觉？

印加人答应了这个要求，但遗憾的是，西班牙人就像他们一直做的那样，根本没有遵守诺言，还是绞死了这位印加国王。

当然，西班牙人还是比较"仁慈"的，在绞死阿塔瓦尔帕之前，拿着《圣经》问他，你是否愿意皈依天主教？这位印加国王以为皈依了就算是与西班牙人一伙的了，会被释放，连连点头。可惜的是，西班牙的修士冷酷地点点头，说道："既然皈依了，就不用烧死你了。"随后，把他勒死了。

接着就是印加人的大崩溃，据说最后残余的还不想屈服的印加人全部逃进了深山，剩下的大部分做了西班牙的奴隶。

现在你知道了，在欧洲人到来之前，这片大陆上有三大文明，两个帝国，等到西班牙人来了，20年不到的时间，这一切都没有了。只剩下无数的奴隶和他们挖出来的一个又一个的矿坑。那么，为什么这些数量庞大的土著抵挡不了几个欧洲人？

你要知道，印第安人和西班牙人之间的人数对比是相当悬殊的，一个西班牙人要面对的是将近一万个土著，可是结局却是西班牙人胜利了，而且还是完胜，这样，我们就要来问一句"为什么"。

西班牙横扫美洲的利器

在我看来，印第安人的帝国之所以在很短的时间内覆灭，主要原因有三点。

第一点是装备。相对于印第安人，西班牙人身上有三件"极品装备"。第一件是火枪，毋庸置疑，这是印第安人闻所未闻的。不用真的击中，只要枪一响，印第安人转身就跑。

第二件是盔甲，当时的印第安人根本就没有铁器，西班牙士兵身上用铁片制成的盔甲，对于他们来说，就相当于铜墙铁壁，是他们那竹制弓箭和木棒完全无法攻破的防线。

第三件武器可能会让你大吃一惊，那就是战马。你要是说，不对啊，电影、电视里那些印第安人不是个个都骑在马上吗？战马怎么成了西班牙人的利器了？

这里必须纠正一个常识错误，那就是在哥伦布到达美洲之前，美洲的印第安人是没有马的，他们驯养的最大野生动物就是狗，驯化野马这种事，他们既没有那个能力，也没有那个需要。平时搬个家，走个亲戚，印第安人是既不骑马，也不拉车，就靠两条腿和一双手。不骑马是因为没有马，至于说不用车拉，是因为他们也没有发明轮子。

所以说，相比于西班牙人，印第安人就等于是全身赤裸，手里拎了一根牙签。

第二个原因是迷信。在印第安人古老的神话描述里，很多神都是从茫茫大海上走来，并且骑着奇形怪状的动物，手里拿着同样奇形怪状的武器。

这个描述和当时突然出现的西班牙人太像了，以至于很多印第安人完全把西班牙人当成了神，在思想上就放弃了抵抗。

印第安人完全打不过西班牙人的最后一个原因是疾病。欧洲人第一次看到成群的印第安人在他们面前打着寒战，浑身长满红色斑疹，最后口鼻流血而死的时候，一定是惊异非常，而且躲得远远的，害怕这种怪病传染到自己身上来，但后来他们就明白了，这是一种在欧洲曾流行过的传染病，叫"天花"。

相对于印第安人，老祖宗已经得过这种病的西班牙人对它有更强的抵抗能力，他们随之发现只要把欧洲的一些流行疾病，比如说腮腺炎、麻疹、霍乱等散播开来，印第安人就完全无法招架了。

可以这样说，这就是最早的生物武器，并且使用的时间还挺长，根据美国学者亨德里克·房龙的《美国往事》（*A short History of Discovery From* the Earliest Times to the Founding of Colonies in the American Continent），甚至到了1732年的时候，英国国王还给自己手下的将军阿默斯特写信说："给那帮印第安人送去一些天花患者用过的毯子，让他们传染上瘟疫，你要用一切可以使用的手段去根除那个令人讨厌的人种。"

其实说到底，这些从欧洲带到美洲的传染病，才是阿兹特克帝国的千万人口在短短几十年之内只剩下100万的根本原因。

印第安人里也不都是甘心跪倒在这些"神灵"面前的软骨头，在认识到这些外来人根本就是强盗之后，尽管由于上述三大原因而导致强弱对比悬殊，但还是有人进行了不屈的抵抗。

比如哈瓦部落的酋长阿图依，从1496年开始，一直奋战到1515年。在被俘之后，西班牙人一贯的把戏重演，满口仁义道德、自诩为上帝子民的教士拿着《圣经》劝他：皈依天主教吧，你就可以上天堂。这位阿图依酋长的回答，几百年以后仍然是掷地有声，他很骄傲地说："烧死我好了，有你们西班牙人的天堂，我不去！"类似阿图依这样的抵抗，断断续续地持续了300年。

成群结队劫掠忙

强盗当然不止西班牙人，跟随着他们的脚步，葡萄牙人在16世纪40年代，也就是1540年左右，也来到了南美洲。他们占据了今天巴西的位置，并骄傲地宣布，这里从此以后这就是葡萄牙的国土了——当然，原来这块土地上的居民是怎么想的，完全不在他们的考虑范围之内。

如果你看过美洲地图，就会明白，那时候西班牙人和葡萄牙人几乎占据了中美洲和南美洲的所有土地，因为西班牙和葡萄牙的语言都属于拉丁语系，所以后来人们习惯把这一大片土地称为"拉丁美洲"。一直到今天，拉丁美洲国家的官方语言还是以西班牙语和葡萄牙语为主，而那里的人民，有很大一部分是西班牙、葡萄牙、非洲人和当地土著的混血儿，现在统称为"拉丁美洲人民"。

欧洲的两颗"大门牙"在美洲发了大财，发了财的人都容易显摆，西班牙和葡萄牙在拉丁美洲获得的海量金银让他们在欧洲好一顿嘚瑟。

这样一来，欧洲其他国家的绅士们哪里还坐得住，他们是不会眼睁睁看着西班牙和葡萄牙在新大陆上横行抢掠的——这么好的事情，怎么能少了自己的份呢！

于是，100多年的时间里，法国人、荷兰人、丹麦人、英国人纷纷拥入美洲，就连你今天没听过的，一个叫库尔兰的欧洲小公国，也在美洲建立了自己的殖民地，一时之间，美洲大陆上鸡飞狗跳。

这些欧洲人不仅从印第安人那里横征暴敛，把大量非洲黑人变成自己的奴隶，而且对于一起来发财的欧洲同类，逮着机会也是要狠狠地咬上一口。即使是神圣的教皇大人拿着笔，在美洲地图上给大家画好边界，说，你们都是我的子民，在新大陆上要相亲相爱，共同发财，那也不好使，利益面前，该出手时就出手。

比如说，著名的西班牙珍宝船一度就是其他各国眼里最美味的肥肉，在本国政府的支持下，英国、法国和荷兰的海盗们都曾经大显身手，在中美洲加勒比海上神出鬼没，多次劫掠西班牙往本土运送黄金白银珠宝的船队。最后，没有5支以上的军舰护航，西班牙人再也不敢在大西洋上航行。这段历史，前些年被拍成了著名的系列影片，名字叫《加勒比海盗》。

可怜土著受摧残

对于印第安人来说，自己的阿兹特克和印加帝国崩溃了，侵略者越来越多了，他们悲惨的日子就这样降临了。

这件事就像哥伦布在他的日记中写的那样：这些人做奴隶一定是很不错的，给我50个人，我可以把他们全部征服，供我们随心所欲地使用。

哥伦布是这样写的，他本人也是这么做的，第二次远航回到欧洲时，他指着船上带回来的印第安奴隶，大声地呼喊："让我们以圣父、圣子、圣灵的名义，源源不断地把这些奴隶运到这里来吧。"这话是相当霸气，也相当残忍。

但有一点肯定是哥伦布没想到的，他的后继者们马上就发现，为什么要那么费事把这些奴隶运回欧洲？美洲才是这些奴隶们应该劳作的地方，他们驱使着成群的印第安奴隶替他们寻找金矿，并把他们圈在一起，命令他们日夜不停地从矿井里挖出金子和银子，如果达不到他们要求的数量，这些可怜的印第安人就要被砍去双手，然后在流血中凄惨地死去。

这里举一个典型的例子，说明当时印第安人的凄惨处境。

加勒比海附近有一个叫阿拉瓦克人的印第安种群，他们就是第一个与哥伦布接触的印第安部落，也是他们把哥伦布的船拖到了岸上。后来当欧洲人用鞭子驱赶他们去挖金子、干苦力的时候，这些人实在不堪忍受种种残酷的折磨，纷纷开始服食一种有毒的木薯，成部落地大规模自杀。

更加令人不忍叙述的是，部落里的母亲们联合起来，互相交换着杀死刚出生的婴儿，所有这一切，就是为了让自己，还有子孙们逃过西班牙人的奴役。

结果不到两年，这个最初25万人左右的种族锐减到12万人，并最终在1650年，也就是哥伦布登上新大陆的150多年后，彻底灭绝，这个最初跳进大海欢迎欧洲人的族群，就此在人类的名单上永远消失了。

文明战胜野蛮？

现在我们就要问一句，是印第安人不够文明吗？教科书里面不是说，文明最终战胜了野蛮吗？

对于这个问题，我只能这样回答，持这种说法的人，要么是对历史不是很了解，要么就是睁着眼睛说瞎话。所谓的"文明战胜野蛮"，不过是胜利者的一种自吹自擂而已，他们不仅仅想从战场上打败对方，而且还要给自己一个"文明"的称号。

当蒙古铁骑横扫欧亚大陆的时候，伊斯兰的圆月弯刀劈开君士坦丁堡大门的时候，什么文明、理性，统统靠边站。再如大宋王朝多方面强过蒙古，但武力不足以自保，最终仍挡不住蒙古铁骑。综观历史，不过如此，印第安人，也是如此。

我们来回顾一下，玛雅人有高度发达的天文历法知识，阿兹特克人把20万人的首都管理得井井有条，不说别的，就是干净程度也比16世纪欧洲那臭气熏天的巴黎强得多，何况印加人还有高度发达的灌溉系统和傲视当时所有大陆的农耕技术。

卡萨斯的《印第安人史》，加利·纳什的《红色，白色和黑色：早期美国的民族》，还有霍华德·津恩的《美国人民的历史》这些历史书籍，证明了大多数印第安人是温文和善、爱好和平的。近代学者约翰·克里尔甚至曾经在一个遥远的印第安人部落生活了一段时间，他的描述是："如果我们也能过上那样的生活，那世界就是一个永不会枯竭的世外桃源，将会出现一个永恒持久的太平盛世。"

这些，难道都不是文明的表现？

他们之所以在16世纪一夜之间被摧毁，被奴役，只是因为他们当时在武力上确实还是"幼儿园"水平。

落后所以挨打，就是这么简单。

04 三角航线，谁是始作俑者？

当然，杀戮不是终极目的，它只是欧洲人让印第安人老老实实干活的手段。欧洲人的目的是让他们在肥沃的土地上种植，下到矿井里面去挖矿，获得金银。很不幸的是，印第安人很快就被证明不适合干这种活，在一段时间超过极限的劳作之后，他们往往成群地死亡，他们最适合的劳动是在亚马逊森林里猎取野生动物，但这事儿，白人老爷们自然不会让他们干。

这种情形让欧洲的老爷们心急如焚：我们有要多少有多少的金银矿井，我们还有大量肥沃的土地，但是，如果印第安人都死了，谁来给我们干活？

这时候，一个叫巴托洛梅的欧洲人提出了建议。他对占领了美洲的欧洲人说，我们不要再使用印第安人了，干这些活儿，那些在热带把身体锻炼得像野牛一样的非洲黑人应该是最好的选择。

这位巴托洛梅的父亲曾经和哥伦布一起登上新大陆，所以他也算是从小就见多识广之人，而且我相信他这个建议可能也不带有任何主观上的恶意。但他不知道的是，他这句建议，在后来几百年里，带给非洲人无穷无尽的灾难，因为随着这个建议诞生的，就是人类历史上最臭名昭著的航线——持续了将近400年的"三角航线"。

为了说明这条航线，我们来模拟一下，假如我是16世纪的一个英国商人，我准备去新发现的美洲做一趟生意，要怎么做呢？

我要先在船上装满朗姆酒、枪支和布匹，然后，我不会向西航行直接去美洲，我会向南，一直到达非洲的几内亚湾附近，随便找一个海岸，用我船上的这些货物找当地人换东西。

不过我要换的这样东西是活的，是一个个用绳子串好的、体格健壮的黑奴，能换多少就换多少，也许我的船只能装400个这样的黑奴。但是装1000个我也无所谓，要是路上因为缺氧或者疾病死了几个，那就扔到海里好了，因为只要活下来100个，我就稳赚不赔。

随后我带着这船黑奴从非洲一路向西，到达美洲某个海岸，比如说海地，用这船奴隶，换回金子、银子等贵金属，还有蔗糖、烟草、玉米等这些美洲特有的原材料。而这些东西，是我要运回英国的，大英帝国蓬勃的工业发展对于这些东西的需求是无穷无尽的。

之所以把上面这一条商业航线称作"三角航线"，就是因为船队从欧洲出发，先向南，再向西，最后再回到欧洲本土，恰好是一个三角形。

1972年，历史学家艾弗瑞·克罗斯比出版了一本书，名字叫《哥伦布交换》。在这本书里，他描述了哥伦布发现美洲之后，地球上各大洲之间的频繁商品交换，导致了生态的巨大转变，比如说土豆、玉米、番茄、木薯，这四样现在世界产量很大的农作物，就是印第安人培育出来，通过所谓的"哥伦布交换"从美洲流入包括中国在内的其他各国的。

虽然在这本书里，他没有提及黑奴，但我觉得要是从利润上来看，非洲黑人，这种不是商品的"商品"，可能比"哥伦布交换"中所有商品的利润都要高，对于欧洲人来说，他们才是这种交换当中最关键、最有价值的一个品类。

我这样说是有根据的，因为第一个想出了这个"天才商业点子"的人所赚取的利润，甚至连英国女王都为之心动。

约翰·霍金斯炮制"三角航线"

"三角航线"公认的创始者名叫约翰·霍金斯,他是一位将军。实际上,此人有一连串的头衔,分别是"大英帝国海军的将军""欧洲航海家""海盗大头目"和"奴隶贩子"。

令人惊异的是,每一个头衔他都当之无愧,并在那个领域有"超出常人"的表现。作为大英帝国的海军军官,他是英国打败西班牙无敌舰队的重要人物;作为航海家,他亲自领航,探索出了这个存在达400年之久的三角航线;作为海盗,更是驾轻就熟,他是威风凛凛的加勒比海盗的大头目,带着英国船队多次抢劫西班牙的珍宝船;作为奴隶贩子,那就不用多说了,他是发起人。

这家伙在1562年10月率领一支船队从英国出海,开始了他的第一次奴隶贸易航行。船队由三艘船组成,其中最大的"萨洛蒙"号为120吨。

为了便于在新海域航行,霍金斯在加那利群岛带上了一名西班牙人担任领航员,然后驶向几内亚海岸,在那里,他很容易地捕获了300名黑人。带着这些"活货物",他们穿过大西洋,前往美洲大陆的西印度群岛,在小西班牙岛他们将奴隶卖给美洲的西班牙殖民者,换取了大量当地的兽皮、生姜、糖和金银珠宝。

一年之后,1563年9月,他们满载而归。书上说,他一举成为当地最富有的人,于是耀武扬威,于是趾高气扬,于是花天酒地,于是,就被英国女王知道了。

当时的英国女王是伊丽莎白一世,她把霍金斯叫到了皇宫里,相当严厉地教训他,认为他这样做是不道德的,一个出身贵族的大英帝国将军,怎么能够做贩卖人口这种丧尽天良的事?这是对贵族头衔的侮辱,也是对英国的侮辱,更是对神灵和生命的亵渎!……她如此这般教训了霍金斯一顿。

霍金斯也不慌，只是镇静地听女王训话，等她讲完了，他就慢慢悠悠地讲了一个数字——这次航行的利润，然后女王就闭嘴了。一年后，女王把自己的一艘船交给他，算作她私人入股。

道德，在有些时候，对有些人来说，不过是一件有价格的商品。

在霍金斯之后，从16世纪到19世纪末期，像这样的贸易船队几乎每一天都在大西洋上航行着。

为此，非洲付出了将近1亿人口的精壮劳动力，而最后运到美洲的奴隶大概只有不到2000万人，其余的，都在内部抓捕和海洋运输中死亡。

今天美国国土上大概13%的人口是黑人，这几千万人口当中的大多数都是这些奴隶的后裔，为了"平等"两个字，这些人奋斗了将近400年，才算是获得了法律意义上的平等。但要说种族之间的融合，那真的是遥遥无期，"三角航线"所带来的创伤和撕裂，远远不是几百年能够愈合的。

所以，当我们今天讴歌欧洲工业革命的伟大时，当我们赞美欧洲美轮美奂的建筑时，当我们羡慕欧洲人悠闲地喝着下午茶时，我们应该想一想那些悲惨的印第安人，还有那些死在种植园或者沉入大西洋底的非洲黑奴。

当年轰轰烈烈的英国工业革命中的每一颗螺丝，都融着他们的血和泪——我们要知道，当托马斯·杰斐逊慷慨激昂地在《独立宣言》上写下"人人生而平等"的时候，他的"人人"可不包括自己家里的黑奴和庄园里的印第安人。

除了人之外，还有财富。现在已经无法统计究竟有多少美洲财富被欧洲人带走了，保守估计，仅仅西班牙一个国家，在对拉丁美洲300年的殖民期间，就劫掠了250万公斤的黄金和1亿公斤的白银，而从烟草和蔗糖等种植园中牟得的利益，更是达到掠夺的黄金、白银的10倍以上。

你要是问，这些金银都去了哪里？那当然是堆起了欧洲皇室穷奢极欲的生活，也就是今天有些人异常羡慕的贵族生活，它也直接促成了欧洲的价格革命，导致欧洲商品价格飞涨。

更有意思的是，这些财富中的很大一部分还流入了中国。据研究，欧洲将十几万吨南美洲白银转手给中国，主要是为了购买中国的茶叶、丝绸和瓷器。本来吧，银子在中国一直不是主要货币，因为来自南美洲的白银太多了，大明王朝居然把白银作为了主要货币。

这样看来，所谓的"全球化"其实在那时候已经有了雏形。

欧洲殖民者的大航海VS郑和下西洋

有人曾经问过我这样一个问题，对比15世纪初中国郑和下西洋的和平出使与16世纪欧洲殖民者对美洲、非洲甚至亚洲造成的各种罪恶，是不是说明中国人比欧洲人更爱好和平？

如果单单从行为和结果来看，似乎的确是这样的，不过历史有其复杂的一面，群体所处的历史阶段和生存环境不一样，做出的决定和由这种决定催生的行动肯定不一样。

比如说今天的美国，你要是说它对别人的土地有觊觎之心，时刻想着把其他地区并入自己的版图，那肯定是错的，甚至你给它土地和人，它都不要，为啥？因为来一个人就需要给一份福利和一张选票，这对现在的美国来说是亏本买卖。但是回到19世纪初，那就不一样了，那时候的它曾经费了大把力气从墨西哥手里抢夺大量土地。

所以，关于郑和时代的中国人是不是比欧洲殖民者更爱好和平这个问题，我可以从三个方面进行比较。

第一，两者使命不同。郑和的使命就是接受了皇帝的命令，去大洋里面转转，宣示皇恩浩荡，如果可能，顺便把朱允炆带回来，至于说朱允炆是谁，为啥要带他回来，我这里就不展开叙述了。

关于财富和土地，朱棣对郑和是没有任何要求的，而欧洲的所有航海家，开始基本都是受雇于王室，命令只有一个，带回金子和香料。

第二，人员不同。前面说过，欧洲早期航海的人，除了少量像恩里克王子这样的，其他的基本都是海盗出身，或者常年在海上漂泊，仁义礼智信什么的，听都没听过，对于他们，碰上能抢一把的机会，自然不会放过。

而郑和本身算是朝廷大臣，他的舰队那是以天朝上国"文明人"的身份自居的。从精神自律上来说，郑和完胜欧洲早期航海家。

第三，国情不同。明朝那时候国富民强。朱棣虽然和朱允炆打了很多年，但基本上都是军队在打来打去，老百姓农闲的时候看看热闹，尤其是江南，基本没什么战火。国家很富，人民也富，对于东南亚那些没怎么开化的小国，除了香料和一些动物，其他还真看不上眼。

反观欧洲当时，也可以用四个字形容，脏、乱、差、穷，要什么没什么，所以，出去的首要目标是抢劫，那是一点都不奇怪的。

全球殖民为何没波及中国

那么，为什么16世纪开始的这场欧洲的全球殖民运动，没有波及中国呢？中国那时候不是已经到了明朝末期，朝政腐败，民不聊生了吗？

首先，"没有波及中国"这一说法是不准确的。对于欧洲这些看见金子两眼都能放光的强盗们，有了航路和海船之后，不会不想去中国抢一把。

这些家伙，那是有条件要抢，没有条件也要创造条件抢，能欺负你就绝对不会和你和平相处。之所以中国看起来太平无事，借用一句中国古话，那是因为"瘦死的骆驼比马大"。

就算那时候大明王朝日落西山，已经奄奄一息了，当时的欧洲也还是没有欺负中国人的本事。我下面列举一些16世纪和17世纪的海战，从中你就可以得出判断：

1521年8月底，明朝和葡萄牙海军打响屯门海战，明朝完胜。

1522年，明朝和葡萄牙海军打响西草湾之战，明朝胜。

1598年，明朝和朝鲜联合水军打响露梁海战，对手是日本，日本海军被全歼，从此日本老实了200年，朝鲜也平静了200年。

1624年，明朝和荷兰爆发澎湖海战，荷兰败走，明朝收复澎湖。

1633年，荷兰卷土重来，要求明朝只能和荷兰交易，不能再和葡萄牙、西班牙交易，已经摇摇欲坠的大明王朝断然拒绝。料罗湾海战爆发，荷兰完败，从此荷兰人每年必须向郑芝龙（郑成功之父）缴纳12万法郎，才可以保证自己在亚洲远东水域的安全航行。

1661年，清朝入关之后，忠于大明的郑成功率领船队攻打被荷兰人占领的台湾岛，最后完胜荷兰人。

这些海战里，如果任何一个关键战役失败了，那中国东南沿海面对的就是无穷无尽的欧洲战船带来的一批批冒险家。

一个同时代的广州农民可能是不知道这些战争的，他只知道，明天早上起来，还要下地去干活，但如果没有这些战争，没有这些胜利，这个农民也许明天就会被装上船，然后被运到东南亚某个甘蔗地里，开始最长只有7年寿命的、没日没夜的奴隶生活。

这绝不是我夸大其词，因为一开始荷兰人就是这么干的，明朝和荷兰的第一次冲突就是因为他们上岸掠夺人口。想想西班牙和英国人是如何从非洲把黑奴运送到美洲的，我们就不难想象，如果明朝当时不是余威尚存，等待中国人的，至少是沿海居民的命运会大有不同。

"印第安人"这个名称

在结束拉丁美洲早期历史的探讨，把目光转向英国殖民地北美洲之前，我还想简略地介绍一下"印第安人"这个名称。

它的本意前面说过了，就是西班牙语"印度人"的意思，是哥伦布犯的一个错误，可是名字一旦流行开来，那就很难改了。

欧洲人后来也觉得，只叫一个名字，很不好区分真正的亚洲印度人和新大陆上的红头发土著，他们最后的方案是，美洲土地上的叫"西印度人"，东方正宗的印度人叫"东印度人"。

这就解释了，为什么你看历史书的时候，会发现有那么多"东印度公司"和"西印度公司"，它们的区别就在于总部所在地不一样，在亚洲印度的，就叫"东印度公司"；在美洲大陆的，就叫"西印度公司"。

而汉语中直接把新大陆上的人译为"印第安人"。

近年来，加拿大和美国觉得"西印度人"这个名称在历史上代表了歧视和血腥，于是就改了称呼，加拿大把原来的土著叫作"第一民族"，英文是"First Nation"；而美国人对印第安人的新叫法是"美洲原住民"，对黑人的新称呼是"非裔美国人"。

但无论怎么改，历史就是历史，人也是那拨人，活着的人也许会渐渐忘记，但持续了几百年的罪恶，罄竹难书。那些冤死的印第安人的斑斑血泪，和那些大西洋底非洲黑奴的残骸灵魂，将永远在这块所谓"新大陆"的天空上悲鸣不已。

05
弗吉尼亚的烟草生意

前面说起美洲大陆，好像撒了欢折腾的都是西班牙人，你可能会问了：这个美利坚帝国不是建立在英国的殖民地基础之上的吗？如今美洲大陆都如此热闹了，那英国人跑哪儿去了？

没错，英国人虽然一向很准时，但是在来美洲大陆这事儿上，迟到了。一直到了1607年，英国人才在北美洲有了一小块殖民地，那时候距离哥伦布发现新大陆已经过去100多年了。

在16世纪上半叶，确切地说，一直到1580年之前，英国人干过和美洲有关的事情只有三件。

第一件是1497年的时候，英格兰的国王亨利七世出钱出力，派了一个叫约翰·卡波特的人，去北美洲晃荡了两圈，据说是到达了现在加拿大的纽芬兰省。但他既没找到金子，也没带回来几个奴隶，亨利七世拨弄着算盘子一算账，觉得不划算，就没下文了。

第二件事就是和法国、荷兰联手，一起在海上抢西班牙人的珍宝船，前面说过，这些人统称"加勒比海盗"，具体抢了多少，没人能统计清楚。

最后一件事就是在霍金斯将军的带领下，毫无愧疚地做着贩卖人口的生意，在所谓的"三角航线"上贩卖黑奴，这个前文我们也介绍过了。

说心里话，后面的两件事，都不那么厚道，尤其是最后一件，可以说是招来千古骂名。

弗吉尼亚殖民地当时著名的英国海盗里面，有一个爵士，名叫沃尔特·雷利，是当时英国女王伊丽莎白一世的宠臣，此人长相英俊，还涉猎文学、艺术、科学、政治等各种学科。

据史料记载，他在觐见伊丽莎白的时候，很明确地提出了一个理论，那就是："谁控制了海洋，谁就控制了贸易；谁控制了世界贸易，谁就控制了世界财富，最后也就控制了世界本身。"这是一句相当厉害的话。

很多现代学者认为，雷利爵士的这番话就是现代海权论的雏形，有着雄才大略的伊丽莎白一世对他这句话也是深以为然，这才开始加强英国的海军建设，最终为大英帝国成为世界上第一个日不落帝国打下了坚实的基础。

1584年，雷利爵士来到了北美洲东岸的一个地方，他觉得这地方还不错，四处打探了一下，周围既没有西班牙人，也没有荷兰人，就上去插了一面英国的旗帜，声称这地方从此就是大英帝国的领土了。为什么要先看看有没有西班牙人和荷兰人呢？因为英国那时候还没有资格和这两个国家面对面死磕。

雷利给这块新地方取了一个名字，弗吉尼亚，这就是今天美国的弗吉尼亚州。这个名字取得很有学问，首先它的发音和印第安人对当地的称呼基本一致。其次，这个英文词翻译过来是"处女地"，暗示着还没开发，就等着英国人来开发。

除此之外，这个名字还有第三个隐含的意义，当时的英国女王伊丽莎白一世是个单身的"白富美"，据说她发誓一生不嫁人，保持童贞之身，所以，你也可以认为弗吉尼亚这个名字是向童贞女王伊丽莎白一世致敬。

1587年，雷利在弗吉尼亚的罗阿诺克岛上建立了一个小小的殖民地，把117名希望到美洲生活的英国人送上了岛。

在雷利去世之后，英国人开始有组织、有规模地对美洲进行开发。第一个专门为了赚取美洲财富的公司很快成立了，这就是1606年成立的弗吉尼亚公司。

不过，因为利益的关系，这个弗吉尼亚公司很快就分成了两部分，一个叫弗吉尼亚伦敦公司，还有一个叫弗吉尼亚普利茅斯公司。

英国第一个成功的殖民地是伦敦公司建立的，这指的就是弗吉尼亚伦敦公司。新成立的公司马上就从国王詹姆斯的手里拿到了土地开发许可证。这一点，你不得不佩服英国人，他们干什么都是那么有板有眼，即使是去一片连国王都不知道在哪儿的土地上搞开发，也要搞一个他们认为符合法律程序的证件。

但是，你要是问这些绅士们，那片土地原来有没有人住，人家同不同意，他们虽然也会脸红，但根本就不会多做考虑。这里面的潜台词就是：我要是能打到你搬家，那国王的许可证就是金牌圣旨，要是我打不过你，那我再找一块土地好了。

新公司的目标也很明确，一共有三个，第一就是继续寻找跨过美洲通往亚洲的道路，这是那时候欧洲人100多年来很执着的目标，可以说是深入骨髓；第二个是找金矿，这个不用多说，地球人都知道金子的价值；第三，在北美洲建立一个殖民地，毕竟中美洲、南美洲已经被西班牙、葡萄牙占领了，北边的加拿大是法国和荷兰的地盘，北美洲虽然看起来既不能种地，也不能找到兽皮，但如果再不去，那可就什么也没有了。

顺便说一下，就在英国的美洲冒险者忙活着搞土地开发证和购买武器弹药的同时，遥远的亚洲印度大陆上，英国的东印度公司也成立了。而且这个公司把一种产自中国的饮料带回了欧洲，这种饮料很特别，看起来和晒干之后的枯树叶子没啥区别，不过用热水浸泡之后喝起来却是相当地令人舒服。

很快，这玩意儿就成为欧洲人的日常饮料，被称为"神奇的东方树叶"。

你当然知道，这东西在中国叫"茶叶"。早期出口到欧洲的茶叶主要以乌龙茶和红茶为主，尤其是红茶，最受英国老爷贵妇们喜欢。

一直到今天，正宗的英国贵族下午茶还是以红茶为主。不过，这东西最后却成了美国独立战争的导火索，那是当时的东印度公司死活都想不到的事情了，这事儿我们后面再说。

就这样，1607年5月13日，在弗吉尼亚伦敦公司的鼓动之下，100多名从英国来的新移民在北美弗吉尼亚的一块地方正式定居下来。这也是英国在北美大陆上的第一块真正意义上的殖民地，他们把附近的一条河命名为"詹姆斯河"，住的地方称作"詹姆斯镇"。

这样命名的意义，自然是向他们最伟大的国王詹姆斯致敬。当时的每个人，可以说都满怀希望地憧憬着新生活。

詹姆斯镇的两个约翰

可惜的是，6个月后，这100多个移民死了一半，剩下的都在琢磨着如何逃走。

说好的金矿被发现只是黄铁矿，原以为的良田结果是沼泽，疟疾等疾病迅猛蔓延，而一望无际的森林看起来也不像是通往印度的道路。

如果这地方的人就这样散伙了，那么我们今天的故事根本就不会提到这里，在那个年代，像这样无声无息被大自然、疾病或者野生动物毁灭的小小殖民地，实在是太多了。

一般来说，历史老爷爷对失败者是不屑一顾的，它只喜欢那些胜利者，詹姆斯镇之所以最后没有垮掉，成为了一个胜利者，是因为两个名字都叫"约翰"的人物按时出场。

先说第一个，约翰·史密斯，他是最初詹姆斯镇的100多个移民中的一员。在殖民地最危难的时候，他采用了和当地印第安人和睦相处的策略。换句话说，他决定把这些其他欧洲人眼里野蛮的土著当作平等的人来看——他取得了巨大的成功，从印第安人那里弄来了食物。

当然，开始的时候不那么顺利，他还被印第安人抓了起来，不过运气很好，被美丽的印第安公主波卡洪塔斯救了出来。

很自然地，约翰·史密斯成了詹姆斯镇的领导人。据说此人脾气暴躁，是一个不折不扣的独裁者，但天大地大，吃饱肚子最重要，这时候独裁还是民主只是小事一桩。

这位约翰还记录了很多关于詹姆斯镇的情况，我们现在很多关于早期移民的信息就是从他的亲历日记中获得的，当然，现在美国的中学教材里，这些早期移民都是所谓勇敢和正义的化身。没有人注意到约翰·史密斯笔下那些悲惨的故事，比如说，因为缺粮，詹姆斯镇上的居民曾经吃过同胞甚至亲人。

另一个约翰叫作约翰·罗尔夫，如果说史密斯是让殖民地延续下来的功臣，那么罗尔夫就是让殖民地得以大发展的经济学家。

他的身份很特殊，是弗吉尼亚伦敦公司的发起人之一，所以是一个有钱人，只不过此人有着很多有钱人都有的毛病，那就是天生喜欢冒险。他于1610年来到詹姆斯镇。

那时候，殖民地只能算苦苦维持，弗吉尼亚伦敦公司为了维持殖民地的人数，不惜在英国伦敦街头抓捕孤儿，拐骗小孩，然后把他们统统送往詹姆斯镇。但这也不是个办法，一个人口增长完全依赖外来移民的殖民地，那肯定不能长久，必须要自己生，而生孩子这事儿吧，首先需要吃饱肚子，住上暖和的房子。

为了过上富裕的日子，约翰·罗尔夫的想法是在詹姆斯镇种植当时已经风行欧洲的烟草。在21世纪的今天，香烟已经遍布世界各地，但很多人不知道这玩意儿其实和土豆一样，完全是印第安人的土特产。

哥伦布第一次远航之后回到欧洲，就向大家描绘了印第安人是如何围坐在一起，用一根叫"多巴哥"的东西去吸一堆树叶子燃烧时冒出来的青烟，然后一个个如痴如醉、手舞足蹈的。

欧洲人听得目瞪口呆，这些贵族老爷们难免试上一试，结果就上瘾了，后来几乎到了人手一根多巴哥的地步，"多巴哥"这个印第安语从此在很多语言里，都是"烟草"的意思。

当时的欧洲盛产庸医，这些不学无术的医生说，多巴哥可以包治百病，无论什么病，只要把烟草叶子在开水里煮那么几个小时，喝下去马上就好。所以，在当时欧洲医生的词典里，多巴哥也叫"印第安神草"，和今天的印度神油有得一拼。凭良心说，烟草对疟疾有一定的预防作用和疗效，但其他疗效，就是欧洲这群庸医在瞎说。

约翰·罗尔夫最终获得了成功，他带领詹姆斯镇烟草行业培育出了味道纯正、价廉物美的烟草，很快就打败了来自拉丁美洲的西班牙烟草。

大量的钞票开始像詹姆斯河的流水一样源源不断淌入詹姆斯镇，房地产业随后开始兴盛，带动了无数服务业也跟着发达起来。对劳力的需求也大大增加了，一船船非洲的黑奴、英国的契约奴、移民和冒险家来到了弗吉尼亚。英国人终于成功在北美洲经营了一个殖民地，这一年是1614年。

图1-2　从事烟草生产的黑人奴隶

06 开往美洲的"五月花"号

图1-3 "五月花"号纪念邮票

1620年9月,一艘破破烂烂的、排水量只有180吨的帆船,从英国的普利茅斯港启航了。

船上的旅客有102名,其中35名是清教徒分离派成员,剩下的是农民破产者、渔民、犯人,还有14名英国的契约奴隶——当然,无论是什么人,伦敦公司总是友好热情地接待,只要你能付得起船票,就把你送到你要去的地方,这一次的目的地依旧是那传说中大家都发了财的弗吉尼亚。

不过,当时无论是伦敦公司,还是这艘船上的客人,都不会想到他们即将面对的是什么,也没有人会预测到,他们很多人的名字一不留神就被刻在了历史大舞台上,永远地被后世美国人景仰。

何谓"清教徒"

在继续讲述这些人的故事之前，有必要先解释一个概念——"清教徒"——其实这应该是美国历史上论重要性排名第一的单词，任何别的词汇都必须排在它的后面。

那么，何谓"清教徒"呢？这事儿，必须从基督教说起。基督教在创立之初，和其他宗教一样，是很受排斥和打击的，连创始人耶稣也被罗马人钉到了十字架上处死了，基督教的历史可谓是十分辛酸的一部发家史。

到了公元392年，罗马皇帝狄奥多西一世宣布，基督教是罗马帝国的国教，结果基督教一跃成为帝国第一大宗教，发展十分迅猛。

后来，狄奥多西这位罗马皇帝临死的时候，不知道是怎么想的，把好端端的一个大罗马帝国咔嚓一下，分为两半给了两个儿子。

西边这个叫西罗马帝国，东边的那个自然就是东罗马帝国。基督教上上下下各种神职人员也就跟着慢慢分成两半了。东罗马帝国的基督教认为自己是正宗的，就称呼自己叫"东正教"；西边的那个不甘示弱，也给自己起了一个响亮的名字，叫"天主教"。

没过多长时间，西罗马帝国就被北边的日耳曼人给灭掉了。不过国家和皇帝虽然都灰飞烟灭了，还有一位基督教公认的领袖在，那就是教皇大人。

教皇这个身份在当时的欧洲也算是奇货可居，在西欧群雄争霸的过程中，各国的皇帝都想拉拢一下教皇，但是历代的教皇也不傻：你拉拢我，那我就利用你。

从西罗马灭亡的公元476年，一直到16世纪初这1000多年里，天主教在教皇的带领下，势力越来越大。如果你生活在中世纪的西欧，不信天主教那不是出门丢不丢脸的问题，而是丢不丢命的问题。

问题是，天主教后来变得相当腐败，他们规定《圣经》只能用古拉丁文写，而且一般人是看不到的，必须让神职人员在你面前领着你读，然后给你解释——换句话说，教会直接垄断了话语权。

普通老百姓想和上帝沟通一下，汇个报，做个忏悔什么的，那是必须通过这些神职人员的。绝对的权力产生绝对的腐败，由此你就知道发生了什么——和天堂打电话这样的好事岂是那么容易实现的？结果就是大量的神职人员腐败贪婪，横行不法，欺男霸女，公开包养情妇，公开索贿受贿。

更过分的是，他们居然由教皇带头，出售一种叫"赎罪券"的东西。你可以想象一下，几个神父站在街头，嘴里叫嚷着："走过路过不要错过，一张小小的赎罪券，只要一张，就可以让你直接升入天堂。"热闹不？

到了16世纪初，也就是欧洲人登上美洲，西班牙和葡萄牙正忙着抢劫的时候，欧洲同一时间发生了四件和基督教有关的大事。

第一件大事，1517年10月31日，欧洲维滕贝格大学教堂大门上出现了一张大字报，后来称为《九十五条论纲》，因为这张大字报写了九十五条，主要内容一是要求废除教皇的赎罪券，二是坚决主张《圣经》可以被翻译为多种语言。写这张大字报的人，名字叫马丁·路德。

在马丁·路德之后，又出现了一个叫约翰·加尔文的人，他和马丁·路德还有其他改革派一起反抗罗马教会，并创建了多个宗教派别。所有这些派别最后有一个统称，叫"新教"。后来，新教、天主教和东正教并称为"基督教三大教派"。

第二件大事发生在1534年1月，英国当时的国王亨利八世宣布英国脱离天主教会，改信马丁·路德和加尔文提倡的新教，起个名字叫"英国国教"，自己兼任国教最高领导人。这件事意味着基督新教获得了国家层面的支持，从此有了和天主教分庭抗礼的资格。

第三件大事，1580年左右，英国出现了一批信奉新教加尔文派的人，要求清除英国国教中天主教的残存因素。这批人使用了拉丁文里面的"清洁"一词作为他们的自称，因为这个词，中文里就把这个派别叫作"清教"，他们这些人就有了一个统称"清教徒"。

实际上，我们很难说这是一个派别，还是一种生活态度。这些人接受加尔文的新教教义，只承认《圣经》是信仰的唯一权威，强调所有信徒无论平民还是国王在上帝面前一律平等，要求废除主教制和偶像崇拜，减少宗教节日，提倡勤俭。现在美国国内，大部分都是这一派的信徒。

但问题是，当时这些清教徒内部也不团结，有一些天天要求激烈改革，如果周围的人不按照他们的想法和道德标准要求去生活，他们就会自己走开，或者赶走其他人，我们把这部分非常生猛的改革派称为"清教徒分离派"。

第四件大事是，1608年后，英国斯克鲁比小镇的一伙清教徒分离派，因为觉得在英国遭到了当时国王詹姆斯一世在宗教上的迫害，决定逃亡，先是到荷兰，后来又决定离开欧洲，迁往英国在北美的殖民地弗吉尼亚定居。

现在你知道了，我们在本文开始的时候说的那35名乘客，就是这群来自英国斯克鲁比小镇的，坐在这艘叫"五月花"号的帆船里，即将前往弗吉尼亚殖民地的清教徒分离派成员。

开始的时候，"五月花"号航行还算顺利，不过到了旅途的后半段，这些清教徒们就开始大呼倒霉，因为他们遇上了一个叫琼斯的糊涂蛋船长，船不但偏离了航线，还偏离得很严重，最后船上食物短缺，饮用水即将耗尽，而且走了两个多月，时间已经是深秋了。

这时候，琼斯船长判断他们的船只离目的地弗吉尼亚还有300多公里，船上的补给是肯定支撑不到那里了，必须立刻停船靠岸。这个判断是作为船长的耻辱，但是对于美国历史，影响深远，至少后世美国人认为这是"最伟大的错误"。

当时他们靠岸的地方，是现在美国新英格兰地区的马萨诸塞州，也就是现在大家常说的"麻省"。当时这里属于英国马萨诸塞公司的开发地盘，但是荒无人烟，施工队还没进驻，连个鬼影子都没有。

所以，这些"五月花"号上的乘客们上岸之后，马上就发现一个很重要的问题，那就是下一步是走，还是留？

留在当地，那就要干垦荒的活儿，换句话说，用双手在土堆里要饭吃，而且当时已经是深秋，能不能在这荒凉之地顺利度过严冬，大家心里没有把握；但如果是继续前行，走路去弗吉尼亚，那也要冒巨大的风险，首先就是会不会迷路的问题，其次，路上的补给、环境和野兽的侵扰都是问题。

最后，两个名叫"威廉"的人，起了决定性的作用。一个叫威廉·布鲁斯特，另一个叫威廉·布拉德福德，都是清教徒分离派成员。在他俩的劝说之下，船上的所有人最后都同意留下来，决定共同在当地建设美好家园，而且还给当地取了一个很有意思的名字，叫"新普利茅斯"。

在两个威廉的主持之下，这群人制定了后世大名鼎鼎的《五月花号公约》。

《五月花号公约》：现实的契约

很可惜，这份公约原件早就不见了。不过也没关系，因为它不长，现在流行的几个版本基本大同小异，全文大概是这样的：

> 以上帝的名义，我们这些签约人，是信仰的捍卫者，是上帝保佑的国王詹姆斯陛下的忠顺臣民——为了上帝的荣耀，为了我们的国王和基督信仰，我们越海扬帆，在弗吉尼亚北部开拓这个殖民地，因此在上帝面前共同庄严立誓签约，自愿结为一公民团体。为了让上述目的得以顺利进行、维持并发展，将来制定和实施有益于这个

殖民地总体利益的一应公正和平等法律、法规、条令、宪章与公职，吾等全体保证遵守与服从。

据此于耶稣公元1620年11月11日，我们这些人在科德角签署。姓名如下，以资证明。

下面就是41个男人的签名，这个短小精悍的公约，在后世获得了无数人的赞颂。

按照现在流行的说法，《五月花号公约》之所以伟大，是因为其中体现了两个精神：

一是自愿精神。它开创了一个先例，新普利茅斯这地方的人是基于自愿的原则，接受新政府的管理。换句话说，这不是按照国王的命令，而是按照被统治者的意愿自愿建立的殖民地。

第二个精神就是法治精神。不是某一个人说了算，而是制定符合大家总体利益的法律和法规，大家都同意了，然后集体遵守和服从。

几百年来，很多人把这份公约当作是美国的立国之本、美利坚的基石，据说后来很多自治群体都参考这份公约制定规章制度，这份公约的地位既神圣又崇高。

我这里要问一句，"五月花"号上的船员当时为什么要制定这份公约？答案可能一点儿都不神圣，因为这份公约很实用，在什么方面实用呢？那就是解决当时最紧迫的矛盾。这种矛盾既有在漫长旅途中积累下来的鸡毛蒜皮的矛盾，也有对自身前途选择的矛盾。

你要知道，留在冰天雪地的马萨诸塞开荒，而不是去温暖的弗吉尼亚种植烟草，这件事本身就暗藏了一丝诡异。这些人当时手里拿着的可是大英帝国颁发的弗吉尼亚地契，伴随它的，本应该是一份舒舒服服摆弄烟草的职业，有舒适的屋子，可口的饭菜，还可以赚一些啫啫作响的金币。那他们为什么要在这个荒无人烟的地方从头开始受苦呢？而且，这事儿还不合法，因为大家的暂住证上面写的是弗吉尼亚。

想要解释这个问题,就要问一下,他们之中,谁最想留在当地垦荒?很明显,就是清教徒分离派成员。这些人的愿望就是建立一个以他们为核心,以他们的道德标准为社会准则的理想国。

那这片如同处女地一样的荒野就是最理想的地方,如果去了弗吉尼亚,万一那里比较严格地信奉英国国教,他们反而又变成异类了,到时候怎么办?

可是,如果采取民主的办法,愿意走的就走,愿意留的就留,那也比较麻烦,因为他们一共才102人,其中老人、妇女、小孩占了一半还多,这么点儿人,分开行动,那大家的存活几率绝对是直线下降。

在这样的情况下,由于坚持留在当地的清教徒们是一个极度抱团的战斗群体,他们在两个威廉的带领之下,获得了最后的胜利。然后,出于长治久安的考虑,也就是怕其他想去弗吉尼亚的人将来反悔,在半强迫半自愿的情况下,签署了这么一个《五月花号公约》。

你这时候再看这个条约,最后的内容才是重点:一切法律、法规、条令和宪章,我等全体保证遵守与服从——大家全都被套上紧箍咒,一荣俱荣,一损俱损,这就是所谓的契约精神。

可见,《五月花号公约》的签署,原本是为了解决现实问题,是一种现实主义的选择,那么后来为什么逐渐被认为是一种神圣的理想主义,是美国精神的象征呢?极有可能,100多年后,当这片大陆上的新教徒和清教徒越来越多并占据了主导地位之后,有人忽然发现,原来很久之前,就曾经有过意志坚定的同门师兄,他们不是为了利润和金钱来到北美洲的,而是为了创建一个理想的家园,他们还写下了"自愿"和"法律"这样的神圣字眼,而这些正是美国独立时迫切需要的。

就这样,《五月花号公约》这个最初为了解决内部矛盾而订立的约定,在后来的历史里,就逐渐被神化起来,最终成为美国精神的一个象征。

当然,无论如何,签署了《五月花号公约》的殖民地成员,当时肯定都是满怀热情的，毕竟，脚下的这块土地，从此之后就是自己说了算。

新普利茅斯的生活理想很丰满，现实很骨感。一个冬天下来，和最初的詹姆斯镇殖民地一样，新的殖民地人口锐减了一半多，只剩下54个人，原因是饥饿和寒冷，北美洲的冬天和中国的大东北差不多，如果你不知道在这种环境下如何搭建房屋和寻找食物，那肯定是相当难受。如果他们撑不下来，历史是不会记住他们的。这一次出来救场的，是当地真正的主人，印第安人，他们伸出了援助之手。

当时附近的印第安人部落叫万帕诺亚格，首领的名字是马萨索，他们在春天开始的时候，走出营地一看，新邻居怎么就死了一半呢？出于怜悯之心，印第安人开始教这些英国人种植各种北美洲作物，教他们捕鱼，用当地的材料搭建房子，让他们顺利安家，然后双方开始结盟，约定守望相助。

实话实说，这是一个对双方都有利的盟约，印第安人需要这些外来者的武器援助，以便对付其他部落；而新来者需要和平的环境和生存的技能。

到了1621年的秋天，也就是"五月花"号船员登上新大陆的一年之后，他们终于迎来了一场丰收。

这之后，"五月花"号的船员在新普利茅斯过上了稳定生活。但十几年后，1637年，英国殖民者和当地的另一个印第安人部落——佩科特人发生了严重冲突，直接导致几百名印第安人丢掉了性命，这是后话。

1630年，约翰·温斯罗普在一次著名的基督教布道仪式上，引用了《圣经》中《马太福音》的一句话"你们是世界的光。建在山上的城是不能隐藏的"，然后对大家说："我们必须认识到我们将成为一座山上的城。所有人的眼睛都在看着我们。"这段演讲，后来被很多美国政客引用，而美国人从此经常夸自己的国家是"山巅之城"，注定要成为全世界的榜样。今天的马萨诸塞州有一个温斯罗普镇，著名的哈佛大学里面也有一座温斯罗普大楼,都是以这位17世纪的马萨诸塞总督的名字命名的。

总之,当时"五月花"号上的一些清教徒们终于活了下来,虽然日子依旧清贫,但却充满了希望。

07

北美初兴十三州，为什么英国殖民者笑到了最后？

英国"五月花"号上的清教徒们在印第安人的帮助下，最终在北美的新普利茅斯站稳了脚跟。

1622年大丰收的时候，一艘英国补给船来到新普利茅斯。当船长看到这些殖民者艰苦的生活之后，提出愿意免费带他们回英国，或者送他们去弗吉尼亚，然而，没有一个人愿意离开，大家异口同声地说：您回去吧，不用管我们，这儿挺好的。

他们不仅在此地安居乐业，还超级能生孩子，据统计，现在美国人口里的12%，也就是大约3500万美国人，可以和"五月花"号上的船员扯上血缘关系，包括玛丽莲·梦露、布什家族等等。

废奴主义者罗杰和罗德岛

光阴似箭，一转眼到了1691年。就在这一年，新普利茅斯并入了马萨诸塞殖民地，这是一个由另一家英国公司马萨诸塞湾开发的殖民地。

关于这个马萨诸塞殖民地，前面说过，有一个总督叫约翰·温斯罗普。现在，我再给大家介绍这个被殖民地驱逐出境的，一个很另类的英国人。

在讲之前，我们先来看看当时最典型的英国人和印第安人相处的模式，它不同于西班牙人野蛮杀戮政策，但也很难说是和平共处。

为了方便讲述，我们假定有一位叫杰克的英国人和一个叫卡拉的印第安人，在英国人登上美洲之后，一直到20世纪初的300多年时间里，这两个家伙之间经常发生这样的对话：

英国人杰克说："兄弟，挪挪位置，我们这边需要盖一个教堂。"

印第安人卡拉回答："凭什么？这是我家的宅基地。"

杰克拿出一张盖有英国国王乔治或者美国总统华盛顿印章的官方文书，说："看见没？这是政府的土地开发许可证。"

卡拉的回答可能是："那和我有什么关系，我家世世代代在这里居住！"

杰克就会说："你这个不懂得法律的野蛮人！你们世代居住又怎么样？我手里的这张证明才是具有法律效力的，证明我才是这块土地的唯一拥有者。"

然后，务实的杰克就不会再和卡拉废话了，他马上就会开工修他的教堂。自然而然地，卡拉也会找来帮手去拆掉盖好一半的教堂。那么接下来，除了用拳头和枪炮说话，他俩之间还有别的解决办法吗？

当然，卡拉最后是明白了，武力上和人家杰克有着太大的差距，除了叹一口气搬家之外，什么也做不了。

从杰克的角度来看，他认为：这一切不是《圣经》里面写好的吗？上帝指引我们来到这里，就是给我们应许之地，让我们建设山巅之城，过上好日子的。我们已经遵照仁慈的上帝旨意，没有像西班牙人那样，上来先轰一顿大炮，他们这些异教徒怎么还如此野蛮不讲道理呢？

是的，这就是当时大多数殖民地人的看法，没有人认为自己强占了印第安人的土地是什么大不了的事情，甚至很多人还认为这是一件理直气壮的事情。

但是也有人不这么看，至少有一个，这个人就是我前面提到过，被马萨诸塞殖民地驱逐的那个另类的英国人。

他的名字叫罗杰·威廉姆斯，1603年出生在英国伦敦，不过他的生日我们今天不知道了，原因是他的出生证明在1666年伦敦历史上最大的一场火灾里被烧得一干二净。

作为一名清教徒分离派成员，在27岁的时候，也就是1630年，罗杰随着大家漂洋过海，到北美洲寻找理想中的天堂。

他在北美的第一站就是马萨诸塞殖民地，当时号称"清教共和国"。可是待了一段时间之后，他就有了一些看法，认为当地实行的选举制度有问题，因为按照马萨诸塞当时的规定，只有成年男性清教徒成员才有资格获得选举权和被选举权。

罗杰对于成年男性才有选举权没有疑问，他的疑问是，为什么只有清教徒才能参加选举？

其实，只有教徒才有资格参加殖民地事务的处理是当时所有殖民地的一个普遍现象，绝不仅仅是马萨诸塞。

世界上的事情就是这么矛盾，本来投奔新大陆的清教徒在英国本地就是受到英国国教的排斥，这才来到新大陆，可是到了新大陆，当约翰·温斯罗普代表他们喊出了"建造山巅之城"的口号之后，他们又以清教徒为核心，对基督教以外的信仰进行排斥。甚至一直到了今天，这种基督教至上的观念也没有完全被抛弃，美国历届总统都必须是基督教徒，而且当他们登上总统宝座的时候，是要把手按在《圣经》上宣誓的。

可是罗杰·威廉姆斯觉得这不对。他的观点是，你为什么要关心别人信仰什么，只要他有能力并且愿意处理殖民地的政务，那就应该给他公平的机会，让他上台去干。

换句话说，1630年左右的罗杰·威廉姆斯扛起了一面大旗，上面写着四个字"政教分离"！也就是政府必须和宗教分离。

很自然地，在那个时代，没人搭理他，不过他是牛脾气，他在1644

年7月，也就是中国明朝最后一位皇帝崇祯吊死在景山之后的3个月，出版了一本书，名叫《迫害良心的血腥教旨》（The Bloudy Tenent of Persecution for Cause of Conscience）。里面有这样的话："此为上帝的旨意和命令，即允许所有国家的全体人民保持异教、犹太教、土耳其教或反基督教的理念和信仰……"

在今天看来，这观点稀松平常，但是你别忘了，这本书写于1644年，那是什么年代？如果你当时在西班牙人的势力范围内，这番话已经足够把你送上绞刑架，片刻之间，你就可以直接去和上帝辩论了。

这样的宗教看法自然让殖民地的管理层很不愉快。但是还不仅如此，罗杰·威廉姆斯对杰克和卡拉争夺美洲土地也有不同的看法，而且这种看法是挑战所有殖民地英国人的。

他认为，大英帝国的国王没有权力把北美的土地分给殖民者，因为北美不是英王的领土。英国国王应先从印第安人手里用真金白银买下土地，然后才能合法建立殖民地，否则英王的"特许证"，也就是前面说的土地开发证，仅仅是一张废纸。

按照他的这个理论，包括马萨诸塞在内的，甭管什么弗吉尼亚、新普利茅斯，都是伪政权。那些盖好的房屋和教堂都是违章建筑，得在上面画一个圈，里面写上一个大大的"拆"字。

这自然是犯了众怒。怎么？想把我们从温暖舒适的房子里赶出去？！那是门儿也没有啊，你罗杰先滚吧。

于是，罗杰·威廉姆斯在马萨诸塞待不下去了，1636年，马萨诸塞议会对罗杰进行了审判，认为他在散布新的、不安分的、危险的思想，并要将他驱逐出马萨诸塞，押回英国。

押回英国？在这个穷山恶水的化外之地都被审判，回到英国那注定是死路一条了。罗杰思想超前，也不傻，在执法人员动手之前，他连夜冒着大雪，跑到了那拉甘塞湾，最后在快坚持不住的情况下，被我们的老熟人——印第安的万帕诺亚格部落所救，部落首领是马萨索。如果你不记得了，我提醒你一下，这就是教"五月花"号上那些清教徒种地的那个印第安部落。

除了"政教分离""北美土地都属于印第安人"这两个"吓人"的观点，罗杰还有一些今天看起来稀松平常，当时也是惊世骇俗的言论，比如他强烈要求英国人和印第安人一切平等，他还要解放所有的黑人奴隶，给他们自由。

很难解释，一个17世纪的清教徒为什么会有这么多超越历史几百年的观点。

总之，罗杰在漫天大雪里逃离了马萨诸塞，被土著部落万帕诺亚格所救，印第安人马萨索老酋长热情地款待了罗杰，让他养好病，他们很快就成了亲密的朋友，罗杰也学会了印第安语。相处了很长时间之后，他更坚定地认为，在上帝面前，印第安人与英国人是完全平等的。

后来，罗杰从当地印第安人那里买下了一块地，和另外支持他的12个英国人，建立了一个新的殖民地，叫"普罗维登斯"，这个单词翻译成中文就是"神的旨意"。在这块地的基础之上，又发展出了今天美国的一个州，罗德岛。

罗德岛可以说是美国面积最小的州，也是名字最长的一个州，因为它的全名叫"罗德岛与普罗维登斯庄园州"。

这个小不点在美国独立战争前后，名气却是相当大。

首先，这块地是从印第安人那里用最公平的价钱买来的，不是骗的抢的，也不是强占的，这在讲究自律的清教徒心里，或多或少有一定的神圣意味；其次，1774年，它第一个立法禁止输入黑奴；再次，1776年，它第一个宣布从英国独立，揭开了美国独立的序幕；最后，它还是在美国成立之后，13个殖民地里面唯一一个拒绝参加美国制宪会议的州。可以说，这个罗德岛州，就像他的创立者罗杰·威廉姆斯一样，有着卓尔不群的个性。

北美初兴十三州

到现在为止,我已简单介绍了早期英国在北美建立的最有特色的3个州,它们就是以赚钱为目的,后来靠烟草发家的弗吉尼亚;以清教徒分离派为主,后来并入马萨诸塞州的新普利茅斯;还有整个美洲唯一一个以公平的价格从印第安人手里买来的罗德岛。

实际上,大英帝国到这个时候,殖民地的数量已经远远不止这3个州了。随着越来越多的英国新教教徒、商人、手工业者、契约奴、罪犯、躲债者、投机者、街头混混拥入北美殖民地,英国在北美的地盘不断扩大,最后,形成了所谓的"北美十三州",它们是特拉华、宾夕法尼亚、新泽西、佐治亚、康涅狄格、马萨诸塞、马里兰、南卡罗来纳、新罕布什尔、弗吉尼亚、北卡罗来纳、纽约和罗德岛。

"北美十三州"这个词虽然是对早期英国殖民地的一个通俗的、流行的叫法,可是数量上是有问题的,实际上,在美国独立之前,北美有19个大英帝国的殖民地,那为什么我们一般只说"十三州"呢?

因为另外那6个,在美国独立战争的时候保持了对英国的忠诚,是保皇派或者说反动派,不愿意从英国独立出来。所以,许多美国历史书里都不屑于提及它们。不过我这里还是要提一下,因为这些人在早期殖民地上的勤劳耕种,和其他殖民地没什么不同,这6个比较亲近英国的州分别是:英属西印度、纽芬兰、魁北克、新斯科舍、东佛罗里达和西佛罗里达。

纽芬兰、魁北克和新斯科舍现在属于加拿大,一直到今天,加拿大还在英联邦里,最高元首依然是英国国王或者女王,对于这种保持了几百年的忠诚,还是应当给予一份尊重的。

为什么是英国殖民地笑到了最后

那么，这里就有一个问题，英国人是很晚才来到美洲的，为什么他们在美洲的殖民地扩张得如此迅速，几十年时间，就发展出了这么多殖民地？答案是：英国人比较重视北美洲。

以第二次英荷战争为例。英国和荷兰打仗，一共打了4次，其中的第二次，起因很简单，英国在1651年出台了一个《航海条例》，不允许它在美洲的殖民地和其他国家随便做生意。当时的贸易大国是荷兰，号称"海上马车夫"，茫茫大洋之上都是荷兰的商船，《航海条例》自然伤害了很多荷兰商人的利益。

在1665年，英国凭借着自己的海军实力，突然占领了北美洲属于荷兰的新阿姆斯特丹，随后将其改名为"新约克"——即今天的纽约。这下荷兰人肯定不干了，纠集了法国和葡萄牙，一起向英国开战，最后英国输掉了这场战争。失败的原因主要不是因为对手是三个国家，而是战争期间英国恰好发生了一场大火和一场瘟疫，那场大火就是前面提到的1666年伦敦大火，这是英国历史上最大的一场火灾，烧了三天三夜，全城80%的人无家可归。而那场瘟疫，就是鼠疫，十多万英国人因此死去。

英国人即便受了这么大的灾难，还输了战争，也没放弃北美州的殖民地，不仅没放弃，反而加强了控制。在战后的《布雷达和约》里，英国说：我们是输了，东印度群岛，还有南美洲的苏里南都归你们了，《航海条例》我也可以修改，可是北美洲是我的，不仅不能给你们，哈德逊河附近，以及原来的新阿姆斯特丹，现在的纽约，我是一定要的。

所以说，英国人的目标很明确，那就是尽全力经营北美洲，他们能在很短的时间内，发展出19个连成一片的殖民地，那也不奇怪了。

那么，能不能说，就因为英国政府的重视，这些殖民地才得以大发展，最终诞生了超级强国——美利坚合众国呢？

这自然是其中的一个原因，但还不是主要原因。给殖民地大把的金钱，提供强大的武力支持，这些，西班牙、葡萄牙、法国，甚至遥远的瑞典，也都曾经做得和英国人差不多。

那是不是民主、人权，还有法律制度这些东西的支持呢？也不是，与其说这些是殖民地强大的原因，还不如说是结果。再说，马萨诸塞的"清教共和国"里面民主和人权这类成分有多少，如果你去问一问当时大量的契约奴和黑奴，也许得到的答案会更准确一些。

我认为，之所以英国的殖民地笑到了最后，最根本的原因就是，这些英国人是怀着强烈的意愿离开欧洲大陆的，他们为了心中的理想来到新大陆，并愿意为之付出汗水甚至生命。他们不像西班牙人、葡萄牙人，心里只想着抢夺大把的金银，带回欧洲去炫耀，去挥霍；也不像法国人和荷兰人，只要能换到上好的毛皮，就整天待在屋子里，喝着朗姆酒，唱着歌；更不像瑞典人，只是来美洲旅游一下，觉得也没什么好的，拍拍屁股就走了。

这些英国殖民地的人，是真正把这块土地当作自己的家园来建设的。有时候，我在加拿大安大略省美丽的落日余晖下，遥想当年这些人，似乎能看到300多年前的他们，在田里劳作之余，偶尔站起来看着四周，然后大声说："这里，就是我的家！"只有这样的人，把脚下这块土地当作自己唯一家园的人，才有可能被这块土地接受，成为这片大地上新的主人。

二

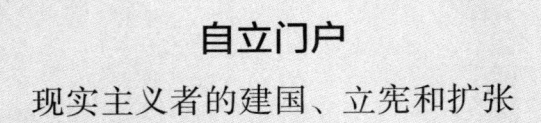

自立门户
现实主义者的建国、立宪和扩张

01
英王和北美铁公鸡的摩擦

很快,英国人在北美就开发了多个比较大的殖民地。这些殖民地大多数有一个英国国王指派的总督,殖民地人民手里也攥着一张英国签发的土地开发许可证书,大家没事喝酒的时候,也要祝伟大的英国国王万寿无疆,彼此相处相当融洽。但我们都知道,后来殖民地的人揭竿而起,造了反。

英法七年战争后遗症

这事还得从当时的欧洲说起。

如果说20世纪之前,这世界上有两个国家可以称为宿敌的话,那非英国和法国莫属。

这对冤家从诞生之日起,从来没有消停过,打架的原因也是多种多样,层出不穷,无论多大事儿,基本都能打起来。

最离谱的就是从1337年开始打的那场,一口气打到1453年,号称"百年战争",实际上打了116年。整整五代人,打到最后,早就忘了当初为什么开打的了,反正世代的血仇只能死磕。

百年战争结束之后，英法也没消停，断断续续打打和和，到了1754年的时候，因为各种各样复杂的原因，两国又准备开掐。

战争开始的时候，和往常一样，还仅仅局限在欧洲，北美殖民地居民最多喊两嗓子，为各自的宗主国加加油，完了回家继续喝茶聊天睡觉。

可是随着战事的发展，情况变了。大英帝国觉得不过瘾，自从在海上赢了西班牙的无敌舰队，并通过四次英荷战争最终打败了荷兰之后，他们的海军力量变得空前强大，自信心也开始爆棚，不再把以前势均力敌的敌人法兰西放在眼里。于是他们决定把战争扩大到世界的其他舞台，包括印度、大西洋和北美洲。

大英帝国率先在北美洲动手。

1758年，英国人进攻法国在北美洲的领土——加拿大。当时英国在北美殖民地上的人出于各种原因和理由，大多数都选择支持英国，还有很多人加入了英国军队，其中有一个人叫乔治·华盛顿，他参加这场战争的目的就是想在英国军队里混一个军官的职务，可惜没有达到目的，不过后来阴差阳错，他居然成了美国的国父、第一任总统，这是后话。

英法北美战争的发展也正像英国人事先预料的那样，法国人虽然有当地土著印第安人的支持，但最后还是打不过英国。1763年，加拿大的法国总督投降，英国最终不仅占领了加拿大，还占领了现在属于美国的路易斯安那以及佛罗里达。

历史上把这场战争"法国-印第安人战争"，属于"七年战争"的一部分，这场战争涉及面很广，亚洲、欧洲、美洲和非洲全都被卷入战争，死亡100多万人，法国让出了很多海外殖民地给英国，其中就包括印度和加拿大。

这意味着法国在世界上的霸权开始衰落。也正是在这次战争之后，继葡萄牙、西班牙、荷兰和法国，大英帝国正式崛起，走向"日不落帝国"的地位，最终在19世纪通过鸦片战争征服大清帝国之后，成为了第一个真正意义上的世界帝国。

不过，英国人虽然赢得了七年战争的胜利，却在战争结束之后，发现了一件很严重的事情，那就是没钱了。这也很正常，中国有一个成语叫"穷兵黩武"，家业再大也禁不起连年战争的折腾。

问题是，本来就没钱了，偏偏花钱的地方还多，战争之后，英国为了稳定局面，还得派一支1万人的军队常驻北美，这些都需要钱。

乔治国王做了三件事

乔治三世觉得，所有的军费都让英国本土出有点不公平："如果没有我，你们这些可怜的殖民地的虫子们早就被法国军队和印第安人赶下了大西洋。"抱着这样的想法，他觉得是时候向北美殖民地使用他作为一个国王应有的权力了，换句话说，他想从殖民地捞点儿钱。

为了这个目的，乔治三世做了下面三件事。

第一，加强《航海条例》的执行。前面介绍过，这个《航海条例》是打击走私的，它不允许殖民地随便和荷兰、法国等国家进行交易。

不过，你要是花点功夫去研究这个《航海条例》，就会发现它不仅仅是打击走私这么简单，间接地，它也限制了殖民地的发展。比如它规定，政府指定某些殖民地产品只准许贩运到英国本土，包括烟草、棉花、毛皮等；其他国家的产品，不能直接运到殖民地，必须经由英国本土的商人转卖一次；殖民地也不能大规模生产和英国本土竞争的产品，如纺织品。

这样一研究，你就会明白，大英帝国的《航海条例》对外打击走私，对内、对殖民地实行的是统购统销。殖民地对外做生意这事儿，实际上由乔治国王包办了，殖民地的人甚至不能私自去市场上卖一个鸡蛋。很自然地，这件事伤害了殖民地商人的利益。

乔治三世做的第二件事就是，规定从今以后，没经过他的同意，所有移民不能进入印第安人的地盘，尤其是不能翻过阿巴拉契亚山脉。这条山脉以东是13个北美殖民地，大概只占现在美国的五分之一的面积，山脉以西当时住着大量的印第安人。

换句话说，以前殖民地居民抢一块印第安人的地盘，搞点开发，改善一下老婆孩子的居住条件，那都是默许的，可现在的英国，突然就有了"大局观""世界观"，觉得整个北美都是自己的子民，而且印第安人是最大的部落民族，也表示了和平和臣服的愿望，那么就要两不偏袒，和平相处。

可是，这一条等于绑住了殖民地人的手脚，殖民地的人越来越多，如果不能抢印第安人了，那么肥沃的土地从哪里来呢？所以当时殖民地的人对这一条规定是很愤恨的，不过不太好意思明说。

乔治三世做的第三件事，就是对殖民地收税。你要是问，以前英国不从殖民地收税吗？那你说对了，以前是英国本土的公民必须缴税，可是殖民地的居民基本上是不向英国缴税的，因为他们都是高度自治的——而高度自治和没人管差不多。

现在英国国王说了："你们殖民地名义上都是属于英国的，而且你们到处拿着我给你们发的'土地证书'从印第安人那里要地盘，出了事儿还得我派兵去平叛，每年我还要补贴你们大量的行政管理和驻军的费用，为什么不能收税？"

从某种意义上说，乔治说得没错，这也是为什么当他颁布《食糖法》和《印花税法》，开始从殖民地收税的时候，获得了英国议会和英国本土几乎所有公民的一致赞同。

所谓的《食糖法》就是对甜酒、进口糖类和所有奢侈品征税，而大名鼎鼎的《印花税法》更是厉害，所有报纸等出版物、文件、契约、合同甚至结婚证书都要带有浮雕印花，而这个印花是要从英国政府手里花钱买的。

北美跳出无数个不服者

英国国王乔治三世一声令下,殖民地居民从此不允许抢印第安人的地盘了,也不能大张旗鼓地和其他国家走私货物了,更"令人发指"的是要开始缴税了,北美殖民地里立刻跳出无数个不服者,其中以两个人最出名。从现在开始,美利坚合众国建国的十大英雄,也是十位最重要的国父将相继出场。

第一个出场的国父是约翰·汉考克,生于1737年,美国《独立宣言》第一位签署者。出场年龄28岁,职业是商人,外号"走私王",马萨诸塞的首富。美国建国后担任马萨诸塞州第一任州长。

第二个出场的国父是塞缪尔·亚当斯,生于1722年,美国《独立宣言》签署者。出场年龄43岁,是一个失败的商人。

这两个人是美国独立战争之前的重量级选手,革命的先驱者。

约翰·汉考克要造反那是一点儿都不稀奇,他们家族本身就是走私商人,如果乖乖地按照乔治的新条例去执行,那么他家每年要缴出去将近4万英镑。18世纪中后期的4万英镑是一个什么概念?那时候英国一个工人一年的收入也就是15镑左右——也就是说,汉考克每年逃税的收入就可以养活2500个工人。

而塞缪尔·亚当斯自从生意失败之后,就是一个专业的革命家了,天生不安分,负责造反的宣传和组织,此人也是北美反抗英国的秘密社团"自由之子"的创立者。

这两人一明一暗,有组织地带领着群众团体开始捣毁税局,焚烧印花税票,在收税的英国官吏身上涂满柏油,粘上羽毛,游街示众。闹到最后,北美殖民地的所有英国税务官员都纷纷递交辞职书。

古今中外的抗议或者说造反行动,那是一定要有口号的,比如中国的陈胜、吴广起义,就喊出了"王侯将相,宁有种乎?"大家一听就热血沸腾。汉考克和亚当斯也弄出了很多口号，其中最著名的一句就是："无代表，不纳税。"这句口号很厉害，潜台词就是：不是我们不想缴税，实在是你们这群英国大爷太欺负人，在英国国会里，居然没有我们北美殖民地的代表，那我们为什么要缴税？有了这句口号，殖民地的人民好像突然之间就有了底气。

这句口号一直到今天，还是被很多人顶礼膜拜，但是我不得不说，这6个字在当时完完全全就是一个借口，煽动一下老百姓，摆到台面上并不是很有道理。

为什么呢？因为当时英国国会是虚拟代表制，有点像罗马的元老院，本来就不是每个地区都有代表，它的原则是每一个议员都代表了所有英格兰臣民。所以，北美没有代表不是英国国会的歧视，而是本来英国的法律就是如此，英国本土也有很多地区没有代表，按照制度，照样纳税。

可这个事实殖民地的人自然是不想分辨清楚的，不缴税的日子都过了100多年了，现在凭什么突然让缴税？

所以，无论当时英国国会如何解释，都是解决不了问题的，因为塞缪尔·亚当斯、约翰·汉考克和殖民地的居民就想找理由让国会彻底收回《印花税法案》。

就这样，1765年10月，北美9个殖民地的29名代表在纽约举行了反印花税会议，通过了一个《权利和不平宣言》，声明："英国国王在美洲的臣民享有天赋的权利和自由，未经他们本人或代表的同意不得向他们征税。"

这一句话的意思相当明显，北美殖民地的人以天赋权利和自由的名义，说出了真实的目的："只要我或者我选出来的代表不同意，我就不缴税。"当然，是绝对不会选出一个同意缴税的代表的。

不仅如此，这次大会还号召所有北美殖民地展开抵制英货运动，从而导致了英国对殖民地的出口额大幅度下降，这样一来，英国本土的商人也不干了。

结果，乔治国王还没收上来北美洲的税呢，自己家的后院先失了火，英国本土30多个城市的商人联合起来向议会上书，请求废除北美殖民地的印花税法。

内外交困之下，英国议会于1766年3月18日，经过一场激烈的辩论之后，通过了废除印花税条例的决议。

这个消息传到北美殖民地后，当地居民欣喜若狂，欢声雷动，燃放焰火，鸣钟庆祝。在纽约城，当地居民特意烤了两头全牛，并向兴高采烈的群众免费供应啤酒和掺了水的烈酒以示庆贺。

这件事之后，乔治国王和北美殖民地表面上平静了一段时间，其间，乔治三世一直在琢磨，为什么会失败？下次怎么干？

北美殖民地的人也没闲着，正在搞大革命运动，越来越多的人被塞缪尔·亚当斯这样的专业革命家游说到了革命队伍里，时刻准备着和国王作对。

后来，乔治三世一拍脑袋，大吼一声："我想明白了！原来毛病出在'印花税'三个字上，北美那群人对这三个字过敏，换个名词就行了。"英国国会的老爷们也推波助澜，说："陛下您真是太聪明了，只要换一个词，保证北美那些家伙乖乖地送钱过来。"

于是，到了1767年，英国人好了伤疤忘了疼，又蠢蠢欲动，由财政大臣查尔斯·汤森提出了《汤森法案》，国会一致通过。内容很简单，基本就是把"印花税"三个字去掉之后的要钱法案。

殖民地人们的回答非常简洁，两个字："不行！"

就这样，各种各样的抗税斗争此起彼伏，英国当局和殖民地老百姓的摩擦连绵不断。时间长了，缴不缴税这个摩擦慢慢加热，最后就点燃了一场大火。

波士顿倾茶事件和大陆会议

1770年3月5日，在北美的波士顿，一名叫怀特的英国士兵，和当地一个假发店的店员发生了争执，怀特把小店员打得头破血流，本来就对英国心怀怨恨的波士顿居民马上就聚拢了上百人，抓住了怀特。

当地的英国驻军上尉普雷斯顿听说之后，带领7名下属前来，试图为自己人解围，可是愤怒的居民拿起雪球、棍棒和碎石子等各种东西向英国军人砸了过去，同时还大声挑衅。

虽然英军上尉明确下令不准开枪，但惊慌失措的大兵们最后还是开了枪，结果造成5人死亡6人受伤。

这件事在美国历史上非常出名，被定义为"波士顿大屠杀"。不过我们今天客观地看，这仅仅是一场没有任何预谋的冲突。至于为什么今天的美国中学课本把它上升到"大屠杀"的高度，当然是因为政治需要。

在美国建国之后，有许多激烈得多的政府与人民之间的冲突，死的人远远超过这个数目，但也只被定义为"暴动"或者"事件"，比如说"威士忌暴动"或者"1863年征兵暴动"等等。人类从发明语言的第一天起就知道，对同一事件，使用不同词语，达到的效果完全不同，这应当说是一种统治的艺术，古今中外，莫不如此。

言归正传，"波士顿大屠杀"随后就招致了当地1万多居民的大游行。当时的州长是英国委派的，他认为应该有一个相对公平的审判，但麻烦的是，一开始根本就没有一个律师敢站出来为英国士兵辩护。

拖到最后，终于有一个人挺身而出，自愿为英军士兵做无罪辩护，此人就是我们前面提到的塞缪尔·亚当斯的堂弟。

约翰·亚当斯，生于1735年，《独立宣言》起草委员会委员、签署者，第三位出场的美国国父。出场年龄35岁，职业是律师，建国后担任第二任美国总统。

他答应为英军做辩护律师之后，说了这样一句名言："事实终归是事实，无关我们的愿望、倾向或激情，这些都无法改变事实和证据。"

最后的结果也不错，英军上尉普雷斯顿及其他6名英军士兵都被无罪释放，两名直接开枪的士兵则被判误杀，并以手指上烫烙印代替坐牢。

此后，在另外一场审判中，4名被捕的平民也被判无罪释放，双方都相当于无罪。约翰·亚当斯在这场官司里表现出来的理性和法律精神，让他在英国和北美殖民地两方面都赢得了声誉。

不过，在这场"波士顿大屠杀"当中，北美殖民地表现出来的抱团精神和随后又发生的此起彼伏的抗议活动，让英国国王乔治觉得可怕。他最后一琢磨，这税呢，好像是收不上来了，那就不要再闹得鸡飞狗跳了，所以就在同一年，他和英国议会以顺应民意的理由，废除了《汤森法案》里大部分税收，只保留了茶叶税一项。

说到这里，我要先聊两句茶叶。茶叶这个东西，在欧洲人解决了胡椒炖肉的问题之后，立即就取代了香料，成了欧洲贵族和老百姓统一的新的奢侈品。

前面说过，最初它是1607年英国的东印度公司从中国福建带到欧洲的，几乎是一到英国和北美，就受到热烈欢迎，大家很快就发现，中午吃点儿胡椒炖肉，下午再喝点儿中国茶，那绝对是一种享受。

很自然地，接下来就是大量的茶叶贸易。据统计，为了买茶叶，欧洲和北美人前前后后大概给中国送去了十几万吨的白银，在美洲连抢带骗弄回来的那点白银几乎有一半花在了茶叶上。

所以，1770年的英国对北美坚持保留茶叶税，除了表明大英帝国还是有资格向北美收税的脸面问题，利润也是一个很大的原因，因为茶叶几乎是一种人人都需要的商品，量大，税收自然也很可观。

可是这样一来，北美的茶叶价格一下子就升了上去。富人还好，普通人就开始喝不起茶了。

一开始的时候，北美殖民地的人还打算从此不喝茶了，不过俗话说，

"由俭入奢易，由奢入俭难"，他们很快就发现，没有茶叶的日子和没有香料的日子一样，实在是很痛苦。

据说本杰明·富兰克林用核桃叶子做过茶叶的替代品，摘下来晾干，再泡水喝，但很快他就放弃了，因为忒难喝了，他不知道的是，植物叶子只是原材料，中国的茶叶是需要用铁锅、文火和巧手细细炒出来的。

在这种情况下，北美人民干起了老本行，不买英国东印度公司的茶叶，走私茶叶去！于是，大批的北美商人开始出海，直接去找荷兰的东印度公司，一手交钱一手交货，拉回来的茶叶又好又便宜。

如此一来，英国东印度公司的茶叶自然就卖不出去了，只好去找乔治国王想办法。乔治一看到和北美殖民地有关的事情就头疼，但是也不能眼睁睁地看着自己的东印度公司破产。

他和议会商量了一下之后，决定牺牲点自己的利益，具体办法是，英国政府免收东印度公司的茶叶税，等于是间接免掉了北美人民的买茶税，然后让东印度公司大幅度降价让利在北美销售，价格降到什么程度呢？比北美人自己走私的茶叶还要便宜50%，这就是1773年英国政府出台的《救济东印度公司条例》。

乔治国王自认为办了一件大好事，救了东印度公司，还让北美人民喝上了又好又便宜的茶叶，唯一损害的是大英帝国的税收。

然而他得到的回答是一个简洁有力的英文单词："NO！"

原因非常简单，在乔治的如意算盘上，遗落了一颗珠子，那就是北美走私茶叶的商人们。他这么一搞大降价，几乎是断了所有北美茶叶走私贩子的财路，这其中就有前面提到的约翰·汉考克。

前面说过，约翰·汉考克是当地首富，但是他还有一个称呼，叫"走私王"。他知道这个消息之后，马上和他的老搭档塞缪尔·亚当斯一起组织其他的私茶贩子和群众走上街头抗议。

后来有人说，他们成立了一个"茶叶党"，简称"茶党"——这其实是不准确的，他们当时没有成立政党，"茶党"是后来者给他们扣的一顶帽子。今天的美国文化里,"茶党运动"这个词一般都是指激进的民粹活动。

我们当然理解为什么汉考克这类人会走上街头抗议,但是1773年的北美群众为什么也跟着抗议呢?难道少花点钱喝到好的茶不是一件好事吗?

想解释这件事,就要先明白当时北美民众的心理活动。18世纪末,大多数北美人其实有一种矛盾心理,他们非常想保留名义上的英国身份,一是因为传统,自己的祖先父辈都是英国人,二是觉得英国可以保护自己;但同时,他们又出生在北美大陆,和英国的感情很淡,他们绝对不愿意英国对他们有一点点的指手画脚。

对这个问题,美国学者亨德里克·房龙看得相当透彻,他说这些北美人"每次喝到一口可口的茶水,就会想到这是在包容一条毫无道理的法律"。是的,当时的北美民众,和今天叛逆期的孩子拥有一样的心理,在他们看来,你不让我去荷兰人那里买茶叶就是打压我们,是毫无道理的,无论你用什么方法,无论你给我多大的实惠,你都是在欺负我们。

北美群众起来抗议的另一个现实原因就是,他们非常担心英国政府的这种垄断行为也可能扩展到其他的商品交易上,今天要是不管那些茶叶走私贩子的死活,明天要是英国政府操控蔗糖价格,打击蔗糖走私怎么办?

你要知道,根据英国的《航海条例》,当时北美商人在各行各业几乎都是走私贩子,可以说是全民走私。所以,塞缪尔·亚当斯的一句名言在当时广为流传:"如果他们能对我们的茶叶征税,那为什么就不能对我们的土地,或者我们所有的其他贸易征税?"

1773年12月16日,殖民地的抗议者们在波士顿举行了8000多人的集会抗议,核心内容就是坚决反对英国东印度公司来北美卖茶叶。当天晚上,在塞缪尔·亚当斯和约翰·汉考克的领导下,60名"自由之子"成员化装成印第安人上了茶船,将英国东印度公司3条船上的342箱茶叶

图 2-1　波士顿倾茶事件，版画

全都倾倒在大海里，岸上无数民众兴高采烈地观看了这一海水泡茶的盛举——这就是被称为美国独立战争导火索的"波士顿倾茶事件"。

"不可容忍法令"和"第一次大陆会议"

这一次，乔治国王彻底愤怒了。英国政府随即在1774年3月，颁布了五条法令，称作《强制法案》。

我们来一条条分析一下。

一是封锁波士顿海港，一直到赔东印度公司茶叶钱为止。这条很合理，毕竟人家是一个卖茶叶的，你一言不合就把人家茶叶倒到海里去了，这不合法也不合理，所以要赔。

二是往大海里倒茶叶的那几个人要引渡到英国受审。这个且不说合不合理，关键是殖民地的人肯定不干，他们认为，即便是罪犯，也要在北美受审，这事儿和英国没关系。

三是取消马萨诸塞的自治权利，改由英国政府管理。关于这一条，如果英国政府或者乔治知道北美这么折腾的根本原因就是为了不让他们管，他们就不会也不应该在这时候提出来，因为这明摆着会让对方反感，也肯定不会被接受。

四是征用居民的私人住宅供英国军队住宿。这一条，北美殖民地的任何一个普通居民都会极力反抗。

五是规定天主教为加拿大魁北克省的官方宗教。这一条，看似和北美其他殖民地没啥关系，但实际上，是个很危险的信号。前面说过，天主教是新教和清教徒心中惨痛的回忆，当年之所以背井离乡跑到美洲正是为了躲避天主教，现在英国本土的国教都不是天主教了，却把它指定为北美一个殖民地的官方宗教，乔治的这点小心眼，可谓是司马昭之心路人皆知，他其实就是想警告其他殖民地人民：不老实的话，我就把你们扔回到以前那种整天担惊受怕，和天主教争斗不休的日子里去。

很明显，解读了上面这个《强制法案》，我们就知道，这时候的英国政府和乔治，对北美殖民地的判断是错误的，实际上，他们把斗争扩大化了，把矛头对准了几乎所有北美居民，这就把原来还保持沉默的、犹豫的、对英国忠诚的北美殖民地居民直接推到了激进派的怀里。所以，北美老百姓的反应很激烈，他们把这些条例统称为"不可容忍法案"。

约翰·亚当斯本人是一个律师，有着无比清醒的大脑和比较审慎的思维，他本能地感觉到，双方已经到了水火不容的境地，如果真的走到武力对抗，靠波士顿或者马萨诸塞一个殖民地，可能是扛不下来了，一定要把其他殖民地的人也一起拉下水，天塌下来大家一起扛。

于是，在亚当斯的号召之下，1774年9月5日到10月26日，12个殖民地的代表在宾夕法尼亚的费城召开会议，史称"第一次大陆会议"。

你要是问，美国革命不是有13个州么？为什么有一个没有来呢？原因也很简单，佐治亚殖民地因为成立得很晚，其中有很多是第一代移民，他们不想参与到反对英国政府的斗争中——当然，这个"不想"是暂时的，等到第二次大陆会议，他们也就扭扭捏捏地加入进来了。

当时参加第一次大陆会议的代表自称为"辉格派"，不过为了叙述方便，我们使用他们的另一个称呼"革命派"，与他们相对的"托利派"，我们管它叫"保皇派"。

第一次革命派全体大会主要做了五件事。

一是通过了《权利宣言》，基本上就是诉诉苦，说说自己为什么要和英国政府对着干，还提出了一些要求，比如可以和其他国家交易等等。

二是向乔治国王发请愿书，表忠心，并且要求撤回《强制法案》。

三是决定在第二年的5月，召开第二届大陆会议，以跟进英国国会的反应。

四是如果英国不答应他们的要求，那就从12月开始，不买任何英国货，又一次用起了老招数"抵制英货"。

这次会议的最后一件事，当时只是小事一桩，就是各州成立"通信委员会"，这个"通信委员会"其实就是联防队，号召各村各户严防死守，密切注视英国人，稍有风吹草动，马上放倒消息树，点起狼烟。

这个联防队体系，在成立的第二年，就发挥了神奇的作用，直接点燃了北美大陆上的独立烽火，老百姓们真的揭竿而起了。

02
莱克星顿，谁打响了第一枪？

英国和北美殖民地之间因为收税问题，斗争逐渐升级，到了1775年4月，英国在波士顿的总督托马斯·盖奇得到了一个消息：当地殖民地的民兵在距离波士顿30多公里的康科德设有武器库，而且塞缪尔·亚当斯和约翰·汉考克这两个造反派大头目正在那附近的莱克星顿妖言惑众，鼓动大家造反。

总督盖奇听到这个消息，异常兴奋：升官发财，向乔治国王效忠的机会终于来了。

于是，他出动800名英军奔袭康科德，目的有两个，一是销毁民兵的武器库，二是拘捕那两个早已闻名大西洋两岸的"匪首"。

谁打响了第一枪

这个消息被殖民地的联防队知道了，他们快马加鞭向莱克星顿和康科德报信，殖民地的民兵们也迅速集合起来。

1775年4月19日清晨5点，世界近代史上无比重要的一幕缓缓地拉开了。

800名英军迈着整齐的步子,向莱克星顿快速挺进,可就在将要抵达目的地的时候,他们被一群衣衫褴褛、面带怒色的殖民地居民拿着锄头和鸟枪拦住了。这些人本来的身份是当地的农民,但同时也是被亚当斯和汉考克组织起来的革命派成员。

现在历史学家竭力想搞清楚,但是已经完全不可能搞清楚的一件事是,英国大兵和殖民地农民,这两拨没什么文化,脾气还都不好的家伙相遇之后,到底是谁先开的枪。这绝对不是鸡毛蒜皮的小事,实际上,这是一件很严肃的事情。如果是英军先开的枪,那么独立战争的正义性至少可以增加30%,但如果是北美居民先开的枪,那就是有组织、有计划的暴动或者说起义。正因为如此,在没有任何史料支持下,美国今天所有的中学课本一致同意,是万恶的英国大兵先开的枪。

实际上,我相信,即便当时在现场,也很难说清楚到底是英国大兵先开的枪,还是美国农民先抡的锄头。随之而来的就是一场混战,后来战争又扩大到了康科德,最后的结果是,英军损失73人,北美损失270多人。

这场发生在莱克星顿的冲突,被后世史学家称为"莱克星顿事件",并一致认为这就是美国独立战争的第一枪,意义重大。

一个月后,1775年5月10日,北美殖民地的第二次大陆会议如期举行。在这次会议上,有一些殖民地的领袖是激进派,比如约翰·亚当斯、乔治·华盛顿等,他们被莱克星顿的枪声刺激了,决定成立武装组织,和英国军队斗到底。可也有一些人觉得事

图2-2 莱克星顿公园的
独立战争民兵像

情还没有那么严重,他们还是觉得要好好地和英国国王乔治谈判,最终和平解决问题,这种矛盾的心理完全反映在会议通过的两项决议上,一个叫《武装宣言》,另一个叫《橄榄枝请愿书》——听名字就知道了,他们其实是两手准备。

可是大西洋那边的乔治国王也很愤怒,他根本就不理会北美人送来的那份《橄榄枝请愿书》。8月23日,乔治宣布殖民地居民的反抗运动为非法,并且宣称"宁可不要头上的王冠,也决不会放弃战争"。12月22日,英国当局正式调派近5万人的英军进入殖民地,准备镇压一切敢于反抗的武装力量。

客观地讲,当时英国的愤怒并不是乔治国王一个人的愤怒,几乎所有的英国人都是这样认为的,是谁在英法七年战争中得利最大?是北美殖民地;是谁在供养英国的军队?是英国本土的居民。这公平吗?英国的绅士们当然觉得这很不公平,而且北美有"无代表不纳税"的口号,但就像前面所说,当时英国并不是所有地区在议会里都有代表,但所有人照样缴税。

因此,事实上,在接下来几年对北美的战争中,乔治国王确实得到了大多数英国人的支持。

华盛顿怎么成了总司令

莱克星顿事件之后,北美殖民地和英国彻底闹翻,双方挽起袖子,准备在战场上见。身经百战的大英帝国自然是兵强马壮,名将云集;北美这边也不是一点儿准备也没有,第二次大陆会议已经决定把殖民地的民兵组建成北美大陆军,同时任命了一个统帅——大陆军总司令华盛顿。

乔治·华盛顿,生于1732年,第四位上场的美国国父,共济会成员,出场年龄43岁,职业是北美大陆军总司令,建国后担任美利坚合众国第一任总统,并且是美国历史上唯一一位全票当选的总统。

图 2-3　华盛顿像

华盛顿小时候是没有读过什么书的，原因是他爹过世之后，他家经济上有点儿困难。实际上，一直到他工作之前，他的文化水平只相当于小学程度。

不过，他有一个不错的同父异母的哥哥劳伦斯，不仅给他介绍了土地测量员的高薪工作，而且比较早地去世了，给华盛顿留下了一个弗吉尼亚民兵少校的世袭职位和一个叫弗农山庄的农庄。这件事从某种程度上成全了华盛顿，这个弗农山庄后来就是华盛顿一辈子的居所，现在也是美国著名景点之一。

华盛顿袭了哥哥的民兵少校职位之后，恰好赶上英法七年战争。在这场战争里，大多数殖民地人站在了英国一方，华盛顿的表现还是很不错的，打完仗之后，被升职为民兵上校。

但这个职位并没有让他满足，他的理想是成为一名真正的英国军官，而不是什么北美民兵队伍的上校团副小头目。可是他活动了一番，根本就没人搭理他，最后，他一气之下辞职不干回家了。

那么，辞职之后，成了平头百姓的华盛顿是怎么当上大陆军总司令的呢？

华盛顿回家之后不久就结婚了，对方是一位叫玛莎的寡妇。玛莎是一位很有钱、带着两个孩子的寡妇，她带来了很多陪嫁，华盛顿也算是一步到位，老婆、财富和孩子一下子全有了。后来终其一生，他也没有自己亲生的孩子，对玛莎和两个孩子都相当不错。

结婚以后，华盛顿就过着拥有 300 多名奴隶的地主生活，在当时的北美，财富的增加，也就意味着地位的提升。不久，他就被选为弗吉尼亚的议员，日子相当惬意。

那么，为什么第二次大陆会议上，大家选举他当总司令？

实际上，华盛顿也参加了第一次大陆会议，不过那时他寂寂无名，亚当斯、汉考克光芒四射，华盛顿根本就没有露脸的机会。

莱克星顿枪声响起之后，华盛顿觉得机会来了，又去参加第二次大陆会议，这一次，他有备而来，干了一件很出风头的事情，穿了军装。整个会场上，只有他一个人一身戎装，满脸杀气。而且，他非常坚决地要求带领弗吉尼亚的民兵抵抗英国人。

当时的主战派约翰·亚当斯一看，这是好事啊，我们这些闹事的基本都是东北马萨诸塞的人，现在如果找一个南方殖民地弗吉尼亚的人当军队的司令，那岂不是可以说这事是所有殖民地联合一起干的？所以，亚当斯极力推荐华盛顿，他在会议上不止一次盛赞他，说他"极具军事天才和良好的素质"。

这个提议最终得到了其他殖民地代表们的一致同意。

得到任命的当天晚上，华盛顿给玛莎写了一封信，信里说："亲爱的，我非但没有寻求担当此重任，还极力地推辞，因为不仅仅是我不想和你还有孩子们久别，而且我不认为我能胜任此职，相信我，我说的都是真的。"

第二天早上，华盛顿起了个大早，简单收拾一下，策马奔向纽约上任去了。

实力悬殊

当时没有人能想到，这一仗，一打就是8年。

客观地说，北美殖民地的所有议员在1775年夏天的普遍共识是，"反英国议会，不反英国国王"。你可以说这是一种战争的策略，或者说这是一种对英国皇室的眷恋情结。殖民地无论是给英国国王的请愿书，还是内部宣传，都是先向国王效忠一番，然后再说自己的委屈，最后才是小心翼翼地提要求。

当时还有一句比较出名的话:"我们打败了国王无数次,他依然是国王,但只要他打败我们一次,我们就死定了。"可以说国王是天经地义的存在,这种观念深入人心。

代表们如此,北美的普通老百姓也差不多,很多时候,他们把和英国的矛盾看作是一场游戏。华盛顿上任第一天,在纽约受到了热烈的欢迎,当地的民兵和一些民众主动给他当护卫和前导。几天之后,华盛顿带兵离开了纽约,一队英国大兵开进了城里,同样的民兵,同样的民众,就把欢迎的旗帜换一下,再一次主动地给英军当护卫,簇拥着这队英军进入了纽约城。

这就是当时老百姓的心态。历史学家卡尔·霍恩说,当时13个殖民地中,只有10%左右是坚定的革命者;30%左右对革命者抱有同情心,可能支持革命;支持英国国王的,占到了20%左右;剩下的40%中立或者沉默不表态。这个数据应该还是合理的,后来在8年的美国独立战争期间,至少有8万殖民地的人因为不想离开英国国王的统治,而迁移到了加拿大、佛罗里达、西印度群岛,甚至回流到了英国。

殖民地代表和人民是反议会而不反国王,那么士兵呢?今天威风凛凛的美国大兵,当年难道不是坚定的革命派?

说实话,他们也不是,真实情况是,这些人其实不能叫兵,只能叫农民预备役,什么武器都有,什么年龄都有。后来法国人帮助华盛顿打仗,在一次会师后,看到大陆军的情况大吃一惊,一个法国炮兵中尉在他的日记里这样写道:"初次看到这支军队的时候我震惊了……他们没有制服,多数人衣衫褴褛,他们中的多数人光着脚。他们的形体各异,甚至有不到十四岁的孩子!"

按照这段描述和我们接触到的历史资料,你可以想象那时候的美国大陆军,人力硬件上都完全不过关。

北美大陆军总司令华盛顿上任之后,把这些衣衫不整的民兵集合在一起，训练的时候，居然还要喊一喊"英王万岁"。在喝酒的时候，华盛顿也总是会举起酒杯，先祝伟大的国王乔治三世永远健康。一句话，他们外部装备不行，内心也没有和英国死磕到底的勇气和意识。

同一时间，自高自大的乔治国王连北美的请愿代表都不愿意见，而是派遣无数英军从大西洋上源源不断地进入北美大陆，准备狠狠地给这些家伙一点儿教训。

如果这种情况持续下去，那等待北美的，只能是继续受大英帝国的统治，而现在出场的四位美国国父——两个亚当斯，一个汉考克和一个华盛顿，他们的命运很可能就是把脖子套进绞刑架，玛莎女士很快就会再次成为一个有钱的寡妇。

03 《常识》《宣言》惊天下

北美殖民地人民终于举起了枪，准备和英国人较量一番，可是就连他们的总司令华盛顿，当时可能都没搞明白两件事，第一件事是他们的枪到底要朝谁射击；第二件事是，这把枪要端到什么时候，也就是说，他们的终极目标到底是什么。

你可能会说，他们的目标难道不是独立吗，历史书上都写着呢！那你就错了。1775年第二次大陆会议的时候，北美殖民地的代表中还没有任何人提出来谋求独立，他们组织军队是为了反抗，但反抗到何种程度，谁都不知道。

上面说的这两件事可以归纳为革命的目标和革命的目的。对于革命者来说，这里有最大的两个问题——目标和目的不明确，那就不可能有坚定的革命意志，遇到点儿风吹草动，就会动摇。

关键时刻，对美国独立战争起了关键作用的一个人站了出来。

《常识》惊醒梦中人

托马斯·潘恩，生于1737年的英国，第五位登场的美国国父，"合众国"（the United States）这一名称的首倡者，当时年龄38岁，职业是杂志主编。1774年的某一天，37岁的潘恩在英国大街上百无聊赖地闲逛时，遇到了一个劝他去北美发展的人，此人的名字叫富兰克林，也就是第六位登场的美国国父，唯一一位在建国三大文件上都有签名的国父，这三大文件是《独立宣言》《1783年巴黎协约》和《美利坚合众国宪法》。

图2-4　托马斯·潘恩像

潘恩到了北美之后很快就投入了革命运动。当莱克星顿的枪声响起，一身戎装的华盛顿意气风发地当上总司令之后，潘恩几乎是唯一一个一眼就看出革命既没有目标也没有目的的人，他深深地知道这里面蕴含着巨大的危险。

中国有句古话"书生报国无长物，唯有手中笔如刀"，而潘恩手里的笔是一挺威猛的机关枪，他决定用手中的笔为北美的独立运动做点贡献，于是结合了他从欧洲启蒙运动中汲取到的养分，开始奋笔疾书。1776年1月，一本划时代的小册子出版了，书名叫《常识》。

这本大概50页的小册子在美国历史上的地位可以说是卓尔不群，2003年美国邦诺书店有一个调查统计，评选对美国影响最大的图书，《常识》以绝对的高票雄踞"影响美国历史的二十本图书"榜首。

那么潘恩先生在这本书里究竟写了什么呢？概括地说，他首先阐明了人是群居动物，聚在一起形成社会是很自然的，但是，政府却是为了防止罪恶行径不得已而产生，假如政府不能防止作恶，那便会丧失它存在的必要性，不能容忍；如果它不仅不能防止罪恶，反而自己去作恶，那就已经是坏透了，必须铲除。

接下来，潘恩开始列举英国国王乔治和英国议会的罪恶，同时，引经据典地说明，国王本来就不应该存在，而英国国王居然还世袭，更是恶劣无比、罪大恶极，他甚至罗列证据，证明上帝和《圣经》都反对君主制度。

痛快淋漓地批判了英国国王，并雄辩地证明了国王没有存在的合理性之后，潘恩接下来又批驳了那些试图和英国和解的观点。他认为和解之后，不仅仅要受到贸易限制，还要接受很多强制性的法律，甚至将来还要为了英国卖命，去和别的国家打仗。

北美老百姓当然不想过这种日子。潘恩接着立刻给大家指出了一条出路："和解与毁灭密切相关，独立才是唯一的出路。"

然后，潘恩开始描述独立的好处："我们的谷物可以在任何一个欧洲市场上出售，我们可以选择在任何一个地方买进我们需要的东西。""再也没有我们不愿意接受的法律，再也不会有国王对我们无缘无故地征税。"等等。

当然，在这本书里，他也没忘记告诉人们，如何组建"人民自己的政府"，他指出："在专制国家里国王就是法律，在自由国家里法律就是国王。"这句话也为后来的美利坚打下了没有君主、依法治国的大框架。甚至一个州有多少个议员，多长时间选一次，国家有什么权力，州有什么权力，基本都涵盖在这本书之内了。

它最重要的理论，或者说醍醐灌顶的棒喝就是，到底需不需要一个国王。潘恩用雄辩的口才、理性的推理和华丽的文字，抛出了一个观念：我们不需要国王，我们可以自己管自己！

潘恩用《常识》这本书，把当时大部分在中间摇摆的北美人拉到了革命的阵营。据当时英国报纸夸张地记载："凡读过这本书的人都彻底改变了态度，哪怕在一小时之前他还是一个强烈反对独立思想的人。"

一时之间，潘恩的名字响彻北美大陆，华盛顿说："《常识》在很多人心里，包括我自己在内，引起了一种巨大的变化。"从那时起，他领导的大陆军把向乔治祝酒的酒杯摔碎了，然后再把枪口稍稍抬高了一些，对准了那还在盛怒之中的英国国王。

约翰·亚当斯更是直截了当地说:"如果没有潘恩的这支笔,乔治·华盛顿所举起的剑将是徒劳无功,历史将会把美国的革命归因于托马斯·潘恩!"

造反文书出炉

天才革命家托马斯·潘恩《常识》一书出版之后,产生了连锁反应。1776年6月,北美大陆上有五个人偷偷地聚集在一起,准备弄一份起义的文书,以表明行动的合理性,鼓动大家彻底造反闹独立。

它的名字叫《独立宣言》。

这五个偷偷聚集在一起的人是:约翰·亚当斯、本杰明·富兰克林——这两位是美国国父,前面已经说过了;然后是罗伯特·利文斯顿和罗杰·谢尔曼,这两位不是国父,但是在稍后美国制宪会议的时候我们会再提到他们;最后一位,就是重量级国父,托马斯·杰斐逊。

托马斯·杰斐逊,生于1743年,第七位出场的美国国父,《独立宣言》主要起草者,当时年龄33岁,职业是弗吉尼亚殖民地的一名公务员,美国建国后历任国务卿、副总统和美国第三任总统。

杰斐逊其实是不需要当公务员的,因为他会的东西实在忒多了,他是农业学、园艺学、建筑学、词源学、考古学、数学、密码学、测量学与古生物学的专家,同时还是作家、律师、小提琴手、思想家和政治家。

此人在美国历史上的地位相当突出,1962年,美国时任总统约翰·肯尼迪在白宫宴请49位诺贝尔奖得主,他在欢迎词里是这样说的:"今晚,是白宫聚集了最多的天才和人类知识的时刻。但是,我们也许要除去杰斐逊独自在这里饮酒的那一晚。"一人可匹敌49位诺贝尔奖得主加上1位美国总统,这是什么概念可想而知。

1776年6月的他,正在"写作业"。因为大家讨论完主要框架之后,一致决定由他来主笔写这篇讨伐乔治国王的檄文。

杰斐逊也没推辞，直接把自己关到房间里，17天后，6月28日，他拿出了初稿。事后杰斐逊说，这份宣言实际上他借鉴了三份文献，那就是1581年的《荷兰独立宣言》，英国哲学家约翰·洛克的《政府论》，还有最重要的，托马斯·潘恩写的《常识》。但无论如何，《独立宣言》的名气比这三篇文献要大得多。

6天之后，一个重要的日子来临了，1776年7月4日，北美殖民地的第二次大陆会议决定，将采用这篇宣言，作为13个北美殖民地对英国的正式独立宣言。

这里解释一下，"第二次大陆会议"实际上是汉语的一个翻译错误，应该翻译成"第二届大陆议会"，它是权力机构，而不仅仅代指一场会议，它的权力一直维持到1781年。

《独立宣言》一共有两个标题，大标题很清晰，就是"独立宣言"，可是它的副标题就很有意思了——"The Unanimous Declaration of The Thirteen United States of Americ"，翻译过来可以是"美利坚十三州一致通过的宣言"，也可以译为"美利坚十三国一致通过的宣言"。问题就出现在英文单词State上，这个词本来意思是"政治框架之下的一个国"，杰斐逊在这篇《独立宣言》的结尾，也明确说过：作为自由独立的国家，它们完全有权宣战、缔和、结盟、通商和独立国家有权去做的一切行动——这里的"国家"一词，杰斐逊使用了复数，并且使用了"它们"，而不是"它"或者"我们"。

这说明什么呢？只说明了一件事，无论是大陆议会，还是杰斐逊，都没有明确说明，要求独立的到底是一个由13个殖民地组成的联邦国家，还是13个独立的国家。我甚至认为，他们还是偏向于是13个国家，也就是当时在大陆议会里有代表的13个北美殖民地，每一个都被认为是一个国家，但为了力量的强大，他们不得不选择了联合，也就是"the United States"，即"13国联合体"。

这种含糊其词的说法，给后来的美利坚合众国带来了隐患，一直到几年之后的制宪会议，关于"美国到底是一个国家，还是13个国家的联合体"，也是一笔糊涂账。这个问题一直到1787年才解决。

无论如何，既然第二届大陆议会决定了《独立宣言》是战斗檄文，那就需要13个州的代表签字生效，这道法律程序是必须走的。第一个签名的是大会主席约翰·汉考克。最后一共有56名代表在《独立宣言》上签下了名字。

宣言之下的事实

这份《独立宣言》的内容，主要说了两件事：一是北美殖民地要独立；二是乔治压迫北美殖民地，殖民地人是实在没办法了才要造反的。

关于这份文档对美国的重要性，只举一个例子：7月4日，也就是《独立宣言》被第二届大陆议会批准的那一天，后来被宪法定义为美利坚合众国的建国之日，也就是美国的国庆日。200多年来，已经有无数文人去讴歌、颂扬《独立宣言》的伟大，但《独立宣言》也有其矛盾和局限性。

《独立宣言》里最有名的一句是这样的："我们认为下面这些真理是不言而喻的：造物者创造了平等的个人，并赋予他们若干不可剥夺的权利，其中包括生命权、自由权和追求幸福的权利。"

几百年来，这句话激励了世界上无数的人。这句话也确实值得讴歌，因为它真的是人类的理想和奋斗方向，但如果你真的以为说这话的人就做到了"生而平等"，那只能说你还是天真了。

首先，作者本人杰斐逊就是一个一生都在和奴隶纠缠的人，我从不否认他有着高尚的情操，但是这完全敌不过一个事实，即在那个缺少大型机械的时代，他必须要面对，家里那一大片从印第安人手里弄来的肥沃良田谁来耕种的问题。

记录显示，杰斐逊一生中曾拥有超过650名奴隶，其中有的是来自家族，也有许多是因债权而被扣留的"资产"，正是这些人在他的田庄和农场日夜不停地劳作，才让他有时间有精力去写《独立宣言》，说出"人人生而平等"。

历史学家史蒂芬安·伯洛斯曾说过："杰斐逊明知奴隶制度不当，明知自己从这种体制中得利为不道德，但在其一生中显然看不到放弃的迹象……在杰斐逊充满矛盾的一生中，没什么比这个更严重。"不仅是历史学家，就连当时的人们，对这种现象也很困惑，比如说杰斐逊在1801年当选美国总统之后，波士顿的一家报纸这样写道："我们的总统杰斐逊先生是骑在奴隶的后背上进入了自由的殿堂。"

其次，当时有这种矛盾言行的也不仅仅是杰斐逊，美国开国国父里有奴隶的可以说一抓一大把，正在前面战壕里打仗的华盛顿，后来的"宪法之父"麦迪逊，都是大奴隶主，甚至几十年后，美国总统格兰特的家里还有奴隶。

所以，我们就不免要问一句，这些人喊着人人平等，是虚伪呢，还是没把奴隶当作人来看？答案显然是后者，那时候在这些老爷的头脑中，奴隶大概是一种财产，不能算是人。

实际上，如果按政治权利来说，《独立宣言》所说的"人人生而平等"中的"人人"，除了不包括黑人，还不包括下列人等：英国契约奴、所有妇女和印第安人，还有那些没有田产的白种男人。这些人统统没有政治权利，自然也谈不上什么"生而平等"。

一直到了20世纪60年代，美国黑人领袖马丁·路德·金还在抨击这件事，他说："我们合众国的缔造者在拟写《宪法》及《独立宣言》的辉煌篇章时，就签下了一张每一个美国人都能继承的期票……但是一直到今天，美国显然对他的有色公民还拖欠着这张期票。"这等于是在质问，1776年写下了"人人生而平等"的立国准则，可是到了1963年的时候，平等还是遥遥无期，那不就是一张根本没有兑现的期票吗？

《独立宣言》最后一句话是："谨以我们的生命、财富和神圣的荣誉，相互保证，共同宣誓。"从性质上说，《独立宣言》就是一份生死状，一份盟誓。

身为国父之一的富兰克林当时说过一句话，深得代表们的赞同："We must hang together, or we will hang separately！"这句话里面有两个Hang，前一个Hang代表着抱团，后一个Hang意味着绞死。翻译过来就是，如果不抱团，就会被一个个绞死。

因为这份宣言的签署地是费城，所以费城后来被称为"美国的摇篮"，几次大陆会议，包括后来的制宪会议，都是在这座城市召开的。如今NBA有个球队，叫"费城76人队"，这支球队的名字就是为了纪念1776年7月4日《独立宣言》在此发表。

04 华盛顿制胜的战略和机遇

到此为止,乔治·华盛顿和他率领的北美大陆军得到了四样东西:远在英国的乔治国王提供的仇恨的种子,大陆议会给的将军的头衔和权力,潘恩运来的精神食粮,杰斐逊拿出的一份口号和生死状。那么,拥有了这四样东西的华盛顿将军这时候在干什么?很可惜,他在领着军队四处逃跑,而且跑得还很狼狈。

诚实地讲,某些方面,比如说训练士兵、知人善用,华盛顿干得相当出色,但问题有两个:

第一,他的部队装备实在是太差了,最初组建的时候,大陆军连一门炮都没有。

第二,他本人的战术指挥水平比较平庸,华盛顿在开始的许多战役中犯下了大大小小的错误。北美大陆军在开始的阶段,只有一次可以称为胜利,那就是趁英军不备夺取了40门火炮,将英军赶出了波士顿。可是等到英国开始大举增援之后,北美大陆军就开始节节败退。

横渡特拉华河，法国参战

对于华盛顿他们来说，幸运的是，英国因为英伦三岛上的兵力不多，所以派到美洲的很多都是雇佣军。雇佣军的特点是拿钱干活，在开始一帆风顺的时候还可以，后来随着战线拉长，这些家伙就叫苦连天了，士气低落，战斗力"唰唰"地往下降。

更加幸运的是，华盛顿虽然战术不怎样，可是战略眼光相当不错。

在败退了一段时间之后，他发现了英国雇佣军的这个弱点，终于决定不跑了，或者说没按照英国人预想的那样逃跑。1776年12月25日，他突然率领部队横渡特拉华河，吃掉了英国的黑森雇佣兵，并在1777年1月3日击溃了普林斯顿的三个英军整装团。

这两次鼓舞人心的胜利，让双方的脚步都停了下来，英军不敢深入，华盛顿则开始采用千百年来无数弱小军队都使用的一个战略：游击战术。

实话实说，在那种情况下，能让北美大陆军存活下来，一直等到法国人来支援并且参战，那就是相当了不起的成就，从这一点上来说，华盛顿是无愧于"战斗英雄"这个称号的。

那么，法国人为什么会来支援并且参战呢？实际上，当时在几千里之外的欧洲，还有另外一场战争也正在悄悄地进行。

远在法国的本杰明·富兰克林和战火纷飞中的华盛顿，英雄所见略同，他们都意识到，北美的独立不可能仅仅依靠美国那几个民兵完成，必须要找到外援。所以，富兰克林一直在法国游说，希望和法国结盟。

对于美国的独立，富兰克林的贡献可以说是巨大而无可替代的。

中国的汉高祖刘邦曾经这样评价萧何："镇国家，抚百姓，使粮草不绝于道，我不如萧何。"在当上皇帝之后，刘邦把萧何列为所有功臣之首。可见，稳定的后方和充足的后勤保障，永远都是胜利的第一要素。富兰克林就相当于美国独立战争时期的萧何，他在那段时间，干的就是对外联络、结盟的事情。他留在欧洲购买军火，筹措军费，商谈借款，筹备那些出发到美国的物资等等，可以说居功至伟。

那么，法国人愿意和弱小的美国结盟吗？坦白地讲，当时法国人最愿意看到的事情，就是有人去打英国。别忘了在不久之前结束的七年战争中，法国人败在英国人手里，丢掉了很多殖民地，算得上法国的奇耻大辱，他们时刻想着报仇雪恨。

不过呢，既然美国人主动过来求自己，那就不妨再看看。这里面除了抬高身价、待价而沽的意思，最重要的是，法国人也有所顾忌，不想在这么短的时间内，连续两次败给英国。所以，如果美军看起来没有胜利的意思，那就按兵不动，让他们和英国先打个筋疲力尽再说。

关键时刻到了。1777年8月，英军将领伯戈因率7000多名主力从加拿大的蒙特利尔南下，由于行动迟缓，路上不断被骚扰，最后只好在10月份退入纽约附近的萨拉托加防守。很不巧的是，附近恰好有两支美军，分别由盖茨和阿诺德率领，两人的兵力都超过了伯戈因，合起来有3万多人，两支美军几乎是不约而同地赶过来，一下子就把伯戈因包围在了这个弹丸之地。

几天之后，伯戈因无法再战，被逼于10月17日率领5700名英军投降，这就是美国人歌颂过无数次的萨拉托加大捷。

萨拉托加战役是美国独立战争中一次重要的战役，也是一场关键的胜利，它不仅改变了北美大陆军到处逃窜、被动挨打的局面，让整个战争形势从战略防御转变为战略相持。更加重要的是，它证明了美军是有战斗力的。这种结果是大陆议会和3000公里之外的法国人，都愿意看到并翘首期待的事情。

既然新生的美利坚合众国已经证明了他们的能力，法国也就不再等待。1778年2月6日，美法两国正式签订《联盟条约》以及《和睦及商业条约》，这也是美国与外国签订的第一个双边条约，表明法国正式承认了美国政府，两国结成军事同盟。

驱动法国和新生美国政府建交,并且在后来给了美国大量财政援助的,正是前面提到的法国国王——路易十六。

从外交层面上来说,法国确实是第一个和美国正式建交的国家,但如果说口头上承认美国的,它还真不是第一个。就在美法两国签订合约之前的两个月,非洲小国摩洛哥的国王——穆罕默德三世就承认了美利坚合众国,将美国列入摩洛哥港口向外国开放的名单之中。

后来在1786年,两国补签了一个友好条约,这就是《美摩友好条约》,这份条约也是美国历史上连续不断、有效期最长的条约。

形势逆转,约克镇大捷

美国和法国签订条约之后,乔治和英国议会终于看出来了,北美是一块硬骨头,真的不那么好啃。和大多数色厉内荏的家伙一样,硬的不行,他们就开始来软的。于是乎,乔治发表行政命令,废除对北美殖民地的《强制条例》和茶叶税,并马上派遣和平使者前往费城,要和殖民地人谈判。

殖民地的代表们对他的回答还是那个简洁有力的英文单词:"NO!"

1778年的6月,法国对英国宣战。有道是墙倒众人推,欧洲的其他列强们一看,大英帝国在北美洲有翻船的可能,那自然是一个个挽起袖子,要上前去推一把,加速这个翻船的过程,顺便捞点儿油水。

就这样,1779年6月,西班牙与法国缔结联盟,以法国同盟者的身份在大西洋上参加反英战争,等于是也和美国站到了一个战壕里。

1780年12月,荷兰也加入战争,不过它不和任何国家结盟,直接对英宣战。

乔治这下彻底傻眼了,本来就是想收几个税钱,补偿一下七年战争的损失,顺便宣示一下皇权的威严,可是谁能想到,最后搞这么大动静。

形势渐趋明朗,无论怎样,英国看起来都不可能在这场战争中赢得全面胜利，换句话说，只要美、法、西、荷四国的同盟存在，那英国基本上就没戏了。

同一时间，英国国内放弃北美殖民地的说法也甚嚣尘上，当时很多英国本土的居民都觉得，为了远在3000公里之外的蛮荒之地，和一群野蛮人打得你死我活，那实在是太不划算了。

这很自然地就导致了英国在北美大陆上作战的士兵们开始士气低落，一个个思乡心切。

从1781年4月开始，随着北美大陆军和法国军队的节节胜利，英国军队开始全面的战略收缩，最后只能沿着海岸线死守。

这一年的9月，华盛顿率领的大陆军和法国罗尚博伯爵率领的法国军队，一共17000人进抵弗吉尼亚的约克镇。同时，增援的法国舰队也在法国海军司令德格拉斯伯爵率领下，由西印度群岛调来，进入切萨皮克湾，封锁了约克镇城外的海面，并且击退了增援的英国舰队，掌握制海权。所有这一切，都是为了合围在约克镇里面的英国军队主力——由康瓦利斯率领的8000名英国士兵。

1781年的10月17日，在无数次突围失败之后，英军统帅康瓦利斯彻底绝望了，他开始和美法联军进行投降谈判，10月19日，康瓦利斯率领剩余的英军正式投降，这就是著名的约克镇大捷，后来成为华盛顿最光辉的战绩之一。

从战略层面上，这场战争完全是法国人主导的，华盛顿的本意是想去打纽约城的，只不过法国的将军们都不同意，这才改为攻打约克镇，最后阴差阳错促成了这场美国独立战争的"最后一战"。美国作家约瑟夫·埃利斯写的《华盛顿传》一书中也清晰地说明了这一点，他说："华盛顿虽然是名义上的总指挥，但实际上约克镇之围完全是一次法军的行动。"

在约克镇战役之后，英国基本放弃了对美国独立的武装压制。

1782年11月，大英帝国议会在经过很多次讨论之后，决定承认美国的独立地位。

11月30日，英美两国在法国巴黎签署了《巴黎和约》的草案，在随后的细节谈判中，富兰克林和亚当斯展示了高超的技巧和无比的坚韧性。

最终，1783年9月3日，合约正式签署，美国获得了前面说过的13个州，边界北至五大湖，西到密西西比河，南至北纬31度。美利坚合众国，就此成为美洲第一个真正独立的国家。

两年之后，约翰·亚当斯被任命为第一位美国驻英国大使，面对这位"野蛮人"大使，失败者乔治国王说了这么一段话，他说："坦白地讲，我是最后一个承认这个分离的，但既然已经发生，而且不可避免，我现在要说，我将第一个接受美利坚合众国作为一个独立国家的友谊。"他最终还是接受了这个结果，堂堂大英帝国的国王，这点风度总是要有的。

有一点这里要交代清楚：美国正式建国，获得了英国的承认，并不代表大英帝国就彻底地被赶出了北美洲。瘦死的骆驼比马大，实际上，英国当时在北美还保有很多殖民地，比如说整个加拿大地区，还有密西西比河以西的很多地区，都还是英国的地盘。

不仅仅是英国，法国、西班牙、荷兰在北美都有自己的势力范围，初生美国的疆域实际上只是阿巴拉契亚山脉以东，大概占今天美国面积五分之一大小的地方。

05 建国之初,四大不美好

作为北美第一个独立的国家,美利坚终于自立门户,和欧洲列强平起平坐了。但是他们根本就没有准备好建立一个国家。

我们必须首先明确,美国人一定不想按照君主制框架建设自己的国家,原因很简单,因为美利坚合众国就是在反对国王制度中诞生的。

因此美国人最初的选择就是1781年3月1日通过的《邦联条例》和由此诞生的邦联议会,这个条例由第二届大陆议会起草,最后在13个州获得通过,你可以说它是接替第二届大陆议会的权力机构。

因为华盛顿就是向这个邦联议会辞职的,所以可以说《邦联条例》是美国的第一版宪法,这个条例的第一条是这样说的:"本邦联定名为美利坚合众国。"这是"美国"这个国名第一次在正式文件里亮相。

可惜,后来的事实证明,"邦联"这个选择是错误的。因为,在《邦联条例》之下,所谓的美国就是13个州的联盟,大家都知道,联盟相当松散。

从1777年到独立战争胜利的1783年,再到1787年,这十余年的时间里,美国的中央政府邦联议会,就是一个没有什么实权的盟主角色。

当时美国人的共识就是,盟主,也就是中央政府,一定不能有太大的权力,我们赶跑了英王,就是为了自己管自己,岂能再弄一个权力很大的中央政府骑在我们脖子上作威作福?

那么,为什么在这个《邦联条例》和一个弱势中央政府的框架之下,美国人还是过不好独立门户的日子,并为此头疼呢?

四大不美好

归结起来,一共有四个方面的问题,我称之为"四大不美好"。

第一个不美好就是穷。战争打完了一般都穷,美国当时穷得有点过分了。首先是中央政府,也就是那个邦联议会,很穷。它穷的原因特简单,因为欠了一屁股的债,债是因独立战争打仗欠下的,有欠外国的,有欠本国富商的。但是打完仗了,根据《邦联条例》的规定,作为中央政府的邦联议会却没有收税权,也就是不能向各个州的老百姓收税,那这债怎么还?当时急得某些议员甚至这样建议,廉价出卖美国的土地用来还债。当然,这个建议最后被否决了。

除了中央政府,那时候美国的各个州也很穷,同样的原因,打仗的时候,每个州自己也组织了很多民兵,有兵就要发饷,发饷就要钞票,没有就得去借,也欠了一屁股的债。

州议会比邦联议会好一点儿,因为按照传统,它可以向老百姓收税,这样一来,为了还债,各个州政府都不得不对民众"横征暴敛",税率高达乔治国王统治时期的三到四倍,为殖民地建立以来所未见。

这真是一个巨大的讽刺,为了不缴税而决心独立,赶跑了国王,胜利了,反而要比以前交更多的税,这是什么道理?农民们想不清楚,但他们不想多缴税是肯定的。

其实就算是他们想缴税,也没钱。独立战争打了8年,北美13州很多青壮劳力都参与了这场战争,地不种了,烟草不生产了,棉花不纺了,那钱自然也没有了。而且战争过后,由于断绝了和英国的关系,新生美国的出口也远远比不上殖民地时期。所以，老百姓基本都是两手空空，家徒四壁。

新生美国经济陷入困顿还有另外一个原因，那就是他们发行的美利坚第一代钞票，所谓的"大陆元"，在国内和国际都是一丁点儿信誉也没有。

想当年，英国统治时期的殖民地纸币是有英国政府的金银本位做支撑的，也就是有大英帝国强大的经济做后盾，可是大陆议会发行的钞票后面空荡荡的，什么漂亮话都有，就是没有真金白银。很自然地，无论是本国人，还是外国人，当时都不相信大陆元，今天值1块，明天就值1毛了。1779年的时候，华盛顿给当时的大陆议会写信，里面就严肃地提道："一车的钞票现在只能买一车的粮食了。"

这些事情当然就传到了3000多公里之外的乔治国王耳朵里，听到美国穷得叮当响的消息，史书上记载，乔治三世甚至相信不久之后，"他们会因为内部管理不善，重新申请加入英帝国"——当然，他只是做了一个梦而已。

"既不是一个国家，又是一个国家"

新生美国的第二个不美好是外交混乱，因为一直到1787年的那个夏天，英国人、法国人和全世界的人，就没有一个人能搞得清楚，美国到底是一个国家，还是13个国家，也就是我们前面提到过的那个问题，the United States，这里面的State到底是一个国家，还是国家下面的一个行政州或者省。后来在1787年制宪会议上，马萨诸塞州的代表格里议员就说："今天我们美国的问题难就难在，我们既不是一个国家，又是一个国家。"

在这种状态下的联盟，除了一个邦联议会，甚至没准备任何其他中央政府应有的部门，比如说外交部等。

与此同时，美国的各个州倒是很活跃，和其他国家就贸易、外交等问题进行各种谈判，弄得其他国家很多时候都是一头雾水：我和马萨诸塞州谈完了之后，还要和弗吉尼亚谈？那么，这个美利坚合众国，它在哪儿呢？

在法国的托马斯·杰斐逊写信回来就抱怨说："好像欧洲人都不知道我们美国……我们的使馆是整个巴黎最不受重视的。"说到底，欧洲人是被美国人的"既是一个国家，又不是一个国家"的逻辑给整糊涂了。

随之而来的第三个不美好就是家里面矛盾重重，比如说，纽约州因为战后没钱，收了隔壁邻居康涅狄格州极高的火柴关税。此外很多州之间都有领土冲突，打得不可开交。他们甚至找到了归隐的总司令华盛顿，华盛顿当然建议他们去找邦联议会。

但是邦联议会却解决不了问题，因为《邦联条例》说了，虽然议会可以评判各州的矛盾，但是必须是本州愿意接受调解结果。既然双方互不相让，所谓的调解谁又会接受呢？在以前，这种事只要英国国王乔治一句话，两个州就必须遵守，但是现在独立了，行政命令对州政府不好使了，那怎么办？所以说，用《邦联条例》这个粗糙的条例是完全没办法处理好美国当时的事务的。

"多数的暴政"和"谢司起义"

第四个不美好就是"过度民主"。

先讲个故事，罗德岛州是当时美国13个州里面最小的一个，前面我们讲过，创建这个殖民地的人物是罗杰·威廉姆斯，可想而知，罗德岛的民主气氛也是13个州里面最浓郁的。

和其他州一样，在美国独立战争时，罗德岛为了支持独立，也欠下了不少债务。现在胜利了，债权人自然就开始索债，政府的日子很不好过，收的那点税大部分都被用来还债了。没有钱，经济就低迷，农民的产品就卖不出去，所以农民的日子也不好过，大家都觉得这个问题需要解决，那怎么解决呢？

当时有一些"天才人物"想出了办法：多印钞票，大家不是都没钱吗？印点儿就可以了。今天稍有经济常识的人都知道，这个办法非常糊涂可笑，可是在1785年，还真就有很多人相信这是一个好办法。

那一年，罗德岛举行选举，有一些不懂装懂或者别有用心的"纸币派"开始忽悠农民：只要我们印足够多的钞票，我们就没问题了，可以还债，可以买房子，可以娶老婆，什么问题都可以解决了。

罗德岛大部分选民都是农民，听了之后一拍大腿，这办法好！结果，"纸币派"顺利当选。这些家伙说话算数，当选之后果然甩开膀子，挽起袖子，立法印钞票。于是，在1786年的春天，罗德岛州大开印钞机，加印了10万面值的纸币。

后来的事情都不用猜，罗德岛的纸币开始疯狂贬值，最后其价值跌得只剩原来的十分之一。农民们开始还挺高兴，觉得自己当家作主，通过立法解决了自己的问题。可随之而来的，就是从没想象过的麻烦，他们拿着纸币去还债，债权人不肯收纸币，或者是不肯按照面值接受纸币，而商店里的商品则标出一个极高的价格，农民发现他们连种子都买不起了。

遇到这样的问题，大多数农民感到愤怒，但他们是真心地以为，所有这一切，都是商人在捣鬼，为什么就不能按照原来的价格交易呢？由农民主导的州议会解决这个问题的办法还是投票立法，立法强迫债权人和商店按照以前的价格接受纸币，不接受者，处以罚款，再犯则要剥夺选举权。同时还立法规定，如果债权人不接受纸币，那么欠债的只要把纸币交到法院，债务关系就一笔勾销。

之后就出现了一个著名案例，一名农夫去法院状告自己的债权人不肯接受自己的纸币。罗德岛法院当时的法官比较正直，秉公判决的结果是，议会立法无效，债权人有权拒绝接受那些像废纸一样的钞票。

议会的决定居然无效？那还了得？农民们马上再次开会，民主投票立法，规定如果对法官的判决不满意，可以当场提出投票表决，只要多数人同意，就可以当场罢免法官。

　　最后的结果就是，法官都按照议会的精神审案子，有钱人纷纷逃离，剩下的百姓在苦难里度日，商店里的商品倒是不再涨价了，因为彻底没货了。

　　罗德岛的这个"民主"，当时具有相当大的普遍性，在13个州都出现过，在历史上有一个专有名词，叫作"多数的暴政"。

　　美国国父们后来一定要制定新宪法的一个重要原因，就是防止"多数的暴政"。所以，有人说过，美国宪法是在反民主的斗争中诞生的。

　　有了上面的"四大不美好"，新生的美国确实是步履艰难，到1786年的时候，独立战争已经结束3年了，大家的日子非但没有好转的迹象，反而更差了，各地基本就是一盘散沙，大量的农民处在破产的边缘。

　　不过，再穷的地方也有富人，一些商人官员和英国人暗中开始走私，变相抬高物价，囤积居奇，发了大财。

　　就在这样的背景下，1786年，刚刚独立的美利坚合众国爆发了历史上著名的"谢司起义"。

　　出生于1747年的丹尼尔·谢司，本来是独立战争的军官，在彻底解甲归田之后，逐渐没钱了，最后穷得一文不名，吃了上顿没下顿，甚至不得不把拉法叶特赠送给他的剑卖掉，以换取糊口之资。他在遇到了一位叫戴伊的优秀演说家之后，和对方一拍即合，开始策划暴动。

　　1786年秋，这两人在康科德集合了一批武装的农民，大概几十个人，准备攻打波士顿。虽然没打下来，但是名声传出去了，几个月之后，起义军达到了15000人之多。

　　就在这个时候，中央政府请求与他们谈判，谢司等人信以为真，觉得可以和政府好好谈谈。结果是，政府一边拖着这些人，一边等着由大商人、大银行家和大资本家联合资助的军队赶过来。最后谢司等人被包围,他突围出去之后被捕。

本来他是被判了死刑的,但是当时的州长是约翰·汉考克,如果你还记得,他就是"十大国父"中第一位出场的。汉考克先把谢司关了起来,后来有了宪法之后,他又特赦了谢司,把他放了。从这件事上看,汉考克一个走私贩子能当国父,还是有一定道理的。

值得一提的是,谢司起义不是孤立事件,当时很多州都发生了政府和农民的激烈冲突,不完整记录显示,仅弗吉尼亚州一年就爆发了155起大规模的武装抗税冲突,双方死伤惨重。华盛顿的参谋们也在信中向他表示:"东部民众的怒火不限于一州一地,而是四处蔓延。"这么大规模的全国暴动令所有开国元勋和议员们震惊:我们从英国独立出来是为了什么?难道这就是所谓的自由或者民主吗?

现在是自由的,没人发号施令,而且也是民主的,每个州都有议会,但老百姓为什么起义?这些人不是野心家,也不是天生就不喜欢过好日子,更不是土匪强盗,他们只是一群喜欢"老婆孩子热炕头"的农民!但是,他们宁可被杀头,也要起义,为什么?开国元勋和议员们马上就明白了:原来我们忘了一件最重要的事,就是吃饭。因为吃饱是人类文明最重要的一块基石,是第一人权。

就在这种混乱不堪,而且越来越糟糕的社会环境中,在各种各样的思辨中,美国人度过了他们作为一个独立国家的前4年。从1783年独立战争胜利,到1787年那个伟大的夏天,整整4年。

那么,1787年的夏天,美利坚合众国发生了什么?

06
1787年那个制宪的夏天

每个国家、民族或者个人，在其生命的节点上都可能会遇到一些问题，如果跨过去了，那就是你的历史，如果跨不过去，那可能就是葬礼。

这一次，为了跨越这道门槛，上帝给美国送来了1位杰出人物和2位帮助者，这3人最终终结了美利坚合众国建国前4年的混乱，并且在以后的经济政治领域里一直影响着美国，直到今天。

1787制宪会议

这一切，还要从一次会议说起。

1786年1月21日，弗吉尼亚州依据一个叫詹姆斯·麦迪逊的议员的建议，邀请各州派代表到马里兰州的安纳波利斯，讨论如何减少弗吉尼亚和马里兰之间的贸易冲突。那时所谓的贸易冲突可能就是我卖给你一马车木头，你收1块还是2块税钱的问题。

这次会议邀请了所有的13个州，准备让大家评评理，可是实际上就来了5个州的代表，其他州根本不想理会这种司空见惯的纠纷。就像前面说的，在《邦联条例》的框架之下，这种会议相当于吵架的代名词，什么也解决不了，结果自然是几乎无用。

可是就在这场被称为"安纳波利斯会议"的吵架之中，詹姆斯·麦迪逊和一个叫汉密尔顿的年轻人相识了，两个人惊异地发现，原来他们的政治观点是如此接近。

詹姆斯·麦迪逊，生于1751年，第八位登场的美国国父，后来也被称为"美国宪法之父"，出场年龄35岁，职业是弗吉尼亚州议员，美国建国后任第四任总统。

亚历山大·汉密尔顿，生于1755年或者1757年，第九位登场的美国国父，美国宪法起草人之一，出场年龄29岁（或者31岁），职业是陆军上校，美国建国后任美国第一任财政部长。

图2-5　詹姆斯·麦迪逊像

从随后的制宪会议和一系列发生的事情来看，麦迪逊和汉密尔顿当时都敏锐地察觉到，美国的问题就是那部《邦联条例》。我甚至认为，他俩当时的想法就是，《邦联条例》除了第一句"我们定名为美利坚合众国"之外，其他的，全都应该扔到垃圾堆里去。

于是，他俩不动声色地联络了参加安纳波利斯会议的其他代表，暗中进行了宣传鼓动，最后的结果是，大家以"安纳波利斯会议与会者"的集体名义，呼吁美利坚13个州在1787年5月相聚于费城，讨论一下如何在大联盟的前提下改善《邦联条例》。

1787年的时候，全体美国代表如果想开个会，相当不容易。首先是交通不便，其次，前面说过，各州都是一穷二白，差旅费往往要靠那几个又是商人又是政客的人去凑，那就更不容易了。

就这样，原定于1787年5月14日召开的会议，一直拖到5月25号才勉强凑够了法定人数。但当时没人能想到的是，就是这么一个差点儿没开成的会,最后却成了彪炳史册、传颂几百年的美国制宪会议。

下面我们来看看这次会议。

麦迪逊是所有代表里面到得最早的,我们当然知道为什么,因为这次会议的推手之一就是他。可是因为其他人迟迟不到,他也只能在小旅馆里无聊地打发时光。于是,除了每天在阳台上看夕阳之外,他顺便思考出了一套组建政府的方案构想。

因为他来自弗吉尼亚州,这份方案在随后的大会上,就被命名为"弗吉尼亚方案"。

5月25日,第一次会议召开。首先选举了乔治·华盛顿作为大会的主席,从后来发生的事情来看,这事儿挺重要,作为大陆军的统帅,华盛顿当时在美国国内威望无人能及。

华盛顿最伟大和最重要的品质,就是知道自己的职责所在,并且能忠实地履行自己的职责。比如在独立战争期间,他知道自己最重要的任务,就是带出一支不能被英国打垮,最后还要拖垮英国的军队,他成功了。在独立战争结束之后,他知道自己最好的方式就是解甲归田,那一次他也成功了。现在,大会选举他作为主席,华盛顿也同样深知自己的责任是什么,他并不是政治经济领域的天才,也没想好该如何修改《邦联条例》,所以,维持大会的秩序,让其他人好好地工作,就是他最大的职责。于是,在整个大会期间,华盛顿只讲了两次话,发了一次火,提了一个无关轻重的意见,剩下的时间他都一声不吭。

从这一点上,我相当地佩服华盛顿:当你的名望和位置达到一定的高度之后,你就是不能乱说话,不仅仅是一旦说错了将会有损于你的声望这么简单,更重要的是,你的发言很有可能压制了其他的正确言论,导致整艘大船偏离航线。

大会进行的第二项工作就是讨论如何修改《邦联条例》,这是正事儿,毕竟各州议会给他们报销差旅费的前提,就是修改这份条例。

出乎麦迪逊和汉密尔顿意料的是,代表们很快就达成了共识——必须制定一部新的宪法。

其实，这也不奇怪，国家乱成这样，只要稍有思考能力的人，都知道问题出在哪里。美国建国后按照《邦联条例》来运行的这几年，基本相当于无政府状态，中央政府没权力没信用，而地方的议会往往被民众把持，处于"过度民主"状态。

弗吉尼亚州的州长兰道夫在讨论时说的一句话，获得了大家的一致同意："美国所经历的弊端之根源，就是各州民主所带来的动乱和愚蠢。"他强烈主张加强中央集权，而这，需要先废除那华而不实的《邦联条例》。

所以，到此为止，美国制宪大会成功的先决条件已经有了，那就是，一个有威望的会议主席和一致同意制定新宪法的共识。

保险起见，华盛顿在他的第一次讲话里还专门提了保密原则，要对老百姓保密。华盛顿在解释这一条规矩的时候说，如果不保密的话，每个人提出了什么方案就很容易被外面人知道，一旦大家都知道了，那么提出这个方案的代表就会被名誉绑架，从而就不会轻易妥协，承认自己错误。

这是相当有道理的。从这点上看，华盛顿还是一位心理专家，他个人以主席的身份坚决贯彻了这一决定，在整个会议期间，他唯一一次大发雷霆，就是因为有人把讨论的纸张忘在会议室里，而这违反了保密协定。

我们现在之所以了解这次大会的详情，是因为一些代表有写日记的习惯，这些日记在会议结束50年后被公开了。

那么，这次重要的会议给美国定下了什么样的新框架？

三权分立抑民主

简单地说，这个方案的主要内容就是以三权分立的形式组建美国的政治体系。

"三权分立"的概念最早可以追溯到古希腊的亚里士多德，但美国人现在计划实施的，却是基于40年前法国孟德斯鸠的思想，他明确地提出了"三权分立"这个概念，认为立法、司法和行政这三种国家的基本权力要由不同的机构来掌管，而且不能有领导和被领导的关系。

詹姆斯·麦迪逊按着这个设想，准备让三权分立在美国实现，立法权归议会，司法权归法院，而行政权归政府。在他看来，这首先解决了美国当时没有中央政府的问题，把行政权从州议会里分出来，那就必须建立中央政府。其次，把司法和行政的权力从当时的州议会拿走，也大大降低了过度民主产生"多数的暴政"的可能性。

不过，框架没问题，不代表能够实施，讨论具体条例时，麻烦就出来了。

按照詹姆斯的建议，三权之中最重要的立法部门要实行两院制，也就是分成上院和下院，下院的议员由老百姓选出来，而上院是由下院的这些议员们再次投票选出来。

这样做的原因就是立法部门很重要，再次拆分还是为了防止"多数的暴政"，加一道保险。大家对这个建议也没有意见，可是对于议员的人数产生了巨大的分歧。

当麦迪逊说，每一个州在下院里占多少名议员的名额就根据这个州的人口数量来决定时，会场上立刻一片哗然，因为这样一来，人数多的州就占了大便宜，而麦迪逊的家乡弗吉尼亚州正好是人数最多的州。

危机马上就出现了，大家吵成一团，谁也不服谁，人数少的小州甚至准备退出大会。关键时刻，大会主席华盛顿的威望挽救了这次会议，他说，宪法不制定出来，谁也不能走。

小州代表们还真就没敢走。

终于，康涅狄格州的代表罗杰·谢尔曼提出了一个折中的方案，这就是"康涅狄格妥协案"，后来被称作"伟大的妥协"。

具体来说，谢尔曼提议把下院改为众议院，也就是老百姓的"院子"，根据每一个州的人数来分配代表的名额；但是同时，上院改名为参议院，英文叫作Senator，相当于古罗马的元老院，这个机构就要适当地脱离老百姓，不按照各州的人数来确定代表数量了，而是实行各州平等，每个州两人，参议院的代表也不能由众议院的代表来选举，而由各个州的议会自己选举产生。同时，参议院还拥有对政府官员的审批权，等于是参议院的权力延伸到了政府部门。

这个方案的好处有两个，它在人数少的州和人数多的州之间平衡了权力，同时增加了参议院的权力，这就让"多数的暴政"发生的可能性又降低了，因为参议院不是老百姓选出来的，而是州议员们选出来的"社会精英"。

事实上，美国的这个制宪会议就是限制民主的大会。

最后，"康涅狄格妥协案"被大家接受了，一直用到今天。

闭门制宪110多天

接下来，整个大会围绕着新的秩序如何建立，讨论了很多问题，包括政府总统如何选举，行政权是应该由多人共享还是一人独占，对逃亡的奴隶应如何处置，是否禁止奴隶贸易，法官是由立法还是行政部门指派，等等。

几乎每一个问题都和立法部门的人数之争一样，充满了辩论和妥协，说实话，我们确实应该佩服这些代表们，他们足足开了110多天的会。

值得一提的还有投票权的问题。在他们看来，妇女、小孩和无产业的流浪汉没有投票权是天经地义的，没有异议，问题是，大量存在的南方的黑奴应该怎么算？——你别想错了，不是黑奴有没有投票权的问题，他们当然认为这些黑奴天经地义没有投票权，争论的焦点是，拥有大量黑奴的白人农场主有多少选票？有些农场主有上千名奴隶，根据要求，这些奴隶也要上税的，如果这位场主只有一票，那他肯定觉得很亏。

最后妥协的结果是，黑奴按照五分之三的人来计算，也就是说，如果农场主有五个黑奴，他就另外多了三票。

最后就是如何对待奴隶制。几年前的《独立宣言》铿锵有力："人人生而平等。"但是现实是，到会的55位代表，有25位是大奴隶主，尤其是南方的各个州，几乎家家有奴隶——种植园经济，没有奴隶谁来干活？

可是如此赤裸裸的言行不一，也确实让大家多少感觉有点羞愧。商量的结果是，国会可以在20年以后拥有裁决国际奴隶贸易的权力，也就是最早也要到1808年才可以讨论是不是废止奴隶交易，在这之前，国会被禁止讨论奴隶问题。换句话说，大家手里的这批奴隶至少还可以使用20年。

会议一直开到1787年的9月份，才总算在与会代表间达成了基本一致，最后的结果是39名代表，加上1位秘书作为证人，在美国宪法草案上签了字。用华盛顿的话来说就是："我们11个州加上汉密尔顿上校，共同制订了这部宪法。"

你要是问，北美不是13州吗？为什么说11个州？这事儿是这样的，那个最小的、最民主的罗德岛州根本就没派人来，岛上的农民认为这个会纯属多余，人民完全当家作主很好。

除了罗德岛，纽约州也出了幺蛾子，他们本来有三名代表，可是中间有两名代表中途退会了，这样一来，纽约州代表只剩下亚历山大·汉密尔顿自己。

根据纽约州议会的规定，只剩一个人的时候，汉密尔顿是不能代表纽约的，虽然他在会议上雄辩无敌，提出很多建议，甚至还有一个方案，但那都是他自己的激情，他没有权力代表纽约在草案上签字。

如果要高度概括这个宪法草案，那就是两句话：第一，为了减少"多数的暴政"，将司法和行政权力从议会里拿出，建立有行政权的中央政府。第二，美利坚合众国新的国家制度是三权分立，由立法、司法和行政三部分组成，立法部门是两院——参议院和众议院；行政部门是政府，它的首脑是总统；而司法权力归于法院。三者彼此独立，相互制约。

今天我们看这个草案，相当能体现美国人的实用主义精神。这群国父们并没有照搬任何欧洲国家的制度法规，而只是在实际考虑自己国内出现的问题。既然民主太多了，造成了巨大问题，那就限制一下；但如果完全限制死了，那就回到了君权时代，所以又进行了适当的调整，创造出"总统"这样一个职位，同时又借鉴了欧洲的制度，确立了两院制。方方面面，都体现了从实际出发，解决实际问题的实用主义精神。

不过，草稿就是草稿，它到底是一步登天，成为神圣不可侵犯的宪法，还是要被再次扔到垃圾桶里，还需要看当时美国13个州的州议会是不是承认它。

这就要看"宪法之父"麦迪逊和他两个战友接下来的行动了。

07 首部成文宪法和它的修正案

1787年的夏天,费城的制宪会议成功召开,虽说最后大多数与会代表都在新宪法草案上签了名,但这个宪法还不具备法律效应,因为它规定了,必须得到三分之二以上州议会的批准,才能生效。

为了得到三分之二以上州议会的批准,代表们散会之后的一个重要任务就是四处游说,让人们对新宪法投赞同票,其中以詹姆斯·麦迪逊和亚历山大·汉密尔顿最为积极。

联邦党人文集

这个游说工作相当难,阻力相当大。

当时的老百姓对于新宪法的第一个反应就是,那些出身高贵、家里有钱的人开了一个会,就给我们这些出身低微的人强加了一个法律。你别管老百姓的这种认识对不对,至少它符合实情,制宪会议与会者没有一个是草根老百姓,这是事实。

同时还有很多人在琢磨,新宪法里说要有一位"总统",虽然这个词儿很新鲜,可是他除了四年选一次,和国王有什么不同?是不是意思是每隔四年，民众就要接受一位新的国王？

诸如此类的疑惑还有很多，这就需要耐心的解释。麦迪逊、汉密尔顿，还有约翰·杰伊担当了这个重任。

约翰·杰伊，生于1745年，"美国十大国父"中最后出场的一位，当时年龄42岁，出场职业是外交秘书，相当于后来的国务卿，宪法通过之后任美国首任最高法院首席大法官。

这3人是如何影响美国人民，并最终让宪法通过的呢？

1787年的美国，展开了一场以笔墨为刀枪的全民大讨论，题目就是："新宪法到底好使不？"在近一年的时间里，麦迪逊、汉密尔顿和约翰·杰伊以"普布利乌斯"为笔名，写了很多文章，目的只有一个，澄清各种对新宪法的误解，阐述新宪法的合理性，以及及时清理那些泼在宪法上的污水。

麦迪逊等3人写的这些文章，后来被编撰成书，书名是《联邦党人文集》。此书是美国政治文献中，"仅次于《独立宣言》和《美国宪法》，位居第三重要的文献"。整个文集由85篇文章组成，核心内容就是，现行的邦联体制不好，必须要废掉，废掉之后采用联邦制的共和政体，也就是组建一个强大的中央政府。为了国家运转得好，大家需要把权力都让出来一些，然后再把权力加上各种限制，只要权力在公民、州还有联邦之间保持了平衡，大家就有好日子过。

简单地说，它相当于把宪法详细解释了一遍。

这里顺便解释一下，什么是"邦联"，什么又是"联邦"？这并不复杂，从名字上就可以看出不同，所谓"邦联"，就是很多邦的联合体，每一个邦都是高度独立的，有自己的主权和外交权，可以立宪，也可以对外宣战，等等。从这个角度来说，美国在这次制宪会议之前，一直用的《邦联条例》，就明明白白说清楚了他们当时就是13个国家的联盟，而不是一个独立的国家。

而现在有了新的宪法，美国从此就是"联邦"了，这个词一出，那就意味着13个州从此之后要团结在一个中央政府之下，不能单独去搞外交，不能有自己的国防，不能单独印刷货币，等等。一句话，从邦联到联邦，是剥夺州权，将之转让给中央政府的一个过程。

但有一点必须强调一下，虽然州的部分权力转移了，但还是有很多权力保留下来了，比如各州可以选举自己的议会、政府，制定自己的法律，规定公民如何受教育，等等。

所以，在美国，总统和州长之间不是上下级的关系，只要州长愿意，完全可以不理睬总统，因为州长不是总统任命的。同样，有些州杀了人必须偿命，但有些州判决在监狱里蹲若干年就可以了，也就是因为州与州之间的法律可以不同。

1788年6月21日，新罕布什尔州批准了新宪法，它是第九个批准这部宪法的州，根据新宪法的规定，从此，美国联邦宪法就算是正式生效。

从1776年7月4日《独立宣言》开始，美国用了整整12年时间，才建立了一个真正的中央政府，这中间的过程就是，从逃离一个国王政府的管制，确立理想主义那种完全的、不受束缚的自由；到为了生存，组成用一些规则联合在一起的邦联；再到最后发现，"自由不是没有代价的"，又建立了一个当初极力想避免的中央政府，有了一个一度被认为是国王的"总统先生"。

制宪会议分赃论？

美国联邦宪法是人类历史上第一部成文宪法。

什么叫宪法呢？这个词的英文是"Constitution"，原意是"基本结构"，也就是我们前面说的框架。

一个国家一旦有了宪法，原则上将来的一切制度、运行方式，还有各种法律法规，都必须在这个框架之内进行。

你要是问，如果宪法错了呢？这个问题美国的这些国父们当年也在问，而且一个个都觉得宪法不完善。

乔治·华盛顿当时是这样祈祷的：我们这个宪法最好能撑20年，在那之后就一定要修改了。

托马斯·杰斐逊也说：后代一定会制定出更好的宪法。意思是咱们这个只是一个临时的、粗糙的法案。

所以，你不用担心宪法有错误，因为制定宪法的人说了，宪法可以改。可是现在也有人说，美国宪法从制定到今天，一个字都没改过。这话是既对也不对。因为美国改宪法不是直接改内容，而是通过增加一种叫"宪法修正案"的条款，来实现对宪法的修改，到今天为止，一共产生了27条修正案。这意味着，美国这个宪法被修改了27次，但是正文确实是1个字也没改。

关于这部宪法，还有一种观点也必须要说一下，那就是有学者认为，美国制宪会议只不过是一场分赃大会而已。

这里面比较著名的就是美国宪法学家和史学家查尔斯·比尔德，他的名著《美国宪法的经济观》就回答了这样两个问题："在美国宪法产生的背后，究竟有哪些利益集团在进行斗争？斗争的结果究竟增长了哪些利益集团的利益？"

最后，根据他的研究，在制宪会议之后，参与制定宪法的人，财富都得到了不同程度的增长。换句话说，华盛顿、麦迪逊这些人，通过制定宪法攫取了大量财富。

这种"制宪会议分赃论"的观点当然不是主流，但有一个事实也必须指出，制宪会议的参与者，基本都是当时美国的大富豪，他们立的法，自然要保护有钱人的利益。

麦迪逊在制宪会议上的一句话，很能说明问题。他在回答"为什么没有家产的白人没有选举权"这件事上，是这样说的："如果选举对所有阶层的民众开放，那么土地所有者的财产将受到严重威胁……（我们）应该严格保护少数人的利益免受大多数人的侵害。"

是的,他说得很实在,无论美国宪法多么伟大,也不能否认,在1787年的夏天,保护少数人利益是美国制宪会议的目标之一。这也体现了我一直强调的美国国父们的实用主义精神。

《权利法案》赋人权

当詹姆斯·麦迪逊为了新宪法的通过,领着汉密尔顿和约翰·杰伊在报纸上连篇累牍地发表文章时,普通民众质疑的声音也是不小的,主要集中在一点:你们这些老爷们在新宪法里规定了联邦政府有很多权力,州政府也有很多权力,那么,我们这些草民有什么呢?怎么能够保证我们的利益?

一开始的时候,麦迪逊对这些声音没加理会,以为不过是瞎嚷嚷,后来发现不对了,因为草民的带头大哥是托马斯·杰斐逊——《独立宣言》的撰写者,重量级国父。

麦迪逊的政治理念和重视民权的杰斐逊、主张精英治国的汉密尔顿都不太一样,他差不多是介于这两者之间的,或者说,麦迪逊是一位试图让权力达到平衡的真正的宪政主义者。

他仔细思考了杰斐逊的意见之后,觉得对方说得有道理,于是起草了12条新的条款,主要是为了保证普通民众的权利,并对联邦国会的权力加以限制,这就是后世大名鼎鼎的《权利法案》,也叫《人权法案》。

1789年3月,第一届美国国会召开,麦迪逊在会上提出了这12条。两年半之后,1791年12月15日,其中有10条正式被各个州批准,和宪法一样生效了。因为它们是对宪法的修正,所以第一条就叫宪法第一修正案,然后是第二修正案,以此类推,这一编号规则延续到今天。在这一次被批准的10条宪法修正案里,第一、第二和第十条有必要在这里讨论一下。

我们现在看美国的新闻,经常看到某人又引用了宪法第一修正案,无人敢反驳。这一条其实很简单，就一句话："国会不得制定法律尊奉国教或禁止信教自由，国会也无权通过限制公民的言论、出版、集会、请愿自由的法律。"

宪法修正案的第二条就是为了对抗政府可能的暴政，各州可以有民兵，同时公民持有和携带武器的权利不得侵犯。1789年的美国，这一条是必需的，而且是可行的。到现在，可以说，它早就失去了原来的意义，而且还制造了更大的麻烦，枪支泛滥流行，除了导致民众之间互相对射，就是打打警察。可是由于利益集团的阻挠和一些民众团体的特殊心理，美国今天已经不可能禁枪了，奥巴马当年为了禁枪在大众面前流下的眼泪，那是让人既揪心又无奈。

宪法第十条修正案的内容是："没有被宪法赋予联邦的权利，或者并未由宪法禁止授予各州的权利，由各州及其人民自主保留。"这一条是极其重要的，甚至超过第一条，根据这一条，美国各个州有独立的自由。不过后来真的有一些州这么做的时候，就变成血流成河，遍地烽火了，这是后话。

08 汉密尔顿为美国经济打下第一块基石

根据新宪法，美利坚合众国的政府需要一位总统。1789年4月30日，乔治·华盛顿将军在美国的临时首都纽约，宣誓就任美国第一任总统。

华盛顿是美国历史上唯一一位全票当选的总统，确确实实的众望所归，全国人民一致认为，除了他，别人都干不了。

当然，也有一个人不同意，这个人就是他夫人玛莎，据说她是相当的不愿意，原因是，她认为自己老公干了一辈子革命工作，也该歇歇了，但最后她还是夫唱妇随，一家之主华盛顿说了算。根据各方面的记载，在"第一夫人"这个角色上，玛莎干得还不错。

根据新的宪法，一届总统的任期是4年，华盛顿4年之后又连任了，还是全票。干了8年之后，到了1797年，他终于成功辞职。

就这样，华盛顿又立下了一条不成文的规矩：总统只能干两届。这一条一直到了1951年，才被写进宪法，成了法律条文。在那之前，并没有硬性规定总统只能干两届，而且美国历史上也确实有一个人，一共干了3.25届总统，这也是后话。

汉密尔顿的经济新政

不得不说，美国的开国之父都是各有所长，而美国最大的运气就是，这些人几乎都在他们擅长的领域活动，没有去他们不擅长的领域指手画脚。

华盛顿最擅长的是管理军队，统领全局和知人善任；潘恩和杰斐逊是思想领域的专家；富兰克林和约翰·亚当斯在外交领域立下汗马功劳；詹姆斯·麦迪逊在法治和政府构建上是一个天才人物。

当然前面也说过了，国家如果只有这些，那是不行的，因为民主、军队、制度、宪法这些统统不能当饭吃，所以，还需要一位会理财，能让大家吃饱饭的人物。

这时候，就该亚历山大·汉密尔顿出场了。

汉密尔顿是一个会"做饭"的人，至少，华盛顿总统是这样认为的。

我们不得不承认，华盛顿作为"老大"，看人还是很准的，比如他任命杰伊为最高法院第一任大法官，事实证明，杰伊干得很出色。当他给了汉密尔顿一个财政部长的职位之后，事实证明，他又对了。

图2-6　汉密尔顿像

汉密尔顿曾经是一名军人，在宪法制定和推行的过程中，他还是一名政治家，但他最擅长的还是理财，这个天赋在他成为财政部长之后，马上就展现出来。

前面提到联邦政府和各个州都欠了很多债，现在财政部长汉密尔顿的方法是建立一个国债市场，让所有这些债券都变成美国政府的国债，然后流通起来。为此，他建立了国家第一银行，用来作为国债的发行机构，客观地讲，这套系统就是今天美联储和美元的雏形。第一银行就相当于美联储，而国债就是美元。

从经济学的角度来说，他的这个做法今天看起来是毫不稀奇，可是在18世纪末的美国，汉密尔顿的这个做法马上就遭到反对，反对他的就是《独立宣言》的起草者——托马斯·杰斐逊。

在杰斐逊眼里，建立第一银行，那就是联邦政府权力的延伸和扩大，将来有可能用经济来控制各个州，进而欺压老百姓，所以，杰斐逊开始是坚决反对这个第一银行的。

汉密尔顿马上就采取了三个办法。第一，他说服了华盛顿。华盛顿支持他的原因是他也是一个务实的人，汉密尔顿告诉他，不这么做，不建立第一银行，引进外资发行债券，饭就会吃不上，所以他答应了。

第二，汉密尔顿提出一个"默认权利"的说法，就是宪法虽然没明确说可以这么干，但是宪法也说中央政府有权力制定合适的经济策略，所以，默认权利就是可以发行国债，开设中央银行。这主要就是为了应对杰斐逊的说法，因为杰斐逊指责汉密尔顿建立一个国家银行是违宪的。

第三，他私下里找到杰斐逊，说咱俩做个交易吧，你要是支持我开银行，我就在永久首都定位的问题上支持你。汉密尔顿当时是纽约州的代表，纽约是当时美国的临时首都，但汉密尔顿决心背叛纽约州，支持首都迁移到杰斐逊所在的州，弗吉尼亚。

三管齐下，杰斐逊最终同意了他的银行计划，汉密尔顿的这三板斧具有很高的政治水准。要想在错综复杂的政坛上实现自己的理想，达成愿望，第一要取得一位或者多位政治权威者的支持；第二要有一套严谨的符合逻辑的说辞，让对手在法理上挑不出毛病；第三要在适当的时候做出一些让步。只有熟练掌握了这三条，才能占据决胜点。

第一银行建立之后，汉密尔顿又开始设立关税系统。

汉密尔顿的经济改革的最后一项就是，坚决和英国搞好关系。

这很好理解，北美最主要的贸易伙伴一直都是英国，甭管以前是不是打得你死我活，现在为了赚钱，必须友好。

这里面最能体现出汉密尔顿决心的，就是美国人对待法国大革命的态度。1789年，轰轰烈烈的法国大革命爆发了，英国人因为法国帮助美国独立战争，正对法国恨得牙根痒痒，一看机会来了，马上动手，欧洲又打成了一团。

前面说过，法国国王路易十六在美国独立战争时帮了大忙，不仅提供大量金钱援助，而且直接派军队帮美国打英国，可以说，没有法国，美国是不可能独立的。

现在法国有难，第一个就向美国求援。美国国内以杰斐逊为首的人，力主道义为先，认为必须帮助法国，可是汉密尔顿强烈反对。最后华盛顿接受了汉密尔顿的建议，美国宣布中立。

听到这个消息，法国国内对美国是一片骂声，杰斐逊也认为美国背信弃义，以至于想要辞去国务卿的职位。但也正是因为这个"不帮"，美国和英国维持了一种和睦的关系，整个国家贸易进一步繁荣。

到了1794年，汉密尔顿又怂恿华盛顿派另一位国父——约翰·杰伊和英国签订了《杰伊条约》，不仅出卖了法国，甚至某种角度上也出卖了美国自己，因为根据条约，英国可以在美国的内河密西西比河自由航行。可是它给美国换回来两样东西，第一样是和英国长时间的和平，第二样是享受当时属于英国的贸易优惠政策。

很自然地，美国国内的"道德君子"们又是一片反对之声。

对于这种死皮赖脸，一定要和英国交好的行为，汉密尔顿说过这样一句话作为解释，后来被广泛引用，他是这么说的：在国家层面上，"没有固定不变的朋友，也没有永远不变的敌人"。后来类似的话，丘吉尔说过，戴高乐也说过，还有很多人说过，不过最初的版本出自亚历山大·汉密尔顿。

美国人的实用主义精神，在汉密尔顿身上，体现得淋漓尽致。

汉密尔顿的整个经济策略是相当成功的。在1787年制宪会议之前，美国的金融市场一片混乱，没人愿意接受大陆元，但是到了1794年，欧洲投资者就给美国国债和整个金融市场以最高信用评级，甚至连法国外交部长塔列朗都宣称："美国国债运转良好、安全可靠；美国政府对国债市场的管理是如此规范，美国经济发展是如此迅速，以至于我们从来不担心美国国债的安全性。"

这句话意味着真金白银的投资源源不断涌入美国，美国经济全面发展。

"中国皇后"号到广州

在汉密尔顿进行经济改革之前，美国人就已经开始积极寻找欧洲以外的贸易伙伴了，而且还真找到了，这个国家就是中国，确切地说，是大清王朝。

当时的美国对大清国有一种憧憬，这种憧憬源自欧洲，早期欧洲很多人都对中国大加赞美，比如近代欧洲启蒙运动的先驱，法国的伏尔泰。

1782年，就在新兴美国在经济泥潭里挣扎的时候，一个叫雷雅德的美国人去了一趟中国，回来之后对很多人说："在美洲西海岸花6个便士买的1张毛皮，到中国的广州竟然可以卖到100美元！"

这种神奇的故事当然是越传越远，最后被一个"红顶商人"听到了，这个人叫罗伯特·莫里斯，他当时是美国大陆议会委任的中央财政监督官。之所以能坐上这个位置，是因为华盛顿打仗时，不够的军费有很多都是他出的，作为一个银行家，当时莫里斯几乎把自己的全部身家都抵押给了欧洲，就为了给华盛顿筹钱打仗。

莫里斯听说了雷雅德这件事之后，就给当时的外交部长约翰·杰伊写了一封信，说一定要派船只到中国，大胆寻求两国之间的商机，以帮助美国度过经济困境。

1784年2月22日，也就是中国当时的清乾隆四十九年，由莫里斯出钱的一艘大型商船离开了纽约港，满载着人参、皮革、毛衣、棉花等商品，驶往中国。

为了表示对中国的尊重，他把这艘船命名为"中国皇后"号。这一年的8月下旬，"中国皇后"号到达当时作为中国海上门户之一的澳门，在这里，他们取得了一张盖有清廷官印的中国通行证，获准进入珠江，后来抵达了今天的广州黄埔港。

进港后，"中国皇后"号鸣礼炮13响，代表了当时美国的13个州，然后升美国国旗，这是亚洲人第一次看见美国国旗。

这一天是1784年8月28日，因为美国国旗比较鲜艳，中国人就称呼美国为"花旗国"，后来美国人往中国运送了大量的美国人参，自然地，这些洋人参就被称为"花旗参"。

据说当时的美国人态度谦逊，彬彬有礼，中国人都很喜欢他们，就帮着他们卖货。

4个月后，"中国皇后"号的货物全都脱手，并采办了一大批茶叶、瓷器、丝绸、桂皮、玉桂和绣金画像等中国特产，于1785年5月11日回到纽约，往返时间一年又两个月。

图2-7 中国皇后号，1876，皮里港

1785的美国还处于被欧洲封锁得很厉害的时候，美国人很难买到来自海外的货物，因此这批货基本在第一时间被一抢而光。就连大富翁华盛顿，也赶紧派家人去抢购了多件瓷器以及精美的象牙扇等等。有史料记载，这趟买卖利润高达3万多美元，在当时，简直是暴利中的暴利。

在此之后，美国马上掀起了"中国热"，一时之间，大到几百吨，小到几十吨的船只在美国和中国之间的航线上络绎不绝。那时候中国商人对处于困境的美国商人十分照顾，经常把货物赊给资金不足的美国商人。对此，美国报纸上有这样的评论，认为中国商人"在所有交易中，是笃守信用、忠实可靠的，他们遵守合约，慷慨大方"，这也是在后来的鸦片战争时，美国不愿意站在英国一边的一个重要原因。

　　很快，在汉密尔顿的经济改革之下，美国就超过荷兰、丹麦等国，成为中国的第二大出口国，仅次于英国。

　　一边是汉密尔顿的新经济政策，一边是与中国的商业贸易迅猛发展，美国这个"离家的孩子"渐渐地开始有了一些积蓄，过上了悠闲的富农小日子。

09 两党之争和司法独立的形成

华盛顿辞职的时候反复告诫美国人两件事：

第一件是要尽量和世界上所有国家保持友好和贸易关系，对于结盟一定要谨慎，不要长时间结盟，也不要卷入欧洲乃至其他地区的战争。

第二件是一定要避免陷入党争。

坦白地讲，华盛顿还活着的时候，美国已经存在党争的苗头，前面说过，华盛顿坚决不干了的一个主要原因，是他希望过过退休日子，还有另外一个原因，那就是党争，他实在厌烦了当时已经出现的两个党派之间的明争暗斗。

那么，美国两党是怎么产生的呢？

两党的产生

这事是这样的，一直到1787年的制宪会议，美国基本是没有政党的。但是为了推动宪法的通过，麦迪逊和汉密尔顿开始写文章支持宪法，写着写着，汉密尔顿周围就围上来一群追随者，后来这些人就给自己起了一个名字，叫"联邦党人"。

开始的时候，追随者团体规模也不大，但后来人越来越多，逐渐跑偏了，变成一个抱团的组织，有了自己的纲领，排斥异己，等到另一位开国元勋约翰·亚当斯加入后，就演变成真正的政党了。有人开始叫他们"国家党"，因为他们是大政府的强烈支持者，认为国家一定要掌握更多的权力。他们中的大多数成员是大资本家、大银行家和东部富裕地区的人，这完全符合汉密尔顿的政治构想。

讲到这里，你应该能想到，现在一定有一个人会拍案而起，坚决反对这群联邦党人，不错，就是民主斗士、小政府的倡导者托马斯·杰斐逊。他也找了一些人合伙，这里面就有麦迪逊。麦迪逊本来和汉密尔顿是一伙儿的，两人一起推动了制宪会议，还一起写了《联邦党人文集》，但等到汉密尔顿推行经济改革时，麦迪逊就不同意了，在这一点上，他支持杰斐逊，认为汉密尔顿的经济政策导致联邦政府权力过大。

麦迪逊和杰斐逊合伙之后，声势大壮，他们及其追随者当时有很多名号，"杰斐逊党人"说的是他们，"民主党人"说的是他们，"共和党人"说的也是他们，"民主共和党人"说的还是他们。最后，他们选择了"民主共和党"这个称号。

当时美国政坛的局势是这样的，开国最有影响力的10个人中，潘恩在法国蹲监狱；富兰克林死了；杰伊资历浅，人也远在欧洲；汉考克是商人兼州长，不在中央政府；塞缪尔·亚当斯是个中间派，左右摇摆。剩下的5个人中，汉密尔顿和约翰·亚当斯领导联邦党，杰斐逊和麦迪逊带领民主共和党，势均力敌，见面就打。总统华盛顿每天看见他们就头疼。

联邦党在中心人物汉密尔顿去世之后，就开始走下坡路了，到1824年，彻底解散了。在这场对民主共和党的争斗中，它是失败者，但是它的主张后来被现在的美国共和党吸收了一些，从这个角度上说，联邦党应该算作是现在美国共和党的前身，只不过现在的共和党是支持小政府的。

民主共和党倒是一直生机勃勃，在1824年之前，这种生机勃勃的唯一原因就是敌人联邦党的存在，1824年联邦党灰飞烟灭，民主共和党马上就开始内斗。到了1825年，它"咔嚓"一声，分裂成两个党。

一个就是如今的美国民主党，他当时的领导人是安德鲁·杰克逊，这也是一位厉害人物。民主党正式确定名称的日期是1840年，党徽是一头驴子，颜色是蓝色。

另一个叫国家共和党，领导人大家也算熟悉，是当时的美国总统，约翰·昆西·亚当斯，此人正是开国国父约翰·亚当斯的儿子。小约翰的这个国家共和党后来吸收了一些别的成员，变成了辉格党。到了1854年，为了对抗民主党，一些辉格党人又从国家共和党分裂出去，成立了今天的共和党。党徽是一头大象，颜色是红色。

党争的利弊

那么，为什么党派这种现象，连伟大的华盛顿都不能杜绝呢？答案相当简单：一个人，无论他多么强大，也斗不过一个有组织、有纪律、有纲领的政党。

可是，党派的这个特性，也决定了只要它们出现，伴随而来的就是一个字：斗。

华盛顿以及很多美国开国先贤们都对党派深恶痛绝的原因，主要有以下三点：

第一个就是容易导致结党营私。美国历史证明了这一点，自从有了党派之后，美国就没有非党员当选总统的记录。

党派令人讨厌的第二个原因就是，两党为了竞选总统宝座，在选举的时候互相攻击，毫无底线，甚至如同泼妇骂街。1800年美国总统竞选，挑战者托马斯·杰斐逊对着约翰·昆西·亚当斯大骂，说他是个"令人作呕的书呆子，可憎的伪君子，暗地里有着阴阳人的性格，既没有男人的力量和坚强,也没有女人的温和与敏感"。亚当斯当然马上反击杰斐逊,说他就是一个"卑鄙、未开化的家伙,是有一半印第安血统的母亲的儿子,是来自弗吉尼亚黑白混血的父亲的种"。这些话一字不落地刊登在当时的报纸上,单凭这些话语,你能相信骂人的这两个人就是备受后人尊重的美国国父,而且其中一位还写出了《独立宣言》这样的文书吗?

第三个原因就是,党派之争严重地干扰了国家日常运行:既然我是民主党的,那你共和党提出来的东西,我的本能就是反对。这导致政府效率极低,决策往往是朝令夕改,一朝天子一朝臣。

但是,有利就有弊,有失去就有可能得到,华盛顿绝对不会想到,党派之争也导致了两个好东西的产生,一是反对党的监督机制,这是自然而然的,两党时时刻刻拿着放大镜找对方的缺点,监督自然很严格;二是可以舒缓老百姓的负面情绪,有时候执政党事情做错了,下了台,老百姓觉得解气,就不会对政府平稳运作造成太大的伤害。

党派之争还造成了一个有名的案子——马伯里状告国务卿案,这个案子大大地影响了美国司法发展的进程。

马伯里状告国务卿

这事要从华盛顿特区的建立说起。

美国人迈入19世纪的那年,迎来的是一座新的首都——华盛顿特区。

1800年在位的美国第二任总统也是我们的老熟人,革命先驱约翰·亚当斯先生。他带着夫人美滋滋地搬进了新首都的新房子。没想到,新房子还没收拾好,联邦党人约翰·亚当斯就在新一轮的总统竞选中,输给了民主共和党的托马斯·杰斐逊。

亚当斯很生气,就在卸任之前,利用手上的权力,做了很多调整——趁着当时国会大部分是联邦党人的机会，通过了一个《哥伦比亚特区组织法》，这个新的法律授权亚当斯任命42个特区治安法官，任期5年，中途不能撤换。随后他马上按照新法律任命了42个人，当然是清一色的联邦党人。只是，当时居然有17个人的委任状忘记发了。

杰斐逊走马上任之后，对亚当斯这种党派人员的损招儿恨得牙根痒痒，忽然听到有17个委任状没发出去，马上就指示他的搭档，新的国务卿詹姆斯·麦迪逊，把这些委任状全部扔进垃圾桶。麦迪逊立刻照办，干净利落地销毁了剩下的这17份委任状。

可是杰斐逊和麦迪逊都没想到的是，那17个倒霉蛋里，居然跳出来一个不服气的，想和他叫板，此人名叫马伯里，据说非常有钱，但是对治安法官这个"七品芝麻官"却是相当向往。

本来听说总统已经盖上了大印，家里庆祝酒宴可能都摆了好几次了，结果是左等右等，等来一个坏消息，委任状被麦迪逊扔了！他觉得很委屈，很不服气。

这时候，有人告诉他，新任的最高法院大法官马歇尔，也是亚当斯突击提拔的联邦党人，大家是一伙的，而且，根据1789年国会通过的《司法条例》，最高法院有权处理任何违法的公职官员。

马伯里一听，觉得最高法院可以强制麦迪逊给自己补发一张委任状。就这样，他一纸诉状把销毁他委任状的麦迪逊告到了联邦最高法院。

在马伯里一纸诉状把麦迪逊告到联邦最高法院之后，当时的大法官马歇尔直接就蒙了，怎么，自己屁股还没坐稳，就要和国务卿兼国父麦迪逊掰手腕？而且，麦迪逊背后站着的就是另一位国父，托马斯·杰斐逊！马歇尔觉得那两位爷自己应该是惹不起，不过那也没办法，谁让自己是大法官呢？只能先试试。

于是他给麦迪逊发了一个法庭文件，请他解释一下这件事，最好补发一个委任状，这样你好我好大家好就算了。结果事情果然就像马歇尔预料的那样，国务卿没有任何回复。

别忘了，我们说的是1802年，这恰恰体现出当时美国宪法的一个巨大问题，它使用了三权分立机制，可惜，这三权里面，司法是最弱的，法官没有财权，没有行政权，没有兵权，没有立法权，除了按照国会制定的法律宣判，什么也没有。事实上，当时的情况是，没什么人把大法官看在眼里。

那怎么办呢？马歇尔冥思苦想了半个月，终于想到了一个办法，他随即会同其他四位法官，一起做出了下面的判决，简单明了，却是意义深远。事实证明，无论是"宪法之父"麦迪逊，还是"超级天才"杰斐逊，都没有在第一时间反应过来，等到明白了，已经晚了。

当时，马歇尔面对着马伯里，他是这样宣判的：

马伯里有权要求一张新的委任状；法院有义务和责任支持帮助马伯里拿回他的委任状；第三个，虽然马伯里是正确的，但告错地方了，联邦最高法院管不了这个案子。

马伯里一下子就傻了，最高法院管不了，我应该找谁？

马歇尔这时候耐心地给马伯里解释，根据《美利坚合众国宪法》第十条："涉及大使、其他使节和领事以及以州为一方当事人的一切案件，最高法院具有原始管辖权。对上述以外的其他所有案件，最高法院只具有上诉管辖权。"听明白没有，马伯里，你要是告外国大使，或者外国使节，或者州政府，我们最高法院可以受理，这叫作原始管辖权，但是因为你只是告一个在政府工作的人，这不是我们应该管的，你应该去当地县法院告麦迪逊。

马伯里马上就拿出了1789年的《司法条例》，对着马歇尔挥舞：根据这个法律，你们最高法院有权向任何公职官员下达执行令，也就是你们可以管这个案子。

马歇尔不慌不忙，嘿嘿一笑说：在本法官看来，《宪法》是最大的、最神圣的。接着，马歇尔宣布，1789年《司法条例》第十三款因为违反美国《宪法》而被取消。

他接着说，马伯里，你还是得回去找你们县法院先打官司，如果县法院的判决你不满意，可以上诉，最后上诉到最高法院，我才有权管，这就是《宪法》说的最高法院有上诉管辖权。

于是，马伯里撤诉了。

至此，案子审理结束。

如果这案子就是这么简单地了结了，美国人后来就不会把它写到大学课本和所有法官的培训教材里，年年岁岁，岁岁年年，美国吃法律这碗饭的人都要学习这个案子。

司法独立的形成

如果你知道美国法律是成文法系和判例法系的结合，那你也许会看出一点猫腻。

成文法系好理解，就是写在纸上的法律。那么什么是判例法系？

举个简单的例子，村里有一个人，叫张三，有一天他撞死一头牛，法官判他按照当时县里市场的牛价赔偿，此案审结完毕之后，如果没有人有异议，张三也赔了钱，那么这就叫作一个判例，即判决的例子。

几天之后，同一个村的李四也撞死了别人一头牛，那么，无论是哪一个法官判案，李四都必须按照县里市场的牛价赔偿人家，不能按照村里市场的价格赔偿，否则，法官就先违法了，这就是判例法。

回到马伯里这个案子，当这个案件审结完毕，当事人没有异议之后，就形成了两个判例法则：第一，最高法院大法官可以解释一切法律，包括宪法；第二，最高法院大法官如果认为国会通过的某一个法律违反了《宪法》，有权直接废除它。

事实上，杰斐逊很快就明白过来了，我们被马歇尔这个联邦党人给算计了。他马上以总统的身份提出了自己的声明，原文是这样的："以法官为一切法律疑问的最高仲裁者，这种说法十分危险，任何解释《宪法》

的法官皆可置我等于寡头独裁之下。"

所以，今天我们所了解的美国大法官解读法律，在《独立宣言》作者杰斐逊看来，那就是独裁。他的意见自然还是要议会来干这个活儿。可是就在杰斐逊还没有想好如何反击的时候，美国的另外一件事转移了他的注意力。而马歇尔也是非常乖巧，马上就在下一个斯图亚特案件里对民主共和党人和杰斐逊妥协，平息了杰斐逊的怒火，并且在以后的30年里，一次也没有动用过司法审查权。

这招挺好使，马歇尔成功地给后代美国的法官和最高法院保留了这个审查法律的权限。

从此之后，美国就默认了一个事实，最高法院的大法官可以否决一切他们认为违宪的法律，并保留对《宪法》的最终解释权，这是相当大的权力，它让美国的国会和政府在很多时候，不得不对最高法院低头。

后代的美国法官们，都对马歇尔感恩戴德，没有他，法官一直都只能是给国会和政府打工的，现在不一样了，最高法院有权判决国会的法律违宪。

马歇尔很自然地被高高在上供起来，在美国最高法院里，他是唯一一个享有全身铜像特殊待遇的，永远被后世法官所崇拜和景仰。

美国作者史密斯曾经赞扬说："如果说乔治·华盛顿创建了美国，约翰·马歇尔则确定了美国的最终制度。"

其实，在我看来，马歇尔最初只是秉承着实用主义的精神，想着如何把这个官司体面地结案而已。

10
神秘的1812年战争和美国第一银行

马歇尔大法官忽悠马伯里，把《宪法》的解释权拿到了手里，这件事当时就引起了杰斐逊的警觉，可是就在他准备反击的时候，另外一件事吸引了他的注意。

事情是这样的，杰斐逊刚上任时候，美国人住得还是挺憋屈的，整个实际国土只是沿着美洲东海岸的一条狭长地带，大概只有今天美国面积的五分之一。

往西边看看，离得最近的，除了印第安人大大小小的部落，就是西班牙人、法国人和英国人占着的地盘，当时最大的一块叫作路易斯安那，比今天美国路易斯安那州要大上十几倍，是法国人的殖民地，"路易斯安那"的本意就是法语"国王路易的土地"。

这块土地上有一个港口，叫新奥尔良，美国人一直想把这个港口买下来，因为当时没有飞机和高速公路，河道的港口就是最大的运输中心，价值很高。1800年的欧洲，拿破仑正在耀武扬威，杰斐逊政府思来想去，觉得最好还是把这个新奥尔良买下来，免得哪一天法国翻脸，影响到美国的贸易。

廉价购入路易斯安那

从1801年开始，杰斐逊先后派了几个人去和法国人谈这笔交易，最后阴差阳错之下，在1803年居然以区区1500万美元买下了整个路易斯安那。你要知道，杰斐逊一开始的目标，是200万美元买新奥尔良一个港口，现在这个结果，算上后来还给银行的利息，每1万平方米的价格大概只是1分钱，都不能说价廉物美了，简直就是白捡。

拿破仑突然这么慷慨，是有其战略考虑的，一方面是长远目的，对美国示好，有一个长久的战友对拿破仑在欧洲的行动有好处，他认为英法战争极有可能爆发，到时美国可以牵制英国，最不济，保持个中立，对法国就是好事；另一方面就是当时拿破仑需要钱来增强他的实力，而保有路易斯安那，不仅没收入，还要倒贴，因为需要驻军和维持秩序。

本来这是一件对美国来说天大的好事，不过也有人不这么想，不仅不这么想，而且还反对。一点都不难猜，反对者肯定是联邦党人——民主共和党的杰斐逊干的事情，联邦党有什么理由不反对呢？

他们反对的理由，第一是违宪，第二是担心路易斯安那有坏人，买了它，那些坏人会威胁到美利坚合众国的商人的安全。

于是联邦党人在新英格兰地区开始筹备成立一个新的国家，并答应推选当时的美国副总统伯尔为开国总统，准备脱离美利坚，另立中央。

这时候，汉密尔顿出手了，他以联邦党创始人的身份，阻止了这场分裂，并因此和伯尔结下仇恨，最终导致在第二年，即1804年，他们之间的一场决斗断送了天才汉密尔顿的命。

说心里话，我觉得汉密尔顿这一次出手，是他人生相当多的闪光点之中的又一个，党派之争的底线是国家的利益，这一点，汉密尔顿相当坚持。

再说购买路易斯安那之事，法国人和美国人签的购地条约非常奇葩，他们的地产买卖合同里，居然没有明确指定这块地的边界。东边倒是很清楚，那是和当时美国13个州接壤的，以后自然也不用边界了。可除了东面，南、西和北面的边界全都模糊不清。

我个人认为，这事儿当时法国人根本就不在意，而美国人是故意装糊涂，这种糊里糊涂的边界划定，让他们在后来西进的征途上，和西班牙以及印第安人争起地盘来，十分理直气壮。

得到了路易斯安那，美国人的居住条件大大改善，领土扩大了一倍有余。

当美国人正忙着欢庆的时候，欧洲又乱成了一团。拿破仑出售路易斯安那得到的钱，让他的军队在短时间内军力迅猛地提升了很多。但是全世界的人都知道，法国的老冤家英国绝对不允许法国人骑在他们头上，又一次，英法两国各自拉了一群"小弟"在欧洲这个老舞台上开始操练，被卷入的国家大概有40多个，例如俄国、奥地利、瑞典统统进了这个"绞肉机"。

杰斐逊总统牢记卸任老总统华盛顿的指导，马上非常聪明地宣布了中立。但事实证明，想韬光养晦也没那么容易。

1806年5月，英国宣布对西欧进行封锁，接着拿破仑马上宣布对英伦三岛也进行封锁。这样一来，美国的商船就陷入了一种两难的境地，一边是英国、法国疯狂地砸钱，以大价钱试图购买美国的各种战略物资，另一方面这两国又都疯狂地拦截运往对方的美国商船。

据资料显示，在很短的时间内，美国正派的商人和不正派的商人——那些走私贩子，分别损失了几百万美元。一群人马上跑到杰斐逊那里要求："我们应该对英国宣战！"同时也有另外一群人说："我们要和法国人拼命。"

托马斯·杰斐逊并不想用战争来解决问题，他甚至认为，战争解决不了这个问题。一番冥思苦想之后，杰斐逊想出了一个自以为聪明的办法：既然英法都强烈地需要我们的货物，我们就反过来封锁他们。

于是，1807年，美国总统杰斐逊下令，所有美国船只都不许出海，直到英法答应不干扰美国商人。

这显然是行不通的，很快地，大批商人就开始走私，而规规矩矩的商人们只能破产，因为前段时间他们囤积了太多货物，现在却不能出海。

在这种内外交困的环境下，杰斐逊的8年总统任期到了，接替他的又是我们的老熟人，"宪法之父"詹姆斯·麦迪逊。

和华盛顿卸任的时候一样，杰斐逊当时也是长长地舒了一口气，在离任之前，他签署了《禁止进口奴隶》的文件。如果你还记得20年前的制宪会议，你应该知道，在那次会议上，大家决定把进口奴隶的问题留待20年后解决。

杰斐逊没有解决蓄养奴隶的问题，但是他禁止进口奴隶的决定，应该算是制度上一大进步。可惜，这仅仅只是纸面上的字而已。

火烧白宫

1809年3月4日，美利坚合众国的第四任总统，也是最后一位国父总统，詹姆斯·麦迪逊走马上任。

说实话，美国"宪法之父"麦迪逊这个总统签抽得并不好，前面三位总统在任时，外部环境相对比较稳定，即使是内斗，那也是斯文人之间的党派斗争。

但是到了他这一届，无论外面还是里面，都是真刀真枪玩命，任麦迪逊喊了多少次有话好好说，国外的英法也不会给和平，不会不抢劫美国的商船；而国内，接连爆发了几次暴动，一向温顺的印第安人也忽然勇敢起来，在西北不断地和美国当地的白人发生冲突。

在这种内外交困的情况下，1812年6月18日，麦迪逊在美国国会发表演讲，呼吁对英国宣战。国会随后表决，以多数票通过了这个宣战决定。有意思的是，仅仅过了几天，英国承诺不再骚扰美国商队的保证就送到了美国——这份保证当然没用了。

那么，麦迪逊为什么选择对英国宣战呢？这个问题的答案可能远不是你想象的那么简单。但无论如何，这相当于把国内外所有矛盾都转移到了英国人身上，即便是仅仅从这个角度看，也算是一种解决问题的办法。

随后，美国进攻了加拿大。很可惜，美国这次进攻徒劳无功。当时驻防在加拿大的5000名英国士兵和大概5000多名加拿大居民组成的民兵坚定地抵抗了美国这个邻居的骚扰。

在这场战役中，保皇派的加拿大民兵表现出了极为优秀的作战素质，对1867年加拿大立国之后的军队建制有很大影响。此外，加拿大人还发现有个不起眼的小地方很可能成为以后的战略要地，这个地方就是渥太华，今天成了加拿大的首都，当时，只是渥太华河旁边的一个小小村庄。

与加拿大这个英国殖民地的战争陷入了胶着状态之后，更糟糕的事发生了，1814年3月，英国人在欧洲战场上打败了拿破仑，马上就向北美投入了大量军队，准备进攻美国。这样一来，美国人的麻烦大了。

5个月后，8月24日，美国人最狼狈的一天来了，他们的首都华盛顿被英国人和加拿大人占领了。为了报复美国人在加拿大多伦多的烧杀抢掠，英国人在美国的总统官邸放了一把火，把本来好端端的总统府烧得一塌糊涂。詹姆斯·麦迪逊只能狼狈不堪地向南逃窜，跑到了弗吉尼亚。

后来战争结束后，美国人又花钱请施工队修缮和重新粉刷了外墙被烧成一片漆黑的总统官邸，刷成了一片白色——今天大家都知道，它叫作"白宫"。

首都被人占了，总统府被人烧了，1814年的美利坚合众国可以说是岌岌可危。这就是美国进攻加拿大这场战争后的最初情况，它是美国独立之后的第一场对外战争，由于发起的时间是1812年，所以，这场战争在史书上的正式名称是"1812年战争"，英文名"War of 1812"。

这场战争的结果是两国签署了《根特条约》，不过这个条约并没有什么重要内容。

这场战争催生了星条旗和美国国歌，以及"山姆大叔"这个外号。这场战争让美国人意识到，由农民组成的美国民兵，实在太弱了，从此重点加强了军校建设、人才培养，而第一所被重视的军校，就是西点军校。那时候这所军校刚成立不久，正式名字是"美国军事学院"，由于它的地址在纽约附近的哈德逊河西岸，所以被称为"西点军校"。

关于战争和银行的阴谋论

1812年战争就这样稀里糊涂地结束了，但这场战争里有两点是相当奇怪的。

首先，英国的行为很奇怪，美国人先对他们宣战，最后签署条约时英国人在整个战场上还占着优势，甚至美国首都华盛顿都还在他们手里，但条约里美国对英国没有丝毫赔偿。不仅没有赔偿，后来英国人还主动送给美国120万美元，好像是弱势一方。问题是，当时英国的实力并不差。

第二个奇怪的点，就是美国选择的开战理由和时间，据麦迪逊总统说，打英国有两个主要理由，第一是英国不遵守独立战争后双方达成的《巴黎条约》，拒绝移交一些军事要塞，并且武装印第安人，威胁美国的西部边陲。可是《巴黎条约》是30年前的事情，在此期间，双方亲如兄弟，怎么现在才想起来军事要塞的事情呢？

另一个理由就是英法相争，美国中立，但是美国商船被骚扰——这个理由貌似合理，但是为什么不对法国宣战呢？

只要有怀疑，就要有解答，而这个解答，却解出了一个阴谋论。

这件事，要从美国第一银行说起。

如果你还记得汉密尔顿的经济改革，你就知道，当年正是汉密尔顿一意孤行创建第一银行，才导致他和杰斐逊针锋相对，并且和麦迪逊的友谊翻了船。

当时我并没有详细介绍第一银行是如何运作的，也没说为什么《独立宣言》起草者杰斐逊和宪法之父麦迪逊都跳着脚反对这个第一银行，现在这件事可以仔细说说了。

所谓第一银行，又叫"国家银行"，它的运作方式是，美国政府每年把收上来的税还有其他政府收入，统统存进这个银行，然后政府任何部门花钱都要找这个银行去要。

那要是政府收上来的钱不够花呢？

这个问题就是关键所在，它的答案恰恰是第一银行存在的意义。当年汉密尔顿改革的时候，美国一穷二白，政府穷得甚至要出卖土地来换钱，它拿什么往银行里存钱？

所以，当时它就只能打了一个大大的白条，向这个第一银行借钱。

那么，为什么第一银行愿意借给它钱？因为汉密尔顿答应了他们的两个条件，第一当然是利息，第二个条件比较新颖，那就是第一银行拥有发行美国国家货币的特权，只要不超过美国政府的贷款金额，发行多少美元，第一银行说了算。

发行国家法定货币，可以对一国经济产生巨大影响，不过最大的问题是，汉密尔顿的这个第一银行是私人控股的，它当时的股东是以英格兰银行业为主的欧洲大银行家们。

杰斐逊和麦迪逊坚决反对的也恰恰是这一点，杰斐逊为了表示反对，还在1793年愤而辞去国务卿职务。他在公开场合说过一段话，可以看作对这个第一银行的真实态度："一个私有的中央银行发行人民的公共货币，这对人民自由的威胁比敌人的军队更严重，我们不能容忍统治者将永久债务强加在人民的身上。"

杰斐逊一语成谶。200多年后的今天，美联储干的事情和当年的第一银行一模一样，可以这样讲，只要美联储还存在，那美国人民的债务是永远不可能还清的，永久的债务真的强加在人民身上了。

其实，单从这个机制的运行机理说，在这套系统里，美元其实就等于美国国债，如果美国国债没了，美联储也就没有资格发行美元了，更别说还有每年上千亿美元的利息可拿了。

如果你是美联储的股东，你会让美国把债务还清吗？当然不会，这个世界上，哪里会有农场主杀掉一头又壮又高产的奶牛的事。

那么，汉密尔顿，甚至华盛顿，当时为什么会成立这样一个银行？实话实说，这里面有两个因素，第一个就是汉密尔顿的政府威胁论，他说，如果让政府全权掌握货币的供给与政策制定，政府就可以没有成本地发行自己的货币，这个危害很大。

他说的也不是没有道理，今天很多国家，比如津巴布韦的危机，就是因为政府没有限制地发行货币。但是，如果我们细细地分析他的说辞，那就要反问他一句，为什么人民选出来的政府和参众两院你不信任，反而信任私人开的银行？

其实，汉密尔顿的第二个原因才是关键的，而且是致命的，两个字：没钱。美国刚建国的时候穷得叮当响，信用全无，政府发行的大陆币根本没人信，第一天发出去，第二天就贬值一半。

在这样的情况下，汉密尔顿才想出了这个办法，把中央政府和州欠下的债全部揽过来，然后去欧洲找大银行家们，劝说他们和美国政府合伙开银行——美国政府看中的是对方的信誉，而欧洲的这些银行家们看中的是美国可能的发展前景。

事实证明，双方的眼光都不差，欧洲银行家的加入，确实对美国经济起到了立竿见影的功效，美国经济迅速全面恢复。那么，这是不是双赢呢？这件事仁者见仁智者见智，据说当时的英国首相小威廉·皮特说过这样一句话："让美利坚合众国的人民走向债务融资和银行信贷的泥沼吧，这样他们所谓的'独立'就只是一个幻影。"什么意思？他认为，控制一个国家可以有很多手段，银行就是其中的一个。

也正是因为大家看到了风险，美国国会当年就吵得很厉害，最后只好由伟大的华盛顿将军做决定，华盛顿把汉密尔顿找来，当面对他说，如果你不能说服我，我不会让这个提案通过。汉密尔顿最终只用一句话就说服了华盛顿：我们要是不这么办，美利坚合众国就有可能穷得散伙了。

但无论是华盛顿，还是汉密尔顿，心里都明白，这绝对不是长久之计，美国的经济最多几年就恢复了，到那时候，难道还让这些银行家们发行美国货币？

但如果他俩和当时准备加盟的英格兰银行家们说，咱们就干几年，那人家银行家肯定不干。所以，最后双方商定的时间是20年，1791年，第一银行正式挂牌营业，特许营业期是到1811年为止。

现在我们再回过头来看看上面说的第二次英美战争前后的时间表。

1811年3月4日，第一银行特许营业时间到期，麦迪逊总统一天也没耽搁，马上就终止了它的业务。

1811年下半年，美国国会鹰派议员开始在国会游说战争。

1812年，美国国会通过对英宣战。

1814年，战争激烈时，美国经济一落千丈，同年发行的一笔800万美元国债，最后在市场上不得不按照20%的票面价格出售。

1815年2月，战争结束，美国国债从大战之前的4500万美元，直接飙升到1.2亿多美元。

1815年12月，曾经激烈反对第一银行，并且亲手关掉了那所银行的麦迪逊，主动请求成立第二银行。

1816年，美国第二银行诞生。特许经营时间依旧是20年，截止年是1836年。总的股本提高到3500万美元，美国政府占20%的股份，其他的全都是欧洲私人银行家。

所以，阴谋论者们就认为，第二次英美战争，也就是1812年战争的背后，绝对有英国私人银行家的影子，这些人通过掌控的英国政府和美国国会推动了这场战争，目的只有一个：强迫美国继续接受私人中央银行的配置。

以上，就是围绕1812年战争的一个阴谋论。

关于第二银行的故事，后面还会有涉及。这里顺便提一下今天广为人知的美联储，它是在1913年成立的，全名是"美国联邦储备系统"，运作方式和第一银行、第二银行差不多，都是管理美国人民的税收，根据美国国债来发行美元，至于为什么它不叫某某银行，后面讲到它的成立过程时我会说到。

美联储当然也是私人的，更离奇的是，这里面，美国政府居然一点股份也没有了，只有提名美联储理事的权力。

在世界主要国家里，美国是唯一一个官方货币不由政府发行的国家，但神奇的是，今天的美元是世界上最流行的货币。据说，那个最古老的金融家族的掌门人，罗斯柴尔德，说过一句名言："只要我能控制一个国家的货币发行，我不在乎谁制订法律。"

11

门罗主义出炉，美洲成其后花园

詹姆斯·麦迪逊因为总统官邸被烧而仓皇逃走的时候，美国第三任总统托马斯·杰斐逊正在享受他的晚年，自从1809年退休，无官一身轻的他就开启了悠闲自在的退休生活。

杰斐逊是一个大奴隶主，自然不差钱，那干点什么好呢？他本就热心于社会服务，又觉得十年树木，百年树人，要想提高美国人民的整体生活质量，还是要创办学校，所以就操心费力地建立了一所大学，这就是弗吉尼亚大学。这所大学最与众不同之处，就是不受宗教影响。

虽然美国宪法规定了没有国教，但1809年的美国，任何一所大学都有着浓厚的宗教色彩，上课吃饭之前要祈祷，平时还要向上帝进行忏悔。

杰斐逊认为，大学就是大学，不应该和宗教混在一起。虽然他是基督徒，可是他的宗教态度接近自然神论，相信世界是上帝创建的，但后来的那些什么神迹、显灵，都是天主教瞎编的，杰斐逊本人对此嗤之以鼻。他甚至说过这样的话："总有一天，所谓耶稣以上帝为父，在处女的子宫中神秘诞生的说法，将与雅典娜从宙斯脑中诞生的说法一样，被视为寓言。"这样的话在今天的基督徒听来都是离经叛道，更别说那个年代了。

杰斐逊没有像潘恩那样，专门写本书来骂基督教，可是这种思想却完完全全地融入了他亲手创建的弗吉尼亚大学，这所美国第一所不受宗教影响的大学里，没有教堂，没有礼拜室，也没有忏悔室，而是以图书馆为中心，是纯粹的科学圣殿。

这样的学校，第一批学生只有30个人，因为当时大多数美国人还是认为，和上帝经常沟通是有好处的。

国父们退场

公元1826年7月4日，《独立宣言》发表50周年，也是美国50周年国庆节当天，它的起草者，托马斯·杰斐逊在家中安静地去世了，享年83岁。

综观杰斐逊的一生，我们可以这样说，他是一位真正的人民公仆，和华盛顿一样，在他心里，当官除了增加他的责任感之外，没有任何可以让他感觉到骄傲的地方。

这一点，也体现在他给自己写的墓志铭上，他不允许别人对他的墓志铭有任何更改，他是这样写的："托马斯·杰斐逊，美国独立宣言作者，弗吉尼亚宗教自由法，以及弗吉尼亚大学之父，长眠于此。"

至于他当了8年总统那件事，他觉得根本就不算个事儿，不就是一个为人民服务的公务员吗？我相信这就是他内心的真实想法，因为他和政敌间的争斗也从来不是为了权力，而是因为执政理念和对制度的构想不同。

托马斯·杰斐逊最被后世诟病的有两点，一是他蓄养了大概600多名奴隶，二是据说他有私生子。

就在杰斐逊去世的同一天，另一位国父，约翰·亚当斯，美国独立战争的先驱、革命斗士、外交家，也撒手人寰，享年90岁。

两个为了同一理想奋斗了一辈子，也斗争了一辈子的战友和政敌，在美国建国50周年的国庆日上，演出了历史上惊人的巧合一幕。

据说亚当斯对杰斐逊念念不忘，临终前一直嘀咕的一句话是："杰斐逊这家伙还活着！"他不知道的是，杰斐逊已经在几个小时前，先他一步魂归天国了。

约翰·亚当斯是唯一一位没有在总统的位置上连任的国父，只干了4年总统，就被杰斐逊取代，但是，在这些人里，他是唯一一位把儿子培养成了总统的国父。他死的时候，儿子约翰·昆西·亚当斯正坐在美国总统的宝座上。

另一位国父，詹姆斯·麦迪逊在连任了两届总统之后，也在1816年退休了。这位美国"宪法之父"退休后的日子基本是隐居状态，后来在1836年去世，享年85岁。他主持修订的美国宪法到现在依然发挥着强大的作用，甚至没有一个字修改，仅仅是增加了27条宪法修正案作为补充，其中第1条到第10条，加上第27条还是他自己写的，那么后世人在230多年的时间里，其实仅仅增加了16条宪法修正案。

至此，国父们全部退场，建设这个国家的任务交到了年轻人手里。

门罗主义出炉

巧合的是，接任詹姆斯·麦迪逊的这位新总统也叫詹姆斯，不过他姓门罗。门罗之所以能当选总统，是因为他在购买路易斯安那和英美第二次战争过程中有卓越表现，得到了大家的认可。

1816年的美洲，甚至世界，正处在一个变化的关键节点上，原来的那一伙"老大"，比如说家庭条件一直很好的英国，祖先很富但是后代败家的西班牙，还有以前家境平平但突然因为拿破仑而暴发的法国等等，现在都因为长时间的互掐而筋疲力尽了。

特别值得一提的是西班牙，大家应该记得，当年第一个在美洲大发横财的就是这个国家，曾经有过不到1000人单挑1000万人口的印加帝国并且全胜的纪录。但是自从被英国全歼了无敌舰队之后，西班牙境况就江河日下，尤其几年前和拿破仑在欧洲干了一架之后，虚弱到连南美和拉丁美洲的殖民地都管不住了。

从1811年起，自委内瑞拉开始，当地的土著和混血种族相继开始造反，闹起了独立，这场折腾一直持续到1823年墨西哥独立，才算告一段落。

现在美利坚合众国的国父们全都退场，由新人詹姆斯·门罗接任了总统职位。门罗绝对是一个战略家，他对世界形势把握得极其精准。

1819年，他一眼就看出了西班牙有点儿手忙脚乱，于是果断出兵攻打了西班牙的殖民地佛罗里达。

和7年前麦迪逊进攻加拿大截然相反，这一次美国几乎不费吹灰之力，就打败了西班牙军队，后者被迫和门罗签订了《亚当斯奥尼斯条约》，把佛罗里达拱手送给了美国。

其实，西班牙在南美和拉丁美洲的虚弱表现，当时也引起了欧洲其他国家的兴趣。英国第一个站了出来，它跑过来对门罗说，咱一起发表一个声明，支持拉丁美洲国家独立，反对欧洲其他国家干涉，从此以后，这些小国家全都是我俩的小弟。

英国人这一招还是很高明的，其中主要有三条思路。第一，不能彻底打败的敌人，那就是朋友，英国这时候已经根本不可能打败美国了，那就不如拉着美国一起享受，美洲很大，足以容得下美英两国；第二，拉住美国就等于有了对付欧洲其他国家插手美洲的资本，美英联盟之后的力量足以让它们抗衡欧洲的任何一个国家；第三，万一那些新兴的拉丁美洲国家造反，英国完全可以让美国人先顶上，自己借口路途遥远先观望一阵子，让美国人先当炮灰。

所以说，这是一个一箭三雕的计策。

门罗也知道英国打的是什么算盘，出于谨慎，他问了三个人的意见。他先去请教当时还活着的老总统杰斐逊和麦迪逊。这两位国父给出的建议是，可以接受英国的提议，但是不要卷入欧洲的战争，万一哪一天英国不行了，到时候再换一个盟友。

实话实说，两位国父忘了一件事，那就是现在此起彼伏折腾不断的是拉丁美洲，而不是欧洲。到时候法国、荷兰这些国家如果跑到美洲折腾，而英国让美国去打仗，为了自己的利益，美国有什么理由，又怎么可能不去打仗？

幸亏门罗还问了第三个人，这就是他的国务卿，约翰·昆西·亚当斯，老革命家亚当斯的儿子。小亚当斯的看法是，和英国人联合对我们没有太大的好处，反而责任一大堆，还捆住了我们自己的手脚，为什么美国人不单独弄一个声明，支持这些拉丁美洲兄弟独立呢？

门罗最后接受了小约翰的建议，认为这是一个"更坦率而有尊严的做法"。

1823年12月2日，门罗在美国国会上发表演说，正式对欧洲各国宣布，美洲不再开放给欧洲建立殖民地，任何欧洲国家想来美洲耍威风，美国将视之为"危及美国的和平与安全"，同时，作为交换，美国保证不管欧洲战事。

这就是著名的"门罗主义"，等于宣布，美洲从此就是美国的后花园了，你要是想进来看看，参观一番可以，但你要是想挖两棵草，搬走两盆花，甚至盖一个凉亭，那对不起，先要问问美利坚同意不。

有意思的是，这么一个强硬的声明，当时欧洲除了英国抗议了几声之外，其他国家都一言不发。

美国自身的力量固然是一个因素，但主要因为欧洲人是这么想的：你美国如果有能力，我们惹不起你，自然就不会去美洲白忙活；可是，你要是没能力，那你们的声明就是一纸空文。

各国的这种集体沉默，让美国在后来的各种行动里有了正当的理由。所以，美国强大之后，每当看拉丁美洲和南美的一些国家不顺眼，就把门罗主义拿出来，说这些国家被欧洲干涉了，基于你们默认的门罗主义规则，我必须管，理直气壮出兵打墨西哥，打智利，打古巴，等等。

一直到2013年，美国才发表声明，说门罗主义时代结束了，美国不再干涉美洲其他国家的事情，变相地，也等于承认了以前它在美洲这个后花园里的霸道和强权。

詹姆斯·门罗当了两届总统之后，也回家了，但因为他平时的工作实在太忙了，没时间打理自己的庄园，年年赔本，导致他最后卸任的时候债台高筑，尽管美国政府补偿了他3万美元，他还是不得不卖掉庄园，搬进女儿家一起住。

巧合的是，门罗也病逝于美国国庆日，那是1831年7月4日，美国的第55个国庆日，他是美国历史上第三位死于国庆日的总统。

在门罗之后的约翰·昆西·亚当斯只干了一届，就和他父亲老约翰一样光荣下岗。这个真不知道是命运，还是巧合，美国建国之后的50年，7位总统之中，只有他们父子俩是干了一届就下了台的，其他5个人全都连任，干满了8年。

12
首位平民总统的荣耀和腐败

1828年11月4日，美国迎来了历史上第一位平民总统，也是后世争议最大的总统之一，安德鲁·杰克逊。

前面说过，这位总统是1812年战争期间挽救美国的人物，他有两个外号，分别是"老核桃木"和"印第安人杀手"，前一个说明这家伙很强硬，后一个说明，此人一言不合可能就会动刀子。实际上，据说安德鲁在当上总统之前，已经和人决斗了103次，胜率是100%。

除了在1812年战争里表现出色之外，他还在1819年美国入侵西班牙殖民地佛罗里达的战争中，带领队伍把西班牙人和当地的印第安人打得落花流水，这在历史上被称为"第一次塞米诺尔战争"，为美国成功把佛罗里达收入版图立下了汗马功劳。由于这样的军功，到了1824年的时候，就有很多人怂恿安德鲁去竞选总统。

第一位平民总统

安德鲁在1824年的竞选成绩其实相当好，他在普选和选举人当中都取得了票数上的胜利。这里要解释一下，什么叫"选举人"。在解释这个概念之前，先要问一句，美国总统是一人一票由人民直接选出来的吗？

答案很简单，从来不是。

想当年制宪会议的时候，关于如何选举总统，一共有四种方案，一人一票的直选和由各州州长选举总统这两个方案当场就被代表们否决了，因为召开制宪会议就是为了防止"多数的暴政"，岂能让老百姓一人一票选出总统？在当时的代表来看，这种做法就是"多数的暴政"的根源！

所以就有了这个选举人制度，它是一种间接选举，你可以理解为每个州先选举出若干名选举人，然后由这些选举人投票产生总统。

我这里举例说明一下。

比如说今天的加利福尼亚州，它在众议院有53名议员，在参议院有2名参议员，也就是说加州在联邦有55名议员，那按照宪法规定，相对应地，它就有了55个选举人，也就产生了55张选举人票。

你要是问，这个选举人和议员是不是同一批人啊？一定不是，如果你是一位议员，那就一定不能成为选举人。现在美国全国一共有538个选举人，美利坚的总统就是他们投票产生的。

既然总统是这些选举人选出来的，为什么很多人还是说美国老百姓一人一票选总统，而且每年美国大选还是人山人海，全民参与呢？原因也不复杂，因为到了今天，这些选举人都变成了"橡皮图章"，也就是加州的所有老百姓都去投票，这就叫作普选票，如果大多数加州人把票都投给了同一个人，那么，加州55个选举人99.99%会把他们的选举人票也投给他，这样一来，只要赢得了加州老百姓的普选票，也就赢得了加州所有的选举人票，这叫"赢者通吃"，英文是"Winner-take-all"，是美国大选一个很重要的概念。

那么，如果选举人就是脾气犟，不按照老百姓普选的结果去投票呢？这事在历史上也发生过，但是极少发生，而且也从来没有改变过选举结果。

无论如何，美国大选有两个票数概念，一个是普选票数，也就是老百姓的一人一票；另一个叫选举人票数，那才是真正决定总统归属的票数。

在一个州内，如果你赢了普选票数，那基本上也等于赢了选举人票票数。可是放眼全国，就不一定了，还是因为上面那个"赢者通吃"原则。举个例子，假如你和我在田纳西州和明尼苏达州竞选，田纳西州有11张选举人票，明尼苏达州有10张，你老家是明尼苏达州的，你在那里的影响力很大，获得了明尼苏达州550万人口的强烈支持，而且在田纳西州也有不错的人缘，竞选纲领深得人心，获得了田纳西州650万人口里面300万人的支持，这样一来，你在两个州一共1200万人口里获得了850万张普选票，那是绝对的多数。可是最后一算账，你却输了，因为我在田纳西州获得了350万人口支持，比你那个300万多，所以，我获得了田纳西州所有的11张选举人票，在这场选举中，我就赢了。

在历史上，美国大选中，这种赢了普选票数却输了总统竞选的，比比皆是。2016年希拉里输给了特朗普，但她在全美的普选票数，却比特朗普多了280余万张，也就是多数美国民众还是支持她当总统，但她也没地方说理。

1824年的安德鲁·杰克逊更为倒霉，因为他是在普选票数和选举人票数都多过对手的情况下输的，你要问为什么？那是因为你不了解两件事，首先，美国宪法里还有一项规定，如果所有候选人的两种票数都没有过半数，要由众议院来重新投票，产生总统。当年恰恰是这种情况，参加总统竞选的4个人，普选和选举人票数都没过半，虽然安德鲁将军成绩最好，傲视其他3人，可是按照规定，只能让众议院来投票。

其次，安德鲁当时的对手，是老总统、开国之父约翰·亚当斯的儿子约翰·昆西·亚当斯，也叫小亚当斯。众议院老爷们投票时，还得看老亚当斯的面子，安德鲁只能憋屈4年。

到了1828年，安德鲁再次参选的时候，除了西部支持他的大量农民，他还带来了一个从民主共和党里面分裂出来的政党，叫民主党，这也是今天的美国民主党第一次在政治舞台上亮相——安德鲁·杰克逊是它的创建人之一，而且是主要创建人。

前面说过，安德鲁经常和人决斗，脾气又犟又臭，所以他的对手就称呼他为"驴粪蛋子"。安德鲁不以为耻，反以为荣，经常用驴子的形象洋洋自得，甚至演讲的时候，身后要挂一个驴子的画像，这也就是为什么今天民主党的标志是一头驴的原因。

1828年的这次美国选举，也是第一次所有美国白人男性都可以投票的选举，在这之前，只有那些有土地、有财产的白人男性才能投票。

大量的贫穷者第一次把选票投了出去，毫无悬念，从底层走出来的安德鲁，这一次当选了，成了美国第七任总统。他也是美国第一位平民总统，他的出身既不是大奴隶主，也和欧洲的那些贵族或者资本家毫无关系，因此号称"人民总统"。

和银行斗法

正因为安德鲁是"人民总统"，他对欧洲资本家把持的美国银行，尤其是发行钞票的第二银行，深恶痛绝。有一次面对一群银行家，他是这样说的："你们是一群毒蛇。我打算把你们连根拔掉，以上帝的名义，我一定会将你们连根拔掉。如果人民知道我们的货币和银行系统是何等不公正，在明天天亮之前美国就会发生革命。"

由于第二银行的特许经营时间是到1836年，安德鲁如果想阻止第二银行继续存在，就必须连任，于是，到了1832年，第一任任期结束之后，安德鲁坚决谋求连任。

也就是在这次竞选开展得如火如荼的时候，当时的众议院和参议院对美国第二银行的经营延期提案做出了表决，众议院的表决结果是167票对85票，参议院的结果是28票对20票，议员们一致同意，第二银行可以在1836年之后继续经营。

但安德鲁坚定地认为，国会这群议员被资本家操纵了，他到处公开说：如果《宪法》授权国会发行货币，那是让国会自己行使这个权力，而不是让国会授权给任何个人或私人公司。安德鲁下定决心要在总统这个职位上连任，然后利用《宪法》规定的总统最后否决权，来否定这个提案，他当时的竞选口号就是："要安德鲁·杰克逊，不要银行。"

据说当时第二银行的董事长毕多听说这件事之后，淡淡地说了一句："安德鲁试图否决银行特许经营的提案，但是我将先否决他。"而安德鲁的竞选对手也很快从银行家那里搞到了300万美元的经费，这在当时，那绝对是一笔相当大的数目，你要知道，整个第二银行的注册资本才是3500万美元。

安德鲁之所以强烈反对中央银行，除了它们是私人集团控制国家经济这一明显弊病之外，还有一个原因，他是托马斯·杰斐逊农业立国思想的传人，他喜欢农业超过一切当时正在发展的工业和金融业。在他看来，银行从西部的农业州吸取农民的资金，转过来投给东部的大工业家和大金融家们，这是不公平的。

可是这"小农思想"对当时的安德鲁来说，却是相当美好，因为那时候美国最多的就是农民，无论贫富，都可以投票了，所以安德鲁并不是一个人在战斗，他的背后站着北美大地上无数的农民。这样一来，银行家的钱就不好使了，最后安德鲁还是以绝对高票当选，连任成功。

安德鲁第二次当上总统之后，干的第一件事，就是否决了国会参众两院对第二银行延期经营的提案。

1833年，他下达政府行政命令，抽走了美国政府在第二银行账户上的所有储蓄，转进了不同的州银行。这直接导致第二银行还没等到特许经营到期就先不行了，没有了美国政府存款的第二银行只能倒闭，它发放出去的贷款都转给了州银行和一些小的个人商务银行。

干掉了第二银行很快就产生了一个好的后果，那就是美国人居然不欠钱了。1835年，只用了两年时间，安德鲁就领导美国还清了以前看起来永远还不清的美国国债，这是美国历史上第一次，也是唯一的一次，空前绝后地没有国债，不仅不欠钱，还产生了3500万美元的盈余。

事实证明，如果是美国政府自己管钱，那是不会每年都产生大量国债的，对于这件事，历史学家们用一句话来形容这不欠钱的一年："一个总统最为辉煌的荣耀。"

可是就在美国还清了国债的第三天，1835年的1月10日，一位名叫理查·劳伦斯的人进入了国会山庄，在近距离内拔出手枪，对准了安德鲁。不过手枪不给力，子弹当场卡壳，虽然凶手马上掏出另一把备用的手枪，但安德鲁是什么人？100多次决斗的胜利者，有子弹卡壳的这一瞬间已经足够了，只见他三下五除二，把对方干翻在地。

事后，美国法官判决这位刺客劳伦斯有精神病，把他送进了精神病院，这是美国历史上第一次刺杀总统事件。现在你想象一下，一个精神病患者，能畅通无阻地进入美国最高权力机关——国会山庄，并且精心准备了两把手枪，准备干掉现任总统，这是多么魔幻。

安德鲁和银行的斗法大概就是这么一个故事，打倒第二银行也许是对的，一个国家的金融业如果可以挟持政府，是有问题的，更何况这个金融业还是外国人控股的，那更是十分危险。但是，如果像安德鲁那样，干掉第二银行之后，居然不设立一个联邦政府控制的中央银行，任由民间产生大量小银行而不去监管，那也是一场灾难。美国随后爆发的1837年经济危机，也正是因为没有一个可以控制全国金融业的中央银行而导致的。

无论如何，对待资本家和金融家异常强势的安德鲁，获得了无数农民的狂热支持，这更坚定了"人民总统"这一称号。

"人民总统"的腐败

但你要是认为所谓的"人民总统"就是一个大公无私的人，是一个廉洁奉公的人，那你就错了，而且错得很厉害。

安德鲁为农民代言，获得了他们的支持，在他看来，这些农民自然也是好人，那好人不当官，还要什么人当官？问题是，他身边的"好人"多了点儿，1829年3月4日安德鲁搬进白宫的那一天，超过15000名从各地赶过来的支持者们排了500里的长队，在首都华盛顿向他表示衷心的爱戴。

为了报答家乡父老和这些亲信的支持，安德鲁开启了一种称为"政治分肥"的制度，也叫"分赃制度"，或者直接叫"猪肉桶制度"——这些名称来自美国的老百姓和媒体。

这个分赃制度有几种形式，第一种，把联邦政府当时的官员和办事人员统统撤换掉，换上自己的支持者和亲信，任人唯亲。安德鲁是最早开始这样做的，后来上位的总统纷纷效仿，一直到50多年后，才出了一个《彭德尔顿法案》，相对规范了美国公务员管理制度。

第二种，分猪肉。就是对支持自己竞选的地区、大学甚至企业采取国家拨款和政治倾斜的方法。

第三种，就是统称为"猪肉桶条款"的东西。打个比方，某个议员张三提了修建一所学校的提案，另一位议员李四就说了：让我对这个议案投赞同票可以，但是你要在你的议案里加上一条，在这个学校里面增加一个健身房。如果李四在议会里有足够的影响，那张三为了让议案通过，就只好加上这条——当然，李四的竞选支持者或者亲戚朋友应该有一个是专门修健身房的。

美国人把这些统统称为"分赃制度"，几乎贯穿了美国200多年的政治史。你要是惊呼，这不是腐败吗？确实，这就是腐败，但它是制度性腐败，对于议员个人来说，一分钱也没落入自己兜里，那都是按制度办事，所以你即便是想反腐，也没地儿去告状。到了最后，美国人也就睁一只眼闭一只眼了事，大家很有默契地按照这些规则一起玩。不过要是万一某个政客玩过了头，或者得罪了一些不该得罪的人，那你就等着媒体天天炒作你的"肥猪肉"吧，保证弄得你狼狈不堪，最后下台走人。

现在美国历史学家一般认为，这种"政治分肥"制度起源于"人民总统"安德鲁。

三

当战争不可避免

南北战争前后的那些事儿

01
"显然天命"和印第安人西迁

比起"政治分肥"制度,安德鲁被后来美国左派批评更多的,是他对待印第安人的政策,尤其是1830年签署的《印第安人迁移法案》。

自独立战争以来,美国人真正和印第安人和睦相处的时间是不多的,在早期美国人眼里,印第安人并没有被当人看,华盛顿就说过:"他们和狼是同一个物种,只是形式不同。"这位国父甚至还在信里和人讨论过如何用印第安人的皮做靴子顶或者绑腿。

杰斐逊在1807年的时候说过这样的话:"如果印第安人为了阻止美国人取得他们的土地而抵抗,那么这种抵抗就需要我们用短柄斧头去还击。"如此义正词严、理直气壮,只是因为抢人家土地,而对方要反抗。

据说"宪法之父"麦迪逊的政府还在1814年发布过悬赏,一个成年印第安人的头盖骨价值100美元,小孩和妇女的头盖骨减半,50美元。

事实上,在美国建国之后将近150年的时间里,美国政府一直不承认任何一个印第安人是美国公民。

印第安人血满路

开始的时候，印第安人和美国人的领土争端只是偶尔发生，但是自从美国购买了路易斯安那，势力开始向西部扩张之后，阿巴拉契亚山脉以西的印第安人就倒了霉，他们的传统领地越来越小，并且被分割开来，只能在自己部落周围一点点的地方勉强狩猎为生，几乎是食不果腹。原因是狩猎需要很大的场地，可是周围白人越来越多，挤占了他们的打猎空间。

美国白人的不满情绪也开始增长，他们认为，明明有些很肥沃的土地，可以用来种棉花，可以修铁路，也可以建城市，现在上面却搭建着形形色色的帐篷，里面住着一群和自己肤色不一样的"人形动物"。

这种矛盾逐渐积累，到了安德鲁上台之后，终于到了不得不解决的地步，而他的解决办法就是推出了《印第安人迁移法案》。这个法案的核心思想只有一个：授权美国各级政府可以和印第安人谈判，购买土地——这是书面上的语言，翻译成通俗易懂的说法就是：给你们一点儿钱，你们搬到西边去吧，那里也是美国的领土，虽然荒凉贫瘠了一点。

美国国会的人自然没意见，这个法案顺利地在两院通过了，印第安人当然不愿意搬家，他们既没有发大财的开拓精神，也没有这一辈子别白活的冒险精神，只想种点儿地，打个猎，过一种悠闲自在的生活。

可是，就在安德鲁当总统期间，这些不愿意搬家的印第安人却和美国白人签订了90多个土地买卖契约，所有的契约都符合法律，具体地说，是符合《印第安人迁移法案》。

那么，不愿意搬家的印第安人为什么要签署这些契约？

为了说明这个问题，我们以一个印第安人族群为例，来描述一下发生了什么。

20世纪，美国的克莱斯勒公司有一款著名的吉普车，牌子叫作切诺基，曾经风靡中国。这个牌子的名字，实际上来源于美国印第安人一个族群的名称，切罗基人。安德鲁掌权的时代，他们就居住在阿巴拉契亚山脉以西不远的地方，而且在很早之前，他们就努力地向欧洲人学习，尽力地美国化，也算是相当成功，至少，他们曾经和安德鲁的前任小亚当斯达成过一个协议，可以在佐治亚州西北部保留自己的领地。

但就在1829年，也就是《印第安人迁移法案》通过的前一年，不幸的事情发生了，他们所在的领地发现了金子。你要是问，家里后院的地下发现了金子怎么还能说是不幸呢？原因是这事儿白人也知道了，于是，白人蜂拥而至。

如果你还记得我在前面说的那个杰克和卡拉的故事，那你就知道，这些白人又一次玩起了土地"居住权"和"拥有权"的把戏。白人声称对这片土地具有拥有权，证据当然就是当年英国国王的那张土地开发证，而世代居住在此的印第安人只拥有居住权。

以前碰到这种事，一般州政府都是睁一只眼闭一只眼，任由白人和印第安人们自己解决，最后自然是谁的拳头大谁说了算。可是这一次，因为地下发现了金子，佐治亚州政府的两只眼睛全都睁开了，在一片金光照耀之下，他们制定了法律：切罗基人的土地要充公，他们不能有自己的议会组织，不能在法庭上提供不利于白人的证据，并且禁止开采任何金矿。

切罗基人在万般无奈之下，只好向联邦政府上诉，他们是这样说的："……合众国以前和我们签订了条约，并且制定了履行这些条约的法律，规定了我们的住所和基本人权，保护我们免受侵略，我们现在唯一的要求就是：执行这些条约和法律。"

安德鲁号称"人民总统"，倒是马上派来了联邦的军队，赶走了那些强盗一样的白人。可是，接下来，总统的特使就对切罗基人的头领说了，这事很麻烦，我们联邦的军队以后没有办法经常过来，继续这样保证你们的安全，因为根据法律，州政府有权制定自己的法律，而且联邦也不能对州的事务进行过多干涉。不过，最近我们通过了一个法案，只要你们同意搬走，你们将在西边得到一块土地。然后，他以美利坚合众国总统的名义保证："只要青草在生长，只要河水还在流淌，你们就将永远拥有那块土地。"

切罗基部落在这种诱惑之下，内部发生了分化。1835年，安德鲁政府绕开了一些强硬的切罗基人领袖，找到了一些对于迁移摇摆不定的酋长，通过买通的手段，让他们在搬迁文件上签了字。尽管整件事遭到了大多数切罗基人的抗议，但美国政府坚称：你们的一些酋长已经代表你们签了字，白纸红字，已经生效，你们必须搬走。

1838年，安德鲁的继任者范布伦下令，按照法律，执行契约合同。军队挥舞着刺刀，开始"帮助"切罗基人"搬家"，15000名切罗基人被强行迁徙到2000公里以外的俄克拉荷马地区。

那时候，俄克拉荷马在行政上并不属于美国的任何一个州，它是专门为安置印第安人所规划出来的区域，就连俄克拉荷马这个词都是新创造出来的，它是把两个印第安语的词汇糅合在一起，形成了一个新的美式英语单词，意思是"红色的人"，实际上也就代指了印第安人。

切罗基人被迫迁往俄克拉荷马地区之时，正值隆冬季节，一路上缺衣少食，婴幼儿几乎全部冻死，倒毙在路上的印第安人大概有4000余人，也就是超过四分之一的迁移人口根本就没走到目的地，就直接死在了西迁的路上。更加雪上加霜的是，军纪败坏的押送队伍时不时抢掠这些印第安人手里仅有的一点财物，并且明目张胆地强奸印第安妇女。

那么，这些印第安人到了俄克拉荷马之后，是不是能长久安居乐业呢？很可惜，几十年之后，美国白人再一次感觉地方不够住了。于是，已经搬迁过一次的印第安人，包括俄克拉荷马的切罗基人再一次被迫交出大部分土地，然后被圈养在一块块贫瘠的小得不能再小的保留地里，一直到今天。

20世纪有位越战老兵，是印第安人，立了功之后，别人让他发言。他上台之后，说出了100多年前安德鲁政府承诺的那句话："只要青草还在生长，只要河水还在流淌，你们就将永远拥有那块土地。"说完泪流满面，泣不成声。

切罗基人的遭遇不是个别现象，当时几乎所有阿巴拉契亚山脉附近的印第安部落都有着类似的血泪经历，这些部落包括乔克托部落、切卡索部落、塞米诺尔人、克里克人，等等。

"显然天命"和"杰克逊民主"

我们这里有必要探讨一个问题，究竟是什么让一向在道德上自律的清教徒美国人毫无愧疚地迫使印第安人从他们的土地上搬走？

在回答这个问题前，我们先来看两个小故事。

第一件事，1845年7月，美国《民主评论》（*Democratic Review*）刊登了约翰·奥沙利文的文章，里面有"尽取北美大陆，以适应我们年年递增的百万人口，就是上帝赐予我们的显然天命"这样的话。这是美国人的"显然天命"理论第一次正式提出，如果追究它的历史，可以追溯到国父本杰明·富兰克林和约翰·亚当斯身上，他们都曾经鲜明地表示：美国人是命中注定要扩张到"西半球的整个北部"。

"显然天命"这个词，英文叫"Manifest Destiny"，有很多汉语翻译，比如"昭彰天命""美国天命论""昭昭天命""天赋命运"等等，其中以"昭昭天命"最流行。可是我觉得，还是"显然天命"更靠近英文的原来意思。

这里面有两个原因，第一，Manifest作形容词的时候，一般的意思都是"明显"，只有作动词的时候，才是"昭示"的意思；第二，美国人恰恰是用这个词来表明一件事，那就是：我们这些欧洲人来到北美，站稳脚跟，创建国家，发展壮大，难道不是很明显的上帝旨意吗？否则我们怎么可能这么强大？我们的扩张，就是上帝亲自安排的，目的就是教化野蛮人。我们有一种与生俱来的天赋使命去教化其他民族。

我想说的另外一件事，和一个法国人有关，这个人就是法国著名历史学家托克维尔。1831年的时候，他正好在美国游历，回国后，写出了闻名于世的著作《论美国的民主》。

在这本书里，他用了一种比较的方法描述美国人是如何对待印第安人的，对比的对象是西班牙人。他写道："西班牙人冒天下之大不韪，使自己遭受奇耻大辱，道德蒙羞，以史无前例的残酷手段，最终也没有完全消灭印第安人。而美国人用奇妙的办法，不慌不忙，通过合法手续，以慈悲为怀，不流很多血，不被世人认为是违反了伟大的道德，最后竟然达到了双重目的。"这里所谓的"双重目的"，托克维尔解释说，就是既消灭了印第安人，又"获得了欧洲最富有的君主都买不起的土地"。最后，托克维尔总结道："以尊重人道的法律的形式去消灭人，这正是美国人的一绝。"

上面这两点也许就是前面问题的答案。在"显然天命"理论之下，美国人认为获得更多的土地就是上帝的旨意，而不用去管那些土地属于谁。至于为什么上帝要让美国人从印第安人手里抢土地，对不起，那是上帝和印第安人之间的问题。

如果获得土地和财富的方式还能以某种法律的名义去执行，那简直就是最美好的事情，内心深处残余的一点点愧疚也会一扫而光——而且，这也进一步证明了这事儿是上帝安排的，因为上帝是仁慈的，不希望看到更多的血腥。

150多年后，1987年，美国国会开始道歉，觉得从前那么粗暴地对待印第安人，实在不道德。他们把当年印第安人走过的西迁之路在地图上画出来，其中有陆路，也有水路，总长度大概3500多公里，然后命名为"血泪之路"，由美国国家公园管理局来管理，每年吸引了大量游客。

可是实话实说，到了这个时候，剩下的印第安人也没有几个了，那些依旧苟活的，如同大熊猫一样稀少的原住民早已被圈养在不到美国土地2%的保留地里了。美国政府每年给他们大量的福利，向世人展示，美国是一个讲究人权并且知错就改的国家。

安德鲁在1836年光荣退休，回到了田纳西州老家，不过他对联邦和田纳西州的影响力一直都存在，可以说退而不休，还有一定权力。8年之后，他死于肺积水以及心脏衰竭等多种疾病。

在美国历史上，有一个专有词汇，叫"杰克逊民主"。你一听这个词，就知道他和安德鲁·杰克逊有关系，一般来说，这个词总是和大众民主联系在一起，啥意思呢？就是说，大多数老百姓都被发动起来，积极参与政治活动。

在此，我必须提醒你，前面说过伟大的美国制宪会议从某种程度上说是反民主的，他们相当担心民主终将变成民粹，也就是"多数的暴政"，所以你会看到，1828年以前美国的前6位总统里，有4个国父，1个国父的儿子小亚当斯，剩下的1个门罗先生也是国父们早就看好的。而且每次大选，投票率最多只有25%左右，直到1828年，安德鲁·杰克逊带着民主党去参选。为了获得选票，他们规定，只要去投票，你就可以加入民主党，马上大家就是一伙儿的了，民主党人胜选之后，分房子分地，绝对不会亏待你。结果就是，全美国的男性白人，60%都去投了票，参政议政的热情一飞冲天。

可以这样说，安德鲁和民主党开了竞选直接许诺利益的先河，而且，他们也是这么干的，上台之后的政治分赃和为了让白人农民获得土地而驱赶印第安人，都是基于他和选民之间的这种承诺关系，这就是"杰克逊民主"的另一个真实面貌。

安德鲁曾经被评为"美国十大杰出总统"之一，头像被印在了新版20美元上。在现在的美国中小学课本里，他被描写成"开拓疆土者""民主战士""人民的代言人"，而不是"奴隶所有者""分赃制度创始人"

和"印第安人灭绝者",这些,历史自有公论。当然,令人印象深刻的还有他写给自己的墓志铭,只有一句话:"我,干掉了银行。"

那么,美国人在向西挤占印第安人地盘的同时,难道就没有想过往南或者往北去骚扰一下墨西哥和加拿大吗?这些,当然也在美国的考虑内。

02
鸦片战争打秋风，《望厦条约》美欺中

1836年，马丁·范布伦接替安德鲁，成为了新一任总统。他原来是安德鲁政府的副总统，上任之后，萧规曹随，对安德鲁总统的政策继续深入执行，前面说过的，用刺刀强迫印第安人西迁这事儿，有很多应该算是在范布伦任内完成的。

范布伦是第一个在美国建国之后出生长大的总统，没经历过独立战争和英美第二次战争，当上总统不久，就办了一件既丢脸又窝心的事儿。

"打酱油"的总统们

事情是这样的，范布伦上台的第一年，也就是1837年，加拿大的保皇派和英国闹别扭，当时加拿大的两个主要部分，英语区的上加拿大和法语区的下加拿大，都有群众起来造反，主要是反抗社会不公。

范布伦一看，加拿大人有闹革命的趋势，说不定美国可以趁乱占点儿便宜，赶紧张罗了一船物资，用一艘叫"凯洛琳"号的军舰送去。没想到的是，加拿大民兵直接把船扣住了，还打死了一名美国兵。

范布伦气得破口大骂，称"这是最令人愤怒的暴行"，然后就派兵去

边界集结，琢磨着趁机侵占一点加拿大的地盘。在他心里也许是这样想的，加拿大人少，胆子再大，也不敢同时和英美两国开战。

可是，他并不了解加拿大的这群保皇派和英国是什么关系，他们其实就像小夫妻一样，偶尔拌个嘴，吵个架，那是增进感情，哪能轮得到隔壁邻居来搅和？英国的反应十分迅速，立马调转了枪口，对准美国。

范布伦这才知道，自己是猪八戒照镜子——里外不是人。但这一次两国也没真打起来，小摩擦持续到1842年，重新划定了美加两国的边境。直到1867年，加拿大正式独立，美国才重新和加拿大友好起来。

范布伦在任的这4年，美国经济一直都是处于严重衰退的状态，900多家州银行相继破产，这虽然和安德鲁·杰克逊有很大关系，但范布伦的僵化保守、毫无作为，也是美国经济当时不能从泥潭里爬出来的一个重要原因。不过他振振有词，说"银行界的过量活动和商界的过度交易"是经济衰退的罪魁祸首。

这样的总统自然是不能连任的，1840年，他竞选失败，下岗回家了。

接替范布伦的第九任总统威廉·哈里森在1841年的3月4日宣誓就任，当时他已经68岁了，用颤抖的声音在就职典礼上做了美国历史上最长的一次总统就职演说，共计1小时40分钟，当时还下着雨。结果哈里森得了一场感冒，22天后感冒加重，当时的美国医生并不比华盛顿时期的医生高明，老先生被庸医一折腾，感冒不但没好，反而转为肺炎，在上任32天之后就去世了。

所以，他创造了总统在位时间最短的纪录，只有32天12个小时。

关于哈里森的死因，迷信传说与印第安人的诅咒有关。还有另外一种说法，是被阴谋家用砒霜杀死的，因为哈里森想改革美利坚合众国的金融系统。有一点是很明确的，那就是哈里森坚决不支持设立私有的中央银行，并且坚定地认为联邦政府应该自己管钱，他把这个称为"独立财政"，这既是他的竞选纲领，也完全体现在他那篇超长的就职演说里。

1841年4月4日，当时的副总统约翰·泰勒宣誓就任美国第十任总统，按照组织原则，哈里森去世，他可以直接上台升任总统。他是第一个捡到天上掉下来的大馅饼的总统，这种上台方式，也让他时时刻刻担心别人瞧不起他，甚至背地里笑话他。

因此泰勒总统上台之后，就启动了反向心理防御机制，他对"副总统""代总统"这样的字眼特别反感，甚至发展到凡是给他写信不写"总统阁下"的，退回；凡是报告不提"总统阁下"的，不听。搞到最后，他竟被所在的辉格党开除党籍。

所以，泰勒是第一个在位时被开除党籍的总统，不过这个并没有影响他继续以无党派人士身份坐在总统的位置上。

鸦片战争打秋风

在泰勒任职期间，发生了一件和中国有关的事情。

1840年，中国和英国爆发了鸦片战争，这场战争的直接后果是中英签订了《南京条约》，然后又加了《虎门条约》。

清朝统治者当时不知道的是，签订这样丧权辱国的条约，就好比是在深山里碰到一只狼，你拿出刀子来，开始割自己的肉，一块一块喂狼，希望那只狼赶紧吃饱了走开。后果就是，不仅这只狼不走，血腥味还会把附近的狼都吸引来，最后的结果只能是你被撕碎。

中英《南京条约》一签，几乎所有欧洲的狼都被吸引过来了，然后，欧洲这群狼就开始行动了。从1844年开始，法国、比利时、瑞典、荷兰，还有美国全都强迫清政府签订了合约。

中美之间的第一个条约叫《望厦条约》。

本来，1840年中英鸦片战争打起来的时候，由于当时和中国的贸易进行得不错，美国并没有站在英国一边，甚至美国国内还出现一股反英的舆论，认为这场战争"是违反独立美国精神的"，当时的《亨特氏商人杂志》还撰文称，英国对华战争是"明显地违反国际法"。所以，美国政府的最终决定是"在战争期间避免与中国发生正面冲突"，也就是采取观望的态度。

到了1843年5月，当泰勒听说英国在中国签了《南京条约》，再一打听内容，贪心立起，马上就派了一个叫顾盛的官员，赶到了中国，也要签个条约。

大清当时一脸蒙，咱俩也没打仗，为什么也要签条约？美国特使顾盛当时就耐心地解释：如果我们两国不签条约的话，保证咱俩很快就要打仗了。就这样，1844年6月，清朝派出钦差大臣耆英，和顾盛在澳门的望厦村进行所谓的谈判，最后结果大家也知道，清政府全盘接受了美国人的条件。

这个条约的重要内容有四点：

第一点，协定关税。条约规定：倘中国日后欲将税率变更，须与合众国领事等官议允。——意思是，若以后清朝要改变关税，必须要美国人先点头同意。

第二点，所有美国人在中国享受治外法权，无论干了什么，中国的官员和法律都无权过问，必须由美国自己的官员来捉拿审讯，按照美国法律与惯例处理。

第三点，美国的舰队可以随时随地到中国的港口进行"巡查贸易"，清朝港口官员必须友好接待。同时，停靠在中国码头的美国商船，清朝没有权力查看或者管理。

最后一点，以后清朝要是给其他国家任何优惠，美国人也自动获得这些优惠。

你想想，一个纽约州的美国人要是在加利福尼亚犯了事儿，当地警察是可以逮捕、起诉他的，但按照《望厦条约》，美国人在中国犯了法，中国人却拿他一点办法也没有，这就是所谓的"半殖民地"！

最有讽刺意味的是，《望厦条约》的第一句是这样写的：以后大清与大合众国及两国人，无论在何地方，均应互相友爱，真诚和好，共保万万年太平无事——这简直就是一句赤裸裸的讽刺。

《望厦条约》的签订，还标志着早期中美关系的结束，从1784年"中国皇后"号驶入广州以来，60年的中美平等相处，已经完全变味。

这一点美国人自己也是认账的，美国作家丹涅特在他的名著《美国人在东亚》这本书里说，美国在"《望厦条约》中，对着中国第一次披上了几件帝国主义的衣服"；美国学者迈克尔·谢勒也在《二十世纪的美国与中国》一书中写道："美国或许没有介入鸦片战争，但在分赃方面则毫不迟疑。"实际上，这些说辞都体现了一件事，那就是以实用主义精神立国的美利坚，在利益面前，出手从来都不犹豫。

除了《望厦条约》，美国人在19世纪还和清朝签订了另外一个条约，叫《中美天津条约》，是在1858年，第二次鸦片战争期间。美国同样是未发一枪一弹，借着英法联军的威势，强迫清政府开放内地城市，给予美国各种通商优惠条件等等。美国人"打秋风"的本事，真是令人咋舌。

03 南扩西进增疆土

和范布伦、泰勒等"打酱油"的总统相比,下面出场的这位,算是个厉害人物。在他手里,美国的版图又扩大了将近300万平方公里,将近三分之一的中国领土面积那么大。

考察一下1844年美国的竞选情况,我们可能会得出一个清晰的结论,这个叫詹姆斯·波尔克的民主党党员之所以能当选,成为泰勒之后的美国第十一任总统,完全是因为他的扩张理论,换句话说,波尔克是"显然天命"理论的坚定支持者。

波尔克这位总统,在美国历史上处在一个不显山不露水的位置,如果去看排名,前十位伟大总统中可能没有他,但他至少能排到第十二三位。在所有总统中,他号称是最勤奋和最有效率的,每天工作18个小时,并且,他也是唯一一位把竞选时的承诺全部完成的总统。甚至包括他承诺的"只干一届,绝不连任"这一句话,也忠实地履行了,所以,他也是除了华盛顿外唯一一个没有主动谋求连任的总统。

早年的波尔克只是一位律师,后来遇到了第七任总统安德鲁,后者对他极为欣赏,帮助他走上了政坛,等于是培养了一个接班人。而波尔克的政治理念和行事风格也是处处模仿安德鲁,比如说,安德鲁死后留给自己的墓志铭是"我,干掉了银行",而波尔克上台后做的一件事,就是设立了独立国库,国家收的钱一点都不放在银行,全放在政府管理的国库里。所以,波尔克又有一个外号,叫"小胡桃木",对应安德鲁的"老胡桃木"外号。

当1844年民主党内部为了一个总统候选人的名额打得不可开交之时,在安德鲁的暗箱操作之下,平时不太引人注目的波尔克走到了前台,替代那名已经声名狼藉的政客,作为民主党候选人参加总统角逐。

美墨战争

当时的美国,有一个重要话题,那就是要不要批准南边一个新成立的名叫"孤星共和国"的国家加入美利坚合众国。

这事儿今天来看,毫不稀奇,总有那么一些人希望把自己所在的地区加入美国,因为今天的美国国力强大,可是1844年的时候,美国比起欧洲强国,还是有一定差距的,为什么这个孤星共和国一定要加入他们呢?

先来看看孤星共和国在哪。打开世界地图,你往美国的下方一看,就能看见一个国家,叫墨西哥。现在的墨西哥,国土面积不大,差不多相当于美国的四分之一左右,但1821年,当墨西哥刚刚从西班牙独立出来的时候,面积却是现在的两倍还多,它的地盘,囊括了今天美国西南方向的7个州,这里面就有得克萨斯州——没错,这个得克萨斯州的土地本来是人家墨西哥的。

在墨西哥建国之后,北边的美国人就不断往得克萨斯移民,带着一家老小,到墨西哥的这个省讨生活,原因也比较简单,当时墨西哥北边几乎没有人烟,这里的土地价格不及美国的十分之一。

当时随着越境的美国人越来越多,得克萨斯这地方最后居然演变成一种美国人比当地墨西哥人还多的状态,而且这些人还把一个非常不好的习惯带到了得克萨斯，那就是蓄奴。要知道，当时奴隶制在墨西哥全境之内都被法律禁止，美国人这样公开地在人家的地盘上搞奴隶制，再加上美国政府的背后怂恿，得克萨斯人和墨西哥政府之间的矛盾就越来越深。

终于，到了1836年，美国人占大多数的得克萨斯省宣布独立，脱离墨西哥，正式成立了一个国家，就叫"孤星共和国"。这块地方实际上比今天的得克萨斯州要大很多，它还包括了新墨西哥州、科罗拉多州、怀俄明州、俄克拉荷马州和堪萨斯州的一些地方。

墨西哥政府自然不愿意了，就派兵干预，但墨西哥政府军战斗力不行，最后居然还干不过德克萨斯的民兵，那还能怎么办？只能暂时放弃，不管了。不过对于这个新成立的孤星共和国，墨西哥肯定不承认。

得克萨斯美国人给自己起的这个名字"孤星共和国"，是很有讲究的，大家知道，美国国旗是红白相间的横条，那不是随便画的，横条一共13个，代表当年起兵闹独立时的北美13州，不能多也不能少。

同样，左上角上面的一堆星星，也不是随便画的，星星的数量代表着美国现在的州数，到今天为止是50个。所以，1836年，当德克萨斯人把自己新的国家叫作"孤星共和国"的时候，那已经是一种强烈的信号——他们想把这颗星星画到美国国旗上去。

所以就在这个国家成立当年年底，就向美国提出申请，要求并入美利坚联邦。这其实很好理解，他们本来就是美国人，当初只不过是贪便宜去买了几块地，现在地到手了，如果还能回到美国，地产肯定升值是一方面；另一方面，有了一个强大的国家做后盾，总比待在墨西哥要强一些。

1836年的美国总统是范布伦，他琢磨了半天，没敢答应。论原因，一个是避嫌，孤星共和国刚刚成立，马上并入美国，难免被人说自己是幕后黑手。还要考虑到，万一墨西哥和西班牙恼羞成怒，彻底翻脸，打起来了，也不是那么容易收场的。

另一个原因就是得克萨斯的奴隶实在是太多了，几乎所有移民过去的美国人都拥有大片土地和大量的黑奴，而范布伦是反对奴隶制的。

不过，虽然没有马上收入版图，但是美国立刻承认了孤星共和国的独立身份，至于是否接受加入问题，交给以后的总统解决。

时间一晃就到了1845年，波尔克当上了总统，强硬的性格和对"显然天命"理论的绝对信仰，让他做的第一件事，就是接受得克萨斯作为美国联邦第28个州并入美国版图。

墨西哥政府对这件事当然是强烈抗议，不过实力不行，打不过人家，有啥办法？但他们绝对没想到的是，在波尔克总统眼里，一个得克萨斯州只是"开胃菜"，他要吃的是大餐。

在大餐开始之前，波尔克又"喝了一杯红酒"，那就是在西北部，强硬地和英国进行了谈判，最后以北纬49度为线，定下了和英属加拿大的边境。当时美国有一些更强硬的人要求以北纬54度划分，英国人不答应，如果那样划分，温哥华这个北美到太平洋的门户港口就属于美国了，当时的大英帝国，还不至于真的怕美国这个后起之秀。

在"开胃菜"和"红酒"都享用过之后，波尔克终于对墨西哥举起了刀叉。这是美国第二次对一个国家进行领土侵略，如前所述，第一个被骚扰的是加拿大，但是加拿大除了背后有英国撑腰，自己也是相当有实力，靠着民兵就和美国打了一个平手，所以啥事也没有。现在轮到墨西哥的时候，那就不一样了，当时的墨西哥自己虚弱不已，西班牙也是老迈不堪，一切的结局是从开始就注定了。

不过波尔克还是"很有礼貌"的，他先派人去墨西哥就得克萨斯事件进行道歉。墨西哥人一听，还以为美国人是来赔礼道歉的，结果美国这位特使下面一句话差点没气死墨西哥人，他说：得克萨斯那事儿就不提了，我们现在看看能不能把你们的加利福尼亚也弄过来，但为了不让你们再次丢脸，我们决定花点儿钱，买下来，你们看，这事儿咋样？

谈判自然是不成功的，波尔克也没犹豫，直接向墨西哥和美国有争议的领土格兰德河派兵，并且封锁了玛塔莫罗斯港口，这当然是赤裸裸的挑衅。墨西哥人也没什么好办法，抗议了几次无效之后，派兵进驻该地区进行反封锁。然后，双方"一不留神"就打了一架，美国死了11个人，被俘虏50多个。

对于波尔克来说，这就是天上掉下来的一个大馅饼，他马上就在国会发表演讲，称墨西哥人攻打"我国领土，并让美国人在自己的土地上洒下了鲜血"。于是，美国国会以压倒性票数做出决定，对墨西哥宣战。

美国人之所以敢对墨西哥开战，原因有两点，第一点就是"显然天命"理论深入人心，美国人在当时已经以"天选之民"自居，扩张领土与势力，传播美国的价值观，在他们看来，那就是上帝的旨意。第二点，他们不怕墨西哥，墨西哥当时内部混乱，国内各派政治力量相互争斗，政变和叛乱不断发生，简直一团糟。

战争的结果当然是以美国人的胜利告终，在这场打了近两年的美墨战争中，大约13000名美国士兵死亡，其中约1700人直接阵亡，其他的，都是死于疾病或者受伤后感染；而墨西哥的死亡人数约有25000人。

美墨战争结束之后，两国签订了《伊达尔戈条约》，条约规定，墨西哥割让包括后来的加利福尼亚州、新墨西哥州、亚利桑那州、内华达州、犹他州和科罗拉多州在内的一大片土地给美国，总计300多万平方公里。墨西哥的国土一下子没了一大半，而美国国土在北美洲西南方向增加了三分之一还多，今天我们耳熟能详的洛杉矶、旧金山、拉斯维加斯都在其中。不过美国人还是"很绅士"的，付给了墨西哥1500万美元，所以在现在的美国课本里，声称这些土地都是买来的。

讲一个小插曲，波尔克和墨西哥的这个《伊达尔戈协议》需要美国参议院批准，而参议院里当时很多议员都是反对波尔克的，但反对归反对，协议毫不费力地就被批准了。有意思的是，就是同一批人，在几个月之后的1848年总统大选时，众口一词地抨击波尔克，说他"滥用总统权力导致不道德的侵略战争"，从而让美国的名誉蒙羞了。一边指责靠战争获得土地的总统，一边紧紧地攥着新得到的土地不撒手，这种基于利益考量的实用主义精神，难道不正是美利坚立国以来一贯的主张吗？

在这场战争里，墨西哥人失去了大片土地，产生了对美国的愤恨，但也不是没有收获，历史学家一致认为，他们获得了自建国以来一直缺乏的民族主义。

西进运动

就在波尔克总统在南边欺负墨西哥人，获得大片土地时，大批的美国人也在"显然天命"这一口号的感召下，在猎猎寒风中向西挺进。其实，美国人的西进运动从建国开始，就一直都在进行，除了"显然天命"这种精神上的刺激之外，现实情况也是一个助推器。

美国耶鲁大学的历史学家埃德蒙·摩根曾经这样总结过美国的独立战争，他说这件事的本质就是一个新兴的统治阶级——美国的国父们，打败了旧有的统治阶级——英国国王和贵族，美利坚合众国的建国并没有改变北美社会的本质，自然，也没有一个新兴的阶层崛起。地主还是地主，农民还是农民，赤贫阶级还是赤贫阶级，除了不值钱的美国钞票，没有一丝一毫的土地分给那些没有土地的人。

可是虽然没有打击土豪、平分田地的举动，美国独立战争还是带来了一个变化，那就是新兴的美国不需要遵守"禁止越过阿巴拉契亚山脉"的规定了，这条规定是英国国王设定的，现在不好使了。

所以，美国一建国，一大批没有土地的美国人，第一时间就带上猎枪出发了，越过了阿巴拉契亚山脉，来到了密西西比河，在这里，他们发现了大片肥沃的土地。这就是所谓的第一次西进运动，是缺乏土地这个现实情况推动的。

有一个早期的数据可以说明问题，在1776年之前，几乎没有白人住在阿巴拉契亚山以西，到了1810年，大概有七分之一的美国人住在那边了。到1820年的时候，美国一共有人口900多万，其中300多万住在阿巴拉契亚山脉以西的地方，已经占人口的三分之一。

等到安德鲁总统签署《印第安人迁移法案》，更是鼓舞了大批美国白人不断向西部进发，开垦荒地，寻找矿山，修建道路，形成了轰轰烈烈的西进运动。而这些土地上，大多数是未开化的印第安人，无论是欺骗、抢夺，还是杀人越货，美国白人都没有遇到太大的抵抗，也不会弄出很大的动静，可以说简直如探囊取物一般。

那么，美国政府对于这种大批老百姓侵占别人土地的做法是什么态度呢？当然是举双手赞成。除了国土面积增大带来的自豪感外，还有一些其他原因，比如说穷人都去了西部，东部富人区自然就稳定多了；再比如西部繁荣之后会形成广大市场，粮食、棉花、矿产会增加等等各种好处。而且，土地被占领后就是国有的，政府可以出售给开荒者，相当于政府坐着收钱。

因此，美国政府帮着这些西进分子干的事情主要有两件，一件是驱赶印第安人，让他们搬到更西边去，这个前面讲过了；另一件就是制订相应的土地政策，关于土地所有权，政府说了，所有西边的土地都是所有美国人的（不包括印第安人），并且测量之后划成了若干个州，如果某一个州达到了法律规定的人数之后，就可以申请加入联邦。

至于土地买卖的问题，虽然土地属于全美国人民，但是政府可以理直气壮地代表全体人民出售给某一个人，当然，是不是全体人民都同意，这事儿由议员们组成的国会说了算。

具体地说，1785年的《土地条例》和1796年的《土地法》都曾经规定，美利坚合众国最小的土地出售面积是640英亩，也就是说，你想找政府买地，至少要买640英亩。这些既是议员又是富豪的老爷们很快就发现，在他们眼里，值不了几个钱的640英亩土地，那些农民却根本买不起，最后都被大地主和土地投机商买去了。很自然地，后来的法规就逐渐降低买地门槛，价格也一降再降，目的就是为了让大家基本都买得起地。到了1862年,"大英雄"林肯出场,他更是慷慨,差不多相当于你拿出10块钱,160英亩地就给你使用了,你只需要在上面种5年地,然后那块地就归你了,这就是著名的《宅地法》。

在这场西进运动中,美国政府做得最好的,其实是对于教育的扶持。政府规定,只要是你修学校,土地免费使用不说,联邦政府还给钱。后来,又把政策扶植范围扩大到了科研机构和大学,政府年年都拨出一些专款给这些机构。可以说,这样的政策对于美国在工业革命后期的腾飞,起到了相当大的作用。

04
西部淘金神话下的难题

图 3-1 一张加州"淘金热"的传单

1848年，波尔克总统刚刚把加利福尼亚州收入美国版图的时候，一位名叫詹姆斯·马歇尔的木匠，很偶然地在这个州的某个河床上发现了金子。很快，"加州发现了金子"这个消息就从小镇的小酒馆向外传播。两年之后，1850年，加利福尼亚的人口增加了30倍还多，达到了近10万人，美国历史上著名的"淘金热"开始了。

"淘金热"中李维斯

说实话，一些来得早的人确实发了大财，因为加州当地一些河床和湖泊里面，确实蕴含着大量黄金。但很快，这些东西就被一扫而光，后面来的人只能空手而归。这里面有许多人是变卖了家产来到这里的，老家那是回不去了，只能在加利福尼亚干点别的，在这些改行者里面，最出名的当属李维斯·特劳斯。

李维斯原来是个裁缝，也是到加州来淘金的，可到了之后才发现，河谷里找金子的人比金子还多，而且一个个还穿得破破烂烂的。破烂的原因不是别的，是因为这些人每天都在石头上蹭来蹭去，那些纯棉衣裤几天就磨破了。

李维斯找金子是外行，但他本来的职业是做衣服的，看见这样的情况，自然而然就和自己的职业联系起来。他用别人做帐篷剩余的一些帆布给自己做了一条裤子，低腰，窄臀，直腿，到河谷里一试，效果相当好，不仅耐磨，而且干活也很方便。

很快地，这种裤子就流行开了。李维斯品牌意识也不错，1871年，他给这种裤子申请了专利，注册商标为"Levis"。

我们今天都知道，美国人对于专利相当重视，可是你未必知道他们是从什么时候开始保护专利，并且为此制定法律的，其实1790年，华盛顿当总统的时候，美国人就制定了第一部专利法。

而中国当时是清朝的乾隆五十五年，专利保护还靠着"传男不传女，传子不传婿"，独家秘方的方式来维护。从这件小事看，你也可以意识到，当时中国和西方在现代工业格局上的差距，以及后来追赶人家的艰难。

李维斯发明的这种裤子，后来被美国西部的牛仔普遍使用，所以就又有了一个简称，叫"牛仔裤"，一直风靡到今天。

西进运动副产品

就在美国人民和政府联手向西挺进，一路淘金的进程中，一个开始很小，后来却越来越大的问题到了不得不处理的时候。啥问题呢？这就要从西进的人员组成说起。去西边进行大开发的人，首先就是东边没有土地，或者土地不足的农民，跟在他们后面的，还有两种人，一种是土地开发商，或者叫作投机商，一种就是南方的种植园农场主们。

农民很简单，找一块荒地，安顿下老婆孩子几条狗，扛起锄头就下地干活了；土地投机商也没问题，买一块地，或者建工厂、学校，或者啥也不干，坐着等升值；越来越严重的问题出在最后一种人——南方种植园的农场主们身上。他们之所以出问题，主要是因为他们不是一个人来的，而是带来了大批奴隶。

蓄养黑人奴隶这个事儿，在美国建国的时候，就不停有人反对，前面说过，到了1807年，托马斯·杰斐逊总统还签署了一个法律，禁止进口奴隶。可是，我只能遗憾地告诉你，这条法律其实和废纸差不多——它被发表的1807年，美国有黑奴50万人，到了南北战争前夕的1860年，也就是半个世纪过去了，黑奴达到了400万人，反而增长了8倍。

这些新增的奴隶怎么来的？他们当然是从非洲被运过来的，只不过大部分都被送到了美国南方。这些州之所以需要大规模的奴隶人口，是因为种植园经济，南方有很多大的农业庄园，开始的时候，烟草和蔗糖是主要产品，1800年之后，因为古巴也开始大量种植这两样东西，烟草和蔗糖就逐渐不怎么赚钱了，相对应地，南方的奴隶需求就开始放缓。这是杰斐逊推行禁止进口奴隶政策的一个主要原因和机会，当时奴隶价格也降到了400美元一个。

但是，到了1815年前后，另一样东西因为欧洲工业革命的发展，逐渐成为紧俏商品，而美国的南方恰恰非常适合种植这种东西，那就是棉花。市场的需要就是上天的命令，马上，南方的种植园主们就行动起来，大量种植棉花，棉花不需要什么复杂的技术就可以种，黑人奴隶需求立刻水涨船高。

随之而来的，就是黑人奴隶的大规模使用。到了美国内战前夕的1859年，奴隶的价格已经是1600美元一个了，如果按照《宅地法》来算，这个价钱大概值25600英亩的土地，那是相当贵。

那么，北方为什么没有奴隶，或者说很少大规模使用奴隶呢？这事儿其实也很简单，原因主要有三个。

第一个就是北方没有南方种植园那样的经济基础，它主要发展工业，对于工业来说，最重要的就是原材料、自由劳动者和市场，奴隶制度对这三者都只能起到限制的作用。比如说市场，一家养了上千名奴隶，盖10排大瓦房就行了，奴隶们住这里面也不错；但如果都是自由人，就要单独成家，那就需要上千个房子，生出来的孩子还要吃要喝要上学，对工业产品的需求大，因此自由人的购买力绝对要大大超过1000名奴隶。

第二个原因就是北方刚刚起步的工业底子很薄，即使工厂里可以使用奴隶，那也是用不起的，一个奴隶1600美元，这等于北方当时一个技术工人3年的薪水，这还不包括奴隶的吃穿住行和生老病死；南方蓄养奴隶多年，那都是富得流油的主儿。所以就是从经济账上算，工人也是比奴隶要划算，这个事实，每个资本家都清楚。

第三个就是道德上的原因了，北方这时候正在流行第二次大觉醒，大家又读了几遍《圣经》，觉得在这世上是不能做坏事的，要做好事，而且大家相信耶稣基督是会再次降临到人间的，所以要在他第二次降临之前赶紧纠正社会的罪恶，这里面当然包括不公正的奴隶制；可是在南方，当时大部分人还停留在对基督教原罪的认知上，他们认为，黑人奴隶天生就该是奴隶。

上面的这三个原因，决定了当时美国南北双方对于要不要蓄养奴隶这件事，有着相当大的分歧。但是千万要注意，我现在说的这种分歧其实并不是造成美国内战的原因。

有些人要养奴隶，这是蓄奴派；而有些人坚决反对养奴隶，这是废奴派，这种情况下，矛盾几乎是自然而然地就在美国内部产生了。不过，如果没有西进运动，那在相当长的时间里，这个矛盾不会激化，因为那时候交通不便，大家也就不会互相指责。

现在问题就来了，西进运动给美国带来了副产品，多出了很多个州，这些新加入联邦的州到底允许不允许养奴隶？这是一个相当大的问题，这不仅仅涉及土地和资源是用来干工业还是种棉花，它还有一个更深层次的含义，那就是在联邦国会里面权力分配的问题。

你别忘了，根据美国宪法，一个州可以有2个参议员，并根据人口数量产生不等的众议员。如果多一个养奴隶的州，那么奴隶主们在这个国家的话语权就大了一分。在这样的情况下，无论你是废奴派，还是蓄奴派，都不能再采取观望的态度了。

废不废奴两难做

最早的矛盾爆发在1818年，那一年，密苏里州达到了加入联邦的法定人数，这个州当时有6万人，其中1万多人是奴隶，所以它就以蓄奴州申请加入联邦，也就是要求联邦同意在他们这块地上蓄养和买卖奴隶。

问题是，密苏里州的运气不太好，在它递交申请的时候，美国有22个州，养奴隶的和不养奴隶的恰好都是11个。这下麻烦就大了，北方那些搞工业的，还有很多"道德模范们"，拼命反对，除了摆到桌面上的仁义道德之外，当然更重要的考虑是参议院里蓄奴派和废奴派人数比例的问题。

美国国会为此展开了激烈的辩论，最后，议员们把北边的马萨诸塞州拉了过来，这个州有一个叫缅因的地区，议员们把这个地区从马萨诸塞分了出来，新成立一个缅因州。然后，这个缅因州以自由州，也就是反对奴隶制的身份加入联邦。这样一来，两者在国会又一次平衡，达到了12对12。

同时，为了避免以后的麻烦，联邦国会立法规定，以北纬36.5度为分界线，北边的州不能养奴隶，南边的可以。这就是历史上著名的《密苏里妥协案》，代表着废奴派向蓄奴派低头。

可是这样的妥协根本不是解决问题的办法,你仔细想想,任何一个州要加入联邦,还要先找个同伴,养奴隶的州要找一个不养奴隶的州,否则就有可能一直等下去。还有,如果一个州恰好横跨北纬36.5度,是不是要一分为二呢?

到了1850年,波尔克总统新征服的墨西哥大片领土上,再次上演妥协一幕,发现了金子的加利福尼亚州获得自由州身份,因为它虽然在南方,但是秉承了墨西哥人的传统,大家都不养奴隶。

可是这样一来,《密苏里妥协案》里面说的北纬36.5度以南的奴隶州就少了一个,南方的奴隶主们不愿意了,联邦政府也没办法,最后只能妥协。它付出的代价是,通过了一部《逃奴追缉法》,核心思想就是,虽然南方的蓄奴州少了一个,但有了这部法律之后,北方的警察系统有义务帮助南方抓住逃过来的奴隶,并且押送回去。

如果你看过《为奴12年》这部电影,你就知道其实在这部法律通过之前,南方的奴隶主已经在北方抓黑人做奴隶了,只不过,有了这部法律之后,他们的气焰更加嚣张,理由也更加充分,奴隶即便是逃到了北方,也不用担心。

到了1854年,又有两个州想加入联邦,它们叫堪萨斯和内布拉斯加。问题是,它俩都在北纬36.5度这条线以北,按《密苏里妥协案》的条约规定,它们应该是自由州。

但这时候的美国国会,恰好蓄奴派议员们比较强势,就由一个名叫道格拉斯的人提出了一个《堪萨斯-内布拉斯加法案》,它可以概括为一句话,是否允许养奴隶,由本

图 3-2 电影《为奴十二年》海报

州的人自己决定,也就是所谓的"人民自决"。

看起来这个法案是相当民主,可是它的阴险之处在于,要是按照这个法案,南方的州肯定就是蓄奴州,因为奴隶根本没有投票权。可是北方就不一定了,尤其是西进运动带来的那些新加入联邦的州,什么人都有,而且相对来说,奴隶主们一般在新开发的州势力都比较大,因为新的州一般都是以农业为主,早期去开发西部的人里,大庄园的奴隶主绝对是主力军。

此外,《堪萨斯-内布拉斯加法案》等于是间接地废掉了《密苏里妥协案》。但这个法案最后还是通过了,只有一个原因,当时国会里蓄奴派势力很大。

这下子,废奴派肯定不答应,结果到处都是集会,到处都是游行,各种组织如雨后春笋一样,什么人民党、联合党、自由党,不一而足,甚至还出现了一个叫作"一无所知"的党派。当然,这些新的革命群众组织里面,最出名的就是大名鼎鼎的共和党。

废奴派这样一折腾,蓄奴派的人自然也坐不住了,开始反击,他们拥入了堪萨斯,最终和废奴派发生了流血冲突,冲突持续了两三年,死伤200多人,史称"血溅堪萨斯",也叫"堪萨斯内战"。

人民内部矛盾都闹成这样了,总统在干啥?

在波尔克总统之后,一连3位总统,一共在台上只待了8年,扎卡里·泰勒在1849年接替波尔克当上总统,基本不管事。

他的副总统菲尔莫尔临危受命,接任他的位置之后,对奴隶制也没有好办法,只好对着日本人撒气,派东印度舰队去日本走了一趟,强行打开了日本封闭的大门,史称"黑船事件"。干完了这件事,菲尔莫尔的总统任期也就满了,连任失败不说,还欠下了一大笔债务。

从1854年到1858年这4年,美国的总统是富兰克林·皮尔斯,堪萨斯内战正好就发生在这4年,总统显然镇不住场。更何况一定程度上是他签署了那个《堪萨斯-内布拉斯加法案》引起了冲突。

那么，作为当事人，那些黑人奴隶们，他们在这场关于奴隶问题的争论之中，是什么态度呢？他们根本没有话语权！

而且比起拉丁美洲和南美洲的黑人奴隶，美国黑人奴隶当时的反抗并不激烈，美国有名的小说，米切尔女士在20世纪40年代写的《飘》，比较真实地再现了南北战争前后的南方奴隶庄园的生活，可以作为参考。

对于美国当时的黑人奴隶来说，如果忍受不了了，逃亡比大规模的武装暴动其实更为切实可行，也更为普遍。

有个名叫哈丽雅特的黑人女孩子，15岁时逃出了奴隶庄园，后来成为美国"地下铁路"组织中著名的交通员，一共组织了19次逃亡，带出了300多名奴隶。这位女孩总是随身带着一把手枪，经常说的话就是："我们有权在自由和死亡之间选择，如果得不到这一个，我就会选择那一个，因此，没人能活着抓到我。"意思很简单：不自由，毋宁死！

相比于黑人的零星反抗，有时候白人废奴派在反抗奴隶制上面，反而比黑人弄出更大动静，比如上面说的堪萨斯内战，再比如说约翰·布朗。

约翰·布朗，一名北方的白人，激进的废奴派，在勇气和决心的驱动下，来到了南方，并制订了一个庞大的计划，准备带领南方所有的奴隶起义。可是这目标太宏大了，远远超出了约翰的能力，最后，起义在南方名将罗伯特·李的打击下，刚一开始就失败了，约翰·布朗被捕入狱。1859年，在被绞死之前，布朗先生在狱中留下了最后的声明："我，约翰·布朗，坚信只有用鲜血才能清洗掉这个邪恶国家的罪恶。"

05 林肯当选总统是因主张废奴吗？

就在美国人为了养不养奴隶吵成一团，甚至动手打架的时候，一位居住在缅因州的40岁中年妇女，开始在一本叫《民族时代》的杂志上连载小说。这是1851年6月。

这名中年文艺妇女绝不会想到，仅仅因为这本小说，在150多年后，她会被《大西洋月刊》评为百名影响美国历史的人物之一，并且排名还比较靠前，是第41位。你要知道，为美国打下三分之一领土的总统波尔克才排在第50位，还在她的后面。这是一个相当高的荣誉，虽然是在她去世100多年之后才到来的。其实，这位女士还在世时，就接受到了另外一份荣誉，并且这份荣誉来自某个后来被无限拔高堪称圣人、百名影响美国历史人物中排名第一的美国总统。他亲自把这名妇女迎进白宫，给她颁发奖章，然后握着她的手称赞她是"写了一本小说，引起一场大战的小妇人"。

这名女士便是斯托夫人，她的作品便是著名的《汤姆叔叔的小屋》。而那位握着她的手的美国总统，名叫亚伯拉罕·林肯。

几经浮沉—林肯

林肯生于1809年2月12日，出生地是肯塔基州，他家祖上本来是英国移民，到达北美的第一站是马萨诸塞州，但到了他爷爷那一辈，就搬到了肯塔基州。打开地图，你就会发现，肯塔基州是在阿巴拉契亚山脉的西边，也就是说，林肯的爷爷就是在美利坚合众国建国之后，第一批翻过那片山脉，来到西边寻找土地的冒险家。前面说过，欧美人的习惯是家族里面谁越厉害，大家就越喜欢用他的名字，所以，林肯的名字就成了亚伯拉罕，这正是他爷爷的名字。

林肯小时候，家里是很富有的，只是在他7岁那一年，他父亲惹上了一场官司，结果一夜之间，失去了所有的财富，一家人被迫向北迁移，来到了印第安纳州，从那时候起，他们过起了穷人的生活。9岁时，他的生母南希因病去世，但后妈对小林肯还是相当不错的，教林肯认了很多字，读了很多书。林肯21岁时，他们全家又搬到了伊利诺伊州。

图3-3 林肯像

从上面的经历可以看出来，林肯小时候基本没接受过什么正规教育，纯属自学成才，这一点，和华盛顿差不多。穷人家的孩子早当家，林肯从十几岁开始，就干过很多职业，比如俄亥俄河上的摆渡工、木匠、种地的农民等等，无论做什么，他的口袋里总是有一本书，只要一有时间，他就静下来看书。但此人也不仅仅是一个文弱书生，据说他身高1.95米，极其擅长摔跤，年轻时和别人摔过300多场，只输了1场，这个成绩让他成功跻身世界摔跤名人堂，当然，也是里面官场职务最高的一个。

到了1836年，27岁的"体育学习双料优等生"林肯取得了律师从业资格，可是他偏偏跑去当了一个商人，学习做生意。但最后，他用了15年的时间，才还清了这段时间在商场上欠的钱。

只要对林肯青少年待过的肯塔基州、印第安纳州和伊利诺伊州探究一番，就会发现，这3个州对待奴隶制属于那种既不激烈反对，也不赞成的无所谓态度。但这3个州对于种族问题是比较重视的，绝对不给予黑人和白人政治上平等的权利，换句话说，他们觉得不应该奴役黑人，但也不认为双方平等，这样一来，那最好的相处模式就是老死不相往来。

其实这种对黑人敬而远之的态度，从美国建国开始，就已经存在了。早在1816年，就有一名叫保罗·库菲的黑人，提出了"黑人家园"的概念，建议把美国所有不是奴隶的黑人都送回非洲去。

林肯当选总统，南方七州脱联邦

正是受到了"黑人家园"理论和青少年时期生活过的3个州的影响，1837年的时候，林肯第一次就奴隶制发出了自己的声音，他说："奴隶制是建立于不公正和糟糕的政策之上的，但施行废奴主义却将增强，而非缓和其罪恶。"意思是，我反对奴隶制，但是也不站在废奴派的那一边，最好的方式是把黑人送回非洲去，越快越好。

1846年，林肯以辉格党党员的身份，当选为国会众议员。两年之后，由于没能在政府中获得理想的职位，他一气之下回到了家乡，重新捡起了他的专业——律师。

大家公认，林肯在演讲和辩论方面有极高的天赋，有人甚至说林肯在这两方面有"超过整个人类的天赋""几乎能说服任何人"。

就这样，林肯整整蛰伏了6年，到了1854年的时候，发生了一件大事，就是前文说到的《堪萨斯-内布拉斯加法案》的通过，打破了《密苏里妥协案》规定的权力微妙平衡，美国北方陷入了一片声讨政府的浪潮中。

在这样的背景下，林肯选择了重新登上政治舞台。

这段时间，因为反对《堪萨斯-内布拉斯加法案》，出现了很多新的党派，很自然地，辉格党里面的一些人也坐不住了，他们不认同辉格党对奴隶制的态度，就决定成立一个新的党派，这个党叫共和党，创始人之一就是亚伯拉罕·林肯。可以这样说，要是没有议员道格拉斯和他的《堪萨斯-内布拉斯加法案》，可能就没有林肯这位伟大的总统，也没有今天赫赫有名的美国共和党了。

到了1858年，林肯获得共和党党内提名，参加参议院议员的选举。在这次选举里，林肯和民主党的道格拉斯展开了7次辩论，这几次辩论在美国历史上名气很大，汇总到一起，称为"林肯—道格拉斯大辩论"。

林肯在这次辩论里成功地把自己塑造为一个有领袖才能的人民公仆，一个反对奴隶制，但绝不赞成激烈废奴思想的成熟政治家。

值得一提的是，在这次辩论里，林肯左右开弓。比如在1858年7月，他对着北部城市芝加哥的听众大声疾呼："让我们抛弃这样的诡辩吧：所有低劣的种族及其人民，理所当然应当低人一等。让我们抛弃所有这一切，各地的人民都要团结一致，我们应当站起来庄严宣告：所有人生而平等。"可是两个月之后，当他在南部城市查尔斯顿演讲时，又慷慨激昂地宣称："我现在不、过去也不曾以任何方式促成黑人和白人的社会与政治地位平等。我现在不、过去也不曾赞成黑人投票和做陪审员，不赞成他们担任公职，不赞成他们与白人通婚；除此之外，我还愿意说白人和黑人之间存在着身体上的差别，我相信这种差别将永远禁止这两个种族在社会与政治平等的条件下生活在一起。正因为我们不能如此生活，在他们和我们仍然在一起的时候，则一定有地位上的优劣之别，我和其他人同样赞成，把优等地位指派给白种人。"

最后的结果是林肯胜了辩论，输了竞选，没当上参议员。不过他口若悬河的风采和气势如虹的论辩技巧，让他在北方和南方同时赢得了极大的声誉，因为这些，他被共和党提名为1860年大选的总统候选人。

实际上，林肯应该算是一个信奉实用主义的种族主义者。

说他是种族主义者，是因为他一直都认为，黑人在很多方面是不应该和白人有平等权利的；说他信奉实用主义，是因为林肯觉得，废除奴隶制这一思潮是大势所趋。当时世界上主要的工业国如英国等早就废除了奴隶制，如果美国必须在是不是奴隶制这个问题上交出答卷，那林肯是坚定地站在废奴一边的，不过他心目中的废除奴隶制，只是让他们在"劳动换取面包"这个自然权利上和白人平等，也就是不能奴役和剥削黑人。至于其他的权利？那答案还是否定的。

美国这时候已经到了命运的十字路口。1860年11月，林肯当选为美国第十六任总统，一个月后，南卡罗来纳州首先宣布脱离联邦；第二年，也就是1861年的2月，佛罗里达等6个州紧随其后，也宣布脱离联邦，然后这7个州宣布成立南方联盟，称"美利坚联盟国"。

现在有很多人在说起这件事的时候，都会说，南方这些州，是认为林肯当了总统之后一定会废除奴隶制而脱离联邦的，好像南北方的根本矛盾就是奴隶制，而一场死了60多万人的战争仅仅是为了解放黑奴，林肯和他领导的联邦政府就是为了那些苦难的奴隶而战的。

很可惜，真相并不是这样，这也是为什么我上面花费了一些笔墨描述早期林肯对待奴隶制的态度。事实上，无论是林肯，还是他所属的共和党，在当选总统前后都一再保证，他们上台后，国会绝不会干涉南方所有州的奴隶制。

这种保证甚至还以立法的形式存在，美国国会当时紧急通过一个《科温修正案》，宣称联邦政府无权，并且是永远无权，干涉存在各州中的奴隶制，林肯就是这个《科温修正案》的推动者和绝对支持者，是他极力促成了这个法案的快速通过，并且在法案通过后，亲自给南方每一个州长寄信，通告这个喜大普奔的好消息。

在国会之外，林肯还发出了各种口头许诺，甚至在他的总统就职演说中，还特意强调自己不会触碰南方的奴隶制，他是这样说的："我无意于直接或间接干涉那些仍在实行奴隶制度的南部诸州。那样做并不合法，况且我也不想那样做。"

这样一来，事情就很奇怪了，废奴派的主张在美国已经存在了好多年，南方那些州的奴隶主们耳朵都听出了茧子，根本就不在乎，而且现在新的林肯政府还一再保证不废奴，那么为什么在这样的情况下，南方各州依旧铁了心要成立另外一个联盟？

06 为什么是南方开了第一炮？

林肯当上总统之后，南方有7个州要独立出去，自立"美利坚联盟国"，这相当不给林肯面子。美国历史课本上写的原因是他们害怕林肯废除奴隶制，其实他们之所以要独立，其实还有更深层次的原因——也不复杂，就两个字：关税。

"不是奴隶！是关税！"

当时美国南方的经济主要以种植园为主，主要的客户都在英国三个小岛上，每年大概要向欧洲出口100万吨的棉花，用"富得流油"来形容南方一些大农场主，是毫不夸张的。

而北方是资本主义的工业经济，刚刚起步，他们生产的东西成本极高，但质量并不好，想出口卖给海外的大客户，尤其是工业相当发达的英国，那几乎是门儿也没有。

可以这样说，当年美国北方那些工业资本家们，除了北方本地市场，就只剩下南方这个市场了。问题是，南方人也不傻，同样的一口大铁锅，我去英国卖了棉花，顺便买一个回来，只花1美元，可以用半年；要是从本国北方人那里买，花2美元，用两天半就漏底了。很自然地，大家谁也不买北方的工业产品。

在这样的情况下，北方工厂的资本家们就强烈要求增加进口的关税，关税一旦高了，进口的商品就贵了，南方人自然就买北方的东西了，这就是北方资本家的如意算盘。实话实说，这也是今天关税的一个重要功能——保护国家民族产业。

可是当年北方的这帮商人这么做，对南方的伤害却是远远大过多花几个美元的。因为对欧洲加了关税，人家自然反过来报复美国，对美国出口的东西比如棉花增加关税，这样一来，南方奴隶主的棉花在英国市场上的价格就贵了。如果地球上只有美国南方产棉花，那估计英国人也就认了，问题是，中国、印度也有不少棉花产地，美国南方的棉花价格高了之后，英国人可以选择去别的地方买。所以，这是一个连锁反应，最后倒大霉的是整个南方的经济。

正因为如此，美国南北双方在关税这个问题上是针锋相对的。1859年的林肯正准备参加竞选，他很聪明也很敏锐地看到了一个事实，只要支持高关税和废奴，那么在北方就会取得绝大多数人的支持，而北方的美国人口是2000多万，南方只有900万，其中将近400万还是奴隶。于是，林肯非常果断地定下了竞选方案，支持高关税。

当时林肯的经济顾问叫亨利·凯里，曾经跟着德国的"贸易保护理论之父"李斯特系统学习过，后来被马克思称为"北美唯一有创见的经济学家"。凯里在他的回忆录说过这样一句话："没有高关税的竞选纲领，就不会有林肯政府。"你可以说他在自吹自擂，认为自己这个经济顾问当得好，出了这么一条妙计。但我们必须承认，他也是在说大实话。

1860年5月，北方人操纵的众议院以高票通过了《莫里尔关税法案》，将关税从15%直接提升到37.5%，后来又上调到47%，而且还要增加收税商品的范围。

多出来的这些关税，最终会由谁买单，南方人是心知肚明，但是，抗议看起来是没有任何作用的。在奴隶制上含含糊糊，打着太极拳的林肯，在关税这个问题上，却异常地强硬。在法案还没通过时，有人问他：如果《莫里尔关税法案》在国会通不过怎么办？当时还不是总统的林肯毫不犹豫地回答："我会再提出一套类似的法案。"在私人场合，林肯还这样宣扬："我对关税知之甚少，但我知道，我在英国买一件上衣，我得到上衣，英国人赚了钱，而当我在美国买一件上衣，我得到上衣，美国人赚钱。"

南方的庄园主们和所有依靠棉花出口生活的农民们无法忍受，这哪里是要征税，分明是想打劫。佐治亚州在脱离联邦的宣言里愤怒地谴责了新税法；罗伯特·图慕斯非常干脆地说，这个税法是"迄今为止最凶狠的关税法"，并且斥责说："强盗和纵火者合了伙，他们联合起来劫掠南方。"

愤怒的南方人搬出了美国宪法，找到了第一条第八款，上面这样写着："联邦政府通过立法征得的各类税收用于偿付国债，支付国防开支，以及提供大众福利。"为了保护北方工业而设立高关税，这能算美国大众福利吗？这个问题，自然是无人能够回答，虽然在现在看来，这个长远计划确实也算"大众福利"——为了美国的未来，但当时的南方人自然想不到这么远，即便能想到，他们也不会去牺牲自己当下的巨大利益而去考虑虚无缥缈的未来。所以，主张高关税和废奴的林肯当选之后，南方人认为自己只有两个选择了，要么待在联邦忍受被剥削，直至等待奴隶制被废除，自己失去赚钱的手段；要么就简简单单脱离出去——他们选择了后者。

无论是美利坚的总统，还是南方诸州，在实用主义精神的指导下，他们都在1860年做出了自己的抉择，这很难说对错，只有利益和立场的不同。这件事在当时的国际社会上，大家也都心知肚明，比如说英国人知道美国要内部分裂了，下议院的议员们非常兴奋地召开会议，有些议员就问了：美国是因为奴隶制而闹成这个样子的吗？当时英国自由党的领袖威廉·福斯特大声地告诉他的同事们:"NO,NO!不是奴隶!是关税,关税!"

南方州有权脱离联邦吗

南方的这些州之所以光明正大、理直气壮地要分离出去,除了对高关税的愤怒,对将来可能的废奴政策的恐惧,还有一个法律因素,就是他们认为,从联邦分离出去,完全是它们的一项基本权利。

杰斐逊·戴维斯是新成立的"美利坚联盟国"的总统,我们现在说他是"伪总统",但人家当时也是南方人一票一票选出来的。他当时从法律的层面上,回答了南方人的疑惑和北方人的质问,在宣布成立"美利坚联盟国"之后,他也把美国宪法搬了出来,找到第十修正案,慷慨陈词,为自己和南方辩护,那条修正案是这样说的:"任何未被各州授予联邦政府的权力,宪法也不禁止各州拥有这些权力,将一如既往的是各州或人民的权力。"

如果我们都是实事求是的人,我们必须承认,他是对的。美国宪法没有明确说各个州是不是可以脱离联邦,但是,各州从未授权联邦政府限制各州脱离的权力,也没有给联邦政府镇压脱离行为的任何权力。因此,在1860年,从宪法上来说,脱离联邦是各州自己保留的权力。

除了这个第十修正案,当年弗吉尼亚、纽约和罗得岛3个州的代表签署宪法的时候,还明确附加了一个条款,说如果这个新政府变得具有压迫性,那么它们就可以从联邦中退出。正是有了这个条款,当年这3个州才同意加入联邦。所以,弗吉尼亚州在1861年退出联邦的时候,它的底气相当足。可是如果弗吉尼亚州有权退出联邦,那这事儿就麻烦了,因为美国宪法明确规定,所有的州在尊严和权力上是平等的,因此,弗吉尼亚这个州有脱离的权力,其他州自然也有。

所以,无论从哪一个角度来说,1860年到1861年,美国南方当时脱离联邦，合情、合理并且合法。

内战第一炮

问题是，联邦和林肯政府会同意吗？

当然不会，无论是刚刚成立的共和党还是林肯政府，都绝对不可能眼睁睁地看着南方那些富得流油的州分裂出去，这些人都走了，别的不说，北方那些工业产品卖给谁去？当然，这个理由是不能说的，林肯有更加高大上的理由，那就是保卫联邦，他引用《圣经》，说："若一家自相纷争，那家就站立不住。"

可南方州已经宣布脱离联邦了，你喊两嗓子"高大上"的口号，人家也不可能回来，所有人都知道，剩下的唯一选项就是武力解决了。但武力解决需要一个理由，一个不得不出兵南方的理由，而这个理由，最终还是被林肯给找了出来。

那我们现在就来看看，双方是怎么开战的，或者说，第一炮是谁打的。

当时的情况是，最早宣布脱离联邦的南卡罗来纳州，有一个属于整个联邦的要塞，叫萨姆特堡，要塞里的安德森少校领着70多个人在防守。南方州宣布脱离联邦之后，安德森很着急，因为这意味着在要塞之外，就已经是另一个国家了，而且还是敌人。眼看着粮食和补给就快没有了，外面远处的南方军队已经架起了大炮，安德森少校一天几个电报催问联邦政府：我到底应该怎么办？即便是龟缩在这个要塞里防守，那也得给点儿援助吧。

当时，林肯的内阁成员中没有人认为应该去增援，都主张让联邦军队撤回来，然后和南方谈判。如果历史按照民主制度走下去，整个国会给这件事投票，那最后美国很可能就真的分裂了。但林肯坚决不同意，作为三军总司令，他对这件事进行了独裁，最后他派出了增援船。

接下来，林肯的国务卿西华德通过各种渠道散发出信息，说只要南方一进攻，林肯就会通知要塞的北方军队撤离；而林肯自己则大张旗鼓地宣扬联邦军队将大举增援这个要塞。

还有，要塞里面的安德森少校居然接到了一封莫名其妙、互相矛盾的电报，电报就两句话，第一句是，为了美利坚联邦和你个人的荣誉，你要坚持下去，时间越长越好；第二句是，如果情况不妙，你可以马上投降。安德森少校对着这封电报，感到十分迷惑。

不过，他虽然看不懂电报，却能清清楚楚地看见远方河面上的联邦军舰，那些林肯派来的增援船。到了要塞附近之后，增援船居然远远地放下船锚，按兵不动，说好的增援，看起来就是坐山观虎斗，气得安德森在要塞里破口大骂。

现在我们永远都不知道当时南方联盟国的总统戴维斯是如何思考的，但他最后还是看着北方的那些增援船，下达了命令，让南方军队夺取要塞。前方的将军博勒加德按照那个时代绅士的普遍做法，提前1个小时通知了安德森，通知将在4月12日早上4点30分发动攻击。

炮声响起的34个小时之后，安德森少校在没有任何增援的情况下，打完了所有炮弹，然后选择投降，而大批的联邦增援船就在远处观望。双方在这场持续了30多个小时的大炮互轰中，创造了一个战争史上的奇迹，那就是两边都表现得神勇异常，都是零伤亡，全体战斗人员毫发无损。

后来，被南方俘虏的安德森少校被客客气气地送回了纽约，受到了万人空巷的欢迎，他被林肯政府描绘成了在逆境下有勇有谋、忠于职守的将军，直接从少校晋升为准将。

南方人自然也在夸奖他们的英雄博勒加德，这位英勇的将军夺取了要塞，成群的姑娘们送上了鲜花。只是南方人忽略了一件事，那就是，无论如何，是他们先撕毁了联邦的星条旗，对着联邦开了第一炮，而这一点，正是林肯的政府想抓的小尾巴。

仅用了三天，林肯政府就组织了一支75000人的志愿军。我们都知道，凡是大军出征，必有口号，当年水泊梁山的旗号是"替天行道"，而林肯总统的大旗上也绣着四个大字"保卫联邦"。客观地说，这个口号恰恰是林肯想要，而南方人主动送过来的，因为是他们管不住自己，先打的炮。

有人可能说不对，林肯大旗上应该还有"解放奴隶"四个金光闪闪的大字。我实话告诉你，那时候林肯非但没打着"解放奴隶"的旗号，恰恰相反，他当时要极力避免的，就是让战争和奴隶问题扯上关系。

因为当时除了脱离联邦的7个州，还有很多州蓄养奴隶，为了不让这些摇摆州投向南方一侧，他必须小心翼翼地避开"奴隶"这两个字，至于说为什么这场战争后来变了性，成了解放奴隶的战争了，我们后面很快就会提到。

但即便林肯如此小心，还是有一些州对他的"保卫联邦"这个口号也感到恐惧，认为联邦政府实在是太霸道了，正在压迫可怜的南方州，而且是武力压迫。所以，在联邦大军启程赶赴战场的同时，马上又有4个州宣布脱离联邦，还有两个州为此而分裂，而林肯的家乡肯塔基则宣布中立，这样一来，加入南方"美利坚联盟国"的州已经达到了11个。

林肯有一句著名的对自己的评价，是这样说的："我不认为是我控制了事态的发展，应该坦率地承认，是事态的发展控制了我。"很多人都认为他谦虚，但我认为这绝不是谦虚，而是他这辈子最实在的一句话，因为事态的发展确实是超出了他的预期。你想，为了国家不分裂，他甚至无数次承诺不干涉奴隶制，可是这个国家最后还是没有逃脱内战的宿命。

刚开始的时候，北方联邦政府也没有慌张，因为他们自信，自己拥有两倍于南方的人口和丰富的战争资源，几周到半年时间，武力平叛是很容易的。

但有两点是这些北方人忽略了的，而且挺致命的。

第一点，12年前，波尔克总统欺负墨西哥人的时候，用的可全都是南方人，在那场战争的洗礼之下，南方人培养了一批经验丰富的老兵，而且他们还拥有像罗伯特·李这样经过战争洗礼的名将；第二点就是当时北方军队中同情南方的将领也是不少，比如北方司令麦克莱伦就是其中一位。

双方的第一场会战发生在1861年7月，在这场被称为马那萨斯战役的会战里，北方出动了3.5万军队，进攻南方大概2万人镇守的马那萨斯。谁想到南军指挥官是名将杰克逊，以擅长防守著称，在他的指挥下，北方军队连续冲击了5次，皆被击退。

中国古代有一个叫曹刿的人，说过这样一句话："一鼓作气，再而衰，三而竭。"冲了5次都被这个外号"石墙"的杰克逊打退了，北方军队的士气几乎丧失殆尽。就在这时，南方一队9000人的生力军突然出现，于是北方军队大败，损失了3000多人，并丢了很多弹药。

从这场战争里，我们可以看到，南方人在战争上，确实比北方人更有谋略，他们可以用一队人马拖住对方主力，然后在恰当的时机，亮出生力军，一剑封喉定胜负。

开始时北方自以为人多必胜，狂傲到什么程度呢？很多华盛顿的富商、议员们都携妻带子，不少人还带了野餐的食物和用具，来到了前线。他们准备观看南方人被打得抱头鼠窜的盛况，结果自然是没看成，精心准备的美食也进了南方大兵的肚子。

战场上的不断失利，让北方人从自信转变为了沮丧，甚至渐渐地没有人愿意当兵了。林肯政府不得不借助募兵来解决兵源不足的问题。开始的募兵是这样的，入伍即得100至200美元，很快地，北方那些商人们就发现了，这是一条生财之路啊。因为当时欧洲的爱尔兰等地正在暴发严重的大饥荒，这些商人就从欧洲整船整船地把那些被饥饿折磨的人运送到美国北方，然后往这些人手里塞上一条枪和几十美元，把他们扔到战场上——或者成为炮灰，或者成为英雄，那就要看这些欧洲人的运气了。剩下的钱，自然都落入了商人们的腰包，这种可耻的赤裸裸的"贩卖人口"的行为很快就被包括英国在内的国际社会强烈谴责，林肯只好发出通知，不再实行这样的募兵制度。

但是打仗没有士兵肯定不行，下一个方案就是征兵，强制北方各州必须按人口总数提供一定比例的士兵。不过既然制定法律的都是议员老爷们，花样自然是有的，它规定，只要一家可以拿出300美元，那就可以免除兵役了。

那时候的300美元，相当于现在的30000多美元，这样一来，很多没钱的民众相当不满，终于，1863年的夏天，北方几个城市同时爆发了大规模的群众骚乱。虽然骚乱最后被镇压下去了，征兵也得以继续进行，但在纽约市，却死伤了2000多人，史称"纽约征兵暴乱"。

现在看来，林肯先生的处境有点艰难，那么，他是如何扭转战争不利局面的？奴隶问题究竟是以何种方式影响了这场战争呢？

07 北方制胜的两件法宝

当1861年战争打起来的时候,林肯并没有考虑奴隶问题,他当时专心致志地思考军事上的问题,包括征兵、调遣军队等等。到了1862年,整个北方社会随着不利的战局,越来越不稳定。这时候有人开始呼吁,彻底解放奴隶。

为此,国会还通过了一项法案,给那些从蓄奴州逃出来并参加到北方军队的奴隶以自由人的身份。

林肯虽然签署了这项法令,但是执行得并不认真,也就是没有大肆征召黑人进入军队,因为他顾虑的还是那个问题:当时还有好几个蓄奴州并没有脱离联邦,如果真的执行这个法案,这些州会不会彻底倒向南方?这对北方的打击将是巨大的。

《宅地法》和《解放奴隶宣言》

林肯的这份良苦用心并不是所有人都能看得见,远在德国的卡尔·马克思在报纸上写文章批评林肯,他说,美国"联邦政府从战争一开始便有着一个致命的弱点,那就是放过了敌人最怕受攻击的地方,也是他们罪恶的根源，奴隶制度本身"。

同样，在美国国内，也有很多人对此不满，《纽约论坛报》主编格里利写了一封公开信，质疑林肯的决定，他在信里说道："我们必须利用黑人当侦察兵、向导、间谍、厨子、矿工和伐木工……我请求你全面施行这个法案，决不能含糊。"

林肯没搭理马克思，因为他毕竟是外国人，可是对于格里利的质问，他还是给予了回复，只不过是以私人信件的方式，而且他的回复堪称经典，同时，也确切无疑地证实了美国这场内战的性质。林肯是这样写的："在这场战争中，我的最高目标既非挽救奴隶制度，亦非摧毁奴隶制度，而是拯救联邦。如果无须解放一个奴隶就能拯救联邦，那么我将不会解放一个奴隶；如果非得解放所有的奴隶方能拯救联邦，那么我将会解放所有的奴隶。"

我在多处提到，美国人治国一向是走实用主义路线的，林肯在内战期间的这些言行，无疑证明了这一点。

不过，林肯虽然在废除奴隶制上比较犹豫，但是他采用了另一个很有效的办法，那就是在1862年5月，他促使国会通过了一项法律——大名鼎鼎的《宅地法》。

这项法令宣布，凡是年满21岁没有参加叛乱的美国人，都可以交10美元领到160英亩的土地，居住耕种5年之后，这块地就成为你的宅地，而且永久属于你。

此举一出，彻底打破了南方奴隶主以前对土地的垄断，相当于所有贫苦农民现在可以无偿获得土地，间接地打击了土豪。还有下一步，就是再往你手里塞上一杆枪，不用对你进行任何教育，你肯定拿着这杆枪和给你土地的人站到一起。

林肯就是这样做的，在整个南北战争的过程中，西部那些分到了土地的农民们拼了命为北方联邦军队输送了一半以上的战士，并提供了几乎所有的军粮。

所以，当时的战况是，西边，农民占了大多数的地盘上，联邦军队所向无敌，由格兰特将军指挥，占据了很多重要的据点，看起来北方军形势一片大好；可是东边那些重要的金融和工业地区，几乎一次胜仗都没有。总体情况，还是不利于北方的，因为西边都是荒凉地区，而东边都是举足轻重的大城市，那是美利坚诞生的摇篮。

在这个关键时刻，林肯终于又想出了一个办法，这个办法有效地达到了一个目的，那就是利用奴隶问题搅乱南方叛乱的蓄奴州，同时还不激怒依旧待在联邦的北方蓄奴州。

1862年9月，林肯推出了著名的《解放奴隶宣言》草稿，首先在内阁讨论，大家最后的意见就是，先发表一个临时的《宣言》，仅仅只是对国民的告知：1863年1月1日，政府将正式通过《解放奴隶宣言》，宣布南方叛乱联盟下面所有的奴隶，都将被联邦政府赋予自由人身份。

对于这份《宣言》，我想引用林肯的国务卿西华德先生说的一句话："我们表达对奴隶制度的同情手法是，解放那些我们管不着的奴隶以及奴役那些我们能解放的人民。"

这个被后世无数次歌颂的《解放奴隶宣言》，实际上，是一只"跛脚鸭"，主要内容就是一句话，凡是顺从北方政权的蓄奴州，可以继续奴役奴隶，这里面包括马里兰州、特拉华州、田纳西州、密苏里州以及肯塔基州；可是那些和联邦作对的州，养奴隶是滔天的罪恶，这样的州有10个。你要是说这不合理，对不起，国会通过了，就是合法的，你必须接受。

无论如何，就算是一只"跛脚鸭"，这份宣言在伦理道德也是一个很大的进步，仍旧受到了北方废奴主义者的支持，当时甚至有人说，提及林肯的名字，"就唤起了整个群众自发的祝福"。远在欧洲的马克思也发来贺电，说《解放奴隶宣言》是美国"联邦成立以来的美国史上最重要的文件"，而且指出，因为发表了这个宣言，"在美国历史和人类历史上，林肯必将与华盛顿齐名"。

1863年1月1日，《解放奴隶宣言》执行之后，成千上万的奴隶从南方开始向北方逃亡，然后被组建成军队，开始调过头来，向南方猛烈开火，最后居然形成了20个黑人军团，每个军团大概1万人，战斗力相当强大。

林肯后来对《解放奴隶宣言》的评论是："在一生中，我确信，我未做过比签署这个宣言更加正确的决定。"对于当时的联邦政府来说，这句话是千真万确的。

葛底斯堡登神坛

有了《宅地法》和《解放奴隶宣言》，到了1863年六七月间，胜利的天平渐渐地向北方倾斜，双方最后在葛底斯堡碰撞，爆发了一场大会战，这是一场被称为"南北战争转折点"的战役。

双方投入了大概16万人，其中北方85000人，南方75000人，兵力差不多。第一场战斗属于骑兵作战。以前骑兵作战的时候，几乎是南方人的天下，因为南方人从小就接受马上战斗的训练，并且经常在实战中检验各种战术，相反，北方人打仗一直以步兵为主。但是，这一次，林肯的《宅地法》发挥了效力。新组建的北方骑兵军团很多都是西部广阔牧场上的农家子弟，从小和战马一起长大的，现在家里分了160英亩田地，什么也别说了，为了这个家，和南方人拼了。

结果就是，南方虽然胜了第一次战役，但是骑兵团损失得极为惨重，远远超出了预期，为后面的失败埋下了伏笔。

后来6月25日和6月29日的两次布局较量，南方军都因为骑兵团不能承担起预想中的责任而相当地被动。

7月1日，葛底斯堡战役正式打响，南方联盟的罗伯特·李将军开始进攻由乔治·米德率领的联邦军在葛底斯堡的几个阵地。

战斗打到晚上的时候，北方军队在城北西边和北边的据点都被攻陷，只好撤到城南的墓园岭高地。这时候，罗伯特·李下了一道命令，让下属尤厄尔将军见机行事，尽量拿下墓园岭。可惜的是，尤厄尔没有做足够努力，如果他当时积极一点，拼一下的话，是可以拿下墓园岭的，那样的话，第二天北方主力军团即使到了，也无险可守，说不定南方联盟军就此取得这次关键会战的胜利，而历史就有可能被改写。

可是历史不容假设，北方军团还是从容地在墓园岭布置好了防御体系，7月3日下午1点，南方联盟军在炮轰墓园岭两个小时后，开始冲锋，12000名南方官兵跨出工事，冲向千米之外的阵地。

此役极为惨烈，大概有4000多名南方士兵倒在了北方阵地的前沿，最后罗伯特·李不得不停止了进攻，经过这一战之后，双方基本上都没有再战的欲望。

7月4日，美利坚合众国国庆日这一天，南方军团撤离了葛底斯堡，战役结束。从战略上讲，南方失败了。你要是问，时间上如此巧合，是不是美国国父们在天上保佑，这个我就不知道了。我知道的是，这场战役双方伤亡大概50000人，是南北战争最惨烈的一场战争，没有之一。

重要的是，从此之后，南方丧失了战场主动权，被迫转入全面防守，一直到南北战争结束。

就在葛底斯堡战役4个月之后，北方的联邦政府在葛底斯堡建了一个国家公墓，用来纪念在这场关键战役中死去的军人。11月19日，当地政府举办了一个仪式，并请林肯总统作为嘉宾发表演讲，林肯这次只有10句话、272个字的《葛底斯堡演讲》，后来成为世界演讲史上历久不衰、声震寰宇的经典之作，被无数人用无数种语言引用。尤其是其中的"Government of the people, by the people, for the people"更是传扬到世界的每一个角落，在中国被翻译成"民有、民治、民享之政府"。

这个翻译来自中国革命领袖孙中山，他在1921年题为《新三民主义之具体办法》的演讲中首次提到这句话，他说："林肯所主张的这民有、民治和民享主义，就是我所主张的民族、民权和民生主义！"

在我看来，林肯在这篇演讲名篇中最伟大的贡献，或者说最伟大的技巧，就是把一场本来是防止分裂的"保卫联邦"战争，成功地说成了为实现"全体人民平等的民有、民享、民治政府"而奋斗的事业。在他的演讲中，奴隶制将因为这些牺牲而终结，而世界民主的未来将得到有效保证。

这场演讲配合1863年初的《解放奴隶宣言》，让整个南北战争的性质发生了根本性变化。换句话说，公开宣传的战争的起因发生了彻底的变化，而这个新的起因最终把林肯和北方拱卫在神坛之上，南方在很多时候变成了"背叛者"和"蓄奴者"的代名词，要在十字架前受到后世的审判。

到了1864年，战局已经向着有利于北方的趋势发展。当格兰特将军成为北方联邦军的总指挥之后，他采取了消耗战的打法，也就是如果北方死3个人，那南方至少也要死2个。前面说过，北方无论是人力还是物资都要超过南方很多，格兰特的这种"两败俱伤"的打法对于南方，那是巨大的灾难。

到了1864年年底，南方彻底撑不住了，首先提出和谈，但林肯拒绝了对等的谈判。1865年4月1日，格兰特在五叉战役中战胜了罗伯特·李，随后攻占了南方的首都——弗吉尼亚州的里士满。

4月9日，南方统帅罗伯特·李向北方统帅格兰特投降，南北战争事实上结束了。

罗伯特·李这个人无论是在南方还是北方，都拥有巨大的声望，他的父亲名叫亨利·李，是独立战争时弗吉尼亚州的州长，同时也是美国独立战争的英雄。在南北战争刚打响时，他本来正在华盛顿领导第二骑兵队，林肯甚至已经指定他为北方军队的总指挥，因为罗伯特·李本人也反对南方的州脱离联邦，曾经抨击南方的联盟国是对开国先烈们的背叛。那为什么他最后变成了南方军总司令？答案只有两个字：感情。在联邦和他的弗吉尼亚州之间，他最终选择了弗吉尼亚，而这个州的人民恰恰是有着最强烈的脱离联邦的意愿，所以，战争一打响，他就跑回了南方。

因为罗伯特的威望，南北双方的投降谈判，气氛相当地友好，格兰特听说南方军已经没有粮食吃了，马上张罗着给南方送了24000份军粮。罗伯特·李提出了南方士兵保留坐骑的要求时，格兰特又是大手一挥，说你们自己的马牵走，每个人再额外牵一匹，拿回去耕种土地。此外，格兰特下令联邦部队不许庆祝，因为南方联盟国的士兵从现在开始"又是咱们的同胞兄弟了"。

林肯因什么而伟大

以死亡人数来算，南北战争可以称得上是历史上美国损失最为惨重的一场战争，自相残杀中，有60万左右的美国青壮年死于战场，几乎相当于后来的第一次世界大战、第二次世界大战、朝鲜战争、越南战争等战争中美国死亡人数的总和。

可是，这场惨烈战争最直接的相关人，亚伯拉罕·林肯，却被无数美国人视为美国历史上最伟大的总统。

美国首都华盛顿的地标是1884年建成的乔治·华盛顿纪念碑。在这个纪念碑的西面，就是林肯纪念堂，那是按照古希腊帕特农神庙的样式建造的，这意味着，美国人是按照半人半神的标准来纪念林肯的。并且，最小面值的1美分硬币和流通最多的5美元纸币上，正面是林肯头像，背面是林肯纪念堂，这是一个极大的荣誉，甚至连开国国父华盛顿都没法与之媲美，这些足以说明美国人心里林肯的伟大。

为什么林肯在他们心里那么伟大？估计大部分的人会说，因为他解放了奴隶，维护了民主自由。当然，林肯是黑奴的解放者，是奴隶制度的埋葬者，但在我看来，此人之伟大最直接所在，就是他维护了联邦的统一，废除奴隶制只是顺势而为，甚至可以说是形势所迫。

并且我们讨论废除奴隶制这一功劳的伟大意义，也不能仅仅停留在"人人平等"这些口号上，而应该看到，它扫除了工业发展的障碍，为美国当时出现的工业化提供了充足的劳动力和广阔的市场。

那么为什么维护联邦统一就那么伟大呢？因为，如果美国南北分裂成为事实，那就不可能有随后的南北资源互补和整合，也就没有美国在19世纪后半叶的迅速崛起，美国很可能会错过1865年到1900年这30多年最宝贵的工业发展期，而没有工业化，也就没有现代化。

从这一点上讲，我认为在拉什莫尔总统山上，林肯绝对有资格把自己的大头像摆在华盛顿和杰斐逊的旁边，或者还应该更大一点儿，因为他是美国现代化，或者说工业化的绝对奠基人。

除了上面说的重大意义，南北战争对于美国还有一个微妙的改变。我们都知道，美国的英文名字是 The United States，在南北战争之前，提起自己国家的伟大，美国人经常说"The United States are great"，用复数表明，美国是一大群 States 的联合，可是南北战争之后，几乎所有美国正式文献，都开始说"The United States is great"，使用单数。这个微妙的变化表明了一件事：美国是一群 States 的合体了。从此之后，一个国家的概念压制了一群 States 的联合，联邦政府的权力明显地超过州政府，这件事自然是有很大意义的。

在这种潜移默化教育之下长大的孩子，对国家的认同感强于对自己家乡的认同感，像罗伯特·李那种只认家乡弗吉尼亚，不认美利坚联邦的事情，后来就少了很多。

08 林肯之死、三K党和党争

毫无意外地，就在南北战争快要结束的1864年，林肯又高票当选了总统。在第二次就职演说中，当说到南北双方在战争中的责任时，林肯是这样说的："双方都声称反对战争，但有一方宁愿发动战争也不愿让国家存留，而另一方则宁愿接受战争也不愿让国家灭亡，于是战争来临。"

这话说得相当漂亮，至于说哪一方是发动战争想毁灭国家的，很明显，谁先打炮谁就是。南方人虽然一肚子委屈，可是一来这是事实，二来自己打败了，就算是想争辩，也没人听，只能接受作为失败者必须接受的东西，承受物质和道德上的双重惩罚。

当然，除了给战争定性的这句话，林肯的其他词句都展现了一副和蔼可亲的面孔，表达了足够多的善意和宽容。他还承诺，大家齐心合力，一起重建家园。不过，遍体鳞伤的南方还是对他充满了刻骨的仇恨。

林肯之死的两种可能

1865年4月14日，南方统帅罗伯特·李投降之后的第5天，林肯领着妻子来到了华盛顿的福特剧院看戏，想让紧张了四五年的神经放松一下。

晚上10点15分，就在舞台上的剧情达到高潮的时候，一个名叫布斯的凶手潜入总统包厢，在距离林肯不到2英尺的后方，用一把大口径手枪向他的头部开了一枪，林肯中弹后倒向前方。

当晚的后半夜，也就是1865年4月15日凌晨，亚伯拉罕·林肯去世，享年56岁。

你要是问，堂堂美利坚合众国总统，看戏的时候身边难道没有几个保安？那也不是，据说他的保安人员当时去了隔壁，和林肯的马车夫，也就是那时候的司机，一起在喝酒，这才给了凶手可乘之机。

总统被刺杀，这事儿搁在任何一个国家，任何时候，那都是一等一的大事，这个凶手被无穷无尽的联邦警察和警犬追赶，12天之后，在一场围捕战里，联邦警察的火力猛了一点儿，直接把凶手布斯打死了，没有留下任何一句口供。

不过根据官方公布的细节，这件事是极端恐怖组织干的，一共是5个人，凶手布斯是一名著名演员，同时也是一名南方间谍和极度仇恨林肯的种族主义者，负责刺杀林肯，他成功了。还有其他4名嫌犯，试图刺杀副总统约翰逊、国务卿西华，以及联邦军统帅格兰特，由于种种原因，都失败了，而且一个都没跑掉，全都被捕入狱，然后被判处死刑，立即执行。

我之所以说上面是"官方消息"，是因为对于林肯的死，还有另外一种民间说法。

前面说过，安德鲁有句著名的遗言："我，干掉了银行。"关于林肯的死，民间说法也和银行有关。

就在安德鲁·杰克逊逝世之后不久，美国的货币还是回到了老样子，由私人银行发行，只不过没有了一个统一的银行机构，一般都是政府发行债券给银行，然后某个银行印出纸币给美国政府。

林肯的总统生涯基本上一直在忙着打南方，他没精力也没兴趣去干掉银行。但是，他却做了一件和安德鲁差不多的事情，就是推行国家货币。

客观地说，林肯也并不是主动去推行国家货币，而是迫不得已。这事的起因也很简单，打仗都是需要钱的，林肯政府只好去找银行借。

美国、英国和欧洲的银行家都相当实在，面对这么好的敲竹杠的机会，直接给出了24%到36%的利息要求。惊得下巴都快掉下来的林肯立即让这些银行家们滚，但生气归生气，拍桌子骂走银行家也是可以，钱的问题还得自己解决。

这个时候，林肯就使用了手中的战争时期总统的临时权力，绕开了银行。在1862年，政府直接发行了两次一共3亿美元的货币，也就是直接印钱。

为了和当时流通的私人银行家印出来的美元加以区别，这些美元的背面有绿色墨水的标志，请注意，这些美元虽然是美国债务，但是不用付银行利息。这些纸币就是美国人所说的"绿币"，又叫"林肯绿币"，它们一直在美国市场上流通。

到了1863年，美国联邦政府又没钱了，林肯就还想再印一点儿。这一次国会不干了，很多人反对，最后双方互相妥协，林肯可以继续印一次钱，也就是1.5亿美元，但是他必须同意国会的一条法律，明确以法律的形式授权银行可以用美国国债为基础发行美元。这就是《国家银行法案》，这个法案实际上是想把私人银行发行美国钞票这个模式，用法律的形式确定下来。

林肯思来想去，只能答应了，因为他当时的处境比当年的汉密尔顿和安德鲁还要差。如果不答应，联邦很可能就输掉了这场战争，美国就彻底分裂了。林肯怎么可能眼看着这种事情发生，他只能答应议会和银行家们的集体要求。

这是操纵国会议员的银行家们取得的一次胜利，而且是一次巨大的胜利，因为连当年的"美国经济之父"汉密尔顿都没给过他们这么大的特权。

不过到了 1864 年末，战争将要结束，林肯觉得这事儿不行，就非常认真地讨论如何废止《国家银行法案》，因为他觉得让政府继续发行绿币，看起来对国家和人民都是一个不错的主意，至少，不用给银行付那些巨额利息。

以上是一个大致的背景，下面我只引用一句据说是德国首相俾斯麦说过的话，你就会明白这个民间的关于林肯之死的猜测是什么。俾斯麦是这样说的："林肯从国会那里得到授权通过向人民出售国债来进行借债，这样政府和国家就从外国金融家的圈套中跳了出来。当国际银行家们明白过来，美国即将逃出他们的掌握时，林肯的死期就不远了。"

这就是林肯之死的另一个说法，对于战争、银行家、资本家和政客们，这些人和老百姓的看法很多时候都不是一样的，也是事实。

我这里可以拿英国做一个例子，美国南北战争爆发之后，英国民众和英国皇室都跳出来表态，说我们都支持北方，一定要消灭南方，因为他们养奴隶。可是英国的政客们和商人们都不这样看，他们想的是如何获取最大的利益。英国当时的首相巴麦尊子爵三世，说了一句后世著名的话："我们不喜欢奴隶制，但我们需要棉花。"所以，在战争中间，虽然英国政府迫于民众压力，宣布中立，但还是暗中偷偷地给南方军队提供了几艘军舰。其中一艘叫"亚拉巴马"号的最为厉害，南方联盟国靠着这艘战舰像海盗一样先后在太平洋和大西洋上劫掠了北方联邦 68 艘商船，北方的联邦为此损失约 650 万美元。

南北战争结束之后，美国政府就向英国方面强硬施压，要求赔偿。1872 年 9 月，由瑞士、意大利和巴西等国组成的国际法庭做出最终裁决：英国应该给美国 1550 万美元，以赔偿英国军舰给美国造成的损失。英国政府倒是也毫不含糊，输了就是输了，痛痛快快地支付了这笔钱，当然，买单的还是老百姓。

无论如何，亚伯拉罕·林肯去世了，走完了他轰轰烈烈的一生。

约翰逊被弹劾

总统去世，按照组织程序，副总统应该接班，安德鲁·约翰逊在林肯去世当天早上10点，宣誓就任美利坚合众国第十七任总统，他成了第二个从副总统直接上位的幸运儿。

约翰逊上台时，美国有三种势力，第一种就是共和党激进派，他们主张奴隶制必须被废除，黑人要立刻获得与白人同等的各种权力，这种势力当时在国会拥有最大的力量；第二种就是南方残余的奴隶主势力和支持他们的民主党，这种势力属于暂时被打蒙了，不动声色但是暗中积蓄力量；第三种，就是曾经团结在林肯周围的共和党温和派，他们主张一切以国家大局为重，团结一切可以团结的力量，少谈点主义，多干点实事，重建国家。

中国有一些成语，比如"朝秦暮楚""朝三暮四""反复无常"等等，说的就是一个人的立场经常变化，美利坚合众国的这位新总统约翰逊，完全可以把这些成语都揽在怀里，因为他不仅仅在上面说的三种阵营里都待过，而且最后还试图创建第四个阵营，结果自然是很不妙，他成了美国第一位被弹劾的总统。

约翰逊本来是一个民主党人——你可能听到这句话会很惊奇，什么？林肯作为共和党的创始人之一，怎么选了一个民主党人作为自己的副总统？

这当然是有原因的，亚伯拉罕·林肯的第二个任期是在隆隆炮声中开始的，作为一名合格的国家领导人，他当时考虑的是如何让国家在重建工作里少走一些弯路，尽量让全国人民都紧密地团结在联邦里。

那时候在林肯心里，党派之争不是排在第一位的，在这种思想的推动之下，他决定再创建一个新的党派，叫作国家联邦党。

然后，他把来自南方田纳西州的民主党人约翰逊拉到自己的阵营里，原因很简单，约翰逊维护联邦的立场与林肯一模一样，他也是当时唯一的一名来自南方却反对南方脱离联邦的参议员，而且对联邦挺忠诚，在战争爆发之后依然留在联邦里面。

林肯和约翰逊"合体"的这个举动至少传达出两个意思：第一，国家必须统一，也一定会统一；第二，不管你是什么党派，只要你赞同国家统一，就是我林肯的好朋友。

所以，严格来说，林肯在第一个总统任期内是共和党人，而他在第二个总统任期内，应该是国家联邦党的人。

顺便说一句，在美国历史上，共和党人和民主党人合伙，以正副总统的身份进入白宫，林肯和约翰逊是唯一的一次，以后再也没有出现过。

现在看来，约翰逊在民主党阵营混的时候，秉持的是共和党激进派的观点，可是在林肯死后，他开始了萧规曹随，按照林肯生前的指示处理政务，从共和党激进派转向了温和派。

这一派的原则很简单，就是和稀泥，比如说赦免南方联盟的领袖人物，让他们得以维持对州政府、南方土地和黑人的控制，但同时也加强立法，提升黑人的地位，总之，尽量让社会平稳有序地过渡。

在这段时间里，约翰逊和国会通过了宪法《第十三条修正案》，这条法案归根结底就一句话：除了罪犯之外，禁止一切强迫别人劳动的行为，也就是说，以后谁也不能养奴隶了。

上有政策下有对策，联邦政府虽然通过了这个修正案，可是南方的各个州政府随即颁布了很多条"黑人法令"，这些法令当然不会明目张胆地和联邦宪法作对，但是，它限制了黑人所能从事的职业，拥有财产的种类，明确规定了黑人不能和白人通婚，也不能随便搬到另外一个州居住，等等。

实际上，这些细小而烦琐的限制几乎堵死了黑人参与政治活动的一切可能。比如说，一个黑人如果没有住所，那就是犯了流浪罪，这时候可以选择缴罚款或者找一个人雇用自己，黑人奴隶刚刚把手上的镣铐扔掉，当然既没有钱也没有住所，要什么没什么，一穷二白，虽然看起来"仁慈"的政府给了好几条路可以走，实际上，只有一条路，那就是找个人雇用自己，因为这个总比进监狱强——往往这个有能力雇他的人就是他原来的主子，这还得千恩万谢。

所以，在宪法《第十三条修正案》之后，黑人看起来在法律上是解放了，但实际上，就是把原来"奴隶"这个名字改为"长工"，而原来的奴隶主们，摇身一变成了"地主"。

共和党控制的联邦国会针对南方权贵阶层这种阳奉阴违的做法，准备再来一个平权法案，这就是后来的宪法《第十四条修正案》，用立法的形式确立黑人拥有和白人完全平等的权利。

这条修正案是这样说的：除了来美国旅游的游客和印第安人，其他所有美国境内的人都是美国公民，各个州必须给予所有公民一样的平等权利。

可是对于这一条法案，约翰逊总统投了反对票，为啥？因为这个平权法案里面的第一款是这样写的，"在州管辖范围内，不得拒绝给予任何人以平等法律保护"。约翰逊表面上反对的理由是，联邦政府不能对州政府指手画脚，制定这样一个侵害了州权的法律，可是真正的原因是，他是一个白人至上者，如果你还记得前面我讲的，他这种人和林肯家乡那3个州的人有一样的思想，那就是，我不奴役黑人，但是黑人想和我们白人拥有一样的地位，那是做梦。实际上，林肯要是还活着，他也可能反对这一条修正案。

这样一来，约翰逊在共和党里就混不下去了，在代表北方势力的共和党眼里，他已经成了彻底的民主党人，和南方的权贵阶层站到了一起。

严格来说，美国今天的两大党派，民主党和共和党，也正是从这一年，1866年，才开始了殊死的政治搏斗。而倒霉的约翰逊就成了第一个牺牲品，因为他这个总统的位置，是继承了林肯总统的，而林肯是共和党最骄傲的象征——怎么？现在你约翰逊当上了总统，居然就不听我们共和党的了？约翰逊的"背叛"更显得"十恶不赦"。

1868年，共和党领导的国会开始准备弹劾约翰逊。在美国政治里，弹劾总统是国会的一项特权，简单地说，就是众议院先以简单多数通过弹劾条款，这个弹劾条款就是一条条列举出来的申请让总统下台的理由。

一旦弹劾通过了，这位总统和所有资料就会被送到参议院进行重审，接受参议院议员的讯问。

最后是表决，如果参议院超过三分之二的议员认为这个理由成立，那总统只能卷铺盖走人。

在美国历史上，一直到今天为止，这个机制只启动过三次，但是一次也没成功。约翰逊光荣地成为第一个被瞄准的对象，最后在参议院表决的时候，对他的弹劾以一票之差没有通过，约翰逊幸免于难。

弹劾这个武器第二次启动是在20个世纪90年代，瞄准的是比尔·克林顿总统，因为丑闻，以及在法庭上当着全国人民的面撒谎。最后一次就是2019年发生的特朗普弹劾案，他的罪名是滥用权力和妨碍国会，不过这些弹劾都和约翰逊那次是一样的，不了了之。

对约翰逊的弹劾虽然没通过，但从那个时候起，联邦国会基本上被共和党激进派控制。

这些人掌控了权力之后，马上就开始讨论两个宪法修正案，一个是刚才提到的《第十四条修正案》，给了美国领土上除印第安人以外所有人以平等的联邦公民权。

如果你要是问我一个问题，那些居住在美国领土上的印第安人这时候算哪国人，我只能说，这个问题让我和所有美国人都十分头疼，因为谁也不知道。

除了这个修正案，另外一个宪法修正案就是《第十五条修正案》，明令投票权不得因种族、肤色或以前为奴隶而被剥夺，但是要注意，这一条只是说种族和肤色，完全没说性别，所以，妇女们还是得在家里打扫卫生带孩子，依旧没有投票权。此外，也没提投票权是一种绝对权力，换句话说，各个州依旧可以制定别的法律来阻止黑人投票，比如说后来出现的，规定必须认识多少个英文单词才能去投票，等等。

可是无论如何，美国宪法第十三、十四、十五条修正案在奴隶问题上都是一种巨大的进步，对美国南方传统的权贵阶层都是一种很大的打击。

此外，当时联邦国会为了贯彻法律的执行，还对原来属于美利坚联盟国的那些叛乱州实行了"军管"，就是军事管制。北方的将军们带着大兵到了地方之后，第一步是解散当地州政府，然后在监督下，把原来那些叛乱的领袖分子排除在选举之外，再把黑人全部登记在选民本上，开始全民选举，这样一来，很多黑人进入了州的议会。

可以说，联邦国会当时是一只手举着道义这杆大旗，一只手拿着刺刀，强行在南方推行联邦法律。

这自然让原来的白人奴隶主们相当不愉快，其实不仅仅是他们，就是白人平民，对于刚刚从镣铐下面解放出来的获得权力的黑人也是十分鄙视以及警惕。在这样的心理下，他们成立了很多被叫作"保守派"的政党团体，最后，这些人统统站在了民主党的大旗之下。

除增加了一些明面上的党派组织，南方还出现了一些地下的秘密组织，换个词来说，那就是黑社会，大名鼎鼎的"三K党"就是这时候登上历史舞台的。

这个组织最初是由几个南方退伍的老兵组建的，成立于1866年，所谓的"三K"，就是三个以K开头的希腊和英文单词，直白翻译就是"圆圈家族"。他们的真正宗旨是白人至上，是彻头彻尾的种族主义者。

既然秉持着这个理念，当他们看到黑人普遍获得选举权之后，就开始用暴力表达自己的不满，有时候，这种暴力也会扩大到共和党的白人身上。

因为他们认为是这些人的政策和唆使，才让黑人越来越猖狂。当然，那个时代，种族主义也不是什么孤立现象，在南方普遍存在，只不过三

K党的动静最大。

民主党掌大权

就在这种乱哄哄的政治状态之中，美国人迎来了1868年的总统选举，约翰逊这个差点被弹劾的总统，那是注定要下台的。可不是所有人都有自知之明，在约翰逊的心里，无论是民主党还是共和党，无论是激进派还是温和派，那些人都没有自己聪明，因此他骄傲地想创立一个新的政党。结局自然是不怎么好，最后他什么也没搞成，只能以无党无派的身份终老一生。

历次美国总统排名，这个约翰逊都是倒数三名，美国人对他是相当不待见，可就是这样一个人，也对美利坚做出了一个杰出的贡献，那就是在他的支持下，国务卿威廉·斯沃德收购了阿拉斯加，给美国人留下一笔巨大的财富。

打开北美洲的地图，你会发现左上角有一块巨大的陆地属于美国，那个地方的名字叫阿拉斯加，它和美国的任何一块陆地都不相连，因此叫"飞地"。

飞地一般是殖民地的产物，可是美国人的这块巨大的飞地，却是正儿八经买下来的，手续健全而且合法，还价格便宜。

事情是这样的，阿拉斯加这块地原来属于沙皇俄国，1856年，英国人和法国人从几百年的敌对中慢慢打出了感情，开始勾勾搭搭，在克里米亚战争中，两个国家合起伙来，攻打"北极熊"沙皇俄国。

俄国战败之后，沙皇开始担心，如果阿拉斯加被英法联军攻占，那就既丢了面子还危险，该怎么办呢？

他想出的主意就是趁着现在地还在自己手里，能卖点钱赶紧卖了，如果能趁机拉拢一下美国，那就是一举两得的好事情。

这个想法其实和当年拿破仑卖掉路易斯安那的想法差不多，就这样，在俄国的一再让步和美国国务卿斯沃德的坚持之下，两国最后以720万美元成交了阿拉斯加，相当于一英亩才花了2分钱。

就是这么一个占了大便宜的买卖，当时的美国人也都不理解，为什么要买那么一块冰天雪地的地方，甚至大家一起嘲笑约翰逊和斯沃德，并给那地方起了两个很形象的名字，"斯沃德的大冰箱"和"约翰逊的北极熊花园"。

可是谁能想到，当年这块看起来一点用也没有的土地，今天由于发现了海量的石油和天然气储存量，价值已经变得无法估量。还有，美国因为这块地，居然摇身一变，顺理成章地拥有了北极圈主权国的权力，也就是可以合理合法地对如何开发北极发言，这还没说获得的巨大的海上航行便利。

所以，这块地现在超越了路易斯安那，当之无愧地成为了美国历史上，或者说世界历史上最划算的一笔土地交易。有时候，你不得不感慨，大国的崛起真的是有运气的成分在里面。

接替约翰逊的新总统就是南北战争的功臣格兰特将军，他在军事方面有一套，而且开始也确实挺强势，比如说1871年，他直接下令，取缔三K党，宣布它为非法组织，一天之内，几百名三K党成员入狱。因为这一事件，三K党销声匿迹了一段时间，但他们后来又几次卷土重来，一直持续到现在。

铁腕总统格兰特虽然打击黑社会有两下子，但是搞政治实在是外行，被他手下人是连哄带骗，弄得迷迷糊糊，到了后来，政府腐败横行，贪污受贿不断。

在1872年的大选中，如果不是身兼共和党党员和军队统帅这两大头衔，格兰特是绝对会被赶下台的，可是他在军队和既得利益集团的支持下连任了。但对于美国和共和党，这也不是什么好事，就在他的第二个任期内，共和党开始迅速衰败。

共和党的衰败，除了格兰特这个领导不怎么样外，还有一个原因是，南方白人奴隶主和富裕阶层们变得聪明了，他们改变了斗争策略，主动靠近共和党，然后重新获得进入政府议会的资格，并且暗地里和民主党人联起手来，停止批评共和党人的南方重建计划和黑人选举权问题，麻痹了共和党，钻进了共和党队伍内部，合理合法地开始猛烈抨击共和党的经济政策。

民主党获得了这些队友，相当高兴，他们主动和这些原来的坏分子合作，转变思路，打出了一个口号，叫"重新开始"，并给自己这些人起了一个颇有宗教色彩的名字，叫"救赎派"——以格兰特的政治水平，完全没有能力应付这种情况，他根本就搞不清楚对方的真正目的是什么，也弄不清楚谁是朋友谁是敌人。

雪上加霜的是，1873年的经济大恐慌和随之而来的经济衰退，让大家把吃不饱饭的怨气都强加在他这个总统的脑袋上。就这样，共和党在南方渐渐地失去了权威，在北方也开始失去号召力。

到了1875年，密西西比州州长选举的时候，一些民主党救赎派的人居然带着枪支招摇过市，告诉共和党人，如果继续参加州长选举，小心小命不保。

密西西比州的州长，共和党的亚美斯一看自己没有能力控制这个州的状况，就请求格兰特派遣联邦军队进行还击。可是神奇的是，格兰特，这位曾经的北方军队总指挥，思索了很久，拒绝了，他的说法是，人民对南方永无止境的麻烦早已精疲力竭。

亚美斯听到自己敬爱的总统阁下这番解释，二话不说，撒腿就跑，逃离了密西西比州。州长都跑了，那还有谁能阻止民主党人？于是他们成功地组建了州政府。这种暴力胁迫选举的事情在1873年到1877年的时间内，随时随地都在南方发生，也是历史上民主党和共和党动真刀真枪的高潮，斗争相当残酷。

这一场大戏到了1876年选举结束时，暂时落下了帷幕，共和党人海斯以微弱优势当选。

为了争取南方各州的表面支持，海斯和民主党人达成了一个妥协方案，他从南方把最后一批联邦军队撤出来，结束军管，以换取南方人承认自己总统的合法地位。

　　就这样，联邦的刺刀离开南方之后，民主党迅速掌握了大权，随之而来的，黑人的许多公民权利和政治权利被逐步削减，早期通过的很多民权和人权法律几乎都被废除。至于说那几条标志着废除奴隶制的宪法第十三、十四和十五修正案，南方贵族们和民主党们只要绕着它们走就可以了。这也是为什么南北战争结束之后，奴隶制被废除了，可是美国黑人还是持续抗争了100多年，一直到20个世纪60年代才算是真正获得了平等权利的根本原因。

　　到了1883年，衣冠楚楚的联邦最高法院大法官们还是这样解释宪法第十四条修正案的，说它只赋予了国会管辖"公开的歧视"，但是对于非公开的歧视呢？国会则不得干涉。也就是说，如果一个学校拒绝黑人孩子入学，公共汽车规定黑人与白人必须分开等等，这都算作非公开歧视，联邦宪法竟无权过问。

09 千百华人枕木下

除了围绕奴隶制和黑人的种种斗争，南北战争之后，美国的另一个巨大变化就是开始了工业化进程。"要想富，先修路"，这是一条放之四海皆准的道理。汽车、火车、飞机出现之前，大规模的运输只能靠河道，可是，美国的河流山川大多数都是南北走向的，这在19世纪60年代，对美国的运输业影响很大。

广阔的西部急需开发，但是从东部到西部，陆地上的交通几乎就是零，只有一样东西可以依靠——马车。马车要是运大量的货物，需要的时间长，关键是还得带上马夫和马需要的粮食，一车货物半车粮食，因为他们路上也得吃饭。中间还要跨过湍急的河流，穿过炽热的沙漠，翻过巍峨的雪山，很难保证平安抵达。这样的情况下，若要长途运输，商人们肯定不愿意选择陆路。那么河路呢？因为上述河道走向问题，美国东西方向是不通河的。

那就只剩下海路了。

海路的最大问题就是，东边到西边去，要绕到南美洲，差不多快到南极了，时间是6个月。

东西运输不畅通这个问题在南北战争爆发之后，变得更加严峻，林肯政府看着西部大量物资和兵力不能及时运到东部,支援战场,相当着急,怎么办呢?

这事美国人要感谢英国的史蒂芬森,因为他发明了火车,让美国人不用像隋炀帝一样,命人拿着铁锹和锄头去开凿运河,取而代之的,是另一项大工程,修建铁路。

修建太平洋铁路

1862年,林肯政府极其高效地通过了一项建设太平洋铁路的法案,当时美国的情况是,四分之一的东部国土已经修建了足以应付运输的铁路网,这个法案就是准备在余下的那四分之三的领土上,铺设一条东西走向的铁路。

林肯将铁路承包给两家公司,一个叫联合太平洋铁路公司,简称"联合铁路",另一个叫中央太平洋铁路公司,简称"中央铁路"。联合铁路从东边的内布拉斯加州的奥马哈开始铺铁轨,中央铁路从西部的加利福尼亚州萨克拉门托开工,两家最后在中间会合,就算大功告成。

美国国会最初的设想是,这段3000多公里的铁路至少需要14年,也就是大概在1877年左右才会完工,两家铁路公司的会合地点应该是在加利福尼亚州和内华达州的交界处。这也就意味着,中央铁路只要完成大概600多公里铁路修建就可以了,而剩下的那2500多公里都是联合铁路的任务。

这样的设想基于一个事实,那就是东边的地形大部分是平原,铺铁轨很容易;而西边的地形实在是太恶劣了,一路上都是崇山峻岭、大漠深壑。总之,中央铁路的任务相当艰巨。

当时林肯政府为了鼓励大家拼命干,规定参与建设的铁路公司都可以最优惠的条件得到每英里最少16000美元的贷款,并且铁轨的两侧5公里的土地都属于铁路公司,可以采矿,砍伐树木,或者盖房子,干什么都行，要求只有一个，在铺设铁路的同时，把电报的线路也架好。

宽松的贷款，巨额的回报，无法估量的利润，发财的日子那是指日可待，这两家公司自然是立即开始干活。

联合铁路是在修铁路的法案出台之后，美国中央特批专门成立的一家公司，有点"半国营"的性质，主要工人是爱尔兰人。

从西边开始干活的中央铁路，则完全是一家私人公司，法案出台一年多以前就已经存在了，它的创始人有四个，号称"四巨头"，其中两人名叫利兰·斯坦福和查理士·克洛克。

利兰·斯坦福是当时加利福尼亚州的州长，也是资本家，共和党人，但是和当时大多数共和党人理念不一样的是，这位斯坦福还是一位白人至上的种族主义者，他曾经给政府写信请求禁止移民。

中央铁路的另一位管理者克洛克是公司具体运作的主要负责人，比如招募工人、发薪水等等，这些事归他管。

1863年1月8日，对中央铁路来说是个重大日子，公司在加利福尼亚的首府萨克拉门托两条街道的相交处，举行了简短的开工仪式。斯坦福本人得意扬扬地驾着马车来到现场，自豪地宣称："铁路完工之后，加利福尼亚不再是美国的尾巴，将是合众国的西大门。"

以今天的情况来看，他说对了，加州确实成为了美国的西大门。但是，在当时开工的两年之后，人们却抱着怀疑和讥讽的目光看着他，因为看起来他的中央铁路就快完蛋了。

从西部往东的铁轨，在两年的时间里，只铺设了80公里，即便按照原来最坏的打算，用14年修建整个铁路，那么也需要每年80公里左右的进度。现在两年只干了一年的活儿，还不是在最糟糕的地段，而且，进度慢还不是最糟糕的，更大的麻烦是，他们竟然招不到工人了。

这里面的原因也是很简单，西部施工条件之艰苦无法想象，开工不久，他们要面对的就是海拔2100米的内华达山脉，在这么高的山上铺铁路，需要修建大量的隧道和桥梁。

在那个大多数工作都要用双手来完成的时代，这项工程对工人的要求太高了。斯坦福和克洛克不久就得到报告，几百名工人已经偷偷溜走，剩下的每天不是喝酒打架，就是罢工游行要求加工资。

公司用了各种办法，甚至斯坦福动用州长的权力，把战场上投降的战俘、刚解放的黑人奴隶和监狱里的各种囚犯都用在了工地上，还是几乎没有进展，这些人也不是完全不努力，只能说是能力有限。

如果这样的情况继续下去，中央铁路只有一条路可走，那就是关门大吉，而横贯美国的太平洋铁路，只好等到大型挖掘机发明之后再说了。

就在这关键时刻，公司的二号人物克洛克提了一个建议，这个建议最终改变了这种局面——雇佣华工，也就是来自中国的劳工。

"不可能再好的工人"

当克洛克提出雇用华工的建议时，加利福尼亚州已经有了大概5万名中国劳工，而且大部分都是青壮年男子。可是他的这个建议却马上就被公司否决了，因为当时大部分人认为铺铁路是"有史以来最艰苦"的工作，还是一个技术活儿，公司认为，瘦小并且没文化的中国人怎么可能干得了这个？

中央铁路的大老板，同时也是加利福尼亚州州长的斯坦福先生的否决票，还有更深一层的原因，他在竞选州长之前就承诺，要赶走加州"令人讨厌的外国移民"，尤其是中国劳工。现在没赶走不说，自己的公司要是再雇用华工，那岂不是打自己的脸？所以，他毫不犹豫地投了反对票。

大老板态度坚决，负责具体项目的克洛克只好退让一步。他说，无论如何，现在公司的状况很不妙，我们要不先雇几个看看，如果不行，那就算了。

就这样，中央铁路公司以试验的态度先雇了50名华工。

根据当事人后来的回忆录，第一天走上铁路工地的华工是这样表现的："他们看起来对恶劣的环境毫不吃惊，神色淡然地搭起帐篷，简单吃完晚饭就回去睡觉了。第二天，我不知道他们是几点起床的，不过，等我到了工地，他们看起来早就开始劳动了。"

同时，在当时一些白人工程师留下的日记里，我们知道，这些华工让他们大吃一惊的是，原以为他们最多干一个上午就会累得走不动路，但"这些人一直干了12个小时，而且看起来很轻松的样子，工程进度却从来没有这么快过"。

这样一来，大家对于雇用华工很快就达成了一致，可是涉及哪些活儿可以让中国人干，还是有点儿分歧。

当时的监工布里奇和很多人认为，中国人应该是没办法干那些有技术含量的活，比如测量校准需要精密仪器的工作，还是交给白人比较放心。对此，克洛克也进行了反驳，他说也许这些中国人现在不知道如何使用机器，但只要训练一下，他们肯定没问题。在发言的最后，克洛克留下了一句后来被广为传颂的话："难道不是他们，建成了世界上最伟大的泥水工程，中国的万里长城吗？"

就这样，在克洛克的坚持下，第二批雇佣的华工达到了3000名，他们被派到了所有工地上。来自中国的劳工就这样，走上了后来被英国BBC评为工业革命以来"七大工业奇迹"之一的美国太平洋铁路建设工地。

斯坦福向当时的总统约翰逊送上了一份报告和申请，他是这样说的："我们雇用了一批中国工人，以劳工阶级而言，他们沉着而安静，此外，他们非常勤劳，热爱和平，耐力也比其他民族强得多。这些华人的学习能力令人惊讶。无论哪一种工作都能在最短的时间内熟悉；另外，以工资而言，他们也是最经济的。虽然目前我们已雇用了几千名华工，但是我们仍打算以最优厚的条件，通过介绍者的协助，再增加华工的人数。"

在这份报告里，为了引起总统的特别关注，斯坦福反复强调一件事，那就是:"没有他们,要在国会法案所要求的期限内完成这个伟大国家工程的西段是不可能的。"

斯坦福在报告中除了猛夸华工的劳动技能,还特别提出了"以工资而言,也是最经济的"。实际情况确实是这样,华工的待遇在所有劳工里,是最低的,比白人大概低将近一半,白人工资平均是35至45美元一个月,并且提供食宿,而华工只要26至31美元一个月,吃饭睡觉问题还是自己解决。

那么,这些用低廉工资雇用来的中国劳工,最后的绩效到底怎么样?太平洋铁路按期完工了吗?我们来看一组数据:

没有华工参与的前2年,中央铁路公司的西段工程实际只完成了80公里,华工加入之后,在4年半时间里,完成了1000多公里的铁路建设,而原来的计划是,用14年的时间在西部铺设600公里。也就是说,有了华工之后,中央铁路用了原计划三分之一的时间,完成了接近原计划2倍的工作量。

还有一个数据是,在工程的后3年时间里,华工数量占到了中央铁路公司员工的80%到95%。原因何在?当然是因为华工的"绩效考核"太好了。

翻看史料,对太平洋铁路上华人劳工的评价主要集中在三个方面。

第一个评价就是吃苦耐劳,几乎所有当事人的回忆里面都提到了这一点,"不可能再好的工人"基本就是对华工的一致评价。这是显而易见的,在冰天雪地和酷暑烈日之下,每天要工作十几个小时,没有吃苦耐劳的精神,怎么能坚持得下来?

第二个评价就是沉静而聪明,无论是斯坦福,还是克洛克,都把华工的这一点挂到嘴上。以下举两个例子。

在内华达山上,当气温降到零下23度的时候,任何马车还是机车都没办法继续运输任务,白人工程师们觉得只能停工,回帐篷里喝酒吹牛,等温度回升再说。可是对喝酒不感兴趣的华工们默默地观察了一下环境,然后做出了一个惊人的举动，他们用水浇出了一条长长的冰道，既不用马车，也不费太大力气，就把物资运到了指定的地点，令在场的工程师和公司高管们大开眼界，大为叹服。

1866年，中央铁路公司开始挑战工程中最大的拦路虎：塞拉岭通道，这就是被称为"陆地合恩角"的险关。它是一道笔直的高达1000英尺的悬崖峭壁，下面是奔腾的河水。铁路如何通过这里，在当时那是一道天大的难题，公司的技术部门正在研究如何绕过这个路段的时候，华工们已经找出了解决办法，那就是在中国西南地区流行的古老的栈道智慧，在悬崖之上，把自己用绳子吊下去，在半空中凿壁，遇到坚硬的石头就填入炸药，点火时再将自己迅速拉上去，就这样一点一点硬是开出了可供火车驶过的轨道。3年之后，当运载白人老爷贵妇的火车通过时，车上的乘客望着车窗外云雾缭绕的仙境，人人都在惊呼：我们难道是在天上吗？

这种聪明甚至还表现在个人卫生方面，比如说当时华工为了治疗痢疾和水源性疾病，会在工地上喝煮开的水，欧洲人后来也跟着学，少死了很多人。

第三个对华工的评价就是忠于职守，其实，我不忍心用另外一个词，那就是"牺牲"。面对雪崩、酷暑、塌方、爆炸、疾病等等，究竟有多少华人劳工在这项工程里死去，现在已经没有办法统计了。

这里只能摘几则史料简单加以说明，1865年底到1866年初，加利福尼亚接连5个月的暴风雪使雪崩频繁发生。有时候，整个营地的华工都被埋没，要等几个月后，冰雪融化，人们才能找到遇难华工的尸体，很多人的双手依然紧紧握着工具。

在1866年塞拉岭通道施工时，有大概500名到1000名的华工在施工事故中死亡。

1868年，工程进展到内华达山，1000多名华工在艰苦的环境里死去，一直到今天，美国人还把这段铁路称为"内华达山上的中国长城"。

随着参与工程的华工越来越多，他们的声誉也越来越高，到了1869年，铁路快修完的时候，联合铁路的那些爱尔兰工程师和工人们也听到了华工的名声。

这些家伙很不服气，觉得修铁路这种技术活儿，华人怎么可能比我们还厉害？就提出来比试一下。

华工们自然是没办法拒绝，比赛结果是，华人劳工创造了一项当时的世界纪录，在12个小时内铺设铁轨10英里，相当于16.41公里。至今，还有一块牌子默默地立在犹他州的太平洋铁路轨道旁边，上面的英文简单而有力量，"一天10英里！1869年4月28日"。

也正是看到了中央铁路异乎寻常的进度，美国联邦政府才修改了最初的规定，不再人为地设置两个铁路公司的会合点：你们挽起袖子拼命干，能干多快就干多快，最后我们按照实际修建的长度给你们结算工钱。

这个政策大大刺激了两个铁路公司的干劲儿，结果是，整个铁路比预期时间提早了8年完工，而总长度3000多公里的太平洋铁路，华工占了大多数的中央铁路完成了1000多公里。

虽然看起来中央铁路铺设的铁轨还是少于对方，但是要知道，联合铁路是在草原上修铁路，他们每隔800公里才遇上一座5000英尺的山，而中央铁路公司是每隔160公里左右就要征服一座7000英尺左右的高山。用当时的铁路杂志编辑鲍尔斯的话说，联合公司的铁路工程比起中央铁路就"像是幼儿园的儿戏"，究竟谁厉害，那是一目了然。

1869年5月10日，横贯北美大陆的美国太平洋铁路在犹他州的普洛蒙托莱正式会合。当天中午12点30分，中央太平洋铁路公司总裁、前加州州长斯坦福把一枚纯金的道钉放在钉孔中，然后一锤子砸下去，举国欢腾，各地教堂钟声悠扬。芝加哥还进行了群众大游行，国歌响彻在整个美国大陆上。

这条花费了6年时间建成的铁路意义太重大了，从这一天起，东海岸的纽约到西海岸的旧金山，只需要6天时间——而原来需要6个月。

图 3-4 嵌下"黄金长钉"的一刻，1869 年 5 月 10 日

令人遗憾的是，在加州庆祝铁路竣工的酒会上，旧金山贝内特法官的发言中，对华人的贡献只字不提："在加州人民的血管中，流着四个当代最伟大民族的血液，有法国人敢打敢冲的勇猛劲头；有德国人的哲学头脑和坚定精神；有英格兰人的不屈不挠的毅力；有爱尔兰人不知忧愁的火爆脾气。他们各自为工程做出了一份恰如其分的贡献。"只有力主雇用华工的克洛克在酒会上说了这么一句话："我愿意请各位注意，我们建造的这条铁路能及时完工，在很大程度上要归功于贫穷而受鄙视的中国劳动阶级——归功于他们所表现出来的勤劳和忠诚。"

华人劳工不仅仅在庆功宴上没有被提到，实际上，从这一天起，华工在太平洋铁路中的贡献就如同轻烟被飓风吹过一样，消失在茫茫历史当中了。

我们今天之所以能知道这段历史，很大程度中要归功于 1877 年 2 月 27 日美国国会参众两院发表的一份研究中国人的入境问题的调查报告。

这份报告里，有一份编号为"689"的材料，其中有大量当事人的证词、笔记和日记，清清楚楚地证实了中国劳工在太平洋铁路工程中的表现和作用。而令人感到滑稽和心酸的是，这份报告的目的，是为即将出台的排华法案做准备的。

可就算是有了这份报告和材料，华工的贡献在很长的一段时间里，就像是被内华达州的雪山覆盖住了一样，无人提及。一直到了近现代，尤其是第二次世界大战之后，才有一批学者和历史学家在他们的著作里，开始还原中国劳工在这段历史中的作用，这里面有美国历史学家莫里森、威廉·福斯特等。也有一些美籍华裔，比如说写下了《南京大屠杀》的张纯如女士，她在2004年扑朔迷离的自杀之前，还出版了另一本书，名字是《华人在美国》，里面就提到了太平洋铁路工程里华工的贡献和所受到的不公正待遇，在美国社会引起了很大的反响。

到此为止，铁路巨头斯坦福的故事还没有完结，中央铁路的巨大利润让他过起了无比舒适和惬意的生活，这样幸福的生活一直持续到1883年。这一年，他60岁，独生子小斯坦福不幸去世。这个打击让他无比悲痛，为了纪念儿子，他拿出250万美元，创立了斯坦福大学和一个博物馆。

10年后，在去世前夕，他决定把所有财产捐赠给社会，并且在他的遗嘱中附有永久雇用华人在他的产业上工作的条文。对于这一点，他有一个附加的解释，他说在那些修建铁路的工人身上，看到了一种"安静而伟大的力量"——能让一个种族主义者改变他的观念，这股力量确实是安静而伟大的。

今天的斯坦福大学，已经连续很多年是世界QS大学排名榜上的亚军了，仅次于麻省理工，排名比哈佛、牛津还靠前。可是当你在网上填写斯坦福大学的录取申请表格时，你会不会想到，这所学校的背后，站着一位铁路大亨，斯坦福。而在他的背后，是连接到天边的无穷无尽的枕木——这些枕木下面，埋葬着一具具中国劳工的尸骨。

10 "镀金时代"的A面和B面

1869年，贯穿美国东西部地区的太平洋铁路完工，随之而来的，就是美国在19世纪后30年狂奔式的发展，这段时间在历史上非常著名，有一个专有名词，叫"镀金时代"。

"镀金时代"赚钱猛

美国人之所以突然有了大把的赚钱机会，一个主要原因是广阔无垠的西部得到了充分的开发，而开发西部的前提条件就是铁路。

南北战争结束和铁路建成这两件事，让美国的社会结构发生了根本性的变化。

南方的奴隶主们以前因为种植园经济，掌握了大量的财富，个个看起来都是富翁，可是现在资本家们在机器和技术的帮助下，在西部地区动辄发展出数百万英亩的农业基地和有着无数牛群的牧场，美国人对此有一句形象的描述，"南方的那些土包子就好像是财主站在了皇帝的面前"。

随之而来的，就是大量人口拥入了西部地区，史称"第二次西进运动",断断续续,一直持续到二战开始。

我们今天看美国西部片,会看到奔腾的牛群,纵马驰骋的西部牛仔,和噼里啪啦燃烧的篝火,实际上反映的都是1870年到1890年之间的西部生活,在此之前,西部哪能有那么大规模的牛群。原因特别简单,没有铁路之前,运输困难,养那么多牛,生产出来的牛奶和牛肉卖给谁去?

第二次西进运动当中,有两个事实要给大家说明一下。

第一个事实,牛仔中,实际上有四分之一左右是黑人,奴隶制废除之后,这些身体强壮、动作灵活的家伙很多都来到了西部,放牧这事儿也不需要多少技术含量,就这么着,他们变成了牛仔,只是今天美国西部电影很少表现黑人牛仔。

第二个事实,印第安人被迫进行了第二次迁移。你可能还记得,40多年前,安德鲁·杰克逊总统用法律的形式把原来住在东部的五大印第安部落赶到了西边,而现在不需要总统下令了,在西进的白人对新牧场、新农田和新矿场的争夺中,这些可怜的土著或者被无情地消灭,或者再次被赶到几个异常荒凉的所谓的保护区里,任其自生自灭。而且这一次,也没有人在议会上为印第安人大声疾呼,因为大家真的很忙,都在忙着赚钱,没有人在意"微不足道"的印第安人。

实话实说,这时候的美国人并不像早期美国人那样,对印第安人存在着某种程度上的仇恨,他们只是简单地需要印第安人脚下的那块土地。

对此,一位美国作家曾经有过很形象的描述:如果一个印第安人一不留神站在了一块肥沃的土地上,却不愿意搬家,那我们的山姆大叔就不知道如何和这位"不识相"的印第安人相处,就会变得紧张,如果他的手指恰好在一杆枪的扳机上,那是避免不了走火这样的事情的。然后,他会虔诚地跪地忏悔,祈求主的原谅。不过一段时间之后,当他站起来,看着这块土地上属于自己的成群的牛羊,他心里就会充满了对主的感激,感谢主的原谅,甚至赚了钱之后,还要给那位印第安人修一个纪念馆。

无论如何,美国西部得到了充分的开发。与此同时,东部的工业也有了蓬勃的发展。

伟大的发明

在此期间，美国诞生了很多到现在还响当当的大企业，比如美孚石油、摩根大通、美国钢铁、福特汽车，等等。

电话和电灯两项伟大的发明，都是美国人在这个"镀金时代"里创造出来的。

电灯的发明时间是1879年12月21日，发明者是托马斯·爱迪生。其实确切地说，应该是爱迪生发现了钨丝可以更可靠地用作电灯的灯丝，前人实际上已发明电灯，不过虽然这样，现在一般还是把电灯的发明权算给爱迪生。

不仅仅是电灯，现在一般认为，留声机、录像机、直流电等等也全都是爱迪生发明出来的，他一生专利超过1500项。虽然这个数字比日本的中松义郎少，但论质量，那可是要高出很多个档次。

爱迪生还创建了世界上第一个专门用于技术革新和改善的机构，叫门洛帕克实验室，实际上，很多他的发明都来自这个门洛帕克实验室，但还是算到了他头上，谁让人家是领导呢？在2006年影响美国的100个历史人物榜单里，爱迪生排名第9，这是一项很高的荣誉。

如果说电灯的发明权仅仅是有点争议，那么关于电话的发明权基本就是一种颠覆，电话的专利权属于加拿大人亚历山大·贝尔，贝尔公司的大名在北美那是人尽皆知，可是，2002年，美国国会裁决，美国人安东尼奥·穆奇才是电话的发明人。

这倒不是美国人耍赖，而是事实确实如此，穆奇在1860年就发明了电话，只不过他后来交不起200美元的专利费，就让贝尔在1876年捡了一个大便宜。

"镀金时代"除了成就各种科学家，推动社会巨大进步之外，还生产

"怪人"和"疯子",这里面有一个人特别出名,而且对今天的影响也堪称巨大,他就是"科技怪人"尼古拉·特斯拉。最近几年,市场上有一款车,名字叫"特斯拉",之所以叫这个名字,就是为了纪念他。

特斯拉本来是塞尔维亚人,移民到了蓬勃发展的美国后,进了爱迪生的灯泡公司,可是干了一年之后,他不干了,因为他觉得爱迪生的直流电没什么前途。

特斯拉想要做的是研究交流电,也就是我们今天大规模使用的电力。严格来说,交流电是法拉第发明的,可是商用的交流电发电机确实是特斯拉研制出来的,而且他放弃了专利权,又去发明了很多机器设备,开始研究各种各样超前的科技,比如无线传输电力、机器人、粒子束武器,等等。

总之,"镀金时代"的美国人,正在大无畏地把各种奇形怪状的科技转化为白花花的银子。

比如爱迪生,他不仅仅是发明家,还是一个资本家,开始只是创建了爱迪生电灯泡公司,后来觉得不过瘾,在1892年另外搞了一家公司,起名叫"通用电器"。

还有贝尔,他在1885年成立了贝尔电话公司,"AT&T",即美国电报电话公司,就是它后来的名字。还有朗讯,也是它分出去的。

不仅仅是这两人,爱迪生的一个邻居也是名人,这个比爱迪生稍微小一点的邻居,后来也学着爱迪生,在1903年用自己的名字开了一家公司,名叫"福特汽车"。

除此之外,在钢铁业和石油业分别诞生了两位影响美国直到今天的人物。

第一位叫安德鲁·卡耐基,那是钢铁王国当之无愧的国王。注意,这不是写《人性的弱点》的戴尔·卡耐基。在影响美国的100个历史人物榜单里,安德鲁·卡耐基排名第20位。

卡耐基在贫民窟长大,白手起家,一手创立了卡耐基钢铁公司,我们之所以现在不知道这个名字，是因为他在事业巅峰之时，把这个钢铁公司卖给了开银行的摩根，当约翰·摩根把一张5亿美元的支票交给卡耐基时，说："恭喜，你现在是世界上最有钱的人了。"

就在大家都猜测卡耐基下一步要投资什么的时候，他开始散财，做了无数慈善事业，然后说出了那句名言："一个有钱人如果到死还是很有钱，那就是一件可耻的事情。"

不要说在那个人人崇尚金钱的"镀金时代"，就是现在，这也是一件无比了不起的事，卡耐基无疑是了不起的人。

另外一位要是论有钱，应该比卡耐基更有钱，如果说做慈善，那也不比卡耐基差，但是名声上就差了很多。那就是美国石油大王，有史以来世界上除了君主之外最富有的人，约翰·洛克菲勒。

他一手打造的石油王国"标准石油公司"，一度垄断了美国90%的市场，如果他今天还在世，把他的钱折合到2003年的汇率，大概是2000亿美元，那一年，比尔·盖茨以407亿美元排在全世界第一位。

他得到这一切的制胜法宝就是"托拉斯"，这其实是英文Trust的音译，就是信托组织，简单地说，就是在同一个行业内，其他小企业的老板都不用操心了，把企业交给一个"老大"，然后坐等分钱就是了。说白了，就是超级垄断，洛克菲特的信托组织几乎断了任何新人进入一个行业的门路，凡是不愿意顺从他的，只有破产一条路，因此，他们名声不好。

洛克菲勒的这种做法对国家来说，那当然是祸不是福，所以，美国政府继《谢尔曼反垄断法》之后，又出台了一个《反托拉斯法》，直接把他的标准石油公司拆分了。但是，这不仅没有让他个人的金钱受到任何损失，反而更多了，原因极其简单，人们相信即使他的公司被分成37个，依旧比别的公司会赚钱，大家疯狂地购买这些分裂出来的细胞石油公司。

我们今天只能感慨一句，这才是商业超人，但更厉害的是，他的家族现在依旧在美国政坛和经济领域里呼风唤雨,"富不过三代"这句话,在他们家族身上似乎是不灵的。洛克菲勒本人甚至自豪地说过一句:"赚钱是上帝给洛克菲勒家族的唯一技能。"

洛克菲勒在影响美国的历史人物榜单里,排名第11。

在美国人创建的各种实体里,还有一个不是企业,也不生产任何产品的超级怪物,那就是J.P.摩根公司,简称"摩根公司",后来的摩根大通、摩根士丹利等等如雷贯耳的金融业大鳄们,都是它分出去的,或者与它有着千丝万缕的联系。

这个摩根公司的创始人叫约翰·摩根,公司最开始叫"德雷克希尔-摩根公司"。摩根公司在1890年左右拥有控股权或者全部控股的公司大概40多家,其中包括了卡耐基创建的钢铁公司,贝尔的美国电报电话公司,爱迪生创建的美国通用电气,还有20多家包括大西洋铁路在内的铁路公司。

以上,就是"镀金时代"诞生的,到今天还在影响我们的美国公司,他们的传奇故事一直到今天依然激励着无数美国人去奋斗。

还有一点要补充的是,"镀金时代"这段时期,美国的富翁还很热衷于建立慈善机构,尤其是创办教育机构上,更是形成了一种时尚、一种风气。富人们从巨额利润中拿出一部分资助教育机构,他们因此也成为了著名的慈善家,比如洛克菲勒出资建成了芝加哥大学,今天中国的北京协和医院和协和医学院,也是洛克菲勒基金会创立的;卡纳基向大学和公共图书馆捐助了大量资金;前面说过的利兰·斯坦福创建了斯坦福大学,等等。

大量涌现的教育机构培养了大量中产阶级,其中包括教师、医生、律师、工程师、技术员和政治家,这些人走上社会之后,形成了美国体制和价值观的忠诚支持者。

这种良好的循环,也让美国的精英阶层坚信,他们可以在全世界教育出更多的美国价值观支持者。客观地说,后来美国政府在"八国联军"

强迫清政府签订《辛丑条约》之后，主动把清朝赔款的一部分拿出来，资助清朝的小留学生到美国学习，并帮助中国建成了后来的清华大学，从本质上来说，就是这种信念在世界范围内的一次实践。

"镀金时代"的B面

"镀金时代"产生了无数大公司，创造了巨大的社会财富，这是一个典型的自由资本主义时代，但同时也是社会达尔文主义在美国最流行的时代。

什么叫社会达尔文主义？就是大鱼吃小鱼，小鱼吃虾米，一句话：弱肉强食。个人凭借非凡的努力和机遇，挤进显贵的富人圈子，就是终生奋斗的目标。

整个社会都在鼓励这种奋斗，给大家灌输一种观念，那就是富有象征着成功，贫穷意味着失败。

不仅仅是社会，政府也抱有同样的观点。

1887年，尽管国库充盈，政府有钱，但是当有人提议从中拨出10万美元救济德克萨斯州遭遇干旱的农民，帮助他们购买谷种时，当时的总统克利夫兰否决了这项议案。他解释说："这种情形下联邦政府如果给予救助……会助长他们的依赖心理，他们期望政府部门像父亲般关心他们，这会弱化我们民族刚毅不屈的性格。"

可就在同一年，克利夫兰却用国库黄金储备余额，给那些超级富裕的债券持有者分配额外的盈利，每一张价值100美元以上的债券，都获得盈利28美元，一共支出了4500万美元。

他的这种行为，倒真的是符合《圣经》里《马太福音》所说的，"凡有的，还要加给他，叫他有余；凡没有的，连他所有的也要夺去"，这也就是后世著名的"马太效应"，强者更强，弱者更弱。

克利夫兰的这种做法和观点，当时很明显得到了大多数美国人的赞同，实际上，他在1884年竞选的时候，就以反对高关税以及反对为企业、农民和退伍军人提供补贴而闻名，他鼓励自由竞争，作为一名保守派的民主党人，当时居然得到了很多共和党人的支持，这说明他的自由竞争理论得到了当时几乎全社会的支持。

美国的社会达尔文主义，使得"镀金时代"除了产生极度繁荣之外，还出现了另一种社会现象——腐败横行，残酷剥削。

概括地说，19世纪的美国一共出现过三次腐败的高潮，第一次是安德鲁当政时的分赃制度，这个前面已经说了，主要表现就是任人唯亲；第二次腐败高潮是林肯主政时期的南北战争，政客和军火商勾结在一起，大发战争财，据统计，有几十亿美元流入了他们的私人腰包；第三次就是"镀金时代"。

关于"镀金时代"的腐败，这里举两个例子。

第一个，是市一级政府的。美国有一个坦慕尼协会，是1789年成立的一个全国慈善机构，当初是专门照顾老百姓的，后来也不知道怎么的，就变成了一个政治组织。

到了19世纪70年代初，纽约市的议会选举完全处于它的控制下，市政府下面上万个职位都被它垄断。当时这个协会的头头叫特威德，担任过纽约市议员和联邦国会议员，他通过立法控制了纽约市政工程项目的批复大权。那怎么能让他签字呢？两个字：回扣。

于是，承包纽约市政工程的商人，纷纷送礼和给回扣。此人相当"诚恳"，为了避免不公平，基本是明码标价，少的时候是50%左右，最高时需要送上65%的工程款才能拿下一个项目，也就是说，一个100万美元工程款的项目，其中65万美元是给特威德的回扣。

当然，他不可能都揣进自己腰包，后面还有一群小弟等着分赃，他个人拿走25%，其余的分给别的官员和律师。

此人还曾担任过纽约市市长，他在主持修建纽约政府办公大楼的时候，假账满天飞，40张椅子和3张桌子，他就报销了179000美元，温度计要7500美元一个。

后来，他被媒体曝光了，政府开始调查，但是查来查去，结论是什么问题也没有，因为纽约州最高法院法官卡尔多佐等人，全都是坦慕尼协会的成员，那自然是要死死保住特威德的。其他几百名被认为和腐败有关的工作人员，大部分也没事，少数被判有罪的，也得到了赦免和减刑优惠待遇。

你要是问，这种事是不是只有纽约才有呢？当然不是，据统计，美国各级市政的债务，在1900年前的40年，从200万美元猛增到14亿美元，绝大部分都与城市老板及其党徒中饱私囊相关。

就连爱迪生都曾经许诺给新泽西的政客每人1000美元，以换取当局制定有利于他的法规，这事是有史可查的，也算是这个大发明家的一个污点。

所以，当时的欧洲报纸是这样说的："美国的城市政府是基督教世界里最糟糕的政府——最奢侈、最腐败、最无能。"

顺便说一句，那个叫特威德的腐败分子最后因为坦慕尼协会内讧被送进了监狱，罪名多达1000多项，包括操纵多个选区的选举。这是肯定的，如果不操纵选举让自己人上台，他也做不到这么大规模的腐败。

随后政府官员们吸取了他的教训，改用一种被称为"诚实的贿赂"的方式进行钱权交易。"诚实的贿赂"，简单地说，就是不再采取直接的权钱交易，而是让官员在公司里占股份，名正言顺地拿分红，公司变成了为官员服务。

后来坦慕尼协会的领导者普朗基特就是"诚实贿赂"的忠诚支持者和实践者，这家伙在政府里有无数为之打工的官员，任何基建项目的风吹草动，他都像猎狗一样能闻到，然后第一时间去把地买下来，随后高价转售。他因为一句话而被后人记住，那就是"我看到了我的机会，并且足够快地抓住了它们"。

那么，市一级的政府如此腐败，联邦政府呢？这些人的思想觉悟总归是要高一点儿,严格要求自己吧?

抱歉,道德和黄金二选一的话,他们会选黄金,要不怎么叫"镀金时代"呢?

当时联邦国会有一名来自马萨诸塞州的众议院议员,叫艾米斯,是前面说过的那个联合太平洋铁路公司的一个重要股东。他在1867年另外组建了一个叫"莫比利尔"的信用公司,然后利用这个公司,从联合太平洋铁路公司和联邦政府疯狂地诈骗钱财,虚假合同、多次分包等等,不一而足。他有一个"优秀"的品质,发财不独吞,他花费了大量金钱,拉拢、腐蚀国会议员,同时还扶植一些人进入国会,把莫比利尔公司的股票以极其优惠的价格卖给大家,这些股票每年的红利就有几百美元,于是联邦国会的议员老爷们等于什么也不用干,一年就有投资额几倍的收入。这个范围有多广呢?艾米斯的行贿名单一路向上,直达到了美国当时的副总统科尔法克斯。

5年之后,也就是1872年,事情终于败露了,调查结果显示艾米斯在联邦弄走了将近1个亿美元的工程款,实际工程只用了一半,其余将近5000万美元全都中饱私囊。前面说过,修铁路的白人工人每个月才40多美元,还要养一家子人。

神奇的是,由于当时的国会由共和党控制,涉案议员又实在是太多了,法不责众,这个轰动一时的"莫比利尔信用丑闻"案最后不了了之,大多数当事人均是毫发无损,官照当,钱照拿。

压榨和罢工

除了腐败,"镀金时代"另一个重要特点就是对下层老百姓的残酷压榨。

从南北战争到1900年期间,由于工业大发展,整个社会不仅仅需要技术和资金,也不单单是管理和组织,它还需要人,需要大量人力资源去从事那些辛苦而有害身心健康的工作，当时，大量的农民和外国移民开始拥入美国的城市，他们后来都有了一个响亮的名字，叫"工人"。

早期美国工人一天要工作12个小时，好一点的老板可能让你一周休息一天。可惜好一点的老板少，大多数工人一周要工作7天，你可以说他们是"997"，早上9点上班，晚上9点下班，一周工作7天。

非但如此，那时候的机器运行不够稳定，工作环境极其恶劣，煤矿的安全措施也不好，每年各种工伤事故都会造成几万人的伤亡。此外就是工资待遇极低。

关于"镀金时代"的劳工待遇，我这里想引用美国著名短篇小说家欧·亨利一本小说里的结尾，来做一个形象的说明，他描述了这样一个场景：

一个人死后被另一个世界的警察抓住了，他看到旁边一大排衣冠楚楚的人排队在等审判，他就问，他们是谁啊？那个鬼魂世界的警察回答道："他们啊，是那种雇用女工，每星期只给她们5块钱维持生活的老板，你也是那种人吗？"这个人赶紧对天起誓："我的罪孽比他们轻多了，我在阳间犯的过错只不过是放火烧了一所孤儿院，为了几块钱谋害了一个瞎子的性命。"

欧·亨利在这里表达的巧妙和批判的深刻，可能比深入研究"镀金时代"劳工待遇问题者的讲述都要形象具体得多，低工资给当时社会带来的罪恶要远远超过一切其他罪恶。

1886年5月1日，美国全国各地11500多家公司的35万名工人同时举行罢工，要求8小时工作制和加工资。他们的口号是"全世界无产者，联合起来"，熟悉历史的朋友都知道，这句口号来自1848年出版的德国人卡尔·马克思写的《共产党宣言》。

5月4日晚，3000人在芝加哥秣市广场举行大规模集会，到晚上的时候，工人们逐渐散去，来了一支180人的警察队伍。突然，一颗炸弹就在警察中间爆炸了，警察当场开枪还击，打死了几个人，打伤了200多人。

可是这事儿没完，因为那颗炸弹造成了7名警察死亡，警察事后就在芝加哥逮捕了8名无政府主义者的领袖。伊利诺伊州的法律规定，任何煽动谋杀的人都要以谋杀罪被审判，这8名无政府主义者全都被判有罪，证据只有一个，就是他们的思想和平时的表现。

可是秣市广场爆炸案发生时，这8个人里只有菲尔登一人正在发表演讲，其他人都不在现场，陪审团凭啥认定这8人全部有罪，而且判处他们死刑呢？不仅如此，美国联邦最高法院还以没有司法管辖权为借口，拒绝了他们的上诉请求，可以说是草菅人命。

这件事不仅在美国轰动一时，在国际上也引起了强烈震动。法国、荷兰、俄罗斯、意大利、西班牙全都爆发了集会，抗议美国政府践踏法律，蔑视人权。然而这种抗议没什么用，美国政府根本就不理睬，判决后的第二年，4个人被当众绞死，一人在监牢里自杀，余下的3人仍被关在监狱中，排着队等待执行死刑。

第三年，也就是1889年，在巴黎举行的第二国际成立大会上通过决议，为了纪念这8名死难者，规定每年5月1日为国际劳动节，这就是"五一劳动节"的来历。

概括地说，从1881年到1885年，美国每年平均爆发500次罢工，每年参加罢工的工人大约15万人，而1886年一年间，就爆发了1400多次罢工，参加者达50万人。

进了城的工人是这样，那么仍旧待在土地上的农民处境会好一点吗？很遗憾，比工人还糟糕。

在1830年需要花费3个小时收割的小麦，到1900年时只需10分钟。原因只有一个，机械化。就在这个机械化的过程中，淳朴的美国农民发现土地需要投资，机械也需要投资，他们不得不向银行借款。可是，当他们满心欢喜地以为"多收了三五斗"而计划着圣诞节的火鸡大餐时，却发现农产品价格一路下跌，而运费和利息却提高了。原因也很简单，单个农民根本无法控制谷物价格，相反，铁路和银行垄断者却能按他们的意愿随意定价。

最后的结果是，农民们完全还不起债务，只得眼睁睁地看着自己的房屋和土地被拿走，然后他们变成了佃户。

在轰轰烈烈的机械化过程中，美国农场有25%租给了新产生的佃农，并且这个数字一路攀升，很多人甚至因为无钱租种田地而成为农场的苦力。到了1900年，全国有450万农场苦力，当苦力成了每一个还不起债务的农民不可避免的命运。

物欲横流之下

我上面说的这些事情，也许会让你有一种感觉，"镀金时代"干坏事的都是有钱或者有权的人。对不起，你错了，在一个一切向钱看的社会，普通老百姓有了机会，并不比官员和商人们干的事情更高尚。

马克·吐温当时是这样说的："人们会不顾一切地腐败……他们把贪污受贿、巧取豪夺视为男子汉气概，而把生活中的好人视为反常的人。"

在这样的风气之下，全社会都存在着一种怎么赚钱就怎么来的想法。1858年，随着城市的快速发展，大家生活水平提高了，纽约市对牛奶的需求越来越大，周围农场的奶牛无论怎么加班，怎么挤，奶的产量都不够。

奶农们就试图寻找一个提高产量的办法，比如往牛奶里多兑一点儿水，产量不就上去了吗？可这样一来，牛奶就变得太稀了，农民们说：没关系，再加点面粉，调一下黏稠度就可以了。

可是大家没想到的是，当时纽约城周围造酒厂太多，奶牛们吃了很多带酒精的饲料，如果往牛奶里加面粉，它就变成蓝色了，那怎么办呢？

别忙,他们还有办法,这些"化学水平很高"的农民们,在牛奶里面加入了熟石膏,学名叫硫酸钙,颜色马上就变了,牛奶又被"洗白"了。事情还没完,"聪明的"牛奶商们接手牛奶之后,还要加上一些淀粉和鸡蛋,最后再加上蜜糖,然后以"正宗、纯正西部大草原牛奶"这样的招牌对外出售。

这种牛奶流入市场的后果就是,一年之内,53000名婴幼儿得了各种各样的怪病,8000多名婴儿直接死亡。

在19世纪下半叶,美国大发展的"镀金时代"时期,美国社会内部的基本情况就是上面叙述的这些,可以概括为20个字:科技进步,财富暴增,拜金主义,垄断剥削,腐败横行。

11
老罗斯福开启进步时代

那么,美国当年是如何面对这些问题,又是如何试图去解决这些问题的呢?

《彭德尔顿法》和《谢尔曼反垄断法》

首先当然是立法,最早的一项改革出现在1883年,美国国会通过了一个法律条文,全称是《美利坚合众国调整与改革文官制度的法律》,简称《彭德尔顿法》。

现代史学家都把它看作是美国历史上的一个里程碑,可如果单单从内容上来看,你或许会很惊异,因为这个法律主要的内容就是两个:当官要考试了;不能一朝天子一朝臣了。

你要是问,那以前的美国人都是怎么当上官的?这个也简单,以前美国人当官基本就是"王八看绿豆",掌权者看对眼就行了。

早期国父们的时代,那都是"资历制"和"好人制"。议员的资格要民选,但是一旦你被选为议员,那么总统就任命部长,部长看谁合适就任命谁,至于这个人可不可以胜任这份工作,那是没有任何标准的,因为你都被选为议员了，那自然应该是好人，好人不当官谁当官？

这还不算过分。后来到了安德鲁先生上台，直接来了一个分赃制度，让谁干什么活，首先看你是不是支持我上台，至于你是不是议员，老百姓是不是喜欢你，那都不是问题。

这样一来，就产生了两个问题，第一个大家都知道，就是催生腐败。第二个大家只要多想一下就知道了，就是到了下次选举的时候，如果新总统上台了，那就麻烦了，保住职位只有两个办法，一是祈求老天爷帮忙，二是直接行贿。

19世纪下半叶的美国，每次大选之后，打开华盛顿哥伦比亚特区的报纸，你可以发现很多广告，大概都是这样的："求人给我在政府里找个活儿，年薪至少1000美元，能保证我求得此职位者，奉送100美元酬金。"

"镀金时代"的另一部重要法律就是《谢尔曼反垄断法》。

这部法律是1890年通过的，名字就是它的内容：反垄断。不过这个法案的象征意义要远远大于实际意义，比如当时的美孚石油托拉斯的第一大财主洛克菲勒，在这个法律出台之后，把"托拉斯"三个字去掉，该干什么还干什么，根本没有任何本质上的改变，《谢尔曼反垄断法》对他毫无办法。

事实上，尽管美利坚为了改变"镀金时代"弱肉强食、贪污腐败的混乱局面，出台了种种法律，可是只要执行法律的还是人，法律的作用就大打折扣了。

所以，倒退100多年，美利坚应该感谢老天爷，给他们送来了一位真正为民做事的总统，他的名字叫西奥多·罗斯福，也就是大家俗称的"老罗斯福"。

西奥多·罗斯福的组合拳

图 3-5 老罗斯福像

老罗斯福在后来美国人的心里，地位相当地高。

在美国西部的南达科他州，有一座拉什莫尔山，这座山最高海拔才1745米，占地更是小得可怜，只有区区5公里，这却是全世界都闻名的一个美国国家级公园，每年游客有200万人，方圆上百里的村子都靠着它吃饭，只因为山上有四个总统头像，每一个都有20米左右高，分别是乔治·华盛顿、托马斯·杰斐逊、亚伯拉罕·林肯和我们现在要说的西奥多·罗斯福。

前三位都说过了，那这位老罗斯福都做了些什么事，居然也能把自己的脑袋摆到总统山上去和华盛顿并列呢？

概括地说，就是内修良政，外争霸权。

老罗斯福上台的时候，美国流行一句谚语："大人物和有钱人是不会被投入监狱的。"谁是有钱人我们都知道，可谁是大人物呢？那就是国会的那些议员们了。老罗斯福发现，根本就不可能从国会入手进行改革，因为他们多多少少都和利益集团有千丝万缕的联系，他们在国会上或者巧舌如簧，给有钱人辩护，或者拉帮结派，阻挠各种治理有钱人的措施出台，能怎么办？

老罗斯福于是绕开国会，利用总统任命官员特权，把司法部变成了自己的后院，直接从司法部动手，利用法律条款，以各种罪行把很多富商、银行家和议员们都扔进了监狱。

这套"杀鸡给猴看"的做法至少表明了一个反腐败的正确态度，震慑力量很大，一时之间，官场的腐败现象收敛了很多。

同样，他对托拉斯这样的垄断集团下手也没经过国会，还是一样的招数，带着法院里面的法官和他自己的御用律师，拿着大棒就朝对方冲了过去，发起了40多个政府直接针对大企业的法律诉讼。老百姓因此送给他一个外号，叫"托拉斯驯兽师"。

除此之外，老罗斯福还一改以往美国政府对企业不管不问的态度，开始对企业的贸易行为进行监管。1903年，美国创立了监管公司组织与运行的"商务与劳工部"，用政府行政手段干涉私人公司运行，阻止资本家以自由的名义肆意操纵市场。这在当时的美国算是重大事件，因为这明显与美国立国的传统不符。

可是老罗斯福是实用主义者，管他什么意识形态，既然这玩意儿不错，管用，那就拿来用。

除了这些限制资本家和利益集团的措施，老罗斯福也是美国环保概念的开创者。他推动制订了一系列环境保护政策，创立野生动物保护区，创建国家公园，比如现在很出名的美国黄石公园就是他的手笔。他的口号是："我憎恨那些将树木砍伐殆尽的家伙。"

前面说过，"镀金时代"有一个显著特征就是劳资双方严重对立，工人和资本家的利益纷争很严重。老罗斯福本人不仅仅在口头上偏向工人，他和其他高官还有一个显著不同，喜欢直接介入双方的纷争，当调解员。

比如1902年，美国煤矿工人大罢工，他就亲自下场，召集矿主和劳工领袖在白宫开会，最后半是劝说半是胁迫地让双方达成了妥协，将工作时间从每天10小时缩短到9小时，并且让工人得到10%的加薪，结束了这场持续163天的罢工。

这种事让任何人看来都是一件好事，唯独他女儿爱丽丝对此不以为然，她认为她爹愿意干这种事的唯一原因就是爱出风头。爱丽丝曾经这样讽刺过老罗斯福：我老爸那个人吧，"恨不得在每一场婚礼上当新郎，在每一个葬礼上当尸体"。

有人把这话转述给老罗斯福，说大小姐这话容易让人误会，传到那些媒体耳朵里，影响不好，老罗斯福轻轻摇摇头说："或者管美国，或者管女儿，我不能两样都干。"

"温言在口，大棒在手"

除了开启良政，保护环境，坚决与利益垄断集团作斗争，罗斯福同时还是美国历史上最会和媒体搞关系的总统，可以说他开启了媒体和政府良性互动的先河。

当然他也经历了一个过程，开始的时候，老罗斯福也挺讨厌这帮记者的，有一次在演讲的时候，他还说过这样的话："在英国清教徒作家班扬的《天路历程》里，有个拿着粪耙的男子。那人手里紧紧握着粪耙，目不斜视，只朝下看。天使因他辛劳而赠他一顶桂冠，他却全不在乎，继续干着挖掘污秽的肮脏工作。"我们现在听到这段话，可能一脸蒙，不知道他说的是什么，但当时的美国人都知道，总统是在奚落和讽刺当时活跃在流行杂志上的一股新生力量，即美国第一批从事揭露新闻写作的记者们。

这些记者们每天的工作就是满大街溜达，到处去看看，哪里有丑恶的事情就记下来，然后第二天就开始大肆报道，在他们自己的刊物上曝光。这些人到底是为了自己的钱袋子，还是为了良心，有时候没法分辨，但在当时，确实让美国政府十分头疼。

老罗斯福发表了上面这些言论后，这批新闻记者就获得了一个新的绰号——"扒粪者"，他们干的事情在美国历史上还形成了一个专有名词——"扒粪运动"。这里面最著名的有揭露洛克菲勒石油帝国巧取豪夺的塔贝尔，写出《屠场》这本掀开肉类加工厂黑幕的辛克莱，还有写了《城市的耻辱》的斯蒂芬斯等人。

不过，不久之后，老罗斯福就发现了一个事实，那就是他要想和利益集团斗争到底，不依靠人民群众那是不行的，应该让老百姓适度地参与进来，适度地释放他们的力量，而没有人比这些媒体记者更擅长这份工作了。

意识到这一点后，老罗斯福改变了对媒体的态度，挑选其中态度不是那么激烈的，对自己没什么恶意的媒体，给予很多专访的机会，偶尔还透露一点儿政府内幕，或者邀请他们一起去种棵树什么的，搞一些社交活动，让这些媒体提高权威性的同时，又赚到了大钱；对于那些他不喜欢的记者，不但不让他们得到任何最新消息，还时不时找点麻烦，比如经常去报社总部查一查。

一系列的措施下来，他和媒体达成了默契，形成了共生的关系，这其中最著名的事件，就是他在1906年利用所有掌握的媒体施加强大压力，让国会以罕有的高效率在一天之内通过了两部有关食品安全的法律，分别是《肉制品检查法》和《纯净食品与药品法》，并当场成立了以威利为首的11人委员会组成的督察机构，这个机构在1927年正式命名为"食品药品监督管理局"，也就是今天大名鼎鼎的FDA。

也就是从那个时候开始，美国政府才学会主动引导舆论，并利用媒体去实现一些政府的主张。可以说，老罗斯福深谙此道，并且熟练地运用权谋，把"群众革命"这把火控制得恰到好处。

有了这些措施和行动，美国的老百姓很快就看到了不同，他们认为这已经是一个新的时代了，这个时代和"镀金时代"相呼应，而又完全不同，于是他们称其为"进步时代"。

这个时代的进步是方方面面的，历史学家公认，是西奥多·罗斯福开启了这个进步时代，并且对美国彻底崛起做出了巨大贡献。

为什么这么说呢？因为老罗斯福不仅仅是在国内反腐败，保护环境，还积极活跃在外交领域，推动美国开始参与国际事务。

就在他担任总统的前两年，1899年，时任纽约州州长的老罗斯福发表了这样一个演讲，名字叫 The Strenuous Life，中文翻译成《奋斗不息》。在这篇演讲里，他提出了他所理解的国家和民族的使命，明确说出美国要"在决定东西方大洋命运的时候，拥有自己的话语权"，演讲结尾是这样的："让我们不畏艰辛，纵横四海，通过艰苦卓绝的奋斗，最终真正实现民族伟业。"

令人感慨的是，为了说明不奋斗就会落后，落后就会挨打，中国的大清王朝在他的这篇演讲里被提及，老罗斯福特意把它拿出来做了一个反面教材。他说："我们决不能变成中国，重蹈中国的覆辙，如果我们自满自足，贪图自己疆域内的安宁享乐，渐渐地腐败堕落，对国外的事情毫无兴趣，沉溺于纸醉金迷之中，忘掉了奋发向上、苦干冒险的高尚生活，整天忙于满足我们肉体暂时的欲望。那么，毫无疑问，总有一天我们会突然发现，中国今天已经发生的事实也会发生在我们身上，因为畏惧战争、闭关锁国、贪图安宁享乐的民族在其他好战、爱冒险的民族的进攻面前是肯定要衰败的。"

老罗斯福之所以有这么一个演讲，既有客观因素，也有主观因素。

客观因素就是，1894年美国的经济总量超过了英国，跃居为全球第一，自然而然地，很多人就认为那个不干涉其他地区事情的门罗主义过时了，美国有资格并且必须去世界转悠转悠了。

主观因素就是他对美国称霸世界有着相当大的野心，你也可以说就像他女儿评价的那样，老罗斯福相当喜欢出风头，不仅仅在国内出，还想冲出美洲，冲向世界。

比如，1904年，日本和俄国在中国东北打了一仗，历史上叫"日俄战争"，对于中国，那是一个巨大的耻辱。但是这件事对于老罗斯福来说，那就是他显示才华的机会，一方面为了美国在中国的利益，一方面也是一个出风头的好机会。他鼓动三寸不烂之舌，硬是让日本和俄国最后在美国签订了合约，事后，他还因此获得了诺贝尔和平奖，他也是美国历史上获得诺贝尔和平奖的第一人。

这位诺贝尔和平奖得主在1901年参观明尼苏达州博览会时说了一句话，成为了美国后来的外交指南之一，那句话是"温言在口，大棒在手，你可以走得更远"。

1948年，美国人彻底崛起了，这句话被总结为"胡萝卜加大棒"的外交政策，在《经济学人》杂志上被发表出来，以此纪念老罗斯福总统。

1956年出版的《大英百科全书》，对他更是不吝赞美之词，认为"华盛顿创建了美国，林肯保卫了美国，而西奥多·罗斯福则恢复了美国的活力"，这个评价相当高。

12 妇女选举权和美联储的诞生

老罗斯福的下一任总统塔夫脱，虽然也是"进步时代"的总统，但是他和大资本集团、大利益集团走得很近，专门维护这些垄断阶级的利益。因为他信奉的是"金元外交"，简单地说，就是鼓动大商人、大银行家到南美洲投资，进而收买那里的政客，让这些人为美国服务。

不管怎么样，塔夫脱站在垄断集团的一边，从某种意义上说，就是开历史的倒车。老罗斯福为此特意在1910年8月发表了一篇著名的演讲，叫《新国家主义》，宣称民主的目的也包括建立一个强大的中央集权的国家，必须加强政府对经济生活的干预，摆脱对特殊利益集团的依赖等等，听起来像是社会主义者的演说，其实，这就是以国家元老的身份对塔夫脱提个醒。

可是塔夫脱已经上了垄断集团的船，一时半会儿也下不来，老罗斯福只能在退位4年之后重新出山，参加1912年的总统大选，矛头直指他一手提拔的塔夫脱。

因为他和塔夫脱都是共和党人，这么一闹，两人把共和党的票仓就一掰两半，各得了大概25%的票，这让另外一位民主党的托马斯·伍德罗·威尔逊捡了一个大便宜，当上了美国的第二十八任总统。

威尔逊和妇女的选举权

威尔逊在美国历届总统里，学历是最高的，拥有哲学博士的头衔。如果按照古希腊柏拉图的"政府官员最好由哲学家担任"这个准则，那他就是美国历史上最合适的总统。实际上，他也干得不错，甚至可以排进美国最伟大的总统前10名。

他是公认的美国"进步时代"三大"进步总统"中的最后一位。

他对整个"进步时代"的一个巨大贡献就是推动实现妇女拥有选举权，此人顺应并推动了历史潮流。在托马斯·杰斐逊发表"人人生而平等"宣言的144年之后，1920年8月，促使美国国会通过了宪法第十九条修正案。妇女终于有了选举权，至于说被选举权，那当然也是有的，不过在很长时间之内，那就是摆设，也没有什么妇女候选人。

图 3-6　威尔逊像

言归正传，美国妇女之所以在1920年拥有了选举权，除了威尔逊和广大妇女的共同努力外，第一次世界大战的爆发也是一个原因。在这期间，美国国内男性劳动力相当短缺，妇女们被迫走出家门，开始干一些以前男人们才能干的活，给她们选举权可以说是顺理成章。

不过，妇女们都有了投票权，顶了半边天，可是美利坚大地上还有一类人连公民权都没有，那就是印第安人。一直到4年之后，1924年，美国才出台了一个法律，叫作《印第安人公民权法案》，给了他们一人一张选票。所以说，美国是在建国150年之后，才算是在法律层面上，实现了他们现在视为生命的一人一票这种票选制度。当然，在法律和现实操作上完全实现这种制度，还要等40年，一直到1964年的《民权法案》发布，那才算是真正实现。

除了给予妇女投票权，在对待托拉斯垄断集团这件事上，威尔逊和塔夫脱不一样，他是坚定的反垄断者。从这一点上来说，老罗斯福算是成功了，他阻止了塔夫脱连任，给了威尔逊机会，后者又设立了很多法律来限制大公司的行为，比如《克莱顿反托拉斯法案》《希曼法案》等等。

威尔逊还有一点超越了前面两位"进步总统"的地方，就是他关注农民。1914年通过的《史密斯-莱佛法案》是监督和指导农业和食品生产的。1916年，他又设立了联邦农田贷款委员会，为农民提供低息长期抵押贷款等等。

上面这些事情，都可以算是良政，对国家和百姓都有好处，但是下面这件威尔逊任上干出来的事情，就不好评价了。

美联储的诞生

它就是威尔逊推动和建立的联邦储备系统，简称"美联储"。

之所以说它独一无二，是因为这个私人控股的集团才是实际上的美元发行机构，而其他国家，无论大小，钞票都是由政府发行的。

至于它的性质，前面我们评论第一银行和第二银行的时候已经谈过了，这里不再重复。只是简单地介绍一下它产生的过程，1913年，一个叫奥尔德里奇的保守派共和党人牵头，起草了一个议案，建议成立一家私人中央银行，他声称由此可以防止政府掌控太多金融资本，而且可以在经济危机时发挥良性作用等等。

反对的声音马上从民主党的阵营里传出来，他们强烈反对"私有银行印刷美国人的钞票"，支持建立一个能根据国会意志印刷纸币的国有中央银行。

威尔逊总统是民主党人，但是他也支持奥尔德里奇的银行计划，于是他东奔西走，最后使各方达成一个妥协案，该议案既允许私有银行对美联储施加影响，又将控制权益置于一个隶属中央的公共委员会手上，等于是钱放到私人银行，但是给政府一点监控权，而且名字不再使用"某某银行"这个敏感的词汇，正式的名称定为"联邦储备系统"。

有些国会议员认为银行家的权力会太大而反对这个方案，当时一些银行家也反对，他们反对的理由是政府控制得太多了。

当时来自银行家的无比委屈的反对声音，实际上起到了一种"促使威尔逊政府尽快通过此提案"的作用。

无论如何，1913年12月，最终方案通过。尽管从设计初衷上，权力应当是分散的，但银行业还是凭借"首位平等"的原则统治着美联储，权力实际上集中在私人银行家手里。

什么是首位平等？英文叫作"First among Equals"，我举一个例子，有五位副部长，原则上，这五个人权力是一样的，但是排名第一的通常叫第一副部长，有一些没有写在纸面上的权力，这就是首位平等。

这个没有使用"某某银行"字样的美国中央银行美联储，一直存活到今天，民间的反对声音一直都有，但是官方的来自议员们的反对声音逐渐消失不见了，今天的总统竞选很少因为这个而辩论。

傲视全球

从老罗斯福到威尔逊，这几十年间，美国社会是大踏步进步的，不仅仅有政府行为，社会各个阶层也涌现出无数进步人士，他们积极宣传科学、卫生、环保等等新理念，具体包括如何生孩子、如何节育这些琐碎的事——这是很重要的，一个全方位进步的社会不可能离开所有公民参与。更重要的，还有教育。美国在这段时间极其重视基础教育，高中毕业率达到了50%，而这些有了知识的年轻人，反过来再去影响全社会，这样就形成了一个良性的循环。

总的来说，19世纪末到1920年将近30年的时间，被今天的美国人自豪地统称为"进步时代"，它多多少少改变了"镀金时代"的一些弊病。如果要进行高度概括的话，可以用16个字形容：完善制度，干预经济，依靠群众，改良社会。

说到这里，有两点我想和大家探讨一下。

第一点就是，"镀金时代"和"进步时代"看起来一个充满了腐败和不公，是坏的，另一个打击犯罪，服务于大众，是好的，似乎泾渭分明。实际上，我们绝不能这样简单地划分，你别忘了，"镀金时代"虽然产生了很多问题，但是它同时也创造了大量的社会财富，没有"镀金时代"，也就没有所谓的"进步时代"。

第二点想和大家探讨的，就是这种除害去弊的努力绝不像某些疫苗一样，打上一针，终生有效。实际上，美国"进步时代"的一些举措是一直持续到今天的，比如民众团体的积极参政，媒体和政府之间既合作又对立的状态，再比如政府在某些时候介入经济管理，等等。可是即便这样，也没办法阻止美国在二战之后又出现了大面积环境污染和社会激烈动荡的问题，那怎么办？只能继续努力。

该怎样为美国从1870年到1920年这50年时间的国内发展做一个总结呢？也许可以这样讲：人类历史上，从来没有一个时代像19世纪后半叶那样，某一个国家的财富以几何级数增长，并且几乎是在没有任何外在干扰下进行的。

从那时候一直到现在，美国都是这个世界上最高等级的经济王国，即使在1929年全球经济危机爆发的时候，它也有资格傲视全球。

日本在20个世纪80年代曾经喊出"买下美国"的口号，但是由于自己先天不足，美国仅仅动了动手指，日本就趴下了。最近这些年，中国开始了飞一样的追赶，不过这样的追赶也只能算刚刚开始，结果如何，我们只能拭目以待。

四

美利坚利益至上

一战、二战中的抉择

01
美西开打，大帝国冉冉升起

  伴随着美国工业生产能力的迅猛增长，美国人终于发现了一个相当糟糕的事情，那就是生产出来的东西太多了。

  1885年，《钢铁时代》这本杂志率先指出，美国国内市场不足，"必须通过增加海外贸易解决和防止"工业产品生产过剩的问题。等到了1893年，又一次经济危机爆发之后，全体美国人都意识到了，商品生产多了，如果没人买，等待他们的就是一种周期性的"死亡"，换句话说，经济危机。

  1897年，参议员贝弗里奇宣布："美国工厂所生产的产品超过了美国人民的需求；美国土地生产的粮食同样供过于求，命运为我们安排了扩张政策，世界贸易势在必行，美国必须主宰它。"

  那靠什么主宰世界贸易呢？这件事美国人在西进运动里就已经研究得相当透彻，经济扩张必须"以武力做后盾或者先锋"。同一年，当麦金莱总统宣誓就任美利坚第二十五任总统的时候，《华盛顿邮报》的一篇社论把整个美国社会展示自己力量的渴望形象地进行了一个比喻，它说"可以和野兽新尝了鲜血之后的反应相比较"，结论是"正如丛林中鲜血的味道那样，我们人民的口中已经品尝到了帝国的滋味"，不言而喻，这时候的美国，开始是一个积极的扩张的新型帝国了。从后面的事情来看，麦金莱总统确实是按照这个社论规划的，并且忠实地履行了这一职责。

第一个倒霉的是西班牙和它的殖民地。

这件事要从古巴说起。古巴是中美洲的一座大岛，它和美国的佛罗里达离得很近，1897年的古巴是西班牙在美洲大陆的最后一块殖民地。可是历史大势如滔滔河水，势不可挡，当时美洲几乎所有国家都独立了，古巴人民一看，也揭竿而起，开始和原来的主人西班牙对抗。

这样一来，美国的机会就来了，1898年，麦金莱派遣"缅因"号战列舰进驻古巴，宣称要保护美国人在古巴的利益。接下来就发生了一件到今天还说不清楚的事情，1898年2月15日，美国的战列舰"缅因"号神秘地爆炸了，船上270多名官兵几乎全部殉国。

之所以说神秘，是因为直到今天，我们还不知道它是什么原因导致爆炸的，这么大动静，绝不是几个蟊贼扔几颗手榴弹就能闹出来的，当时那片海域，除了美国，也就只有西班牙有能力干出这事来，可是西班牙第一时间就赌咒发誓地宣布，这事绝不是自己干的。

1976年，美国几个海军军官发起调查，最后写了一本书，说"缅因"号可能是内部先自燃，然后波及自己的弹药库，这才爆炸的。1999年，美国《国家地理》杂志也认可了这种说法，但美国政府一直没给个说法，所以它还是疑案。

但在1898年，这事儿绝对不算疑案，不管西班牙如何辩解，美国人"哐当"一声，就把这口黑锅甩在了他们身上，全体国民群情激昂，要求对西班牙宣战，血债血还，为"缅因"号报仇。

美西战争

1898年4月22日，美国海军封锁古巴港口，开始扣押西班牙商船，西班牙人眼看着战争已经不可避免，就在4月24日这天对美国宣战。

美国国会在第二天，也向西班牙宣战。

战争分为三个战场：

第一个是加勒比海的海军大战，结局是美军完胜。

第二个是古巴的陆地，结局是美军完胜。顺便说一下，这陆地上的战争，是后来的总统老罗斯福指挥的，他的部队当时有一个响亮的名字，叫"美国人民志愿军"。

第三个是万里之外的菲律宾，原因很简单，美国的一支舰队早就在中国香港地区待命了，就等加勒比海一打起来，就开赴菲律宾，因为当时菲律宾也是西班牙的殖民地，结局是美海军占领菲律宾。

12月10日，美国和西班牙在法国巴黎签订《巴黎和约》。根据和约，古巴独立，西班牙还要割让波多黎各和关岛等原殖民地给美国，这意味着，曾经征服了美洲两个帝国的西班牙帝国，从此彻底告别美洲。

这还没完，美国还坚决要求向西班牙买下菲律宾，价格2000万美元。至于菲律宾人怎么想的，那是一点儿都不重要。

西班牙人走了，但美国军队却很"好心"地在古巴驻扎下来，一直到1902年，也就是4年以后，觉得方方面面差不多了，美国这才宣布，承认古巴独立。

这一场美西战争，除了古巴独立，美国人还得到了今天太平洋上最重要的军事基地关岛，以及菲律宾这个南中国海的门户。无论是谁，都承认，这场战争不仅是美国历史，也是世界历史上的一个转折点，它标志着美国开始参与全球争霸。

几乎就在美西战争的同时，1898年7月，美国宣布将夏威夷并入它的版图。在此之前，已经有一批美国传教士在1893年把夏威夷岛的女王推翻，宣布成立夏威夷临时政府。

如果你还记得得克萨斯，那夏威夷并入美国的过程，几乎就是得克萨斯的翻版，都是一群美国人先跑过去住下，然后把当地政权推翻，等着美国政府来接收。实事求是地说，这一招确实好使。

夏威夷最终在1959年成为了美国的第50个州，除是度假天堂外，也是美国海军在太平洋的另一个重要基地，大名鼎鼎的珍珠港就在夏威夷。

"门户开放政策"

接下来，美国人的目光转向了东方，那里有一个大家伙，就是已经摇摇欲坠的清王朝。可是美国人看了一眼之后，觉得很气愤，因为这时候的大清国已经差不多被英、法、德、俄、日五个国家瓜分了，各有各的势力范围，等于是一群人吃蛋糕，一块也没给美国人留下。

这时候的美利坚合众国，虽然是世界第一经济大国，可还不是世界第一强国，别说英帝国，就是法、德、俄、日四个国家，也不一定怕它，怎么办呢？

当时的美国驻华公使柔克义就替自己的国家想出来一个办法，这个办法叫"门户开放政策"，由美国国务卿海约翰宣布，保持中国的主权和领土完整，谁也不许独占，但是所有门户港口全部开放——一句话，美国人不要地，只想和大清做生意。

这条政策客观上对中国产生了一个利好，那就是在名义上维持了国家主权的完整——虽然只是在名声上好听一点，但也比完全被列强瓜分了要强得多。

英、法、德、日、俄等国同意这个"门户开放"的原因有四个：美国胳膊、腿都足够粗；它提出的条件还挺合理；大家力量比较均衡，谁也打不过谁；中国人拼死反抗，用八国联军司令瓦德西的话说，中国人在实际上，"尚含有无限蓬勃之生气，无论欧美日本各国，皆无此脑力与兵力，可以统治占天下生灵的四分之一的中国"。

上面这么多事情，都发生在麦金莱总统在位3年时。

不过随后上台的老罗斯福也不是省油的灯，他看了看地图，发现从美国的东海岸往西海岸调兵不是很顺畅，仅仅有火车只能调动陆军，而美国人如果想及时赶到世界各地的每一个角落，海军是必不可少的。

怎样才能从美国的东海岸迅速把战列舰调到西海岸呢？老罗斯福的目光瞄准了中美洲的巴拿马。

当时的巴拿马，还是哥伦比亚的一个省，不过它的位置实在很重要，因为这个地方位处中美洲，却是大西洋和太平洋之间陆地最窄的地方，只有区区80公里，在这里开凿一条运河，就可以实现老罗斯福的理想，把战列舰直接从大西洋开进太平洋，不用向南边绕过整个南美洲，节省了大概14000多公里的海上行程。

美国人并不是第一个想到这事儿的，法国人早在1881年就开始和哥伦比亚政府合作，挖掘巴拿马运河。可恰恰就在这个时候，法国人的工程先后出现了很多问题，工程技术失败，资金链断裂，没有工人可以补充等等，结果，挖了五分之二之后，法国人实在是干不下去了。

1902年，美国人出手，把法国人的设备和那完工的五分之二的工程都买了下来。然后，巴拿马地区就出现了很多造反派，嚷嚷着要独立，准备脱离哥伦比亚，老罗斯福领导的美国马上表态支持这种"为自由而战"的行动。

巴拿马的造反派们有了美国撑腰，马上揭竿而起，开始武装暴动，战争一打响，美国就给当地的哥伦比亚政府军每人送去50美元，对于穷得叮当响的哥伦比亚大兵来说，50美元不少了，他们马上就按照美国人的要求，放下武器回家种地去了。

1903年11月3日，造反派取得全面胜利，巴拿马共和国诞生了，美国人拿出事先准备好的宪法，让傀儡总统念一遍，然后又拿过来一个合同让对方签字，取得了巴拿马运河的开发权和使用权。1904年运河工程重新开工，1914年大功告成。

巴拿马运河是人类历史上数一数二的大工程，完工之后，美国政府相当高兴。从此之后，无论太平洋和大西洋哪一边有事，都可以快速地集结海军。并且，这也是一个如同聚宝盆一样的生财机器，大西洋和太平洋之间真正的咽喉要道,从过往的商船身上,美国人也发了大财。

遥想当年,80年前,门罗总统宣布美洲是美洲人的美洲,禁止欧洲干涉,同时世界上其他地方的事情美国人也不管,这是门罗主义;到了1903年的老罗斯福总统,他就可以霸道地宣布:美洲是美国人的美洲,你们无权管理,不过世界上其他各国的事情,我们现在也想掺和一下。

世界人民都看到了,一个大帝国正在美洲大陆上冉冉升起。

就在美国综合国力迅猛提高的时候,欧洲又乱了起来,这就是第一次世界大战。

关于这场战争爆发的原因,简单地说,就是英、法、俄三国拉着"小弟"组成协约国,德国、奥匈帝国和奥斯曼帝国也扯着附属国组成同盟国,双方开始真刀真枪地"讲道理",这一天是1914年7月28日。

美国为何最终参战

实际上,第一次世界大战开始时,美国正在经历经济衰退,也正是因为欧洲打起来了才没有酿成大的经济危机,为啥?因为打仗就需要物资,当订单像雪片一样飞过来时,生产过剩而产生的危机立刻就烟消云散了。1915年,一战的协约国一方,特别是英国,对美国的订单几乎让美国的每一台机器都日夜不停地运转。到1917年4月,美国已将价值20多亿美元的物资出售给协约国。

美国当时的总统是"进步时代"最后一位总统,威尔逊一脸喜色地到处许诺,美国将在战争中保持中立,并且很深沉地说道:"一个民族因自尊心太强而不屑一战,这种情况是存在的。"然后就乐呵呵地开始两边做生意。

美国政府卖东西是正常盈利,而且这件事惠及美国老百姓,当然是好事,可是对于美国的大财团、大资本家来说,他们就觉得很不过瘾,这么一点点利益,怎能对得起死了那么多人的欧洲兄弟呢?

这些人里面就包括大名鼎鼎的摩根公司，它把宝押在了协约国，也就是英、法、俄这一边，开始大量地向这些国家放债，并成为很多商品的代理商。这一切，赌的都是一件事，协约国必须赢下这场战争，否则，这家有着神秘股东支持的金融大鳄将血本无归。

1915年，英国的"卢西塔尼亚"号客轮从美国纽约出发，向英国驶去。德国人事先发出了警告，他们在美国报纸上登出了广告，称一切乘坐悬挂英国国旗轮船的美国人的安全都不能得到保证，因为他们坚信美国违反中立的协定，暗中资助英国大量军火。

但是，就有很多人不信邪，1900多名旅客中大部分都是美国人。因为美国政府说了，保持中立，没有人胆敢攻击美利坚合众国公民乘坐的客船。

5月7日下午2点，一枚鱼雷击中了"卢西塔尼亚"号，20分钟之内，客轮带着1000多名乘客开始下沉。不过，比起两年前沉没的"泰坦尼克"号，"卢西塔尼亚"号还是要幸运一些，因为附近有一些爱尔兰的渔船，收到信号后立即赶过来营救，最后一共有大概800名旅客得救。

美国和英国纷纷指责，这是一场残酷的谋杀，德国的报纸则声称，"卢西塔尼亚"号是一艘军火船，直接的证据就是沉没的速度和爆炸的猛烈程度。

从我们现在可以找到的史料来看，很可能德国人说的是真话，以一枚鱼雷的攻击效果，对于长度239米，配置相当先进的"卢西塔尼亚"号来说，20分钟就彻底沉没那是很诡异的，除非如同德国人说的那样，船上装有几千箱军火。

近年来还有一种说法，说这艘"卢西塔尼亚"号虽然是被德国的一枚鱼雷击中，但最后是英国人自己炸沉的。都柏林三一学院教授威廉·金斯顿就是这种观点的支持者，他在他的研究报告里说："毫无疑问，皇家海军和英国政府多年来采取非常多的措施试图阻止人们研究'卢西塔尼亚'号。"

这种事我们只能存疑。但金斯顿的这个结论倒是符合刑侦学上的一个定义，那就是寻找凶手的时候，最先要怀疑的，就是受益者。"卢西塔尼亚"号被击沉如果能让美国参战，那受益者自然是英、法、俄协约国这一方，而英国赢了的话，受益者的名单里还要加上美国那些放了无数贷款给它的大大小小的投机公司。

无论如何，这件事在美国国内造成了很大的影响，"德国人很凶残"这个观念，深深地刻在了美国人的脑海里。

不过，威尔逊总统和大多数美国人还是反对美国直接参战。甚至到了第二年，在威尔逊的连任竞选中，他的口号还是"他让我们远离了战争"，意思是我没让美国人和德国人打起来，就是功劳。事实上他确实连任了，可见当时大部分美国人还是反战派。门罗主义，也就是不卷入欧洲战争的观念，在当时的美国确实深入人心。

可是"树欲静而风不止"，两年后，1917年2月1日，德国人把"不攻击美国商船"这个承诺扔进了大西洋，开始无限制潜艇战。什么是"无限制"？就是任何船只，只要靠近英国所在的英伦三岛，那就是一枚鱼雷伺候。

这是为什么呢？德国也是没办法，因为美国虽然不参战，但是它源源不断地给英国人提供各种物资援助。可以这样说，只要不封锁英国的补给线，德国人是注定不可能赢得这场战争的。

2月3日，美国宣布和德国断交，你要注意，这时候只是断交，而不是宣战。之所以后来美国人加入了第一次世界大战，导火索是随后的齐默尔曼电报事件。

这事儿是这样的，美德断交之后，德国的外相，也就是外交部部长，齐默尔曼给德国驻墨西哥的大使发电报，说：你赶紧告诉墨西哥，他们的好日子来了，我们给他们钱，让他们开始打美国，战争结束之后，德国保证他们可以拿回以前美墨战争失去的那些土地。

德国人很倒霉，这封电报被英国人破译了，英国人欣喜若狂，马上就把电报给了美国人，说，你看看吧，人家正在计划从背后捅你一刀。

从这个时候开始，威尔逊转变了观点，他认为这场战争已变成对美国的真正威胁。也就是这时候，那位德国外相齐默尔曼成了英美两国的"神助攻"，因为电报的内容被泄露之后，欧洲记者们问这位齐默尔曼先生，这事是真的吗？按照正常反应，那肯定是断然否定。可是实心眼的齐默尔曼当时的回答是："和墨西哥联盟对付美国的情形，只有当美国参战的时候才会发生。"这等于是承认了，电报就是德国发的。

于是，美国国会的议员老爷们也愤怒了，1917年4月6日，威尔逊一脸悲愤地在国会宣布，美国对德国宣战。

战争的结局

实际上，威尔逊并没有像英国人期望的那样，和英法签署一个正式的同盟，而只是作为合作一方加入，英文叫"Associated"，这个词距离真正的"联盟"——"Alliance"，还是有一定的差距的。这位美国迄止当时学历最高的总统还留了一手，不加入协约国，万一不行，自己单独撤回来就是了。

随后，美国政府就开动了战争机器，威尔逊亲自上阵，慷慨激昂地进行战争动员演讲，宣布美国要进行的将是一场"结束一切战争"和"保障世界民主"的战争。

到了1917年11月，欧洲战场上发生了一件后来影响深远的大事，协约国里面的沙皇俄国打着打着突然退出。英国和法国也没办法，人家家里确实是出了大事，一个名叫列宁的人，把俄国沙皇干掉了，然后宣布成立苏维埃社会主义共和国，走共产主义道路去了，史称"十月革命"。

俄国人处理家事去了，可是美国人恰好在这时候加进来了，协约国不仅没什么损失，相反，实力还有所增加。

到了1918年，在8月至9月间，德军又损失了15万人和大炮2000余门,终于,在11月11日,向协约国投降了。

德国一倒,同盟国的其他国家,奥斯曼帝国、奥匈帝国和保加利亚相继投降,第一次世界大战正式结束。

这场战争,双方交战的士兵一共死了900万,其中德国和俄国最惨,都是170万左右。法国和英国合起来大概有200万。美国虽然只参战了1年多,但是也阵亡了5万人。

战虽然打完了,可是后面的工作还有很多,首先就是要开会,订立一个和约,地点在巴黎。巴黎风景秀丽,人文气息浓厚,是签约的首选之地。

就在巴黎的凡尔赛宫,双方开始了谈判。美国总统威尔逊自然是会议主持人之一,同时还有英国的乔治首相和法国的克列孟梭总理。

美国和英国都不主张对德国实施太过激烈的惩罚,美国是因为想要一个各方力量平衡的欧洲,英国是因为和德国有很多经济往来,但是法国人不干,他们主张必须严厉制裁德国。原因很简单,在50年前的1870年,普法战争中,法国战败,被迫赔了白银7亿两左右,并且德意志的皇帝直接在法国的凡尔赛宫登基加冕,这是法国高卢人的奇耻大辱。这一次终于逮到机会,法国要复仇。

1919年6月28日,合约签署,因为是在凡尔赛宫签署的,所以被称为《凡尔赛条约》。

客观地评价这个条约,会得到下面三点结论:

第一,美国人在这个条约里几乎没有获得任何利益,我觉得这和威尔逊总统的"国际主义"理念有关系,也就是虽然他也去开会了,但他并没有为美国争取什么好处,英法两国几乎包揽了所有战胜国的利益。

第二,合约把一战的责任全都推到德国人的身上,这是极为不公正的,本来是两个超级集团之间为了利益而进行的战争,但是在《凡尔赛条约》里被演化成了天使和魔鬼之战,这让所有德国人从心理上都感到了极大的委屈和屈辱。

第三，在法国人的坚持下，《凡尔赛条约》对德国提出了无比苛刻的条款，割地赔款、限制武力那是一样也不能少。可能大家不知道的是，德国一直到2010年，才把最后一笔《凡尔赛条约》的赔款利息付清，一代又一代，还了将近100年。

列宁曾说过："这不是和约，而是拿着钢刀的强盗逼迫手无寸铁的受难者接受的条件。"可以说从那时候起，每一个德国人心里都强压着无比强烈的怒火，这就为20年后，他们选出了那样一个领导人，点燃第二次世界大战导火索，埋下了一根引线。

无论如何，随着《凡尔赛条约》的签订，德意志帝国被狠狠地羞辱和修理了一通，奥匈帝国、奥斯曼帝国这两个曾经不可一世的大帝国被彻底肢解，分成无数个小国家，例如南斯拉夫、匈牙利、伊拉克都是《凡尔赛条约》的产物。

风水轮流转，400多年前，正是由于奥斯曼帝国的强大，才迫使西欧各国从海上去找煮肉的香料；400多年后，随着一系列的合约签订，奥斯曼帝国土崩瓦解，不过它也不孤独，殉葬的还有奥匈帝国、俄罗斯帝国和德意志帝国，虽然后两者几十年后卷土重来，但帝国的名号却是彻底地随风飘散了。

值得一提的是，一战战胜国里面，有一个国家叫中国，当时它有个叫青岛的地区，本来是被德国占据的殖民地。仗一打完，中国喜气洋洋地准备迎接青岛的回归，可是凡尔赛一纸合约，却把青岛给了日本。

蒙了圈的中国代表一打听，原来是这样的，日本人在一战期间，事实上占领了青岛乃至整个山东，并且和当时的中华民国袁世凯政府秘密签订了《二十一条》，接收了原来德国在青岛的所有特权，然后他们居然走国际路线，和英、法、俄、意、美等国全都签订了秘密条约，接管了山东。

其中和美国人签署的条约叫作"蓝辛-石井协定"，蓝辛是美国国务卿，石井是日本的全权代表，两家规定，日本因为和中国离得近，所以可以有一些"特殊利益"要求，其实就是承认日本占领青岛这个事实，但是日本必须承认"门户开放"政策，也就是不能损害任何美国人在中国的利益。在这些秘密条约里，日本付出的代价是组建包括中国人在内的军队参加第一次世界大战，对德宣战。

所以，当中华民国政府参加巴黎和会的代表在和会上慷慨陈词，说：中国应该收回青岛以及山东，自己管理。日本人嘿嘿一笑，然后转过头去问其他国家：你们说说，谁在青岛乃至整个山东说了算？英、法、美代表异口同声，当然是日本。

最后的结果就是，巴黎和会上的大佬们一致同意日本的要求，将德国在山东的全部权益转让给了日本，并将有关条款堂而皇之地写在了《凡尔赛条约》里。

当时中国代表团在顾维钧的主持下，拒绝在《凡尔赛条约》上签字，这种骨气值得赞赏，可是也没什么用，因为无论是武力，还是所谓的"法理"，都阻止不了日本人进入山东。

后来的事情大家都知道了，这个消息传回到中国国内，1919年5月4日，中国爆发了后来影响世界历史走向的"五四运动"，李大钊、陈独秀等人在这场运动里脱颖而出，两年后，创立了中国共产党。

客观地说，无论是《凡尔赛条约》对德国如此苛刻，还是中国的山东问题，可能都不是美国总统威尔逊的本意。

威尔逊应该算是一个和平主义者，而且是一个有着高学历、高理想的和平主义者，早在战争结束前的1918年，他就提出了《十四点和平原则》，其中包括：外交一定要公开，废除关税壁垒，公海航行自由，保证大小国家政治独立和领土完整，等等。这一套国际主义思想被后人称为"威尔逊主义"。

此外，在1919年《凡尔赛条约》签署的当天，在威尔逊的极力推动下，有44个国家还签订了另一个条约，那就是《国际联盟盟约》。第二年，在他的呼号奔走之下，更是成立了一个国际联盟组织，简称

"国联"。

威尔逊做了这么多事情，自己一分钱奖金也没得到不说，最后还闹了一个大乌龙。按照美国的法律，外交事务必须由国会参众两院批准，国联成立的时候，美国参议院还没有对《凡尔赛条约》和加入国联进行表决。就在威尔逊信心满满地等着国会的好消息时，美国参议院的表决结果出来了——拒绝批准《凡尔赛条约》及《国际联盟盟约》，并否决美国加入国联。

这里面的原因其实也很简单，威尔逊的想法是为了整个国际社会的安定，但是美国参议院审查了条约之后，发现美国根本就没占什么便宜，在国联属于二流角色，而且加入之后，有很多限制条件，比如美国国会不能随随便便地对古巴宣战了，这个等于是自捆手脚，于是借口门罗主义还没有过时，美国无意管理任何美洲以外的事务而拒绝加入。

这当然就是瞎说，美国和日本签订《蓝辛-石井协定》的时候，门罗主义又在哪里？

所以，严格来说，拒绝在《凡尔赛条约》上签字的至少有两个国家了，中国和美国。美国作为国联倡导者，自己却不是国联成员国，威尔逊等于是在国际社会面前丢了一个大脸。但中国有句成语，"失之东隅，收之桑榆"，因为他积极的奔走，瑞典决定授予他年度诺贝尔和平奖，他是第二位获此殊荣的美国人。第一位是老罗斯福，前面说过了。

其实，从后来发生的事情来看，美国没加入国联也不一定是一件坏事，几年之后，国联就因为它无力阻止各国之间的各种侵略行为而形同虚设，沦为一个笑话。

无论如何，我觉得历史都应该给威尔逊总统一个公正的评价，他的"威尔逊主义"实际上今天已经是国际关系中一个经常使用的准则。外交史学家沃尔特·米德这样评价："凡尔赛体系衰落了，但威尔逊的原则却还活着，并且仍在指导着今天的欧洲政治：自治、民主政府、集体安全、国际法，以及一个国家间的联盟。威尔逊的预见和他的外交学或多或少地为20世纪定下了基调。法国、德国、意大利、英国或许都曾对他不屑，但今天他们都在沿着威尔逊的路线执行欧洲政策。曾经被当作虚幻而无视，如今却是广为接受的基础，这不是一般的成就。没有一个20世纪的欧洲政治家能发挥如此持久、有益和广泛的影响。"

02
从"柯立芝繁荣"到股市大崩盘

沃尔特·米德给了威尔逊总统公正的评价,也可以说是很高的赞誉,但是,当时的美国人可不一定这么看,打了一战,除了死了5万多人,什么好处也没有,很自然地,大家都认为这一战白打了,以后还是不要去欧洲瞎转悠了,不如在美洲欺负欺负周围弱小的邻居来得好。

所以,1920年,当共和党人沃伦·哈定打着"回归常态"这句口号参加竞选时,获得了大多数人的支持。

美国最糟糕的总统

哈定的所谓"回归常态",其实就是对威尔逊的全面否定,强化孤立主义,这在一战刚结束的大多数美国人心里是可以得到共鸣的。但是他之所以能当选,也有运气的成分,这可以归纳为他意外地得到了两股新力量的支持。

第一股力量是妇女。前面我们说过,1920年,美国妇女刚刚获得了选举权,投票的热情很高,哈定这个人长得比他的对手考克斯帅那么一点点——实际上,很多史学家抱有同样的观点,哈定的长相对他入主白宫起了一定的作用。

哈定能当选的第二股力量就是德裔和爱尔兰裔选民的倒戈，他们原来都支持民主党，但是威尔逊这位民主党人在一战中站在了英国人的队伍里，这让在美国的德国人心理极度不舒服，同样让英国人的世仇爱尔兰人也很记恨，所以，他们在这次选举里改换门庭，坚决地站在了共和党的哈定这一边。

在后来的美国总统的历次排名赛中，哈定几乎全都是倒数几名。

为什么哈定每次总统排名赛都垫底呢？这里面有一个重要原因，在他的任上，有一个叫"俄亥俄帮"的腐败集团迅速崛起。

这个"俄亥俄帮"里的人大都是哈定的老乡和朋友。哈定这个人，无论是谁，给他两句好话，他就给人家官儿做，司法部部长、内政部部长、退伍军人管理局局长等等都由他的朋友担任。

大家一听就知道，这些职位都是肥缺，腐败马上就像瘟疫一样流行开来，后来事情败露，司法部部长助理杰斯·史密斯在销毁了所有证据之后自杀。但其他人就不一定这么硬气了，包括内政部长艾伯特·费尔在内的很多官员被逮捕后判刑。费尔是美国历史上第一位坐牢的内阁成员，这意味着，美国在建国150多年之后，终于把一位部长级别的官员送进了监狱。一直到今天，这个级别的美国官员入狱，一共也才四五位而已。

可以说，哈定任人唯亲，又不加约束，把老罗斯福"进步时代"刚刚形成的一股艰苦朴素的革命气息一扫而光，让美国又重现了"镀金时代"的腐败，这是后来人们给总统进行"绩效考核"时，评定他业绩极差的根本原因。

如果你考察这些人的腐败，基本都和一件事有关联，就是1919年通过的美国宪法第十八号修正案——禁酒令，个人喝酒和藏酒还是可以的，但是禁止造酒、卖酒和运输酒制品。

至于说为什么通过了这样一个宪法修正案，实际的原因就是大多数虔诚的新教基督徒认为,"镀金时代"的一些丑恶现象都和酒精有关系。

禁酒令禁止造酒卖酒,但不禁止喝酒,那必然催生大量的走私,要知道美国人当年还没立国的时候,走私这项技能就是满分,于是大量私酒从北边的加拿大进入美国。

美国宪法这个第十八号修正案,不仅仅没有起到净化社会风气的作用,反而带来了很多负面影响,这里就简单说两个。

第一个负面影响是禁酒之后,美国黑帮四起。大名鼎鼎的三K党在这个时候死灰复燃,从几乎绝迹到短短几年后拥有了450万名党员。

为什么这时候会黑帮四起?原因是,不让合法开酒馆,人们就会想着开地下酒馆,这些如同雨后春笋一样生长的地下酒馆需要大量的管理人员,这恰恰就是黑帮生存的最佳土壤。

第二个负面影响是大批医生收取贿赂,知法犯法。当时的医生有权开威士忌的处方,据说对一些病有好处,那你马上就能猜到有什么后果,美国医生在禁酒令有效的13年里,每年都要开出几百万升的威士忌作为"药品"。

所谓禁止,往往就意味着高利润,哈定的亲友团"俄亥俄帮"从中发了大财。哈定曾经"气愤"地说:"我和我的敌人没什么问题;是我那些该死的朋友让我彻夜难眠。"到了今天,"俄亥俄帮"在美国仍是腐败的一个代名词。

在外交上,哈定还是有一定建树的,最著名的就是1921年末在华盛顿召开的"华盛顿会议",在这次会议上,签订了《华盛顿海军条约》,美国在海军建设上取得了和英国一样的地位。条约规定,限制各国的海军主力舰队的吨位,英国、美国、日本、法国、意大利各自可以拥有的吨位比例是5∶5∶3∶1.75∶1.75。这是美国海军划时代的一个胜利,它标志着从此之后,美国在海洋上的权利和英国平起平坐,其实,这也是英国这个"日不落帝国"开始衰弱的一个显著标志。

也是在这次会议上,签订了一个《九国公约》,它的全名是《关于中国事件应适用各原则及政策之条约》，这是啥意思呢？说白了就是各国势力在中国的重新洗牌，它规定，没有一个国家可以在中国获得"任何专利或优越权"，一切国家与中国的贸易机会均等。

按照这个原则，日本人把山东乖乖地还给了中国。可是你要是认为这是中国人的一个胜利，那就太天真了，实际上，这是美国"门户开放"政策的最大体现和最大胜利。

比如条约规定，九国成立一个国际委员会，专门研究和制定中国的关税政策。一国之关税，居然需要请其他国家来一起研究制定，这难道不是一种屈辱吗？可以说，华盛顿九国会议签订了一个公约，又使中国回复到几个帝国主义国家共同支配的局面。

柯立芝上台

在哈定意外死亡之后，他的副手卡尔文·柯立芝接任，因为事发突然，他宣誓就任美国总统的时间是凌晨2点，据说现场只有一盏昏黄的煤油灯和灯下的一位"公证官"——他父亲。

不过这位匆忙上任的总统，却以自己的名字命名了一个称为"柯立芝繁荣"的短暂时期。

1924年，被誉为"电视始祖"的德·福雷斯特在白宫的草坪上，用他发明的胶片录影录音技术，拍摄了一段视频，名字叫《柯立芝总统，摄于白宫草坪》，这使得柯立芝成为有史以来第一位出现在有声电影中的总统，他手舞足蹈说话的样子可以永远被后人瞻仰了。

同时，他也是第一个用广播这种现场直播的方式发表就职演说的总统，热心群众不用劳心费力地去华盛顿听他演讲了，不用请假，不用买火车票，在家里用收音机就可以听见总统的就职演说，这也是第一次。

广播、电影、汽车、电冰箱、电话、爵士乐、狂欢，这正是"柯立芝繁荣"的时代特征。美国人给这个时期还起了另外一个名字"咆哮的二十年代"。科技日新月异，各种新奇玩意儿层出不穷，生活美好得要大喊大叫才足以表达心中的喜悦，一切看起来都是那么美好。

可以这样说，在19世纪末彻底完成了工业化之后，美国飞快地进入了商业化，总统柯立芝也骄傲地宣布："总的来说，从此之后，我们美国人的事就是做买卖。"

全民经商这件事，美国人在100年前就开始了，所谓的自由资本主义高峰，就在那时候。房地产业每一年的增长都在10%左右，而政府主导的基建更是日新月异，汽车业的大发展导致公路不断扩建与翻修，主干公路和收费高速公路的总里程不断刷新，各个州几乎像竞赛一样铺设电话线、下水道，建设城市，以适应大量的乡村人口拥入城市。这段时间也是美国城市化的高峰时期。

由此还诞生了一种新的消费模式，那就是个人贷款超前消费成了一种潮流。美国人在这之前和传统的中国人一样，很少会只为买一件奢侈品去银行借贷，但从这个时候开始，由于商家、银行家的拼命鼓动，人们，尤其是年轻人彻底被忽悠了，整个美国社会转向了借贷消费，人们都在花着未来的那些还看不见的钱，一直到今天。

就是在这样的高速发展之下，美国逐渐取代了英国的世界金融中心的位置。当然，所有这一切，都离不开一件东西，而这件东西最终却把美国甚至全世界推入了深渊。

这件东西是什么呢？

股市崩盘

1928年的美国大选，获胜者是美国第三十一任总统，共和党人赫伯特·胡佛，此人是一个地道的中国通，他和妻子都曾经在中国天津工作过，说一口流利的中国话。

既然前任哈定和柯立芝都是共和党人，赫伯特自然是要对美国当时的情况大赞特赞，表扬前任就等于给共和党加分，间接地，给自己助选。

他在1928年竞选演说中是这样说的："今天，我们美国人比历史上任何一个时刻都更加接近永远地战胜贫穷。我们应当很快就看到贫穷从这个国家中被驱逐出去的一天。"

1929年3月，当他刚刚拿到入主白宫的大门钥匙，就再一次信心满满地预测，美国将彻底消灭贫困，并且"每家锅里都会有一只大肥鸡，车库中有两辆车"。

但是仅仅几个月后，历史老爷爷就用拐杖狠狠地抽了他的脸，证明他错了，而且错得很厉害，锅里没有什么肥鸡，连鸡蛋都没有，车库里也没有什么车，只有卧室中那些饿得哇哇哭的婴儿。

那么，理想中的肥鸡为什么会飞走了？我们先来看一看1929年的美国发生了什么。

1929年10月24日，星期四，这一天纽约股市成交了1290万股，创下了历史纪录。随后，在下一个周二，10月29日，这个记录被打破，当天交投量达到1600万股。如果这个纪录都是买家在买股票，那自然是所有人都高兴，很不幸的是，大部分都是在抛售。

简单地说，1929年10月29日这天，纽约股市崩盘了，随之而来的，就是席卷全球的金融危机，或者叫经济大衰退。

这里就要问三个问题，什么是股票？什么是股市？为什么1929年美国股市会崩盘？

简单地说，股票就是股份证书，自古以来，只要一个社会进入商业社会，就会自然而然形成一种股份制的做法，大家凑钱做买卖。中国古代也是如此，也有很多"股份商行"，但是，把这种商业模式规范化，并且可以公开地把个人股份拿到市场上去买卖，这还是荷兰人发明的。

1602年，北美大陆上的欧洲移民还在跟着印第安人学种地的时候，如日中天的欧洲霸主荷兰，就由荷兰东印度公司设立了世界上第一家股票交易所，阿姆斯特丹交易所，这个可以买卖股票的地方就是股市。

一直到美国的独立战争结束，美国的一些交易员和投机者，才鬼鬼祟祟地聚集在纽约华尔街街角的一棵梧桐树下，从事非正式的股票买卖。1792年，这些人将非正式的买卖转化为正式的联盟，订立了一个《梧桐树协议》，到了1863年，才改为现在的名字，纽约证券交易所。

从1920年一直到1929年，这个纽约证券交易所里的每一个美国公司的股票都一路高涨，每一次微小下降都伴随着随后更猛烈的涨价。

人的心理就是这么奇怪，开始的时候还有人喊着危险，但是后来看到每次下降之后都会猛涨，就跟着入市，大买特买起来。

那么，有人可能就会问了，既然以前也下降过，为什么1929年这一次就涨不起来？换句话说，为什么就崩盘了呢？

要说清楚这个问题很不容易，但是，我可以告诉你，从1920年到1929年，这10年纽约股市大概发生了什么。

这10年的股市，大概可以用几个故事来概括。

第一个故事是关于股市运作的。股市是荷兰人发明的，所以欧洲人玩这个东西，花样就比美国人多一点。进入20世纪之后，美国人发现欧洲人创造了一个新玩意儿，叫"投资基金"，觉得这东西好，就搬回美国了，到1929年的时候，美国已经出现了大大小小1000多个基金公司。

那么，这些基金公司主要是做什么的呢？

它提供一种服务，借钱给客户买股票，在1928年的时候，这些公司可以让你借走总投资的90%买股票，也就是，你出100块钱，可以买1000块钱的股票，这其实已经挺危险了。可冒险和刺激是美国人的最爱，在"投资基金"这件事上，美国人发扬了冒险和创新精神，把目光投向了那些连100块钱都没有，兜里只有10块钱的人，忽悠这些人用10块钱买来另外一家基金公司100块钱的产品，然后到自己公司，用这100

块钱的产品买1000块钱的股票产品。到了后来，如果客户穷得只有1块钱怎么办？简单，弄三家公司来玩——这就是我们平时说的"杠杆"，而且是加了长的超级长的"大杠杆"。

好了，现在你只花了10块钱，但买了1000块钱的股票，那么"基金公司"就要密切关注你的股票了，一旦你的股票价格降到995块，那就说明你自己的钱已经没了一半，而"基金公司"如果不想自己的钱也跟着损失，那它就应该开始抛售你的股票了。

投资人本金越少，整个市场能承受股票降价的幅度就越小。如果有一天，大部分投资公司能承受的降价幅度变为10%，那么，当股价再次下跌了8%之后，神仙也止不住股市的崩盘。在这里面，"杠杆越大，整个市场能承受股票降价的幅度就越小"是一个简单的真理。

第二个故事是关于1929年之前纽约股市大大小小上市公司的。如果你是大老板，你有一家子公司在纽约股市上市了，正好你有一大笔闲钱，你会不会产生一个想法，用这些闲钱买自己的子公司的股票？这样一来，股价必然升高，然后你就可以卖出去，顺便赚一笔。恭喜你，你的想法和那个年代的金融大鳄们一样，自己买自己公司的股票，从中获利。现在这种行为当然是违规的，可在当年很平常。

第三个故事，也是最后一个，是关于个人的。如果你从银行借来100块钱，养了一头奶牛，一年下来，天天喂牛挤奶，早起晚归，到了年底，你赚了10块钱，10%的利润，还不错。就在这一年，隔壁的老王也从银行借了100块钱，但是人家放在纽约股市之后就到处游山玩水去了，年底一家子人从夏威夷回来了，一查账户，赚了300块钱。那么，我问你，第二年如果还可以从银行贷款100块钱，你放在哪里？估计你要学习老王，把钱放在股市上。

在1920年到1929年这10年里，美国很多实业家逐渐地迷上了股市，并且越来越疯狂，这远比普通老百姓迷上股市更可怕，因为这些实业家可以用他们的企业抵押，从银行贷来大笔款项，接着就放进股市里，要知道，每一个实业家的后面，都是很多个工人，还有他们的一大家子。

1920年到1929年纽约股市的三个小故事讲完了，股市呢，也崩盘了，随之而来的，就是被称为"Great Depression"的大萧条时期。

03
大萧条与小罗斯福新政

客观地说，当1929年10月纽约证券交易所股票刚刚开始狂跌的时候，美国人民还是挺乐观的，觉得这都是暂时的，很快就会像以前一样，开始反弹。就连美国经济领域的"定海神针"，93岁的洛克菲勒老先生都颤颤巍巍地站出来说话："不要垂头丧气……衰退来来去去，好日子最终总是会到来的。"

但是，实际情况并不是这样。

载入史册的大萧条

股市崩盘的第二年，也就是1930年，美国消费市场下降了10%，同时，一场后来持续3年的大旱灾袭击了美国中部地区，旱灾之后的蝗灾更是让很多地区颗粒无收，农民的贷款完全还不上。

这些农民从哪儿借的钱？自然是银行。银行家们因为股市崩盘，在城市里的投资者身上已经损失了一大笔，现在乡村的农民们也跑过来说，借你的钱今年是还不上了，一大批中小银行自然相继破产。

1931年，美国人持续减少消费。这是必然的结果，因为"柯立芝繁荣"的这 10 年里，虽然消费看起来不少，但是工人们的工资并没有增加多少，精明的资本家和银行家们鼓励大家用贷款买了很多产品，可是现在大量工人的收入只够支撑日常开支，别说买新东西，以前买下的都想着如何退货，大批家庭还不上贷款了。

没有了消费，企业就会破产。企业一破产，银行就会倒闭。企业和银行都没有了，服务业自然也关门。最后就是大批的普通劳动者失业，失业之后，就更加没有消费了。这个循环如同魔咒一样，把美国死死地按在大萧条的转盘上。

到了 1933 年，累积已有超过 5000 家银行宣布倒闭，这一年，数以万计的美国人因无家可归而聚集起来，居住在帐篷搭建的城市营地中。美国人把这种临时帐篷叫作"胡佛村"，因为那时候的总统叫作赫伯特·胡佛，大家对他承诺的"车库里有两辆车"记忆很深刻，现在别说车库，连家都没了，那自然是相当地怨恨。

人民忍饥挨饿，但是当时美国有个"倒牛奶"现象，这怎么解释呢？1933 年有几个州，比如说威斯康星州，因为大萧条，牛奶的价格下降了 25%，奶农们就不干了，联合起来和贩卖牛奶的二道贩子讲条件，说你们要是不按照原价买，我们就不卖。那商人们自然是不买，但他们偷偷地联系其中的一些奶农，说给你稍微抬一抬价格，你把你的牛奶卖给我。这种分化策略很成功，有一些贪小便宜的奶农就偷偷开车去给商人送奶，其他奶农对这种行为十分痛恨，围追堵截，看见了就把对方的奶倒掉。基本上，倒牛奶就是这样一个情况。自然，也有极少数奶农手里的牛奶因为实在卖不出去，只好倒掉了，毕竟运输、储存都需要钱，但这是极少数。

不过，不论牛奶是不是被倒掉，有多少被倒掉，1929 年之后，美国人民的生活很不美好是一个事实。那段时间，美国失业人口长期徘徊在 1300 万左右，大约有几百万中学生辍学，还有很多人因忍受不了痛苦而自杀，治安情况也日益恶化，糟糕得很。

图 4-1 美国银行外的人群，1931 年

胡佛总统的糟糕应对

那么，我们就不禁要问一句，这时候的胡佛政府在做什么？实话实说，赫伯特·胡佛也正在努力，不过他努力的方向有点不对。至少，有两个不对。

第一个努力，试图用关税来挽救危机。1930 年 6 月，他郑重其事地签署了一个法案，《斯姆特-霍利关税法》，准备提高 2000 多种商品的关税到历史最高水平，赫伯特当时相信这个办法能对经济"起到良性作用"。

这个法案马上就招致了 1000 多名经济学家的联名反对，据说，汽车业巨头亨利·福特在白宫花了一整个晚上力图说服总统否决该项法案，说这绝对是"一项愚蠢的经济政策"。

尽管这样，赫伯特还是一意孤行，签署了法案，直接后果就是，美国的进口额从 1929 年的 44 亿美元骤降至 1933 年的 15 亿美元，下降了三分之二还多。看起来很美好，这样一来，老百姓就只能买自己本国的商品了，然而，美国的出口额也"哐当"一下，从54亿美元降到了21亿美元——美国人提高了关税，那么英国、法国自然也要对美国提高关税。

这样一来，美国老百姓失业率更是剧增，达到了惊人的25%。大家都在大街上闲逛，不闹点事儿就算对得起你了，还指望我买东西？

赫伯特努力方向不对的第二件事就是，他试图通过自愿的方式去解决一些问题，比如，鼓励大银行为小银行提供贷款以防它们倒闭。但是自愿原则就是你可以贷也可以不贷，大银行家们看看那些小银行家，再看看市场情况，没有一个愿意贷的，就算是提供贷款，也通常要求借款银行提供最大额度的资产作为抵押。

到了1932年，赫伯特又想了很多办法，试图恢复经济，还通过了一个紧急救济和建设法，其中包括为公共建设项目提供资金和成立、重建金融公司等内容。

这些措施并不是一下子就能见效的，需要一段时间。问题是，美国的选举制度已经不准备再给赫伯特·胡佛任何时间了，因为1932年是美国大选年。富兰克林·罗斯福和他的搭档大肆攻击赫伯特，不仅指责他对于经济危机无所作为，还攻击他那些救助老百姓和公共建设的项目统统都是社会主义，说这就是政府对自由市场赤裸裸的干预，并称之为"引领美国走向社会主义路线"，而这绝对"是可忍孰不可忍"。

胡佛面临的是美国历史上对现任总统最大敌意的民众。他的列车和车队总是被投掷鸡蛋和烂水果，演讲时常被愤怒的听众轰下台，美国特勤局的人忙得四脚朝天，因为想对他采取暗杀行动的人实在是太多了。

只因为，老百姓和他的政敌们必须为经济危机找一个替罪羊。

小罗斯福新政

1933年宣誓成为美利坚合众国总统的富兰克林·罗斯福，正是前面"进步时代"第一个总统西奥多·罗斯福的远房堂弟。这个"远房"有多

图 4-2 小罗斯福像

远呢，他俩的爷爷的爷爷的爷爷是一个人，叫尼古拉斯·罗斯福，而这个尼古拉斯·罗斯福的父亲，克莱斯范·罗斯福，就是他们家族从荷兰移民到北美洲的第一人。当时他到的第一站就是荷兰人开发的新阿姆斯特丹，现在叫"纽约"的那个城市。

小罗斯福是一位残疾人，实际上，在他当上总统的12年前，也就是1921年，就已经残疾了，那是他在加拿大度假的时候，突然患病，然后被诊断为脊髓灰质炎，导致下半身瘫痪。

但他在随后的20余年当中，包括竞选总统、当上总统这十几年，硬是凭借着惊人的毅力，靠着金属支架实现短时间的行动，并且在助手的帮助下，可以较长时间笔直地站立。

在1933年3月4日的就职演说中，身残志坚的小罗斯福慷慨陈词，说出了那句流传至今的名言："我们唯一要恐惧的是恐惧本身。"他说这句话的背景，正是前面描述过的，满目疮痍，遍地哀鸿。四分之一的美国青壮年整日里无所事事，在街上闲逛，农产品的价格下降了60%还是卖不出去，工业生产只有1929年的一半，而且工厂还在持续关闭，200多万人无家可归。全国48个州里面有32个州没有银行，因为全都关门了……在这样的情况下，小罗斯福的首要任务，一是稳定经济，二是稳定民心。

为了恢复经济，他带领政府制定了一部法律，《全国产业复兴法》，这部法律规定了企业要确立行规，不能无序竞争，企业行为必须在政府监管之下，而且还鼓励合并。换句话说，以前的《反垄断法》要暂时靠边站，洛克菲勒先生的"托拉斯"现在又合法了，天大地大，什么都不如吃饱肚子大。

让人想不到的是，两年以后，当经济慢慢恢复了，美国最高法院的法官们见人们吃饱了肚子，却一致宣布这个法规违反了美国宪法，应该废除。因为小罗斯福恢复经济的所谓"新政"和这个《产业复兴法》，其实早就在马克思的社会主义和凯恩斯主义里面了，那就是政府干预经济。前面说过了，美国建国的基础就是保护私有财产，无论如何，不能把社会主义搅进来。不过很多时候，美国的有识之士们对于社会主义的理念，也会采取"拿来主义"的态度——好用为什么不用？

你可以听听下面这些小罗斯福取的新机构名字：联邦紧急救济总署、农业调整署、证券交易管理委员会、公共工程管理局。这些包含了救济、农业、金融、工业还有工程各个方面的委员会，就是政府协调管控的机构，如果托马斯·杰斐逊还活着，估计肯定要大喊一声：这个政府管得太宽了！

不仅如此，小罗斯福的胆子很大，他还搞了两件事，第一件就是颁布行政命令，让美国人交出手里拥有的黄金——这明显不符合美国宪法精神。那他想用黄金来做什么呢？当然是增发钞票，也就是用美元从个人手里强制换黄金，这样一来，市场上美元多了，经济自然就活跃起来，而且因为黄金在手，还不至于弄到无法收拾的通货膨胀——相当高明，当然，也相当霸道。

小罗斯福搞的第二件胆子很大的事情，是建立了美国历史上最大的联邦政府企业，田纳西河谷管理局。它使政府拥有了对拦河大坝和水电厂网络的所有权，为失业者提供了大量的就业机会。在某种程度上，这个做法确实就是当时美国社会上层批评的那样，这是一个政府插手经济的、彻头彻尾的"社会主义国企"。

无论如何，在恢复经济方面，小罗斯福迈开了自己的步伐。

下一步自然就是稳定民心，当时的美国政府和企业并没有救济失业的举措，美国人民在危机到来时，就只能靠一些民间组织来自救。小罗斯福看了一眼这些组织，就吓了一跳，因为把老百姓组织到失业委员会里面的这批人很不简单，他们有一个统一的名字：美国共产党人。

当时的一个记者这样写道："我发现共产党人在许多城市里组织的、通常也是由他们领导的失业委员会，并没有什么秘密可言，这些委员会是民主地、按照多数原则建立起来的……这些委员会的武器就是民众的民主力量。"

说实话，当时这些组织只是出于保护工人阶级的简单立场而建立，把大家组织在一起就是为了有口饭吃，可是在社会动荡的时候，却是实实在在地可能引发一场革命。

1934年，美国爆发了层出不穷的劳工事件。先是西海岸的工人和船员集体大罢工，在被警察打死两人之后，更多的人走上街头，当时的《洛杉矶时报》写道："圣弗兰西斯科的局势用'总罢工'一词来描述已不够准确。确切地说，那里发生的是一次起义，一次共产党鼓动和领导的反政府起义。现在要做的只有一件事，即使用一切必要的武力手段平息这次起义。"

政府最后还是动用了武力，500名特种警察、4500名国家卫队人员奉命带着坦克大炮集结，最后工人们暂时妥协了，但威胁将要进行更多的罢工。同一年的夏天和秋天，几万名卡车司机、40多万名纺织工人在南方各地举行罢工，无一例外，这些罢工最终都以国家军队介入，以流血事件而结束。

后来工人们也变得聪明了，在共产党员的帮助下，他们不走上街头了，改为在工厂内静坐。这更为可怕，因为走上街头很危险，总有一些人不去，但是静坐示威那是基本上都会参加的，资本家挡风遮雨的工厂成了工人们说说笑笑罢工的休息室。1936年共发生了48起静坐罢工，1937年则增加到了477起。这时的罢工和"镀金时代"罢工的显著区别就是，"镀金时代"那时候是要求更多的休息时间，现在则是工资、福利待遇，尤其是各种福利保障问题。

面对这种情况，小罗斯福必须给基层的老百姓以足够的帮助，防止他们把填饱肚子的生理冲动转化成一场真正意义上的共产主义革命。

为了这个目的，小罗斯福政府制订了一系列的法案，比如《社会保障法案》，为老人、穷人和病人提供经济保障；再比如《瓦格纳法案》，相当于国家劳动关系法，这个法案确定了工人的很多权利，包括政府必须帮助工人建立工会，协助集体谈判，必须对罢工进行回应，等等。

开始的时候，这些法案被保守的民主党强烈反对，甚至有人说小罗斯福就是美国的马克思和列宁，要推翻美国的制度根基。但事实上，小罗斯福这么做，恰恰就是为了保证美国不变色，和那些共产党人抢夺美国民众的支持。至于说政策上的倾向，在具有美利坚传统实用主义美德的小罗斯福来看，根本就不是个事儿。

尽管小罗斯福最后通过了那些法案，并且不断地和工人们进行谈判和沟通，有很多收效，但问题是，所有这一切，都必须基于大家吃饱饭才有效果，而经济的恢复是需要时间的。

在小罗斯福的第二个任期，失业率依旧是15%左右，工人们依旧食不果腹，如果事情按照这个轨迹走下去，那么，到了1940年，小罗斯福绝对会黯然神伤地离开政治舞台，他的这些号称"新政"的措施，即便是带来丰硕的果实，那也只能被他后面的总统享用，今天我们谈起他，更不会带着一脸的崇拜。

可是，欧洲剧烈燃烧的战火把两届总统任期满的小罗斯福留在了美国总统的宝座上。

04
二战中的生意人

1939年9月1日，德国以闪电一般的速度冲破边境，开始进攻波兰。一般史学家都把这一天当作是第二次世界大战的起点。

这里有一个问题是我试图要搞清楚的，那就是为什么会爆发第二次世界大战，德国、意大利、日本究竟是如何勾搭上的？

二战起因

这个问题的答案有很多种，比如前面说过的，第一次世界大战结束时的《凡尔赛条约》，制订了对德国无比苛刻的条件，德国丢掉了13%的土地，还得偿还天文数字的赔款，就被很多人认为是二战的导火索之一。据说当年的法国元帅福煦看到《凡尔赛条约》之后，曾经一针见血地指出："这不是和平，这是二十年的休战书！"

但是在我看来，有两个原因可能相当重要，而且一直被忽视。

第一个就是"大国梦"。

德意志的大国梦来自神圣罗马帝国时代腓特烈大帝，希特勒想把东欧甚至俄罗斯的地盘都划到他的名下；日本的大国梦是以它为中心的

"大东亚共荣王国",或者说囊括中国和朝鲜半岛的日本帝国;而意大利,它的梦来自其祖先大罗马帝国。

这三个国家当时几乎是全民皆梦,这其中德国因为一战之后被欺负得太狠了,做梦都想着扬眉吐气;日本是因为暴发户的心态,觉得日本即将成为大国是天命所归。

如果仅仅是全体做梦,没实力,那也没有多大的问题,问题在于,这几个国家在1929年之后的那场全球经济大衰退时,因为集权制,天生就是凯恩斯主义的原因,受到的打击最小,恢复最快,整个国家迅速地变成了一个生产机器。经济一旦上去了,国家就强大了,国家一强大,有冤屈的就要伸冤,有仇的就想着报仇,有野心的就想着去实现,再加上法西斯和日本的军国主义分子一忽悠,那自然是野心开始扩张,想要实现大国梦。

在20世纪初,所谓大国就意味着殖民,因为殖民地有原材料,有劳力,还有巨大的市场。英、法、美三国在这方面,给后来的德、意、日开了无比恶劣的先例,英国占有广大的亚洲和南非殖民地,法国人在北非作威作福,美国人把美洲当作后花园。

有人可能要反驳,说不对,英、法有殖民地是对的,美国人是爱好和平的。对于这种反驳,我只给你一组数据:1900年至1933年,33年间,美国入侵古巴4次、尼加拉瓜2次、巴拿马6次、危地马拉1次、洪都拉斯7次。根据1924年的数据,20个拉丁美洲国家的财政有一大半为美国所操纵。

"榜样"的力量是无穷的,德、意、日三国有了一点实力之后,便模仿起了英、法、美,并且,促使这三个国家想尽快实现野心的一个客观因素就是,这三个国家拥有的都不是肥沃和矿产丰富的土地,尤其是日本,非常迫切地需要国外的殖民地。

讲完了第一个原因,即三个"坏家伙"的"大国梦",我们再来看第二个原因,"老炮儿"们的迁就。

中国有部电影，就叫《老炮儿》，前些年特别火。电影中所谓的"老炮儿"就是老混混、老流氓。一般来说，这些人娶了老婆生了孩子就特别渴望稳定的生活。英、法、美三位就是如此，自己以前也是凶残人物，但是现在家大业大，舒坦日子过惯了，就想着维持现状。眼看着特别生猛的德、意、日杀上来了，他们一忍再忍，就想着对方占点儿便宜就收手了。二战期间，由此还诞生一个新词，叫"绥靖"，所谓的"绥靖"，就是用安抚的手段希望对方就此罢手。

1931年，日本占领中国东北，英法控制下的国际联盟默认了。美国虽然指责日本，但是国内的私营企业依然畅通无阻的把废钢、石油等物资销往日本，一直持续到珍珠港事件之前的4个月。

1935年3月，德国公开而且大规模地扩军备战，这时候英国居然和德国缔结《英德海军协定》，等于是解除了《凡尔赛条约》对德国的紧箍咒，美法两国只是冷漠旁观。同年，美国在国会再一次通过《中立法案》。

1936年3月，德军进入莱茵这个非武装区，英、法按兵不动；8月，德国武装干涉西班牙内战，英、法还是站在一旁不说话。

1937年7月，日本已经非常明显地要把英国排挤出中国了，英国还是顺从日本，签下了《有田-克莱琪协议》，明确英国"完全承认"日本造成的"中国之实际局势"。

最离谱的就是1938年10月，英法德意签署《慕尼黑协定》，在没有捷克斯洛伐克任何人在场的情况下，把捷克斯洛伐克的苏台德地区直接给了德国，而在后来二战电影中经常以弱者形象出现的波兰和匈牙利，也跟在德国后面，侵占了捷克斯洛伐克的领土。

办完这一切，英国的首相张伯伦返回伦敦，得意扬扬地在机场挥舞着那张"废纸"说：看看，孩子们，我给你们带回了什么，和平，我们这个时代的和平。美国的小罗斯福先生听说之后，却给张伯伦发了一份电报，上面只有两个字——"好人"。

图 4-3　英国首相张伯伦在机场对群众挥舞着与希特勒签署的和平协定

这种对德意日新兴帝国的绥靖政策，除了"老炮儿"们家大业大的牵挂之外，还有更深一层的原因，那就是彼此之间的牵制和不信任，都希望别人是第一个冲上去和对方死磕的主儿，而自己躲在一边，偷偷地占点儿便宜。

以大英帝国为例，其首相张伯伦曾经说过："俄国人偷偷地、狡猾地在幕后操纵，想使我们卷入对德战争。"其实他自己也是这么做的，1938年3月22日的内阁会议，明确提出了"英国即便不能阻止新一轮大战，也要竭力避免成为第一波参战国家"。

了解了这一点，你就不难明白，为什么张伯伦签订了《慕尼黑协议》之后，会在机场那么兴奋，因为他以为自己祸水东引的计划成功了，英德之间有了和平协议，那么，德苏之间开战的可能性就大大增加了。

即便是在远东，英国一再顺从日本的根本原因也是寄希望于日本无限膨胀，然后和法、美、葡萄牙等国利益冲突，若一不留神，擦枪走火，对于英国，简直就是天大的好事。

英国这样，其他"老炮儿"们基本也都差不多，各揣心腹事，但目的都很明确，我让出一些利益，引诱你去和其他"老炮儿"先打起来。

无论如何，二战开始了。德国进攻波兰的两天后，也就是1939年9月3日，英法对德宣战，这当然是没办法了，德国的野心已经路人皆知。

这里顺便提一下苏联，斯大林在1939年4月的时候，本来是想和英法签订一个条约，共同对付德国，但是英、法既不想得罪德国，也对苏联这个社会主义国家有很重的防范心理，最后就不了了之。

后来德国就找到了苏联，说咱俩弄一个条约吧，谁也别打谁。苏联人一看，英、法不愿意搭理自己，那就同意德国的交友请求吧，最后就签了一个《苏德互不侵犯条约》。

发疯的希特勒

虽然英法对德宣战了，但一直到1940年4月，德国又占领了挪威和丹麦之后，双方也没有进行任何交战，历史学家一般说这是"假战"阶段，就是光喊不动手。

1940年5月10日，德国开始进攻荷兰、比利时、卢森堡和法国，几天之内，就占领了荷兰、比利时和卢森堡。卢森堡创造了一个人类历史上的记录——参加了两次世界大战却零伤亡。没办法，国家实在太小，全部武装力量就是十几个人七八条枪，任何入侵者来了，都只能选择投降。5月27日，比利时投降。接下来，德国和意大利就开始合伙欺负法国，6月22日，法国投降。

至此为止，欧洲大陆几乎全部沦陷，英国和法国剩下的军队被逼无奈，只能从法国北部的一个叫敦刻尔克的港口开始大撤退，渡海退往英国的那三个小岛，史称"发电机行动"，或者"敦刻尔克大撤退"。

德国轻而易举地取得了战争初期的胜利。接下来，从1940年9月开始，德国一边对英国实施轰炸，一边开始有计划地进攻地中海的欧洲国家和北非的英属殖民地，并且在9月27日，和日本、意大利签订三国同盟，这也是对美国的一个警告。

一直到1941年5月底，德国基本上是所向披靡。

1941年6月22日，法兰西投降整整一年之后，德国终于被胜利刺激得发了疯，他挥着砍刀，奔苏联去了。这事先估计很少有人想到，甚至斯大林得到间谍部门的情报也没当回事儿，觉得这完全不可能，这倒不是斯大林愚蠢到相信那个所谓的《苏德互不侵犯条约》，而是他不相信希特勒会愚蠢到在这个时候进攻苏联。

事实胜于雄辩，希特勒的偶像是曾经的神圣罗马帝国皇帝腓特烈一世，外号叫作"红胡子"，而这次对苏联的进攻，军事代号就是"红胡子"，史称"巴巴罗萨行动"。这一天，320万德军精锐加上几十万意大利和保加利亚的杂牌军全面进攻苏联，后者根本没防备，兵败如山倒，3天之内，苏联全面大溃败，4000架左右的飞机还没升空，就在地面上被摧毁了。

不过，这仅仅只是开始，后来很多人都认为，德国入侵苏联的这一天就注定了他最后的失败，原因就是苏联实在是太大了，冬天也实在太冷了，拿破仑当年犯过的错误，希特勒对着地图研究了无数遍，最后还是又犯了一次。

那么，德国为什么一定要进攻苏联？答案也是很简单，一是希特勒判断错误，他当时认为苏联内部腐败得厉害，苏联红军战斗力那是不行的："我们只需要踢开门，里面整个腐烂的结构就会垮掉！"这是他进攻苏联之前反复对他的部下说的话，他认为半年时间完全可以拿下莫斯科，然后苏联就会举国投降；第二个原因就是他迫切需要苏联的劳力和石油，这个无须解释。

生意人美利坚

欧洲各国都打成一团了，美国这时在干什么？

两个字，赚钱。

三个字，赚大钱。

前面说过，美利坚这个国家基本上是实用主义至上的国家，这是他们的一个传统，在实用主义下，他们这时候首先考虑的绝不是什么道义、原则这些问题，而是如何做对自己国家更有利。

你要知道，小罗斯福上台的时候，美国人和全世界人都一样，生活得极为困苦，为了改善经济，增加进出口，美国和苏联甚至在1933年建立了外交关系——这就如同猫和耗子握手言和，这样的意识形态"死敌"都可以和解，还有什么不能干的？

虽然小罗斯福的新政还不错，但是到1936年的时候，政府的一些工程结束了，眼看着失业率又升高了，小罗斯福心里那叫一个着急。正愁没有招儿，天上掉下一个粘豆包，欧洲和亚洲打起来了，打仗就需要物资，有人要物资，那就是美利坚的福音。

于是，和一战差不多，美国开始了满世界赚钱的历程。那么，把东西都卖给谁呢？如果你说，那自然是英国、法国、中国等正义的一方，德国、日本就是有钱也不卖，因为他们是侵略者，那你对美国人的理解就还差了那么一点。要知道，美国精神的内核是实用主义，这么好的一个机会，自然应该是全世界卖个遍。

就这样美国人开始了满世界兜售各种武器、战争物资，无论哪一方，只要有钱，那就是客户，而客户就是上帝。

首先就是卖给德国。实际上，德国能在《凡尔赛条约》中迅速翻身，靠的正是美国的一些私人大银行，1924年到1933年，通过华尔街的国际财团流入德国的贷款总额为330亿马克，一大部分都用在了德国的军队装备上。

1933年至1939年，美国在德国纳粹机构中营业的公司超过60家，包括大名鼎鼎的标准石油、福特汽车、杜邦集团等等，这些公司不断地卖给德国最先进的技术和产品。

德国最高级别的勋章叫德意志雄鹰勋章，而在1937年到1938年，希特勒亲手把这玩意别在了下面这些美国人的胸前：托马斯·沃森，IBM创始人；亨利·福特，福特汽车公司的建立者；查尔斯·林德伯格，第一位驾驶飞机穿越大西洋的美国人、著名的美国孤立主义者；詹姆士·穆尼，美国通用汽车公司海外总经理；还有普雷斯科特·布什，后来的美国总统老布什的爹，小布什的爷爷，希特勒非常感激这老爷子曾用财力、物力支持过希特勒本人和纳粹党人。

这些人对当时德国经济的突出贡献，让希特勒真心实意地发出了德意志雄鹰勋章。可以这样说，那时候美国和德国的商业往来实在是太紧密了，以至于即使后来两国打起来了，还是有很多美国公司在德国继续营业。

其次是日本。日本在1938年占领武汉和广州之后，基本就快撑不下去了，无论是物资还是兵源，都已经跟不上了。《何谓中日战争》这本书中是这么说的："当时的处境是，面临注定的战败，虽然想要撤军，但已深深陷入泥沼而不能自拔，最终陷入了持续损兵折将、加剧国力消耗的困境。为了摆脱这一困境，当时采取了对东南亚地区武力进攻的对策，并由此引发了对英美的战争。"另一本书《大东亚补给战》里面更是一针见血地指出："（国力）在日中战争第三年就处于严重状态。不管陆、海军的武器装备生产如何增长，基础国力还在不断下降，国家计划没到日中战争第三年就已经开始破产。"原因只有一个，无论是日本还是当时的中国，都实在是太贫瘠了。从1937年到1940年，日本的石油、钢铁、飞机、汽车等重要战略物资绝大部分是从美国输入的。

以石油为例，它这几年每年要消耗4000万桶石油和成品油，其中的

95%，也就是3800多万桶是要进口的，而这里面的70%是从美国进口的，你想想它是多么需要美国人，而美国人又能赚多少钱？其他所有物资，包括粮食，也都差不多如此。

蒋介石和毛泽东都看出了这一点，蒋介石说的"以空间换取时间"，毛泽东说的"论持久战"，都是同样的道理。

既然在中国因为没有资源陷入了泥潭，日本就必须依赖美国人做生意的那些资源，所以两国在战争初期，生意做得相当友好和顺利。

除了德、日，美国的客户名单上当然还有一长串的国家，例如英、法、中等，其中，英法两国自然是美国倒卖物资客户名单上的重要客户。

一开始的时候，美国还谨守中立原则，执行它那个《中立法案》，对所有客户一视同仁：我只卖东西，你们付钱买东西，自己开船过来拉走，质量保证，童叟无欺。

到了1940年后期，英国作为欧洲大陆上仅剩的可以和德国对抗的力量，有点坚持不下去了，于是，美国开始偷偷地护航，帮着英国运。再后来，英国更不行了。小罗斯福琢磨着，这咋整呢？要是英国这么快就完蛋了，那美国可能就有三个麻烦：

生产出来的那些东西卖给谁？

美国境内那些贷款给英国的私人公司会大批倒闭。

万一德国跑到美洲来开战，也是很让人头疼的事情。

小罗斯福最后决定，无偿援助英国，这样就有了那个"水龙头"的比喻。他跑到国会，对那些不打算给人家物资的议员们说，邻居家失火了，我们为了防止烧到我们自己的房子，现在最重要的就是借给他水龙头，而不是和他讨价还价，将来火灭了，他肯定会还给我们一个新的水龙头，还会大声道谢。

美国人一听，有道理啊，城门要是烧完了，我们这一池子鱼就完蛋了。于是，小罗斯福得到了国会授权，可以把武器和物资借给别的国家，这就是美国历史上著名的《租借法案》，借东西的对象后来扩展到38个国家，基本上都是那些买美国货买到最后实在没钱的穷哥们，这里面也包括苏联。

美国人之所以能这么肆无忌惮地卖东西，除了它有无与伦比的地缘优势，远离欧洲、亚洲两大战场，还依赖它巨大的工业生产能力和相对巨大的人口基数。这三方面结合在一起，那就意味着源源不断的金钱，而这一切，最后就促成了一个巨无霸帝国的诞生。

有人说过这样一句话，美国即使当时仅仅是决定向哪个国家提供贸易，向哪个国家提供借贷，基本就可以决定性地影响二战的走势，这话是有一定道理的。

后来德国的潜艇为什么要袭击美国商船，这就是因为，只要美国对英国进行持续的物资支援，德国人就永远看不到让英国屈服的希望。

说心里话，这样两边卖东西，对于美国和美国人来说，那是好得不能再好了，但是对于英、法、中、苏这样苦苦支撑的国家，美国干的这事确实很不地道。英国首相丘吉尔在给罗斯福的信里委婉地说道："我们用鲜血赢得了胜利，拯救了文明，替美国争取了充分装备以防不测后却一贫如洗，那在原则上是错误的。"这是外交辞令，翻译成大白话就是：美国人你坐看英国和纳粹德国这样互相消耗，是不是有点儿缺德啊？

小罗斯福听了也不生气，嘿嘿一笑：多给你两船钢铁就是，生意人，讲究和气生财。当然，后来丘吉尔为了耗干苏联这个盘踞在欧洲的社会主义国家，迟迟不同意在诺曼底登陆，不知道是不是也是他口里所说的"极不道德的"。

05 日本为何殴老美？

美国人在二战中，生意做得这么大，难道就没想过自己参战吗？

实话实说，大多数美国人当时是不想的，他们绝对想坚守一条底线，就是不掺和。美国的国父乔治·华盛顿在他的辞职演说里，反复告诫美国人两点，一是不要结党营私，二是不要轻易和世界上其他国家结盟。

结党就不说了，华盛顿活着的时候就已经管不了了，在国际上不要轻易结盟这一点，美国人一直坚持得不错。门罗总统的"门罗主义"如果换一个词，那就是孤立主义。这种思想在美国一直是有很强的根基的，比如"和平天使"威尔逊总统曾经奔走呼号，好不容易弄了一个"国联"，人家其他国家都进去了，结果威尔逊自己后院出问题，美国国会不允许美国加入，威尔逊最后郁郁而终，那也是没办法，孤立主义思想太强大了。尤其是一战，死了很多人，便宜没占到多少，美国人觉得出去打打杀杀远不如赚点钱来得重要，柯立芝总统甚至一直都强调："美国人的事情就是做生意。"

在这样的背景下，绝大多数美国政客都是严防死守，坚持美国不能派军队卷入欧亚大陆上的战争。

可这些都是一般的政客，如果美国都是这样一些人，那它怎么可能成为今天这样的大国？那些不一般的政客，他们完全知道，利益最大化的方式就是要以胜利者的姿态出现在庆祝晚宴上，并且对分蛋糕这事要有绝对的主导权，而想要达到这个目的，就必须参战。

美国在等一个机会

对于当时的美国来说，加入以英、法为首的同盟国，还是德、意、日领头的轴心国，那是不需要考虑的。美国不可能站到德国一边，因为美国加入英国一方的重要原因，是维持固有的世界秩序，而新崛起的轴心国的最大目的就是重新规划世界秩序。

比如当时的日本在宣扬所谓的"大东亚共荣圈"时，就说过这样的话："英美这些西方国家人口那么一点点却拥有庞大的国土和丰富的资源，不愿分给东方的国家，这是不道德的。"

所以，做生意归做生意，加入英法为首的同盟国，却是美国的一个天然选择。

剩下的问题只有一个，那就是时间点，什么时候上场去摘这个大桃子。对于这一点，小罗斯福只能一边卖军火，一边等待各种机会，既要逐步消除国内的孤立主义思想，还要看准时机，让美军以比较小的代价，起到决定性的作用。

1940年6月，巴黎沦陷，这帮了小罗斯福的大忙，美国人看到了一种可能性，就是自己会不会也沦落到法国人那个地步？这是可能的，无论希特勒如何保证不侵犯美国，都没有巴黎沦陷的惨状有说服力。

一个月之后，小罗斯福尝试性地任命了两名主战派担任战争部长和海军部长，这个任命和扩军计划没有受到美国国会的阻挠，这表明美国的孤立主义在国会议员中间动摇了。同年9月，他又试探了一下，没有通过出售或者租借的方式，而是以换取英国在加勒比海的一些特权为借口，直接援助了英国50艘驱逐舰，这算是违反了《中立法案》，可是国会还是没有说什么。这一下子，小罗斯福心里有底了。

1941年1月，他开始了游说，提出了著名的"四大自由"，说世界上的人民都有"言论自由，信仰自由，免于贫困和恐惧的自由"，这口号看似简单，但是它树立了美国人的世界责任心，这对美国人来说，是一个巨大的转变。

大家一定要注意小罗斯福提出这口号的时间，这时候的美国因为大量出口的原因，失业率已经降到小于2%的水平，可谓是国富民强。

到了1941年的6月，德国入侵了苏联之后，这位美利坚的总统马上意识到，希特勒已经疯了，他命令上任不到一年的战争部长史汀生拟定"美国全面介入战争"的作战方案，当然，这事儿是瞒着美国人民偷偷进行的。

所有上面这一切，都是为了1941年8月14日这一天。当天，美国的小罗斯福总统和英国首相丘吉尔在美国的"奥古斯塔"号巡洋舰上举行大西洋会议，然后签署了一个协议，那就是后世大名鼎鼎的《大西洋宪章》。

这个宪章的意义对于世界历史极其重大，因为它有两个重点，第一个就是表明美国不再中立了，虽然暂时不对德、日宣战，但是和英国人手拉手地做好朋友是确定无疑的。换句话说，美国人选边站了，这对于希特勒是一个沉重的打击。

第二个就是这份宪章上有很多今天还在一直使用的美好词汇，比如说"和平""民主""自由航行"等等，后来《联合国宪章》的基本内容就是来自这个《大西洋宪章》。

其中影响最大的就是第三条，尊重民族自决。意思就是英国和美国鼓励那些曾经被武力剥夺主权的民族和国家，自力更生，艰苦奋斗，重新夺回他们的主权和自治权。

丘吉尔和小罗斯福这一条的本意是号召德国占领区的人民起来反抗德国，这副药方是很好的，但是，实际上副作用也很大，二战结束之后，英、法占领的殖民地也全都按照这个宪章的精神，起来造反了。所以，后世就有人说，这是小罗斯福给英法两国挖的一个陷阱。

到此为止，美国已经做好了军事介入的一切准备，可是小罗斯福还是很慎重地在美国国会宣布，一直到1943年，美国不会军事介入。我不知道他这样说是为了麻痹国会和敌人，还是因为他真的断定1943年是美国人介入的最好时机。

可是我相信，从那时候开始，他应该就是在等待一个机会，一个可以让他有充分理由说服美国国会和美国人民让美军直接参战的机会。

日本为什么攻击美国

第二次世界大战的重要时间点很多，但是无论如何，1941年12月7日都是一个相当重要的日子。就在这一天，日本偷袭了美国的夏威夷珍珠港海军基地，美军伤亡3500多人，当场被炸瘫痪的船舰有22艘，飞机有300多架，而日军仅仅损失29架飞机。

第二天，12月8日，在参议院一致同意的情况下，美国国会众议院以388票赞同，1票反对，通过了对日本的宣战，小罗斯福也立刻签署了对日宣战书，美国正式加入第二次世界大战。

美国众议院的那个投反对票的人是谁？为什么？此人叫杰尼特·兰金，是一位女性。她当时反对的理由是，作为一个女人，她无法走上战场，也反对把任何一个美国人送上战场。战争不是必须的——

图4-4 受创的三艘战列舰，由左至右为"西弗吉尼亚"号、"田纳西"号、"亚利桑那"号

这是一位和平主义者。

美国国会的老爷们有绅士风度，没说什么，但害怕这位女士被外面的群众攻击，投票结束后特意派人送她回家。不过后来的事实证明，这位女士并不是胆小鬼，她的反战理念贯穿了她的一生，对于二战之后的朝鲜战争和越战，她也是一直坚持反对意见。越战打完，美国人民开始反战了，觉得这个女人很令人佩服，特意在国会大厦给她树立了一个铜像。

我们现在必须来讨论两个问题，第一个问题，日本为什么攻击美国？

这个问题其实前面已经说了一半，那就是日本在中国战场彻底陷入泥潭，没钱了。根据当时美国驻日本大使约瑟夫·C.格鲁写的《使日十年》这本回忆录，1941年，日本能拿出来的钱只有2万德国马克。这也是为什么同一年5月，美国的智囊战争经济局对美国政府提出警告，指出日本经济由于在中国大陆进行的战争已经快破产了，要防止他们扩大战争，抢劫其他地区的资源。

至于抢哪里？日本当时的选择有两个。

第一个选择是北上打苏联获得石油，但一次张鼓峰战役，一次诺门罕战役，日本关东军都被苏联和蒙古联军打得鼻青脸肿，退了回来，实践证明，这条路不靠谱。

日本人当时的第二个选择就是南下东南亚，获得石油、橡胶、锡、镍、铝矿砂和粮食，一试探，这比较容易，东南亚这些国家比较好打。也就在同一时间，德国在欧洲取得的巨大胜利也让日本倍受刺激，他们提出了"勿误良机""不要误了公共汽车"等口号，觉得此时正是侵占东南亚那些欧洲传统殖民地的大好时机。

但是这第两条路有一个大问题，那就是美国。暂且不说东南亚的菲律宾就是美国的殖民地，美国肯定要守护，就算是为了英国，美国也不可能让日本侵占了东南亚。很快地，美国就联合英国、荷兰，当然还有中国，对日本进行封锁，这就是当时所谓的"ABCD包围圈"，ABCD分别是美、英、中、荷四国的英文首字母。

1941年7月26日，小罗斯福总统直接下令，禁止对日本出口多项战略资源，包括石油和钢铁，并冻结日本在美国的资产。

在这种情况下，日本人只能和英、美进行谈判，英国和美国给日本开出了三个条件：撤出中国和越南，废除德、意、日三国同盟，不得承认重庆国民政府以外的中国政权。

后两个条件日本是可以答应的，但是第一个条件日本是万万不会答应的，千辛万苦占领了传说中国的一部分领土，怎么能吐出来？那时候日本甚至有"宁可放弃本土，也不放弃满洲"的说法。

所有日本高层都知道，和美国开战几乎是没有胜算的，甚至就连策划并发动了珍珠港袭击的山本五十六上将都说过这样的话："袭击珍珠港只能保证一年的战略优势，以后就很危险了。"

既然只能保证一年的战略优势，那为什么日本最后的决定是打，而不是撤呢？

实际上，日本人当时的如意算盘是，德国可以在一年之内拿下英国，进而从东线对美国造成压力，而它自己，在完全可以保障对美一年军事优势的情况下，迫使美国到时候和自己谈判，承认自己亚洲霸主的地位。

换句话说，日本人打美国是出于对德国盟友的信心，他们认为，只要德国拿下英国，占据欧洲，那么日、德东西夹击，美国必败。

但日本人千算万算，也没算到苏联能够死死地把希特勒拖死在苏德战场上。

无论如何，日本最后决定和美国开战，而山本五十六上将策划了一场完美的偷袭，从日本本土到珍珠港要航行6天，加上航母编队集结的时间，那就是半个月，把珍珠港炸了一个稀巴烂之后，日本海空军几乎是全身而退，这看起来似乎就是战争史上的奇迹。

美国是否知道珍珠港将被偷袭

一直到今天，还是有很多人质疑日本偷袭珍珠港这个奇迹，这就牵扯到第二个必须讨论的问题：美国是不是事先知道珍珠港即将被偷袭？

这个就很有意思了，如果你还记得美墨战争和美西战争的话，你就会知道，打墨西哥的时候，波尔克总统在国会上声称墨西哥"在美国领土上，让美国人流了血"，林肯当时质问他，你说说，在哪一块美国领土上？波尔克根本不理他，那就是一笔糊涂账。而美西战争之前，"缅因"号突然就爆炸了，到现在都说不清原因，但是当时那就是与西班牙开战的最好理由。

关于美国人事先是不是知道日本要炸珍珠港，我也没办法给你确切的答案，但是我可以把疑点列一下，你自己做判断。这些疑点有5条：

被袭击时，美国太平洋舰队的3艘航空母舰及22艘其他重要军舰均不在珍珠港。

被袭击之前，美军突然向珍珠港调派了大量的医药物资和医护人员，并取消星期日的海军休假。

被袭击之前，珍珠港的战斗机被分散到小飞机场，主飞机场的机库内几乎没有飞机。

被击沉的军舰在两个月内就得到了修复，看起来是早有准备，零件和技师应该早就到位了。

据说，被袭击之前，英国首相丘吉尔11月26日给小罗斯福的电报是迄今为止二战唯一一个没有解密的电报，理由是"国家安全"。美国的威廉·恩道尔在他的书里就说，这封电报是丘吉尔告诉小罗斯福日本即将偷袭珍珠港的预警，而小罗斯福的反应是遣散了珍珠港舰队的空中防御，以"确保日本偷袭成功"。

06 四巨头携手

日本炸掉了珍珠港之后,马上趁热打铁,展开了对东南亚飓风一样的扫荡,可以这么说,所到之处,英美军队溃不成军。

两大阵营的对决

在1942年上半年的时间里,日本相继攻取了菲律宾、马来半岛、荷属东印度、关岛、英属婆罗洲、香港、俾斯麦群岛等等。美国节节败退,大英帝国的海军也被彻底赶出了太平洋,山本五十六的估计完全正确,日本确实是在战事开始之后保持了相当长一段时间的战略优势。

你要是问,这时候美国本土的人还不赶紧去增援太平洋?你可能猜不到,他们在挖防空洞。这不是笑话,也许大家对战争早有预料,但应该是绝对没想到日本畸形工业发展支撑下的海军有这么强大的爆发力,美国人在一开始的义愤填膺之后,有点被打蒙了。

日本的一些战机甚至开始对美国西海岸进行空袭,而且当时还有传闻说,日本就要在北美登陆了,吓得美国人赶紧做起了在本土开战的准备。

这个传闻是不是真的呢？

简单的回答就是半真半假。根据史料，当发现战争进程很顺利的时候，日本军部高层出现了两种意见，一种是按照原定的方案，占领东南亚，以逸待劳，消耗美国的资源，最后等欧洲局势发生变化之后，逼美国谈判；第二种意见就是被一连串的胜利给刺激了，有人提出了进攻夏威夷，以此为跳板，从而攻入美国本土，尽早逼美国谈判。

这第二个方案就是美国人开始修防空洞的原因。

不过，日本人不久就放弃了这个想法。不要说美国的版图和中国差不多大，以日本的实力根本不可能占领，就是尝试一下，都需要无比强大的海上补给线，在中国已经深陷泥潭的日本，当时要进行这个规模的远征，无论人力物力，都是不可能完成的。

有意思的是，继美国对日本宣战之后，和日本打了多年的蒋介石政府马上于1941年12月9日也对日宣战，这当然不是他以前忘了，现在突然想起来了，而是在这之前，日本也没对中国宣战，蒋介石自然不会在美英两国没卷入对日战争之前，主动单方面把宣战的口实交到日本人手里。

同一年的12月11日，德国和意大利正式对美国宣战。到这时，第二次世界大战的两大阵营才算是彻底形成。

有关第二次世界大战的史料里经常说，将近100个国家卷入了这场战争，实际上真正能数得上的就8家，同盟国这边的中、美、苏、英、法，轴心国那边的德、意、日。其中法国十几天就投降了，后来也没什么大动静，意大利则是谁都可以欺负欺负它，剩下那6家，美、英、苏、中和德、日才算是死磕。

1942年1月1日，同盟国的4个主力，中、美、英、苏召集了26个国家，一起发表了一份宣言，史称《联合国共同宣言》，号召全世界"战胜敌人以捍卫生命、自由、独立和宗教自由"，这就是现在的联合国的雏形。

美国正式加入第二次世界大战之后，小罗斯福马上开始了全国总动员，规定美国从18岁到64岁的男子都有义务服兵役，他准备拉一支1000万人的军队，这个数字应该和德国全盛时期的军队总数差不多。这一次，美国征兵还算是顺利，甚至后来到战争结束的时候，美国的军队总数是1100万人，足以威慑任何一个国家。

整个二战期间，美国的战场有两个，我们分开来说，先说欧洲这边。美国人选择的介入点是在北非，也就是非洲北部。

你也许会问，人家在欧洲打仗，美国跑到北非做什么？

首先，德国为了和英、法争夺非洲殖民地，早就把战场扩大到了北非；其次，美军那时候不敢和德军硬碰硬地在欧洲死磕，能不能打赢先不说，想想可能付出的牺牲，小罗斯福就承受不起。就算是这个北非登陆，美军总司令艾森豪威尔将军也是一直等到了1942年11月，才开始正式行动，为啥？那就要看看这之前发生了什么。

一个月之前，1942年10月23日，英国的司令蒙哥马利率领着20万英联邦的军队，彻底打败了"沙漠之狐"隆美尔指挥的10万德军，德军在北非陷入了被动防御的境地，这就是二战非洲战场的转折之战，第二次阿拉曼战役。

而在苏联战场上，1942年7月17日，惨烈的斯大林格勒保卫战开打。在那个城市里，几乎全都是巷战，用德国士兵的话说，这场战争最可笑也是最悲壮的就是"占领了厨房，却要争夺客厅"。到1943年2月，这场战争以苏联的胜利而结束时，双方死伤200万，创造了人类历史上单次战役伤亡最多的纪录。也就是这次战役之后，德军在苏联战场上开始转入全面战略防守。

正是因为阿拉曼战役的胜利以及斯大林格勒战役的全面开打，激战正酣，才导致1942年11月8日艾森豪威尔将军指挥美军在北非三个地点同时登陆——这时候登陆北非，安全系数绝对是最高的。美军选择的这个时机，几乎是整个二战期间美军派遣地面部队进入北非和欧洲的最好时机。

美军在北非登陆之后，一切战役都很顺利，最大的收获应该是，他们学会了如何两栖登陆作战。这场号称"火炬行动"的登陆战只持续了两天，但是，随之而来的北非的反攻行动却一直持续到1943年5月6日，随着24万德国和意大利军队的投降，整个北非已经没有了轴心国的军队，他们全部撤到了意大利半岛。

随后，在1943年7月9日，以美军为首的盟军开始在西西里岛登陆，岛上有大概20多万的德意军队。这场战争中，盟军有一个巨大的失误。如果你看地图，你就知道，西西里岛和意大利半岛的关系，就像是我们的台湾岛和大陆的关系，如果你进攻这个小岛的目的是为了将来进攻大陆，那就必须封锁海面，不能让敌军逃回大陆去。可是，盟军只是进攻了西西里岛，没有同时进攻意大利南部以达到封锁海面的目的。战争的结果是，希特勒成功地从岛上撤出了10余万精锐和近10万辆车，这些部队后来当然造成了盟军更大的伤亡。

1943年9月8日，轴心国的花瓶国家意大利投降了。10月份，意大利正式反咬一口，对德宣战。

随着北非的胜利和意大利的投降，盟军下一个目标自然就是彻底登陆欧洲，然后和苏联左右夹击，打败希特勒。

胜利的曙光和蛋糕

在这个时候，同盟国已经看到了胜利的曙光，很自然的，在曙光之下，还有一个堆满了奶油的蛋糕。美、中、苏、英的领导人都觉得有必要见个面，聊一聊，下一步怎么办，这么大的蛋糕怎么分等等这些问题。

一般人提起同盟国，就说是美、苏、中、英，为什么不提法国、加拿大、澳大利亚等等？那些国家也都参战了，难道它们的贡献不如中国？

简单的回答就是：是的，不如！

中国战场的作用性不容低估，就像小罗斯福1942年2月的炉边谈话里说的那样："（中国）在将近五年的时间里，顶住了日本的进攻，歼灭了几十万日本军人，消耗了大量日本军需。"他认为中国战场是阻止日德中东会合的主要因素。

无独有偶，丘吉尔也说过类似的话："（日本）会导致我方在中东的全部阵地崩溃，能防止上述局势出现的只有中国。"

所以，中国是二战同盟国"四巨头"之一，当之无愧，这是一个历史事实，是无数中国人用鲜血换来的。

开罗会议主要讨论亚洲问题，再具体地说，就是如何彻底打趴下日本，其中最重要的就是如何在缅甸作战的问题，以及打败日本之后如何惩治它。

这个会议最核心的决议就是两个：第一，日本必须无条件投降；第二，朝鲜应

图4-5 开罗会议期间蒋介石、罗斯福和丘吉尔的合照，1943年11月25日

该独立，东北地区以及台湾和澎湖等岛屿应该归还给中国。也就是说，日本必须吐出自第一次世界大战以来武力占领的所有领土，这个就是后来人们说的《开罗宣言》的主要内容。

小罗斯福开完了开罗会议，马不停蹄赶到了德黑兰。这一次参会的只有英、美、苏三个国家。在这个"德黑兰会议"上，最大的一件事就是终于确定了1944年5月前盟军在欧洲登陆开辟第二战场。

第二战场？如果你一头雾水，疑惑哪里是当时欧洲的第一战场？答案就是：苏联境内。

说起这个事儿，斯大林真是挺无奈的，从1941年开始，整个欧洲大陆就剩苏联一个国家和德国死磕，剩下的所有国家除了英国躲在那几个岛上和德国互相扔炸弹，其他全部投降或者被占领。

斯大林从1941年9月开始，就一直请求其他国家登陆打仗，可是没人理他，英国曾经派出9000个人搞所谓的登陆反击，也就是渡过英吉利海峡，登陆欧洲大陆打德国。9000人，那简直就是开玩笑，结局自然是很惨，9000人阵亡8600多人，死亡率高达96%，剩下的大多数失踪。

之所以大家迟迟不登陆欧洲，这自然是因为德国陆军很强悍，大家觉得不是对手，还有一个原因，那就是丘吉尔的强烈反对。

本来美国人早就拟定了一个"霸王行动"，也就是盟军在欧洲登陆和德国直接作战的计划，可丘吉尔用各种理由阻挡这件事，他的目的也是"司马昭之心路人皆知"，就是想看着德国和苏联像绞肉机那样互相消耗，最好让这俩家伙打得从此再也没力气站起来，才能保证大英帝国战后在欧洲一枝独秀。

前面说过，丘吉尔发过牢骚，说美国人坐视大英帝国和德国互相消耗，那他反对这个"霸王计划"的目的可以说是和小罗斯福一模一样的。

不过，这一次在德黑兰会议上，小罗斯福都没怎么劝，丘吉尔就转向了，他完全同意盟军要尽快开辟第二战场。

这当然也是有原因的，因为这时候苏联已经开始全线反击了，再不登陆作战，斯大林就独吞欧洲了。不过，虽然丘吉尔同意开辟欧洲第二战场，但他也提出了另一个方案，让盟军从巴尔干半岛进入欧洲，等于是让大兵们绕路进攻当时德国占领的欧洲。

小罗斯福和斯大林一下子就看出了他的目的，丘吉尔想用这种办法阻止苏联进入欧洲的中心地区，用盟军阻隔苏联向德国进攻的脚步，这一次，小罗斯福总统坚定地支持了斯大林，否决了丘吉尔这个绕路的提议。因为他也必须为美国大兵考虑，如果绕路进攻欧洲，苏联进攻的脚步是缓了下来，可是美国要多牺牲多少士兵，那就不知道了。

总之，德黑兰会议就是在这三位大佬各怀私心的争吵之中，达成了一个1944年5月开辟第二战场的协定。

顺便说一句，除了登陆欧洲这件事，德黑兰会议还确定了"联合国"的正式名字，以及后来对美国很重要的伊朗独立问题。

07 诺曼底成神，"雅尔塔"分蛋糕

同盟国开完会之后，时间就到了1944年，经过半年多的精心准备，从6月6日这一天开始，近300万同盟国士兵横渡英吉利海峡，在法国诺曼底海滩地区实施登陆作战计划，史称"诺曼底登陆"。当时的军事代号是"海王星行动"，或者叫"D日行动"，是整个欧洲反攻计划"霸王行动"的一部分，而且是第一部分，只能成功，不许失败。

诺曼底一战成神

这场战争可以说是毫无悬念，300万盟军来登陆，德国有多少士兵防守呢？最多35万，那是无论如何都挡不住的。小罗斯福是什么人？世界上最精明的生意人，如果不是笃信会成功，又怎么会大张旗鼓地押上美军士兵。

盟军的第一天登陆总体上顺风顺水，只有1万人左右的伤亡，确认死亡的才4000多人，不过，"美国人作为救星来了"，这意义实在太大，它还是被后世极力宣传，也被拍成了很多电影电视作品，这里面就包括著名的《兄弟连》，描写盟军战争之艰苦。

图 4-6 诺曼底登陆场景

据美国人后来说，当时率先登上滩头的只有美国大兵，其他盟军的士兵或者被干掉了，或者贪生怕死落在后面，那既然英国人和法国人都从来不反驳这个说辞，我们现在就只能这么相信，是美国大兵率先登上了欧洲大陆，开始对德军进行反击。

诺曼底登陆成功之后，盟军一路高歌猛进，而且以英国为基地，展开了疯狂的战略轰炸行动，目的就是粉碎德国主要城市的基础设施，以及切断它所有的石油供应。

至于说德国的老百姓，这时候是顾及不到了，在盟军看来，为了自己国家少死一些士兵，德国多死点儿人绝对是情理之中的。战后统计，盟军一共投弹 270 万吨，造成德国 100 万平民死亡，750 万人无家可归。

这期间，除了 1944 年 12 月到 1945 年 1 月发生的阿登反击战之外，其他战役，盟军基本都是顺风顺水，一路痛打落水狗的架势。

阿登战役可以说是德国对英美盟军最后的疯狂反击，投入了 60 万军队，一度反攻了将近100公里，但是并没有达到事先计划的战略目的，没有把盟军一分为二，也没有破坏盟军的补给线，双方最后损失多达16万人，其中盟军方面主要是美国在作战，伤亡7万人左右。

随着苏联在东线的节节胜利，西线的阿登战役也进行不下去了，德国的败局已被锁定。

1944年也是美国的大选年，小罗斯福毫无意外地第四次当选为美国总统，既然已经打破惯例，干了三届了，那再多干一届也不是什么大不了的事情，况且二战正酣，如果这时候政策有变，那对于美国是致命的。

小罗斯福亲自选了一个副手，哈利·杜鲁门，实际上，无论是当时美国高层，还是小罗斯福自己都预感到总统的身体可能不行了，也许支持不到干完这一届，杜鲁门就是为了延续小罗斯福的政策而被选为副总统的。

美国政坛上很多出名人物都和美国传统政治家族有着千丝万缕的关系，这位哈利·杜鲁门是第十任美国总统约翰·泰勒的曾外甥。如果你不记得约翰·泰勒了，我可以提醒你一下，就是美国历史上第一位因为总统逝世而接任总统职位的总统。而他的曾外甥杜鲁门也和他当年一样，因为总统去世而走上最高权力宝座。

"雅尔塔会议"详情

1945年2月4日到2月11日，一次对后来世界历史影响深远的会议召开了，参加会议的有小罗斯福、斯大林和丘吉尔，由于这次会议是在苏联的雅尔塔这个城市召开的，后来就被叫作"雅尔塔会议"。

雅尔塔会议制定的战后世界新秩序和强国的利益分配原则，就被称为"雅尔塔体系"，这个雅尔塔体系一直存活到苏联解体，现在对世界还有很深的影响。

首先，我们要明白为什么这次开会蒋介石没有去，作为中国战区的总司令，难道他没有这个资格吗？

实际上，蒋介石没去成雅尔塔，答案有两点，一是这次会议斯大林必须参加，他是"四巨头"里实力排名第一的，而斯大林不愿意让蒋介石参加；二是小罗斯福对他也有不满。蒋介石的国内政策和军队腐败让这位一直支持他的美国总统对他相当失望，加上当时欧洲德国失败已经是事实，美军已经掌控了太平洋战场的主动权，中国战区的作用不是那么大了。所以，明白了这两点，你就知道，从这时候开始，蒋介石和他代表的中国逐渐被边缘化了。

图4-7 雅尔塔会议中的"三巨头"：丘吉尔、罗斯福和斯大林

在这次会议进行的时候，苏联元帅朱可夫的部队已经打到了德国柏林郊区了，所以斯大林是极其霸道和嚣张的，最后定下来的协议对苏联也是非常有利的。

我把这个协议分为四个重要内容，一个一个来说。

第一，德国将首先被英美苏法分为4个占领区，再由一个叫作"德国分裂委员会"的机构决定，是不是要把德国分为6个小国家的问题。

至于说赔偿，那是自然要有的，大家一致同意瓜分德国的全部黄金储备和工业基础。顺便多说一句，总有人说如果没有美苏冷战，德国也不会被一分为二。其实要我说，那样德国确实是不会被一分为二，因为它很有可能被一分为六，这才是雅尔塔协议本来的意思，只不过由于美苏冷战爆发，一道柏林墙形成了两个德国，让它避免了被分成6份的命运。

第二，把东欧拆分合并形成若干小国，苏联随后把这些小国都揽入社会主义的大怀抱，它们基本都变成苏联的附庸国和卫星国，形成了一个在苏联外围的巨大缓冲区。这一点英国是非常不满的，但是那也没办法。

第三，苏联打完德国出兵日本，这是小罗斯福的要求。其实，战后几乎所有总结里，都认为小罗斯福这是非常失策的，因为苏联的出兵间接促成了中国内战和朝鲜分裂。

但我这里要为小罗斯福辩解一下，当时的他没想到美国可以很快造出原子弹，日本陆军当时那是相当顽强，宁死不降。按照美国参谋总部的推算，再牺牲100万美国大兵也不一定能拿下日本，所以，除了恳请苏联出兵，他也没什么好的选择。但苏联就因为这个原因，狮子大开口，直接要了千岛群岛，中国大连、旅顺及其铁路沿线，并且要求外蒙古独立。

这里面除了中国后来拿回旅顺、大连和旅大铁路之外，剩下的千岛群岛，到今天俄罗斯和日本还在扯皮。外蒙古，也就是蒙古国，估计更是很长时间都回不来了。

第四，联合国确定"五大安全理事会常任理事国"，大家现在都知道，这五个国家是美、苏、英、法、中，苏联的投票权现在变成俄罗斯的了，这几个国家有一票否决权。

所以，这五大理事国的权力极大，实际上，小罗斯福在和斯大林谈话的时候已经明确说了，这几个国家就是"世界警察"。

美、英、苏三国自然是毫无异议的"世界警察"，这个章程就是他们三个制定出来的，那么，为什么法国和中国会有这么大的权力？

实事求是地说，一开始，斯大林是完全反对中国和法国加入的，他瞧不起蒋介石，而且他和小罗斯福那时候都没想到后来的中国会改天换地，他俩都认为蒋介石会完全倒向美国，这对苏联自然是没啥好处。

至于说法国，在斯大林看来实力弱，和英国走得还很近，自然也是不能入眼的。但是丘吉尔和小罗斯福也不笨，如果法国被排斥在外，单凭一个英国，怎么可能在欧洲制衡苏联？在他们的坚持下，法国算是过关，抢到了一顶"世界警察"的帽子。

但斯大林还是不想给中国这个权限。小罗斯福就说了：我给你中国的旅顺和大连这两个港口，如果你还不同意，这个会我就不开了。在这样的情况下，斯大林最后终于同意让中国也在战后当这个"世界警察"。

有一点小罗斯福看得很准，那就是别看当时中国弱，但其一旦成长起来，完全可以成长为美国在亚洲制衡苏联的棋子。

以上就是著名的"雅尔塔协议"的主要内容，因为这个会开得很秘密，所以又叫"雅尔塔密约"。

说白了，就是一个分蛋糕的大会，苏联得到的蛋糕最大，牺牲了很多小国的利益。并且美、英、苏三个大国随意地处置领土和边境问题，往往是一个小小的美国绘图员，在地图上用铅笔和格尺画一条笔直的横线，一个世代居住在一起的民族就被分成了两个甚至三四个国家，这留下了很多隐患。

从协议内容你也能看出来，中国当然也是被牺牲的，更欺负人的是，2月份开的会，一直到6月份，蒋介石才得到消息，力争无效，最后只能在8月份亲手签了《中苏友好同盟条约》。这个条约一签，外蒙古，这份元清两朝给中国带来的"陪嫁"，从此就算是从中国独立出去了。

小罗斯福辞世

雅尔塔会议于2月12日结束，小罗斯福当天就飞到了埃及，并且登上了美国在那里的一艘巡洋舰"昆西"号，就在这条船上，他会见了埃及国王法鲁克一世和埃塞俄比亚的皇帝塞拉西一世。

到了2月14日，他也浪漫了一次，和一个戴头巾的人一起吃饭聊天，但这个戴头巾的人是一个大老爷们，名字叫阿卜杜勒·阿齐兹，是新成立不久的沙特阿拉伯国王，这次会面是有着历史意义的，对于美国和沙特到今天还保持的盟友关系奠定了坚实的基础。

稍后，罗斯福又见了一次丘吉尔，然后与美国驻英、法、意大利大使会谈，一直忙活到2月末，才回到美国，接着就去国会汇报工作，然后又开始准备联合国成立大会等等。

这时，小罗斯福的身体早就不堪重负，甚至在雅尔塔的时候，丘吉尔的医生莫兰勋爵就说："我认为他（小罗斯福）只能活几个月。"

1945年4月12日，为美国操劳了十几年的小罗斯福，就在即将看到他所做的一切化为美好的果实之前，突然头疼发作，到了晚上，就因为大量脑淤血去世了。

这是一位对于美国有着非凡贡献的总统，我个人认为，虽然他的新政在后世争议很大，他的某些做法更是被诟病为违宪或者漠视民权，但是他在二战期间的表现对美国的帮助却是超出所有赞美之词的，此人选择的时机、做出的决定，总是让美国的利益实现最大化。

如果美国在1945年之后才在拉什莫尔山上凿刻总统的大头像，那么应该会凿5位，小罗斯福绝对有资格和华盛顿、杰斐逊、林肯还有他的远房堂哥老罗斯福一起在山上注视着整个美国。

《纽约时报》有篇社论在小罗斯福去世后是这样说的："从现在开始后的一百年，人们会跪下感谢上帝，赐给了他们富兰克林·罗斯福总统，带领他们渡过难关。"

这句评论我深以为然，富兰克林·罗斯福，绝对应该被美国人民所感激。也许，作为一名中国人，我们也应该对他表示感谢，因为某些鲜为人知的原因，小罗斯福在一些事务的决定中，对中国掺杂了一些个人感情。这种感情在开罗会议和雅尔塔会议上就有体现，可以说，二战之后中国之所以有了大国地位，他功不可没。

其实，这个鲜为人知的原因也不是不能曝光，这和他母亲和姥爷有关。

小罗斯福的姥爷名叫沃伦·德拉诺，1829年的时候在中国混过码头,到过汕头、广州,后来还到了汉口,赚到了100万美元。回到美国之后,他选择了投资铁路,结果失败了。1856年的时候,他又回了中国,赚起了黑心钱,就是买卖鸦片,并且在南北战争期间成为联邦政府在中国的代理人,也算是东山再起了,就把老婆孩子都接到了香港。所以小罗斯福的母亲是在香港度过少女时光的,能说一口流利的广东话。

也就是因为这个原因,小罗斯福小的时候家中就摆满了从中国带回去的纪念品,据说小罗斯福的第一本集邮册也是地道的中国货,所以,他从小就对中国有一种特殊的感情。

1933年他上台之后,就把对中国的特有感情贯穿到他的对华政策上。其中包括,专门派一位名叫卡尔逊的武官,去调查延安的情况。

1937至1938年,卡尔逊在华北、西北敌后抗日根据地做了两次旅行访问,和毛泽东也进行过两次长谈,他在给小罗斯福的信里写道:"中共控制的地区没有国民党统治区的那种失败情绪和腐败现象,中共的部队具有新的作风。"他还告诉小罗斯福,中国的共产党人既是社会革命家,又是真诚的民族主义者,他们渴望同美国合作打败日本。

对于小罗斯福来说,只要是真心打日本人的,他就觉得是自己人,基于这个原因,小罗斯福一直都希望国共两党能够合作,他曾经这样说过,"团结的中国力量"很重要,"如果从(太平洋)南方进军,每个月只能攻占一个岛屿……我估计要50年左右才能打败日本"。他非常希望以中国为基地发动陆地上的进攻,所以,他对中国共产党一直都采取了欣赏和合作的态度。

也正是这样,中国的国共两党都把他当作朋友看,他的去世,让两个政党一致悼念,现在重庆市还有一个"罗斯福图书馆纪念遗址",这座图书馆就是当年蒋介石为了纪念小罗斯福专门建造的。

小罗斯福去世后,远在欧洲的希特勒用另外一种方式歌颂了他的伟大,他欣喜若狂,歇斯底里地喊道:"我先前预料的奇迹发生了。现在谁说了算？我们还没失去这场战争！"希特勒喊几句口号是不解决任何实际问题的，因为斯大林还活着，就在小罗斯福逝世18天后，1945年4月30日，苏军攻占德国首都柏林，希特勒自杀。5月8日，德国在柏林签署无条件投降书，第二次世界大战欧洲战场以盟军的胜利告终。

关键战役：中途岛海战

夏威夷的珍珠港在1941年12月7日被炸了之后，美国人结结实实地过了一段担惊受怕的日子，甚至要在西海岸挖防空洞，以防备日本登陆美国，美国人在惊吓之余，把11万日本第一代和第二代侨民全部关进了集中营。当时大多数日本侨民已经是美国公民了，甚至有些第二代侨民连日语都不会说，生下来就以为自己是美利坚公民，突然之间，就因为长着一张日本脸，遭到飞来横祸，被关起来了。

这件事是推崇"民主自由"的美利坚合众国的一个巨大耻辱，这些日本人的个人财产和经济损失不可谓不大，甚至可以说是天文数字。到了1988年，美国政府通过决议，允许每一个当年的集中营幸存者领取2万美元的政府赔偿，然后对此反省、道歉，并建立纪念馆。

1942年4月18日，为了提高士气，美国海空军搞了一次东京大轰炸，16架轰炸机，75名勇敢的飞行员，从航母上起飞，对着东京扔下了他们能携带的所有炸弹，炸死炸伤300多名日本人，最后这些飞行员全都在中国东海岸迫降。

为什么要迫降呢？因为那时候为了确保航母安全，不能离日本本土太近，而且飞机起飞之后，航母都要赶紧撤离，飞机加满了油也就只够炸完日本，到中国降落。

迫降之后，64名美国飞行员被中国农民救了下来，然后被送回了美国。

这次东京大轰炸，主要是为了复仇和提升士气。可是，它对日本却有着强大的心理震慑作用，日本人发现，原来，美国人也可以打到我们的本土，于是气焰收敛了不少。

一直到1942年5月，美国和日本才在太平洋上打了第一仗，史称"珊瑚海海战"。这场海战双方基本上算打了平手，所以，回去之后都对着国内媒体和民众自吹自擂，说自己胜利了，但是经过这场海战，有一样重要的东西同时被双方注意到了，那就是航空母舰。

前面说过，在二战开始的时期，战列舰比航空母舰要重要得多，因为大家一直认为，海战嘛，就是对着打炮，谁的炮大，谁就厉害，在这样的思想引导下，战列舰这种炮管子特别粗的军备自然深受大家喜爱，可是，"珊瑚海海战"让一些有识之士认识到了航母的优越性。

这个优越性可以用日本海军大将东乡平八郎的一句话总结："如果你的剑不够长，向前跨一步。"航母恰恰是可以让你向前跨一步的海上基石，而那把锋利的剑，就是可以在航母上起飞的轰炸机。

随后，一场二战历史上可以和斯大林格勒保卫战相提并论的海上大决战拉开了帷幕，这是一场决定太平洋霸权的战争，也是二战亚洲战场的关键之战。

1942年6月4日，袭击过珍珠港之后一直顺风顺水的日本人觉得美国人实在太狂妄了，居然敢和日本海军在太平洋上打仗，就决定发动一场海战，企图占领美国在太平洋上的一个重要基地，中途岛，由此爆发了著名的"中途岛海战"。

这场战争有两个关键点，一是美国人事先破译了日本的密电，知道了日本人将要攻击中途岛，所以，做了充分的准备工作；二是日本的运气相当差，比如美国航母"企业"号上的轰炸机飞错了方向，却阴差阳错地发现了日本舰队，神奇地完成了轰炸，再比如日本的航母在换弹药的时候，弹药在甲板上堆成了山，却正好碰见美国的飞机，以至于自己的炸弹把自己的航母炸了一个稀巴烂。

最后，这场战役以日本损失了4艘主力航母和200多架飞机告终，这对美国来说意义相当重大，首先，美国和日本缩小了海军实力的差距；其次，中途岛这个战略重地保留在美国人手里；最后，这对于美国和整个盟军的士气起到了不可估量的作用。

打仗重要的当然是国力和物资，但是士气也是不可低估的。日本已经在太平洋上横行半年多了，大英帝国的海军在一个回合之后就被赶出了太平洋，这样下去，那些小岛国加入"大东亚共荣圈"的倾向是成指数式上升，除了中国还在苦苦支撑，其他亚洲国家几乎完全成了日本的傀儡。但是，中途岛海战之后，美国人告诉大家，别慌，还有美国可以和日本对抗。那对于整个亚洲，起到的宣传鼓动作用是无与伦比的。

图4-8 中途岛环礁，1941年11月

所以，第二次世界大战，真正称得上关键之战的，是两场战役，一个是前面说到的苏德之间的斯大林格勒保卫战，另一个就是美日之间的中途岛海战，这两场战役只要有一场失败，都有可能对后面的局势带来深远的负面影响。

中途岛战役虽然很关键，却不像斯大林格勒保卫战那样，成为亚洲战场的转折之战。这一战之后，虽然双方的差距缩小了，但日本还占据着优势。那么，哪一场战争是太平洋战场的转折之战呢？

逆转和反攻

这就是随后发生的瓜岛之战，从1942年8月7日一直打到了1943年的2月，和欧洲战场的斯大林格勒保卫战几乎是同时在打，加上北非的第二次阿拉曼战役，号称"二战转折点三大战役"。

打了半年多的瓜岛战争包括了一系列的战役，最后的结果是日本损失了24艘战舰，800多架飞机，伤亡大概5万人；美国也损失了24艘战舰，但飞机只损失了200多架，人员伤亡1万多。

谁挨的拳头少算谁获胜，可以说美军取得了这场战斗的胜利，从此，在太平洋战场上，攻守易势，美军开始了反攻。

看看地图，我们会发现，无论是太平洋中间的中途岛，还是靠近澳大利亚的瓜岛，离日本本土都有几乎整整一个中国的距离，可见，当年日本畸形工业发展所催生出来的战斗力，只能用"恐怖"这个词来形容。

日本恐怖的海军军力后面，有山本五十六的巨大贡献，同样地，他也是当年美国人最憎恨、最想除掉的日本人。

1943年4月14日，瓜岛战役结束之后的两个月，美军找到了机会。据说是一个代号叫"魔术"的情报团体，截获并且破译了一份电报，电文上说，山本五十六在4月18日上午将飞抵所罗门群岛，看望瓜岛战役失败的日本军队，详细到几点几分起飞，什么时候降落，护航的是什么机型，都列在了上面。

事后有人说，这肯定不只是破译电报那么简单，应该是美中两国情报部门合作的结果。

无论如何，小罗斯福总统当即下令，除掉山本五十六！美国的太平洋海军司令尼米兹上将亲自参与制订了计划，这个计划中最关键的，也是最不确定的，就是时间问题，经过计算，当时美国航程最远的P-38闪电战斗机，最多也只能在预定地点盘旋20分钟，如果看不见敌机，只能前功尽弃地返航。

关键时刻，日本人相当守时，山本不听参谋们的建议，坚持按照预定时间出发，把自己送上了不归路。

美国的16架P-38终于没白忙活，一场空战，山本五十六座机坠毁，他本人在飞机掉下去之前已经中弹身亡，飞机也没爆炸，尸体保存得相当好，依旧保持着坐姿并手按武士刀。

之后的事情就很有意思了，日本默不作声，美国政府告诉新闻媒体：我们的一个士兵这天早上登高一望，看见山本五十六登上了飞机，我们临时就有了一个想法，派几架飞机去试试，结果事情就发生了——这当然是为了保护谍报系统。

在这之后，美日两国大规模的海上战役就暂时停止了，日本又重新在陆地上对中国、印度和缅甸加快了进攻节奏，并且在1944年底，成功地把印度和中国连了起来，准备在陆地上和对手一决雌雄。

但基本上它的折腾也就到此为止了，随着欧洲战场盟军的节节胜利，小罗斯福开始往亚洲战场不断投入盟军，从海上对日本施加越来越厉害的挤压。

陆地上，英、美、中三国开始在缅甸进行反击，尤其值得一提的是，中国方面组织了一场被称为"湘西会战"的战役，这场战争以中国胜利告终。

虽然胜利是重要的，但更重要的是，这场战争里，中国士兵伤亡2万人，而日军伤亡居然达到了1.5万人以上，这是从来没有过的。装备和人员素质都占据明显优势的日本军队，从来没有在和中国军队正面硬碰硬的战斗中吃过这么大的亏，这说明日军无论从物资装备和人员心理方面，都已经开始走下坡路了。

在美军对日本的反攻中，发生在1945年2月的硫磺岛战役和4月的冲绳岛战役是必须要介绍的。

先说硫磺岛战役。日本人打得极为顽强，2.2万余名士兵除了几百人受伤被俘之外，全部战死，当时日本称之为"玉碎"，这种悍不畏死的打法，给美国士兵的心理埋下了第一层阴影。

也就是在这次硫磺岛战役中，美军的随军摄影师还拍下了胜利时几名美国大兵在岛上折钵山竖起美国国旗的场景。这张照片后来广为流传，很多邮票、雕塑绘画等艺术品都用了这张照片做原型，而后来每一次关于二战的演讲和纪念活动，一般也少不了这张照片。

再说说冲绳岛战役。

冲绳岛位于琉球群岛，是其中最大的一个岛，到了这里，离日本本土只是一步之遥了，日本人当然要誓死抵抗，于是，一支"神风特攻队"诞生了。所谓"神风特攻"极其凶残，就是飞机上装满炸药，然后从高空向下自由落体，摔在敌人军舰的甲板上。那时候没有无人机这样的武器，只能靠着飞机上的驾驶员操纵着飞机的方向，尽量准确地撞在美国军舰上，执行任务的都是年轻的飞行员，也都知道这是一去不回的任务。可是从那个时代留下的影像来看，几乎个个都很坦然。

那么它为什么叫"神风"呢？这是因为13世纪的时候，蒙古人曾经试图攻占日本，结果两次都被台风吹了回去，自那时候起，日本人就把台风当神供着，有事的时候就把神风请出来，希望逢凶化吉，但这一次，明显地，神风也无能为力了，最终并没有阻挡住盟军的脚步。

不过，这种自杀式的攻击当时也是令每一个美国海军士兵都心惊胆战，一名叫布朗的将军事后带着哲学家一般的思考这样写道："这样一个如此地与我们西方哲学所背离的场景，它所带来的是一种催眠般的入迷。我们不像是攻击的受害者，倒像是怀着某种冷漠恐惧的目击者，以观看一幕令人惊叹的奇观的心情，目睹每一架神风飞机下冲。那一刻我们忘了自己，唯在思索着天上的那一个人是怎样的心态。"

冲绳岛战役的惨烈在第二次世界大战也是有名的，大约8.4万名美军伤亡，超过10万名日军战死或者自杀，据说，还有2万多日军在弹尽粮绝之后，把洞穴炸毁，将自己活活封死在山洞里。

如果说硫磺岛的日军"玉碎"带给了美国人第一层心理阴影，那么冲绳岛的"神风特攻队"就带给了他们第二层阴影，这次战役之后，有1万多名美国军人不得不因为严重的心理问题而退役。

战争如果一直这样打下去，谁都可以想象，当盟军攻入还有超过7千万日本人的日本本土时，要搭上多少美国军人的性命，这也是雅尔塔会议上小罗斯福一直希望斯大林答应对日作战的原因，为此他不惜牺牲任何其他国家的利益。

就是在这种背景下，1945年7月16日，小罗斯福去世之后的第三个月，在美国新墨西哥州的大沙漠上，升起了一朵蘑菇一样的云彩，十分炫目，但不幸的是，人类从这个时刻起，就把自己置于随时可以自我毁灭的处境里——是的，美国终于研制出了原子弹。

两颗原子弹的爆炸

提起原子弹，就不得不提阿尔伯特·爱因斯坦，人类历史上最天才的理论物理学家，他独自创建的相对论，是现代物理学的"两大支柱"之一。另一根柱子，量子力学，也是很多科学家在和他的争论当中诞生的，甚至"量子力学"这个名字都是爱因斯坦取的。

爱因斯坦本来是德国的犹太人，1933年，他到美国来游学，那一年正好希特勒上台，当上了德国的总理。爱因斯坦预测到未来纳粹极有可能会大量残酷地杀害犹太人，当即决定暂不回国。这一年的10月，爱因斯坦成为普林斯顿高等研究院的常驻教授，1940年，他正式加入了美国国籍。

在来到美国之前，爱因斯坦基本上已经完成了他一生中那些最伟大的发现，所以他被当时大部分科学家推崇并且尊重，声望很高。所以，1939年一些流亡在美国的德国科学家得知德国的一些学术动向之后，就找到他，说大事不好了，希特勒那家伙在研制原子弹，要是让他先研制出来，我们会一起毁灭。

爱因斯坦听说了德国研制原子弹这件事，赶紧联合了其他几位有名气的科学家，给小罗斯福总统写信。

小罗斯福这种精明的人，自然知道这件事的重要性，于是，从1939年开始，美国就开始了原子弹的秘密研制工作，一开始用的名字是"代用材料项目发展研究计划",后来改名为"曼哈顿工程区计划"(简称"曼哈顿工程"),听起来好像是一个工程建设项目,这多多少少可以迷惑局外人。

在原子弹这个项目上,英国人起步也挺早,至少比美国人早,所以当时美国人邀请英国一起研究。骄傲的英国人当时还不想和美国人分享技术和成果。到了1942年7月,丘吉尔就发现,英国虽然有点技术,但根本没有足够的人力和物力进行原子弹的进一步研究,就和小罗斯福在原子弹合作上签了一个非正式协议,接着在没有支付任何资金和技术的情况下,要求实质性控制美国的"曼哈顿工程"。小罗斯福断然拒绝。

1943年8月,英国人终于认识到,他们早就不是原来那个不可一世的大英帝国了,这才拿出技术,两国签订了"魁北克协定",同意合作。

整个"曼哈顿工程"前后雇用了超过13万名工作人员,最后花费了将近20亿美元,相当于2014年时候的260亿美元,在横跨美国、英国和加拿大三国的30多个城市都有研究室。可是,在十几万工程技术人员当中,只有12个人知道他们干的到底是什么工作。

科研带头人有两个,意大利人费米领导建造了核反应堆,另一个犹太人奥本海默领导了整个科研团队,他们两位功勋卓著。

到了1945年,当科研人员告诉当时的美国总统杜鲁门,他们成功制造出三颗原子弹,准备开始试验的时候,杜鲁门很激动。当时他正要主持召开波茨坦会议,主要是商量着怎么鼓动苏联打日本的问题,现在听说原子弹快好了,他马上决定,把会议时间向后推迟一点。原因不是他要在国内主持试验仪式,而是他要让原子弹爆炸的时候,自己正好在波茨坦开会,这样,可以炫耀一把,当然,最重要的是,可以压一压苏联的要价。

7月16日这天,原子弹成功引爆之后,杜鲁门在会议上小声地对斯大林说:我们美国有了一种"威力极大"的炸弹,一个炸弹可以毁灭半个城市。斯大林面不改色地回应：那你把它用在日本吧。

实际上，以苏联情报部门的无孔不入，他们自然是知道这件事的，早在1942年，苏联就通过它驻英国大使馆的特务克列梅尔了解到，英国和美国可能在进行原子弹的研究。到了1944年5月，苏联间谍亚当斯更是获得了2500页美国核计划资料和核材料样品，并且以最快的速度呈报到了莫斯科。所以，对于杜鲁门所说的"大炸弹"，斯大林可谓是心知肚明。

1945年7月26日，中、美、英三国发表了《波茨坦公告》，内容只有一个，敦促日本投降，用公告里的话说就是"你们即将被迅速而完全地毁灭"。这句话的背后，当然是杜鲁门总统对原子弹的极大信心。

当时的日本国内知道失败是必然的结局，那些大权在握的家伙们讨论来讨论去，最后给波茨坦公告的回应却是"不予理睬"，声称"宁可坚持战斗到最后一个人，也不能无条件投降"。

日本人当时的想法是，只要横下心来抵抗，说不定盟军最后承受不起牺牲，那条件呢，就可以松动一下，无条件投降既是一种屈辱，也意味着利益上的巨大损失，当然是能不接受就不接受。

而在美国，已经有一些美国科学家联名写信给杜鲁门，说日本的失败已经是定局，请不要使用原子弹，这里面就包括了"曼哈顿工程"的第一号功勋人物，被世界称为"原子弹之父"的奥本海默。

但是，科学家的话这时候已经不管用了，在从波茨坦回美国的路上，杜鲁门下达了命令："去投掷那颗大炸弹吧，现在没有任何选择的余地了。"

杜鲁门下这个决定的背后有两个原因，第一个自然是要迅速取得战争胜利，减少美军伤亡；第二个就是英国科学家帕特里克·布莱克特1948年在其《恐惧、战争与原子弹》一文中说的，美国急于赶在苏联向日本宣战之前投下原子弹，这样，日本人将向美国而不是向苏联投降，美国人才能成为战后日本的占领者。

1945年8月6日早上8点15分，日本广岛，人类历史上第一枚用于战争的代号"小男孩"的枪式原子弹，在这里爆炸，当场造成广岛10多万居民死亡，要知道，广岛一共才30万人口。

8月8日，苏联对日本宣战，旋即百万苏联红军进入中国东北，给予日本关东军毁灭性的打击，兵败如山倒，日本兵几乎是毫无还手之力。

苏联人本来一直都想看着美军和日军搏杀，最后捡一个大便宜，就如同当年美国看着英、德死磕，英国看着苏、德互殴一样，可是现在美国人"哐当"一声，在广岛扔了一颗大炸弹，一看那威力，就算是苏联人不出手，日本也要完了，那再不上场，估计苏联在东亚就彻底丧失了话语权。为了分一块蛋糕，苏联军队以闪电一样的速度冲进了中国战场。

8月9日，美国B-29轰炸机在长崎上空投下了另一枚收聚式原子弹，这枚原子弹代号"胖子"，导致长崎市近4万人当场死亡，在随后几天，大概有14万人哀号着死去。

前面说过，美国一共只研制了三枚原子弹，那颗代号"小玩意儿"的用来做实验了，剩下的"胖子"和"小男孩"投给了长崎和广岛，美国人手里现在是一颗也不剩了。但只要我们都不穿越回去告诉日本人，他们当时是不知道的，日本人一下子就被打蒙圈了，这炸弹，一颗下来，半个城市就没了，自己死了20多万人，对方零伤亡，那要是美国人扔个几百颗，整个日本就没了。于是，1945年8月15日日本标准时间中午12点，裕仁天皇通过广播宣布日本投降。

爱因斯坦在晚年曾经非常痛苦地说："我一生最大的错误，也许就是送给罗斯福总统的那封信。"实际上，这种忏悔没什么意义，因为即便是美国不研究出来，德国、英国也会研究出来，即便是德英两国在二战结束之前没有研究出来，二战结束之后，某个大国也会研究出来。可以这么说，人类的贪婪和野心注定了原子弹一定会被研究出来。

到了今天，包括原子弹在内的核弹家族已经相当地庞大，毫无疑问，各大国之间的核威胁已经形成了一种恐怖的"核平衡"。

刘慈欣的小说《三体》里有一个说法，叫作"威慑时代"，也就是地球人手上握着同归于尽的按钮，让三体人不敢轻举妄动，仔细想想，我们今天的世界不就是这样的一个"威慑时代"吗？

08 战后"铁幕"贯欧亚

1945年8月15日,日本宣布接受《波茨坦公告》,正式无条件投降,这个日子在日本叫作"终战日",韩国、朝鲜和一些曾经被日本完全占领的亚洲国家把这个日子定为"光复日"。

对于美国来说,除了珍珠港被偷袭,它可没受日本人欺负。所以美国人纪念的是另一个日子,那就是半个月后的9月2日,日本在美国军舰"密苏里"号上,正式向同盟国递交投降文书,这一天在美国被称为"对日战争胜利纪念日"。

同样地,作为同盟国的一员,中国,这个一直坚持下来,没有屈服的国家,也把9月3日,日本投降仪式的第二天定为纪念日,称为"中国人民抗日战争胜利纪念日"。

第二次世界大战以同盟国的彻底胜利而结束了。

联合国的诞生

如果你还记得前面说过的第一次世界大战,你应该知道,美国人那时候仅仅是一个参与者,他们的威尔逊总统当时跑前跑后,更像是一个为英、法服务的管家，而且，美国人那次几乎是白白地辛苦了一场，除了前期做生意赚了钱，后来死了几万人，好处几乎是一点也没捞到。

可是，这一切到第二次世界大战之后就全然不一样了。1945年，欧洲打了个稀巴烂，亚洲也差不多，唯有美洲大陆，几乎是毫发无损，美国结结实实、痛痛快快地发了大财，战后的工业产值稳居世界第一，占世界总产值的64%左右，除此之外，黄金储备上升至200多亿美元，世界上近80%的黄金都在美国。这么多的黄金，有些是用军火和其他物资从各国手里换来的，还有些是瓜分了德国金库得来的。

在军力上，从战前只有33万的常备民兵，发展到战后的1100万正规军，这些美国大兵在全世界建造了无数的军事基地。

到了这个地步，美国即便想继续执行"门罗主义"和"孤立主义"，那也是不行的了。小罗斯福当年遵循威尔逊的构想，经过与斯大林和丘吉尔的商谈，确立了一个国际组织的框架，1945年10月24日，这个被命名为"联合国"的机构正式在纽约挂牌营业。

它主要由5个下属机构组成，分别是联合国大会、安理会、经济及社会理事会、秘书处和国际法院。

应该说，这个设想还是很不错的，国与国之间，就像人与人之间，经常存在着误会和一时的意气之争，如果有一个组织可以提供对话平台并加强彼此的合作，那这世上就会少了很多战争，从这一点上说，"三巨头"功不可没，而"联合国"这一名称的首创者小罗斯福更是功劳卓著。

这一次，美国国会几乎是毫无障碍地通过了美国加入联合国的决定。可是当它坐下来，却发现自己的椅子旁边有一个讨厌的邻居，那就是苏联。虽然说以往也曾并肩战斗过，但没有了共同的敌人之后，美国人才意识到，美、苏之间的分歧是如此之大。

这一切最大的原因，就是苏联是一个社会主义国家。

社会主义在欧洲蔓延

二战之后，社会主义思潮在欧洲迅速蔓延。说起这里面的原因，我们要先来问一个问题，那就是什么样的社会最容易发生颠覆性的革命？答案是显而易见的，不论你的理论和制度是完美无缺的还是破烂不堪的，只要你领导的社会老百姓吃不饱肚子，那这个政权被颠覆的可能性就相当大。

1945年之后的欧洲恰恰就是这副样子，经过几年破坏性极强的战争，可以说是遍地哀鸿，民不聊生，所有国家，包括英国，都严重地缺少食品、衣物、药品甚至可以说一切生活必需品。

我只要给你描述一个景象你就知道问题有多么严重了。在1946年冬天到来之前，很多德国人都提前在房子附近挖了一个坑，挖这个坑的意思就是：如果我熬不过这个冬天，请把我扔到我自己挖好的这个坑里。

在这样的情境下，人人平等、社会生产资料公有的社会主义思潮可以说相当自然地开始在欧洲大陆上蔓延，再加上苏联在背后的各种推波助澜，一时之间，欧洲各个国家的社会主义运动风起云涌。

这里面希腊是一个典型的例子。本来根据"雅尔塔协定"，希腊并不在苏联的势力范围之内，不是一个社会主义国家，苏联人也比较信守承诺，并不帮助希腊的共产党，可是，希腊共产党却在短时间内就控制了大部分地区，并且有最终打败国王夺取政权的趋势，换句话说，希腊人民选择了共产党。

这样一来，大英帝国就坐不住了，因为希腊本是大英帝国的传统势力范围，如果让希腊变成了一个社会主义国家，大英帝国的脸面丢得精光不说，还很有可能让其他西欧国家的共产党信心大增，从而让红旗插遍整个欧洲，"雅尔塔协定"也就没啥意义了。

但二战之后，虚弱不堪的英国根本没有任何能力帮助希腊，别说去增援希腊国王，打败希腊共产党了，就是英国自己都岌岌可危。

丘吉尔在1945年7月的英国大选前信心满满，以为凭着自己二战时期的显赫功劳，带领保守党入主唐宁街是一点问题都没有的，可出乎意料的是，有着社会主义性质，提出"建设福利国家"的工党大获全胜，弄得丘吉尔灰头土脸，甚至愤愤不平地讽刺道："对他们的伟大人物忘恩负义，是伟大民族的标志。"

当不成首相的丘吉尔在1946年以私人身份访问美国，发表了著名的"铁幕演讲"，他说："从波罗的海的什切青到亚得里亚海边的里雅斯特，一幅横贯欧洲大陆的铁幕已经拉下。"这里的"铁幕"不是指别的，指的就是社会主义的思潮和行动。

丘吉尔把他在英国国内的竞选失败完全归咎于社会主义运动，换句话说，这篇"铁幕演讲"里面夹带了很多私货，但不可否认的是，他说的大多数也是事实，可是他不会说出口的是，什么让欧洲的共产主义运动风起云涌？

当然是劳苦大众吃不上饭，而资本家依旧可以坐着火车吃着美食，四处演讲，唱着歌。丘吉尔的演讲在后世相当出名，他成功地指出世界分成了两大阵营，这次演讲也被后世公认为是苏联和美国冷战的开始。

两大阵营开始对立

演讲挺漂亮，但希腊的事情还要凭实力来解决，英国和法国只能把希望寄托在美国身上，相继警告美国政府，如果坐视希腊的情况不理，那么整个欧洲必然全部倒向共产主义，这等于是求救信，还是上面插了鸡毛的，相当紧急。

这件事的意义很重大，美国一位国务院官员后来总结得非常好，他是这么说的："在一个小时之内，大英帝国便决定，把它领导世界事务的权力移交给美国。"

那么，美国是管，还是不管？

当时美国政坛上有三种声音，一种是华莱士为代表的"自由主义者"，他们完全反对与苏联公开决裂，觉得世界是一家，应该在联合国的框架下相亲相爱——也就是不管。

第二种是以参议员塔夫脱为代表的"保守主义者"，他们也赞成对苏强硬，但反对过多卷入外国事务，主张回到战前的孤立主义做法上去——还是相当于不管。

但是，美国之所以能成为1947年的美国和今天的全球老大，既不是因为自由主义，也不是因为保守主义，而是我们一直强调的实用主义，这就是当时的第三种声音：美利坚一定要管。

1947年3月12日这一天对于后世，有很重要的意义，时任美国总统杜鲁门向美国国会宣读总统咨文，强调美国的"伟大责任"是遏制苏联的"扩张"，他说："自由人民正在抵抗少数武装分子，美国政策必须支持他们。"

因此，他要求国会为援助希腊和土耳其拨款4亿美元，防止政权落入当地共产党手中。

杜鲁门还说："这是美国外交政策的转折点，它现在宣布，不论什么地方，不论直接或间接威胁了和平，都与美国的安全有关。"换句话说，美国政府以后可以祭出"美国安全"这面大旗，并且高高竖起"保卫世界和平"这座牌坊，去干涉任何一个国家的内政，杜鲁门想从美国国会得到的就是这个权力，这也就是后世著名的"杜鲁门主义"。

历史学家福纳是这么解释"杜鲁门主义"的，它就是"美国在世界各地援助反共政权，无论这个政权是多么的不民主，并建立一套针对苏联的全球军事联盟"，这句话可以算是对"杜鲁门主义"的一个高度概括。

"杜鲁门主义"的出现，标志着一件事，那就是美国伸手接过了大英帝国领导世界的权杖。在人类历史上，英、美这一次的霸权交接是以少有的和平方式进行的。

这两国之间之所以能够和平交接，主要原因有三个：

第一就是新霸主是老霸主的远房亲戚，无论是文化、血缘还是思维方式，都比较接近。

第二个原因就是在同一时间点上挑战老霸主地位的有好几个，而新霸主的策略相当得当，"鹬蚌相争，渔翁得利"。

第三个原因非常重要，老霸主吃得不多，新霸主完全可以让老霸主舒舒服服地过着以前那种骄奢淫逸的生活，而不影响自己的任何利益。

无论如何，美利坚合众国终于坐上了世界领导者的宝座。"老大"当然要有"老大"的样子，第一步就是赶紧给"小弟"们发钱、发枪、发粮。1947年7月，杜鲁门主义出台之后的4个月，著名的"马歇尔计划"开始了。

这个计划的核心内容就是美国人拿钱去帮助欧洲国家恢复生产，为了让美国国内的保守派和自由派都同意这个计划，杜鲁门在国会上开始大谈共产主义的威胁，其中的重点就是抨击社会主义不保护私有财产。国会的老爷们一算账，拿钱帮助欧洲不从自己腰包里出，可是万一社会主义胜利了，要共产，那可麻烦了。于是，杜鲁门游说成功，国会很快批准了"马歇尔计划"。

这个计划让美国花了相当于今天5000多亿美元的金钱，支援了欧洲国家在二战之后的重建计划，这些国家基本上都在几年之内恢复了经济。但是，这里有两件事也要说一下，第一个就是马歇尔计划所到之处，美国人的商品也是紧随而至。

这是美国产品疯狂占领世界市场的一段时间。你要知道，美国在二战期间，生产了30多万架飞机、10万辆坦克、150艘航母，如果战争一结束就没地方卖东西了，那岂不是要把它活活憋死。

另一件事就是美国最初的"马歇尔计划"里，也包括了苏联和东欧一些已经实行社会主义体制的国家，说：来吧，我煮了一大锅肉汤，也有你们的份儿,不过你们首先要换一个吃饭的碗,把那个社会主义的碗砸掉。苏联和那些东欧国家坚定地拒绝了。

1949年4月份,以美、英、法为首,搞了一个北大西洋公约组织,简称"北约",他们尽最大的可能,把那些没有走社会主义道路的国家都组织在一起,声称一旦有一个国家受到攻击,其他国家就一拥而上。实际上,这就是一个为了对抗苏联而制定的攻守同盟。

苏联当然也是针锋相对,在1955年牵头组成一个叫作"华沙条约组织"的联盟,很自然地,这里面都是社会主义国家。两大阵营正式开始对立。值得一提的是,当时东方两大社会主义国家,中国和朝鲜都没有加入"华约"组织。

以上就是美国为了防止欧洲变成社会主义阵营而做出的一些外交上的努力,顺便,它也收获了世界领导权,至少是西方世界的领导权。

09
世界权杖新主人

实际上,当美国在欧洲"救火"的时候,它自己内部也出现了社会主义运动。

关于美国社会主义运动,要追溯到1876年7月5日,那是一个重要的日子,就在这一天,美国第一个社会主义性质的政党——美国劳动人民党成立。

1876年也正是资本家大量涌现的"镀金时代"最高潮,为了捞取第一桶金,大肆剥削劳工阶级这种事可以说是司空见惯,而专门针对资本主义弊病的社会主义思想,被当时处于社会底层的老百姓拿来作为反抗的武器,是再正常不过的一件事。

1901年,美国劳动人民党中有一个叫希尔奎特的人,觉得自己的想法更好,就闹起了分裂,拉着一帮人出来,和尤金·德布斯领导的美国社会民主党合并,成立了美国社会党。尤金·德布斯就是那个领导工人罢工,进了一次监狱,出来之后就成了社会主义信徒的人。

到了1919年,苏联的列宁看中了美国社会党,邀请他们加入共产国际。因为列宁的邀请,加入还是不加入共产国际成了美国社会党的一个艰难决定,最终居然使这个党分裂了。

分裂出来的左派在1919年9月1日成立了美国共产党，总部位于纽约曼哈顿，随后，美国共产党就领导了一系列的罢工活动，要求改善工人待遇。

美国共产党的出现让美国一些政治人物很紧张，他们开始大力渲染共产党的威胁。美国陷入第一次"红色恐慌"，为此还诞生了一个专有名词"Red Scare"。

麦卡锡反共运动

当时的司法部部长帕尔默下令对左翼分子展开一波又一波的查抄、逮捕和驱逐出境行动，最高纪录是在一夜之间，在全美各地逮捕了4000多名共产党嫌疑人，这场大清洗在历史上被称为"帕尔默查抄运动"，即"Palmer Raids"。

开始的时候，媒体还挺支持的，觉得没有工人天天罢工敲门送传单的日子挺美好，可是很快地，老百姓对政府就不满了，媒体也转变了口风，因为工人们天天游行送传单固然不美好，但司法部的人天天来"查水表"，日子更不消停，两害相权取其轻，人民觉得帕尔默更混蛋。

1921年，哈丁总统上台，他决定中止对美国共产党的追捕，公开说"美国布尔什维克的问题说得已经太多了"，就这样，这个所谓的第一次"红色恐慌"不了了之。

当然，从1921年开始的"咆哮时代"让美国繁荣了将近10年，也是美国共产党逐渐消停的一个重要原因，小日子过得美了，大家对"发传单"就不那么积极了，很正常。

谁也没想到的是，第二次世界大战一结束，美国就出现了第二次"红色恐慌"。这一次的"红色恐慌"和上一次劳工为了争取合理权益而产生的"红色恐慌"不一样，这一次的原因有两个，第一个和国际大环境有关。

当时苏联作为一个社会主义国家，在世界反法西斯战斗中所起的巨大作用，让底层老百姓对社会主义产生了好感。法国最著名的民意测验机构IFOP在1945年做了一个民意调查，问：打败德国这事儿，哪一个国家的贡献最大？结果是57%的人认为是苏联，只有20%的人认为是美国，由此可见，那时候社会主义国家苏联给世界的印象是相当正面，就连美国后来著名的间谍卢森堡夫妇，都说他们是因为被苏联共产党人在欧洲战场拼死抵抗德国的牺牲精神所感染，才不要任何报酬做了苏联的间谍，这样的影响力对于美国来说，绝对是一个巨大的威胁。

二战之后美国产生"红色恐慌"的另一个原因和美国国内的小气候有关。

由于美国共产党在工会的成功运作，它的党员人数直逼10万人，并且有进一步增加的趋势。为了对付这一次"红色恐慌"，1947年6月23日美国国会通过了《塔夫脱–哈特莱法案》，这个法案的目的就是割裂共产党和工会的关系。规定工会会员必须书面声明他不是共产党员，法院有权随时禁止罢工，同时也不准工会把钱用于"政治目的"，至于说怎么花钱才算"不是政治目的"，自然是政府说了算。

就在同一年，杜鲁门发布了9835号行政命令，提出了一个在美国政府中调查"不忠诚者"和他们的"一切渗透行为"的方案。

在这之后的5年中，大名鼎鼎的美国联邦调查局FBI，在胡佛局长的带领下强势介入，600万政府雇员和1400万平民被调查，大约有1万至1.2万名政府工作人员被解雇，从此找不到任何工作，大学和社会上被影响的人更是不计其数，难以胜数。

事后证明，绝大多数是冤假错案，这里面包括爱因斯坦、史沫特莱、电影大师卓别林、"原子弹之父"奥本海默，以及后来回到中国的导弹专家钱学森等人。

那么，被调查、解雇的这些人里面，到底有没有间谍呢？自然还是有的，比较出名的三个案件分别是卢森堡夫妻间谍案、怀特间谍案和希斯间谍案。

卢森堡夫妻因为把导弹和原子弹的资料传送给苏联，最后被判处死刑，不过前面说过，这两口子不是为了钱，纯粹是被共产党员的牺牲精神所感染。

怀特是美国财政部的二把手，也就是一手促成了"布雷顿森林体系"，把美元和黄金挂钩的那位，也被控告是一名苏联间谍，但他刚出了一次庭就死了，关于他的"布雷顿森林体系"，我们后面会提到。

希斯是国务院的官员，他是小罗斯福在雅尔塔会议期间的贴身顾问，雅尔塔会议是战后分蛋糕的会议，这样一个人，居然也是间谍，实在是让美国人太郁闷了。

不过，这些事都是FBI的说法，美国老百姓到现在还在争论。

1950年2月9日这一天，共和党的参议员约瑟夫·麦卡锡在公开的演讲里宣布，手里有一个205人的名单，都是"被国务卿承认的共产党员……在政府工作，影响着美国的政策"。

一个月后，《华盛顿邮报》就刊登出了一幅漫画，上面有一个大大的英文单词"McCarthyism"，翻译过来就是"麦卡锡主义"，在后来将近十年的岁月里，这个词代表的就是对可能是共产党员的可疑美国人进行窃听、私拆信件、搜查住所，以及解雇或者抓捕。

我这里只举一个例子来说明当时社会气氛的紧张。除了FBI，美国当时还有很多遍布联邦、州还有市一级的委员会，专门负责调查共产党，其中最出名的就是众议院非美调查委员会，联邦级别的，权力极大。这个委员会在1947年11月，把目光瞄准了好莱坞，说这个拍电影的地方有很多共产党员，然后开始传唤演员、编剧、导演等等，谁知道其中有10个人骨头相当硬，说：让我指证别人是共产党，你做梦，本人什么也不知道。

美国国会马上宣布这10个人犯了"蔑视国会罪"，美国电影协会紧跟着就开除了这10个人，更悲催的是，"蔑视国会罪"居然被美国法院宣布成立，10个人分别在监狱里待了半年到一年不等，这件事后来被称为"Hollywood Ten"，翻译成中文叫作"好莱坞十君子"。

根据后来的解密档案来看，这种"不做证就进监狱"的事儿还不少。那么，我们这里就要问一句，一向以自由作为标签的美国，怎么就能出现麦卡锡主义这样的极端行动呢？

这和共产党被严重污名化有关。在一些政客的有心引导之下，当时美国共产党彻底被污名化，媒体铺天盖地都是"苏联控制了美国共产党员""美国将要彻底被颠覆"这样的恐怖说法。

美国的麦卡锡反共运动大概持续了10年，从1947年开始，到20世纪50年代后期，才逐渐地冷却下来，而就在同一时期，美国也正在按照自己的想法改造这个世界。

美国坐了头把交椅

在讲述美国在二战之后如何当世界老大之前，先来看一下他们在1947年成立的两个政府部门。第一个就是国防部，总部位于华盛顿特区西南方的阿灵顿县，它的办公大楼从天上往下看，是一个五边形，所以通俗的叫法就是"五角大楼"，这个建造于20世纪40年代的办公大楼除了造型别致，还是迄今为止世界上最大的办公楼，没有之一。

你如果很惊奇地问，难道二战之前，美国就没有国防部？那我只能遗憾地告诉你，是的，他们没有。因为二战之前美国联邦政府基本没有兵，都是有仗要打了，才临时招募士兵去打仗，打完仗，抓起锄头下地种菜，没有常规兵。

可是现在不一样了，二战结束之后，美国人在全世界都有了军事基地，而且还有了苏联这个对手。即便是1948年进行了大裁军，从1100万裁减到170万，但170万也不少了，那绝对需要有管兵的部门，于是就有了这个五角大楼。

顺便说一句，这个部门在1947年刚成立的时候，叫"国家军事机构"，1949年才改名为"美国国防部"。

可是，单单一个国防部并没有让杜鲁门满足，他在1947年9月又提议设立美国中央情报局，也就是后世大名鼎鼎的CIA。

当时无论是1908年成立的联邦调查局FBI，还是刚刚成立的美国国防部，都不同意成立CIA，但杜鲁门没搭理他们，该成立还是成立，然后声明，CIA直接归总统管辖，这个部门的主要任务就是收集国外情报，推翻那些对美国有威胁的国家的政府。

客观地说，自从成立以后，这个部门确实是为美国立下了"汗马功劳"，比如1948年，在意大利操纵选举，让当地共产党上不了台；1949年，盗窃苏联米格15战斗机的图纸；1962年，帮着南非政府把黑人领袖曼德拉送进了监狱；1980年，在阿富汗训练宗教激进主义者，给他们提供武器，对抗苏联等等。

这些都是美国政府公开网站上可以查到的案例。

国防部和中情局的成立，意味着一件事，作为三军总司令和CIA最大头头的美利坚总统，权力直线上升，这就导致了宪法规定的"美国国会是唯一一个具有对外宣战权力的机构"这一条形同虚设。

后来的朝鲜战争、越南战争、伊拉克战争，全都不是美国国会宣战的，总统一声令下，美国大兵铺天盖地。

二战之后，整个世界的一个显著变化就是，英、法、西、葡这些老牌的欧洲强国虚弱到完全控制不住原来的殖民地了。各个殖民地纷纷开始造反，而且混乱不堪，比如印度大陆，原来都是英国的殖民地，现在乱成一团，冒出了印度、巴基斯坦、孟加拉国和克什米尔地区等等。

美国人自然是十分乐意看到这样的变化，可是它却没有取而代之，去占领这些原来隶属于英法的殖民地，恰恰相反，杜鲁门政府最喜欢挂在嘴边的一句话就是"民族自决"，只要不是走社会主义道路的民族独立，美国全都大力支持，要钱给钱，要枪给枪。

为什么美国强大了，却不去占领殖民地呢？这里面最主要的原因就是，美国历届政府领导人都是精明的生意人，亏本的买卖从来不干。

占领殖民地这种事，对于二战之后的美国来说，是不划算的。因为它需要大量的管理资金，还要移民过去填充各种政府机构，设立各种组织。以前英法大量开发殖民地的时候，经济是以农业和土地为主，多一块殖民地，就是多一大块收入，可是19世纪末的工业化和市场化之后，以前殖民的方式已经是弊大于利了。

美国人认为他们找到了一种新的方式，那就是建一个军事基地，然后以各种方法控制这个新独立地区的政权，保证对方可以完全供应美国需要的原材料，同时敞开市场，接受美国的商品。

这样做除了管理成本低之外，还有另一个好处，万一有点儿变故，只要撤回美国大兵，其他事情一概不管，那是相当划算。至于说土地，美国根本不缺。

此外，美国的"民族自决"对成立新的国家的支持，还获得了那些小国对美国真情实意的感恩戴德，从这时候开始，美利坚合众国这个"地球村的新村长"，开始以自由世界保护神的形象出现。

这个时候，已经站到了美国对立面的苏联自然也是不甘示弱，打出了"社会主义"大旗，以"全世界无产阶级联合起来"为口号，也开始了招募"小弟"的过程。两大强国招兵买马，促成了二战之后，也是历史上最大的一次民族独立运动。

在这一过程中，美国支持的重点是有优先顺序的，他的策略是先稳住自己的后院美洲，其次是几百年前的老家欧洲，然后是美国的传统殖民地，比如菲律宾，最后是中东——因为那里刚刚发现了石油。

其他的，就有点儿管不过来了，在这样的战略之下，欧洲的德国首先一分为二，西边的接受马歇尔计划的援助，于1949年5月23日，成立德意志联邦共和国；东边的同年也成立了一个国家，叫德意志民主共和国。

对这样的安排，美国、苏联都很满意，德国人民满意不满意就不知道了，从此以后，他们过起了堪比牛郎织女的生活，一个国家中间隔了一道柏林墙，整整40年老死不相往来，一直到1990年，才重新统一。

继德国之后，整个欧洲基本上也被一分为二，西欧由英法率领，站在了美国的一边，而东欧被苏联纳入了势力范围。

中东的两个盟友

下面说说中东，所谓"中东"，是欧洲人站在自家院子里发明的地理名词。

他们按照离他们的远近，把世界分为近东、中东和远东，第二次世界大战之后，近东和中东逐渐合为一个地理概念，统称为"中东"。由于历史原因，在这一地区的，大部分都是信奉伊斯兰教的阿拉伯国家。

早在1933年，美国的美孚石油公司就和沙特阿拉伯王国签订了石油开采的协议，拿走了沙特石油66年开采的特许权。换句话，1999年之前，你买的沙特石油说不准就是洛克菲勒的，美国商人先行开路，后面自然有政治家为他们保驾护航。

1945年，小罗斯福总统去世前，特意去见了沙特的国王，强调两国要一直友好下去，从那时候起，美沙两国一直都是好友，从对抗苏联到后来打击伊拉克，沙特都是美国的坚定盟友。在沙特王室30多年来对内镇压的50多场战争中，美国均表示了支持，投桃报李。沙特也保证在中东维护美国的利益，具体地说，自然就是石油的价格。

这两个国家关系铁到什么程度呢？2018年，沙特在它的驻土耳其伊斯坦布尔领事馆，虐杀了一位名叫卡舒吉的记者，在证据确凿的情况下，特朗普总统还是站出来，公开为之辩护，简直是无原则支持的地步。

如果说沙特算是美国的坚定盟友，那么以色列就是美国在中东的铁杆盟友。以色列这个国家比较特殊，是二战之后才加入中东的。

简单介绍一下。

中东地区，地中海的边上，有一个地区被称为巴勒斯坦。一战之前，属于奥斯曼帝国的阿拉伯人在这里打渔种地，小日子还不错。结果第一次世界大战一打，奥斯曼帝国灰飞烟灭，这个地方就归了英国人统治，相当于是英国的殖民地，然后就有外来户持续不断地往这里移民。当地的阿拉伯人晒太阳的时候偶尔睁开眼睛一看，这些移民原来都是老熟人，犹太人。

麻烦之处在于，3000年前，巴勒斯坦这地方恰恰是犹太人的故居，当时叫作"应许之地"，这地方对于犹太人的意义，就好像是黄河对于中国人的意义一样。只不过后来罗马帝国强盛起来，把犹太人赶了出去，并且把那个地方改了一个名字，叫"叙利亚巴勒斯坦地区"。再后来，它又被崛起的阿拉伯人，也就是现在的巴勒斯坦人占领，一直到世界大战爆发。这些犹太人当然觉得自己有正当权力回到巴勒斯坦。

除了民族问题，还有宗教问题，两边一个是犹太教，一个是伊斯兰教，那基本上就是水火不容。

前面说过了，这时候的大英帝国已经是日薄西山了，别说压不住巴勒斯坦人和犹太人，就是自身都难保，看着两拨人闹得越来越厉害，最后英国人只能向刚刚成立的联合国打报告，说：这里我管不了也不想管了，你们爱咋办就咋办吧。就这样，阿拉伯人和犹太人在巴勒斯坦地区的难题就推给了联合国。

1947年11月29日，联合国大会通过了181号决议，或者叫《巴勒斯坦分割方案》。协议是这么规定的，在这块2.7万平方公里的弹丸之地，建立两个国家，一个阿拉伯国，一个犹太国，阿拉伯国占43%的面积，犹太国占57%的面积，同时这块地上的耶路撒冷谁也别占，联合国帮你们管着。

你可能会问，耶路撒冷为什么特殊？原因很简单，这块地方大家都想要，这座城市是全世界唯一的一个"三教圣地"。它是犹太教的所罗门王圣殿所在；也是基督教耶稣受难、埋葬、复活、升天的地方；同时，还是传说中伊斯兰教创始人穆罕默德最初接受真主指示的地方。

这样一块地方，联合国在那时候给了谁都不合适——当然，现在这里被以色列占领着，并宣布是永久首都，几年前特朗普还把美国驻以色列大使馆迁到了耶路撒冷，这等于是变相承认了耶路撒冷就是以色列犹太人的。

联合国第181号决议方案公布之后，犹太人马上就接受了，宣布在联合国规定的地方建国，国家名字就叫以色列。美国的杜鲁门总统在以色列宣布建国的11分钟之后，马上发表声明，美国和以色列建交。

可是，另一边的阿拉伯人，或者说原来的巴勒斯坦人马上就跳起来了，不干！坚决不干！这不仅仅是因为他们觉得外来者强行占据了他们的一块土地，还有一个重要原因是，这个划分有点不公平，阿拉伯人当时有120多万，而犹太人是60万，人口少的反而占的地方大。

联合国给出了一个相当无理的解释，说以后犹太人还要来很多，所以才给他们的地方多一点。这样的借口当然是没办法平息阿拉伯人的怒火的，由约旦牵头，中东地区的阿拉伯国家纷纷响应巴勒斯坦原住民的请求，挥舞起拳头，开始对犹太人动粗。

阿拉伯人虽然人多势众，但以色列的背后有当时世界军力第一的美国的全力支持，再加上他们自己齐心协力，几次中东战争的结果是以色列人越打越猛，一直到现在，把原来巴勒斯坦的地方占得差不多了。

美国之所以选择支持以色列，原因有两个：

第一个，犹太人的财团在美国国会的超级公关能力和巨大的影响力。

第二个，从策略上说，以色列是一个在中东无依无靠的孩子，如果得到美国的帮助在中东打下了一片天地，那自然会和美国形成一种坚定的、很难改变的盟友关系，后来的实践也证明，美国的这个思路是对自己很有利。

无论如何，美国靠着以色列和沙特这两个盟友，二战后在中东一直都保持着战略优势。

关于中东，8个字就可以概括：匹夫无罪，怀璧其罪。20世纪50年代发现巨大的石油储量之后，这块地方就没有消停过，每次动荡，你都会发现一个或者多个大国成为幕后黑手，而受苦遭殃的永远都是老百姓。

日本怎样成为美国的棋子

二战之后，美国对战败国日本的态度比较特殊。日本保留了天皇，但是美国的麦克阿瑟带着美国兵大摇大摆地驻扎下来，最高峰时达到35万人，日本天皇甚至还要对着麦克阿瑟鞠躬。麦克阿瑟也不客气，直接把日本当时的《帝国宪法》废除了，然后颁布了一个新宪法，从这时候开始，日本从二元制君主立宪的帝国制度，转变为议会制君主立宪，天皇的权力大大削弱。

但是，这里有两个事情令人困惑，一是为什么不惩处日本天皇，因为他本来就是战争的最大黑手，当时几乎所有盟国都一致认为，应该绞死裕仁天皇；二是为什么只有美国兵进驻日本，它怎么不像德国那样，被盟国分占？

答案就是，这两件事都被美国人挡了下来。确切地说，是麦克阿瑟挡了下来，但任何事情，都需要有一个可以拿到台面上的说法。麦克阿瑟当时的解释是，日本人民非常爱戴他们的天皇，如果处决天皇，日本人可以不惜战斗，相反，如果美国通过天皇来治理日本，那就容易得多，甚至都不需要军队。

四个盟国里，英、法唯美国马首是瞻，中华民国政府比较弱小，只剩下苏联还有点发言权，但苏联当时因为打日本没出什么力，也不好意思和美国人争，当美国总统杜鲁门明确地说"对于日本，我不打算分割管制或划分占领区"的时候，苏联也就没有继续纠缠，反正利益不少也就行了。

就这样，这两件事最后就按照美国人的办法定了下来。战后的日本落在了美国手里。1951年9月，二战结束6年之后，在美国的主持下，二战的同盟国在美国旧金山签署了一个《旧金山和约》。本质上就是美国人觉得这几年日本反省得还不错，决定把以前的事情翻篇，让日本重新成为一个主权国家。

可是这个合约的签字人里面，却没有受日本残害最深的两个国家，中国和朝鲜。因为那时候朝鲜战争已经爆发了，朝鲜自然没有代表。对于中国的代表，美国说要中华民国派人来，苏联和英国都说，不对，应该让中华人民共和国代表参加，最后双方谁也说不过谁，就两边都不邀请。

你可能会问，英国人怎么会支持中华人民共和国？

实际上，英国这个国家很有意思，他一边高调地和美国站在一起，一边却也经常私下里唱唱反调，中华人民共和国于1949年10月成立，他在1950年1月就低调地承认了这个新的社会主义国家，这里面自然有实力问题、香港问题等等因素，但你要是说没有和美国对着干的想法，想在亚洲保持一定程度的势力均衡，那绝对是不客观的，毕竟，人家曾经是"日不落帝国"。

不仅仅中国没有代表，在这个所谓的《旧金山和约》里，美国还干了一件很偏袒日本的事情，几乎是强迫性让也没去开会的蒋介石政府代表中国，和日本签了一个《中日和约》。日本有美国人撑腰，就要了一个无赖，在和约里对中国一分钱也不赔偿，蒋介石为了体现他自己还能代表中国，也只能签字，声明放弃赔偿。十多年战火的蹂躏，1800万人民的死亡，无数财产的损失，最后只换来"宽容大度，放弃赔偿"8个字。

20年之后，1972年9月29日，中华人民共和国和日本签署了《中日联合声明》，因为许多政治因素，同样放弃了战争赔款，但是，在这份《中日联合声明》里，有这么一条："中华人民共和国政府重申：台湾是中华人民共和国领土不可分割的一部分。日本国政府充分理解和尊重中国政府的这一立场，并坚持遵循波茨坦公告第八条的立场。"

这一条的厉害之处不在于台湾问题，而是后面的"波茨坦公告第八条"几个字上。因为日本人当年是对着《波茨坦公告》投降的，所以，法理上，它必须遵守《波茨坦公告》，那么，《波茨坦公告》的第八条是如何写的呢？——"开罗宣言之条件必将实施，而日本之主权必将限于本州、北海道、九州、四国及我们所决定其他小岛之内。"

这一条是日本人最害怕的，这后半句话的意思是：除了你祖先给你留下的那个日本岛本土，你周围所有的岛屿，我们说是你的才是你的，否则，就不是你的。

这里的"我们"是指美、英、中三国，而据我所知，到现在为止，这三个国家都没有发表任何一个声明划定日本可以占领的岛屿。那么，结论很简单，迄今为止，日本的边境从法理上讲并没有确定。现在你知道了，为什么日本一定要抱着美国大腿，这是其中很重要的一个原因。

总之，战败国日本被一直牢牢地捏在美国的手心里，甚至今天，日本也是美国在远东地区的一个据点，这对美国的利益是不言而喻的，而日本也只能暂时做美国的东亚棋子。

美国为什么不和新中国建交

除了日本，美国当时必须要处理的难题还有陷入内战中的中国。在20世纪的战争历史上，有一场战争是最不可思议的，那就是我们经常说的解放战争，也就是中国共产党和国民党之间从1945年到1949年进行的一场战争，在国际上，通常叫"第二次国共战争"。

说它不可思议的原因是，国民党在占尽了军事优势的情况下，短短4年就输掉了这场战争，1945年的时候，绝对没有人能想到这个结局，美利坚合众国的智库机构和参谋长联席会议就算是用沙盘推演一万遍，也推不出这个结果。

不过，这本书是讲美国历史的，所以不多花笔墨去讨论国民党为什么会输，我们要探讨的是，为什么美国放任国民党输掉，让中国共产党占领整个中国大陆，而不去干涉？

首先声明一点，这里说的不去干涉，指的是没有派美国大兵直接作战，至于说其他资助，美国人还是提供了很多，比如说几十亿美元的财务援助，几百人的军事顾问团，还有派美国军舰运送物资和士兵等等。

那么为什么没派美国大兵？首要原因就是刚才说的，在战争开始的时候，没人想到国民党会输得那么惨，美国人满以为他们的胜利是板上钉钉的事情，自然就没做任何准备，把重心完全放在了欧洲。

甚至到了1948年上半年的时候，国民党还是占据着几乎所有大城市，可是就在这一年的下半年，从9月份开始，共产党先后组织了辽沈、淮海和平津三大战役，只用了4个月的时间，就把150万国民党的精锐部队扫荡一空，胜负顷刻之间就分了出来。

而1948年下半年，恰恰是美国人没办法帮助蒋介石的时候，有两个原因：

第一，美国国内的总统大选正进行得如火如荼，杜鲁门这时候正在为连任四处奔走，他既没有精力，也不可能派出大量部队去帮助国民党。

第二，欧洲恰恰在这个时候爆发了柏林危机，各路大军，包括美军，全都枕戈待旦，防备苏联，美国的运输机需要每天出动700多架次，去给柏林空投各种物资。所以，就算是杜鲁门连总统位置都不要了，想去帮助蒋介石，他手里也没兵可用。

所以，对于共产党来说，1948年的下半年，就是"天时"。联想到共产党选择三大战役的时间，再想想毛泽东说的"抗日战争快不得，解放战争拖不得"，如果这一切都是计划好的，那只能说，面对这样的对手，蒋介石输得一点儿都不冤枉。

等到了1949年，杜鲁门连任了总统，柏林危机也解除了，但来不及了，美国参谋长联席会议倒是曾经有一个"10万美军入华参战"的方案，可是最后一算，以1949年的中国局势和地域之大，只派10万人的话，等于是肉包子打狗，肯定回不来，最少也需要50万，还不一定赢。如果一定要赢，至少100万美军打底。可是万一苏联也派兵怎么办？翻来覆去琢磨了半天，最后只能是不了了之。

那么，美国当时有没有可能和共产党建立的新中国建交呢？

其实这事儿在历史上，还真的曾经有过一丝可能性，1949年4月23日，当解放军攻下南京的时候，南京城里有一位特殊的人物，拒绝了国民党李宗仁撤离的要求，这老先生当时是"坐着不动，睁大眼睛看着"，这个人就是当时美国驻中国的大使，司徒雷登。

司徒雷登没走的原因是他和美国国务院都想和中国共产党接触一下，看看能不能像和蒋介石那样合作，保证美国在华的利益。

5天之后，周恩来派黄华进入南京，担任南京军管会外事处处长，和司徒雷登进行了几次密谈，初步商定，司徒雷登以过生日的理由北上，去北京的燕京大学和周恩来见面。这时候双方都有进一步交往的倾向，可是随后发生的事情就不那么令人愉快了。

6月30日，毛泽东发表《论人民民主专政》，阐明即将成立的中华人民共和国的人民民主专政性质。7月1日，美国国务卿艾奇逊发电报给司徒雷登说："根据最高层的考虑，指示你在任何情况下都不能访问北平。"

8月5日，美国国务院发表《中美关系白皮书》，抨击中国的新政府。

从8月14日起，毛泽东一连发表了5篇还击美国的文章，其中的第二篇就是著名的《别了，司徒雷登》。这么一连串的事情发生了，双方自然就把建交的事情先扔到太平洋了。

这里顺便说一下司徒雷登，论20世纪对中国有影响力的美国人，约翰·司徒雷登先生绝对可以排在前三位。他出生在中国杭州，说一口流利的杭州话。

我今天谈起司徒雷登先生，是满怀敬意的，著名的燕京大学就是他一手创立的，我们不管他创建这所大学的目的是什么，但有一个事实是不可否认的，那就是这所大学的很多科系后来成了中国一些大学的种子。这些大学包括清华大学、中央民族大学、中国政法大学、中国人民大学、中央财经大学等，还有大名鼎鼎的香港中文大学，当然，大部分科系留在了后来继承它校舍的一所大学，那就是北京大学。

司徒雷登回到美国之后，受到当时"麦卡锡主义"的影响，被监视居住，不久就半身不遂，1962年病逝在华盛顿。2008年，遵照司徒雷登先生的遗愿，他的骨灰被安葬在杭州。

朝鲜半岛是怎样走向分裂的

现在我们把目光先转向亚洲另一个地区，也是二战之后比较悲惨的地区，那就是朝鲜半岛，也就是今天的韩国和朝鲜。

1945年8月9日，二战还没有结束，美国提出一个要求，以北纬38度为分界线，美、苏对朝鲜各占领一半，苏联同意了。这几乎就是一个流氓决定，连问一下当时朝鲜人民的意思都没有，就把人家的家一分为二了，你要知道，朝鲜半岛在被日本吞并之前，那可是一个统一的国家。

1948年8月，南边的朝鲜举行大选，随后宣布建国，国名叫大韩民国，李承晚是第一届总统。同年9月9日，北边的朝鲜选举金日成为元首，成立朝鲜民主主义人民共和国，美国和苏联当然是马上就各自承认了倒向自己那一边的政权。

随后由于种种原因，这种脆弱的平衡很快就被打破了，眼瞅着大韩民国抵挡不了朝鲜的攻击，美国在苏联缺席的情况下，在联合国大会上通过了82号、83号和84号决议，组成联合军团，出兵朝鲜半岛。后面的故事大家也都知道了，美国和新成立的中华人民共和国在朝鲜半岛上碰撞在了一起，最后美国也没占到什么便宜，双方在1953年7月27日签署了《朝鲜停战协定》。朝韩双方还是以原来的"三八线"为界，其他国家的军队限期撤离，朝鲜战争正式结束。

10 我有一个平等梦

美国虽然在朝鲜战争中没有取得胜利，还损失了一些国际声望，但也不是一无所获，它的收获就是名正言顺地重新把韩国加入了它的防御圈里，阻止了朝鲜半岛彻底倒向社会主义阵营。这一点对它来说相当重要，否则，如果苏联取得朝鲜半岛和韩国的不冻港，日本很危险自不必说，也会诱使斯大林极力发展海军，以朝鲜半岛为依托，和美国争夺太平洋，对美国来说，这样的局面自然是其不愿意看到的。

所以，从理想主义角度来说，美国人没有成功，但如果从实用主义角度来看，得到上面的成果，并且能及时止损，也是一种收获。

无论如何，随着朝鲜半岛上的硝烟渐渐平息，杜鲁门也耷拉着脑袋，黯然离开了白宫，在1952年的大选中，杜鲁门的支持率仅仅是22%，是有史以来在任的美国总统所得到的最低支持率。接替杜鲁门的，就是二战期间，指挥了美军北非登陆和诺曼底登陆的艾森豪威尔将军。

"艾森豪威尔主义"

艾森豪威尔是在1948年脱下军装退役的，但一直到1952年参加大选之前，他都没有找到组织。因为他一直犹豫不决，是加入民主党呢，还是进入共和党？据说1951年的时候，杜鲁门也曾经向他抛出橄榄枝，劝艾森豪威尔加入民主党，不过艾森豪威尔拒绝了。

艾森豪威尔最终选定的是共和党，他的副手就是后来成为美国第三十七任总统的理查德·尼克松，他俩有一个共同的特点，那就是反共，而且是极端的反共。两人合体之后，立刻火力全开，全力攻击民主党的小罗斯福和杜鲁门，指责他们在《雅尔塔协定》和朝鲜战争中，先后对苏联和中国妥协，严重损害了美国的利益。

以美国选民的智慧，选举结果自然是不必说，以442对89选举人票这样压倒性的胜利，艾森豪威尔和尼克松入主白宫。

在艾森豪威尔随后的8年任期之内，只要是反苏联或者反对共产党的外国政权，他全都支持，客观上，这自然是加剧了美苏冷战的紧张气氛。

不过虽然反共，但是他们更反对的是美国人自己上战场，作为二战时的盟军总司令，艾森豪威尔本人自然知道，战争是要死人的，他更知道，美国国内对于连续的战争已经达到了忍无可忍的地步，所以，1952年他竞选的一张主打牌就是结束朝鲜战争。果然，他上台之后，在半年内，就签订了《朝鲜停战协定》。

但想要对付一个满身都是肌肉的苏联和它的一群兄弟，而自己还不想上去打打杀杀，那就只有一个办法，提供金钱、枪炮和物资给自己的"小弟"们，让他们出去拼命。这正是艾森豪威尔总统的做法，"小弟"们之间的战争也有一个文雅的名字，叫"代理人战争"，这也是随后美苏冷战时期的一大特色。

为了确保"小弟"们的忠诚，有时候也要亲自出手，教训一下不听话的"小弟"，杀鸡给猴看，比如1958年，艾森豪威尔政府向黎巴嫩派出了数千名海军陆战队员，以确保那里的亲美政权不会被革命推翻，当然，同时也是为了在这块丰富的产油区保持军事存在。

在他的任期，艾森豪威尔和许多亲美的国家开始签署区域性防御条约，只要签个字，这些国家就可以获得美国的大把美元援助，而美国也可以顺理成章地在当地驻军，这对于美国和签约国家，是一个双赢的政策。

不过，谁是敌人，谁是朋友，那都是随时变化的，有一句话说得好，"没有永远的敌人，也没有永远的朋友"，你想象不到的是，那时候拼命赞同这些条约，并且获得美国大量援助的国家里面，就包括后来美国的死对头伊朗和伊拉克这样的国家。

实际上，在历史学里，有一个专有的词汇，叫"艾森豪威尔主义"，指的就是他以金钱为开路先锋，明目张胆地干涉中东地区事务的做法。

总的来说，艾森豪威尔在任期间，即1953年到1961年这段时间，美国人经历了战后的安定繁华和高速发展，国内外相对来说也比较平静，当然，这里面不包括那些天天吵嚷着要平等的美国黑人们。

马丁·路德·金和黑人运动

自从南北战争之后，美国就没有了奴隶制，但是对黑人们的普遍歧视其实并没有减少。

比如说选举权，1866年之后，法律规定了黑人和白人一样都有选举权，但实际上，几乎所有州都设立了一些条条框框限制黑人投票，要是想去投票，首先要交人头税，刚获得解放的奴隶根本就交不起。有的州还规定凡是1866年之后获得选举权的，都要通过文化考试，那就是难为人了，当时大部分黑人都是大字不识几个的。

这样的法律看起来很公平，实际上，等于间接地剥夺了黑人的选举权，有史料表明，一直到了1910年，在黑人占绝大部分居民人口的路易斯安那州，有资格注册的黑人选民才700多人，不到整个州黑人人口的0.5%。

除了限制选举权，很多州还都颁布了所谓的"隔离法案"，就是在使用公共设施上，把黑人和白人分离开来。当然，推动这些法案的一些绅士们说，白人和黑人共同使用公共设施会让黑人们"持续承受不舒服的感觉和意见"，也就是说，他们完全是为了黑人好，不希望他们有"不舒服"的感觉，相当道貌岸然。

和这些虚伪的道学家比起来，一战时期的威尔逊总统的财政部长威廉·麦卡杜先生比较直白，他看见有些黑人妇女和白人妇女在一间办公室工作时，直接说道："我肯定这侵犯了白人妇女的权益。白人妇女在办公的机器上工作时，不应该是白人妇女作为同伴吗？"

1875年，美国政府出台了《人权法案》，规定每个人，无论种族、肤色、职业，都可以在公共场所，例如酒店、公共汽车、戏院和其他娱乐场所享有同等权利。但是刚开始的几年，几乎没有一个场所执行这条法令。

后来有些黑人就去告状，说：你看看国家都有法令了，电影院不执行，还是不让我进去看电影。可是这样的案子，基本上在各级法院都不了了之，原因就是几乎所有的法官最后都接受了电影院各种千奇百怪的理由来搪塞黑人，比如说满员了，票卖多了，等等。

到了1883年，可能是感觉告状的实在太多，最高法院干脆直接废除了这部《人权法案》，理由是这部《人权法案》意图控制私人以及私人的公司，所以违反了美国的宪法，只好废止。

如果你不服气，再搬出宪法来说，宪法规定我和白人平等，但是火车上的一些座位却不让我坐，为什么？那我再用一个案例告诉你当时的法官是如何解释的。

1892年，一个只有八分之一黑人血统的外表上看不出来是黑人的名叫普莱西的人买了一张头等座车票，上车之后，他告诉了列车员自己的八分之一黑人血统，然后在头等座坐下来。当时的铁路法律规定，黑人是不能坐头等座的，随后，列车员告诉他必须离开座位，去"有色人种处"坐着。普莱西拒绝了列车员的要求，随后立即被逮捕。

这个官司一直打到了联邦最高法院，1896年，普莱西败诉，被判有罪。对于黑人必须坐在专门的"有色人种座位"这件事，联邦最高法院是这样解释的：根据宪法，白人和黑人是平等的，这没错，但是现在铁路公司的做法叫"隔离"，并不是歧视黑人，所以，这是一种"隔离但平等"的情况，完全合乎宪法的规定。

有一句话说得好，"权力从来都不是别人恩赐的，都是自己争取来的"，这句话可以作为美国黑人抗争的诠释。为了消除这些明显的外在的不平等，黑人们从南北战争之后，一直在不断地抗争。

到了二战的时候，因为黑人们在战场上的勇猛表现，事情有了转机，1948年杜鲁门颁布了第9981号总统令，在军队里解除种族隔离的政策，黑人士兵在军营里可以和白人士兵共用设施。

到了1954年，在艾森豪威尔当总统的时候，美国联邦最高法院做出了一个迟到了将近200年的判决，这就是在"布朗诉托皮卡教育局案"中，最高法院终于说了"不让黑人和白人的孩子在一个学校读书是违反宪法的"，这就等于推翻了60年前"隔离但平等"这类的荒谬说法，从此之后，黑人们的反"隔离"抗争就有了进一步的法律依据。

在这个判决发生之后的一年，一位微不足道的中年妇女和一件微不足道的小事，让全美黑人反歧视的运动达到了高潮。

1955年12月1日，星期四，一个很平常的日子，在美国亚拉巴马州蒙哥马利市，一位名叫罗莎·帕克斯的42岁黑人妇女，在工作一天之后，选择坐公交车回家，那时候美国公共汽车都在后面专门隔离出一块区域，叫"有色人种区"，除了白人，其他人都要坐在这块区域里。这事儿在当时所有人看来，都是天经地义，罗莎自然也不例外，她一屁股坐在"有色人种区"的第一排，准备好好休息一下。

过了几站之后，前面白人专区的座位就满了，这时候，司机就走过来，把那个写着"有色人种"的牌子向后挪了两排，意思很明显，白人的座位不够了，那就增加几个座位给他们，这也是约定俗成的规矩，不需要解释，坐在前几排的黑人站起来到后面去就行了。

那天罗莎坚决不让座。最后，司机叫来了警察，罗莎被捕入狱。

本来这只是一件小事，但是这件事被一个名叫马丁·路德·金的人知道之后，就变成了大事。此人和蒙哥马利市的妇女政治协会一起呼吁黑人们，在12月5日星期一，发起抵制公交车的运动。结果12月5日这一天，整个蒙哥马利市，没有一个黑人乘坐公共汽车，有的人甚至宁愿走30公里去上班，也没有选择坐公交车。

马丁·路德·金也是一位黑人，出生的时候叫作麦克尔·金，后来他父亲想起在德国维滕贝格大学贴大字报从而引燃宗教改革运动的马丁·路德，于是，把儿子的名字改为马丁·路德·金。

在马丁·路德·金的领导之下，抵制公共汽车运动持续了整整381天，一直到政府最后判定公车上种族隔离的做法是违宪的。

从此之后，马丁·路德·金这个人就在黑人运动中脱颖而出，1963年，马丁·路德·金发起了"向华盛顿进军"行动，最后，在林肯纪念堂前，他发表了《我有一个梦想》的演讲。

这个演讲成为美国历史上最负名望的演讲之一，而他本人也成为整个美国黑人运动的代名词。他的观点是以非暴力公民抗议的方式争取权利，正因为这个主张，1964年，他获得了诺贝尔和平奖。

在黑人的不断抗争之下，美国国会于1964年和1965年相继通过了一部《民权法案》和一部《选举权法案》，规定了在美国境内，不得再采取任何隔离

图4-9 马丁·路德·金参与向华盛顿进军游行

法案限制黑人的权利，也不能通过任何法案限制公民的投票权，严格来说，从这时候开始，美国所有公民才真正有了受法律保护的选举权。

不过，事实上，1965年、1966年和1967年，因为黑人权利问题，在芝加哥、洛杉矶等城市都发生了大规模的骚乱，每次骚乱都导致警察开枪镇压，往往是几十人死亡，成百上千人被捕，死亡者和被捕者大多数都是黑人。

美国为此还成立了一个"国家城市骚乱咨询委员会"，但这只能起到一点点缓和的作用，马丁·路德·金被暗杀之后，很多黑人不再采取他的"非暴力"行动指南，他们拿起枪支，开始更剧烈的反抗。但客观上，这加剧了白人和黑人之间的不信任和对抗气氛，反而对黑人更不利。因为黑人越来越多的暴力行为，法庭在裁决这类问题时，往往也偏袒执法者。

比如1970年4月，一个在波士顿市立医院受监护的黑人病人，躺在病床上受不了病痛，咬着毛巾号叫了几声，结果就被警察开了5枪，打死了，但波士顿市法院的首席法官却宣布该警察无罪，这无疑让黑人们无法接受。

长此以往，这就形成了一个恶性循环，国家执法部门对黑人歧视而暴力执法，黑人们习惯了采取暴力行为对抗执法部门。

2020年5月，美国黑人弗洛伊德因警察执法致死，引起了全美的大骚乱，但这只不过是从20世纪60年代到现在，黑人和执法部门之间无数次冲突中的一次罢了，而且现在看来，短时间内，也不会有停歇的那一天。

为了社会的稳定，美国政府采取的解决办法就是不断地立法，不断地做出一些反种族歧视的判决。甚至进入21世纪之后，一些人认为白人反而被歧视了，因为法律太多了，很多随口说的话，顺手做的动作都被认为对黑人有歧视，很可能让白人吃上官司。

比如说，一个黑人教师可以在课堂上大声说："我是一个黑人，我很自豪！"但是在今天的美国，如果一个白人教师在课堂上这么说："我是一个白人，我很自豪！"那他可能就有大麻烦了。

我认为，矫枉过正，也不是一件什么好事，更何况这种"矫枉过正"有时候也仅仅是表面上的。

其实，我这里倒是想问一句，难道只是法律的问题吗？答案显然不是，真正重要的还是我们的内心。

所以，仅仅有了平等的法律，而没有平等的内心，或者另外一方具有那种敏感而容易受到伤害的内心，都会导致人们在实际情况中做出错误的判断。只能这样说，种族的融合需要的是时间，漫长而痛苦的时间。

五

帝国的现实主义

二战后美国的纵横捭阖

01 "猪湾事件"和古巴导弹危机

1961年1月20日，美国历史上一位颇具传奇色彩的总统登场了，他的名字叫约翰·肯尼迪，年轻英俊潇洒的帅哥，第一位和对手展开电视辩论直播的演说家，拳打越南、脚踢古巴的武士，面对核危机还能沉着冷静的政治家，据说还是试图废除美联储的超级勇士，同时也是推行平等的民权主义者……

肯尼迪的祖上是爱尔兰人，他的曾祖父当年逃荒来到了美国，凭着聪明能干，渐渐积累了财富。到了肯尼迪竞选总统的时候，也就是1960年，他们家族已经成为美国第十二大富豪家族，估计当时资产在4亿到6亿美元左右。

所以，你可以认为约翰·肯尼迪是超级富二代，严格来说，他们家比美国前总统特朗普更有钱有实力，因为特朗普竞选前就是一个商人而已，而肯尼迪家族在当时已经涉足政坛。而约翰·肯尼迪自己，在当选为总统之前，也当过二战的美军军官，并且获得了美国军方的紫心勋章，在那之后，他还当选过美国国会的众议员和参议员。

一般情况下，老天爷不太可能为一个人创造十全十美的人生，这句话在肯尼迪身上也适用，他在大概十几岁的时候，得过一种肾上腺功能不全的疾病，这导致了他一生都在和身体虚弱作斗争，并且要服用大量的镇静剂、止痛药、睾丸素、抗生素和安眠药等等来对付其他并发症，所以，他其实是一个"药罐子"，只是大多数美国人在肯尼迪活着的时候不知道这个情况，就像大多数美国人不知道富兰克林·罗斯福不能长时间站立一样。

肯尼迪上任之后，试图推动那些能为最底层的老百姓带来福利的政策，比如改善城市住房，政府投资有目的有计划地向公共教育倾斜，为老年人提供医疗保健，为贫困群体提供一些基础保障，等等。

在内政上，他的另一个旗帜鲜明的作风是保护民权，这包括了黑人的权利。比如1962年，一个叫莫瑞德斯的黑人尝试着去密西西比州大学上学，但白人们堵在校门口，就是不让他上学。肯尼迪听说之后，派了400名法警以及3000名士兵以确保莫瑞德斯可以顺利地去上他的第一节课。3400名全副武装的法警与士兵陪着1名大学生去上课，要是放在今天，这位叫莫瑞德斯的同学立马就可以成为"网红"。

肯尼迪和他弟弟，也就是他的司法部长罗伯特·肯尼迪，还积极参与了释放黑人领袖马丁·路德·金的活动，最终促成了后者的提前释放。

猪湾事件

内政说过了，再来说说外交。

前面说过，在美国迈阿密南边大概100多公里有一个大岛屿，叫古巴，在美国和西班牙战争之后，古巴虽然名义上独立了，实际上，一直都是在美国的控制之下。为了控制古巴的政府，美国多次派兵。

在古巴从西班牙独立出来的过程中，美国是帮了大忙的，但是这个帮忙也不是没有条件的，从古巴独立的第一天，它的宪法中就被美国人强行塞进去一个修正案，那就是《普拉特修正案》。

这个法案以法律的形式说明了"美国可以在必要的情况下，行使干预古巴的权力"，用当时一位古巴参议员的话说就是，"他们可以进入我们的房子，在他们愿意的所有时间里，无论白天还是晚上"。

后来美国人也是这么做的，在1906年，美国派兵去古巴待了3年，干涉古巴的所有内政和经济活动。

到了1933年，古巴军事独裁者巴蒂斯塔得到了美国的大力支持，那时候，美国的公司主导着古巴经济，控制着古巴80%—100%的公用事业、矿产业、畜牧业和炼油业，以及40%的制糖业和50%的公共铁路。

所以，美国人特别喜欢巴蒂斯塔，无论巴蒂斯塔在古巴国内做什么，他领导的古巴政府在那时候一直是美国的盟友，这一点和今天的沙特基本差不多。

1934年5月，美国政府宣布废除《普拉特修正案》，取而代之的，是重新签订了一个《美古条约》，以法律的形式占据了古巴的关塔那摩。当时美国人说建立海军基地，现在我们都知道，除了基地，他们还在上面建造了一座不受任何法律管辖的国际监狱，巴蒂斯塔对这事自然也是没有任何异议。

19世纪末的时候，墨西哥总统迪亚斯曾经无限伤感地说过一句："可怜的墨西哥，离上帝太远，离美国太近。"古巴其实也是如此。

1959年，古巴有一个叫卡斯特罗的人起兵，领导的武装部队推翻了巴蒂斯塔的政府，建立了一个社会主义政府。卡斯特罗上台之后，在经济上采用了一些国家主义的政策，也就是政府开始干预经济，把很多行业和企业收归国有，这很明显地触犯了美国的红线。

美国人对古巴进行经济封锁，而古巴不仅没有服软，还从其他国家，包括社会主义国家进口各种生活必需品和石油。更令美国郁闷的是，古巴还开始和苏联进行联系。

古巴这个卡斯特罗领导的政府，成了美国人眼里的"坏政府"。

一般来说，事情到了这一步，就该美国二战之后最忙碌的部门——大名鼎鼎的中央情报局出手了，就像他们1953年在伊朗，1954年在危地马拉干的那样,或者直接暗杀掉对方的领导人,或者组织武装暴动,以人民的名义让这个国家的政府垮台。

事实也是这样,肯尼迪的前任艾森豪威尔在台上的时候,中情局就把古巴的反对派都召集在一起,开始了正规的破坏训练。

等肯尼迪上台之后,中情局这群家伙,急于要在新老板面前立功,就跟肯尼迪吹嘘训练是多么出色,只要将受训人员派往古巴,那马上就能占领一个机场或者城市,接着就会建立一个新政府。接着中情局又对肯尼迪宣称,根据他们得到的情报,古巴人民是非常憎恨卡斯特罗的,我们只要建立一个临时政府,那古巴的老百姓肯定就会拥护新的政府。

总而言之,这计划听上去天衣无缝,肯尼迪同意了这个计划。

1961年4月17日,编号为"2506旅"的1500名古巴反叛者,被美国中情局送到了古巴一个叫"猪湾"的地方,满以为可以迅速站稳脚跟,以古巴人民的名义向美国求救,随后美国大兵就可以一拥而上推翻卡斯特罗,最后美国政府再一次名利双收。

谁知道登陆之后,这些人先是被当地的穷苦老百姓一顿揍,然后就被古巴的正规军包了饺子,俘虏1000多人,大概有100人左右战死,这就是有名的"猪湾事件"。

这件事让美国丢脸丢大了,受到国际舆论的谴责不说,还彻底断送了美国和古巴和好的一切可能,卡斯特罗终其一生都没有再信任过美国人。

1963年,卡斯特罗用那些俘虏从肯尼迪那里换来了相当于5300万美元的药品和粮食,这也算是美国第一次战争赔款。

事后,美国中情局和肯尼迪相互指责,中情局的说法是肯尼迪在2506旅登陆猪湾之后,没有派美国部队展开进一步行动;而肯尼迪就更委屈了,他指责中情局给了他一堆假情报,本来说好的2506旅先占领一个机场,再建立流亡政府,然后下一步才是美国政府"光明正大"地介入,结果2506旅一登上猪湾就被人家捆了,这种情况下,总统无法直接派兵。

就这样，肯尼迪政府1961年在古巴这里栽了一个大跟头，但是俗话说得好，哪里跌倒，就在哪里爬起来，这话放在肯尼迪身上，比较合适。

古巴导弹危机

1962年10月份开始，中情局反复向肯尼迪汇报，古巴可能有苏联正在部署的导弹。一开始肯尼迪并不相信。

10月14日，肯尼迪下令U-2侦察机进入古巴做进一步侦查，这架可以飞到23000米高空的幽灵一样的飞机带回来了一组照片，照片清清楚楚地显示，苏联的SS-4导弹正在古巴部署——这一次，中情局的情报是准确的。

10月17日，进一步的坏消息又传出来了，除了16个导弹发射架，还有22架可以携带核弹头的苏联轰炸机已经在古巴的机场上面趴着了。

这一下子美国朝野震动，如果放任古巴和苏联这么操作，那么全美国都将在苏联的中程导弹覆盖范围之内，最多的预警时间只有5分钟，也就是说，只要这些玩意儿布置好，苏联也就拥有了先发打击美国本土的资本。

这里顺便提一句，美国早就在土耳其部署导弹了，从那里打莫斯科，和从古巴打美国几乎没有任何区别——但它当然不想让苏联这么做。

肯尼迪掌握了所有资料之后，当时也蒙了，这才是上台的第二年，上帝就出了这么难的一道题！10月22日，美军进入了战备状态，同时，肯尼迪发表电视讲话，宣布从10月24日开始对古巴进行封锁，另外，他要求苏联的赫鲁晓夫将导弹撤出古巴。

第二天，赫鲁晓夫开口回应了："我们在古巴布置导弹是纯粹防御性质的，美国朋友们不用担心。"这当然是赤裸裸的撒谎，但若是你把他的这番话换个国名，就会发现，其实美国人一直到今天，也都在高频率地使用赫鲁晓夫当年这番说辞，包括在韩国布置萨德。

不过，肯尼迪当时封锁古巴港口的命令，却被美军的高层和他自己的顾问认为是软弱的表现，他们主张马上攻击那些导弹基地目标，但肯尼迪坚持要先看看，并坚决要求没有他的命令，绝对不能和苏联的船只发生冲突。也就是说，他以三军总司令的身份压制了军队高层的意见，这当然不可能让那些老将军们对他有什么好印象。

1962年10月27日这一天，人类面临了有史以来最大的考验之一，不是一般的考验，而是生存还是毁灭的问题。当时在美国附近，出现了苏联的4艘常规动力的潜艇。

按照美国人的理解，常规动力潜艇一般不会携带核弹头，所以，美国的军舰按照一般的模式扔深水炸弹，逼迫苏联的潜艇上浮。

可是潜艇一旦潜入深海，有时候是没有办法和外界联系的，苏联的4艘潜艇里，有一艘恰恰是处于深潜状态而无法和外界联系，最大的麻烦是它本身的导弹是装有核弹头的，它被这么一炸，当时也蒙了——美苏两国之间的冲突，这艘潜艇上的人是知道的，否则也不会来到这里，但是它不知道外面是什么情况，被这么一炸，就以为外面肯定是打得天翻地覆了。

这个时候，舰长和副舰长都主张马上发射装有核弹头的鱼雷，可是大副瓦西里坚决不同意，他的主张是上浮，马上联系莫斯科，如果真是大战开始，再发射鱼雷。

说实话，这等于是放弃抵抗了，因为潜艇一旦上浮，那就是活靶子了，极大的可能是，它还没和莫斯科通信，自己就先完蛋了。

不过，由于苏联规定，发射核武器必须舰艇上的舰长、副舰长和大副3个人一致同意，最后潜艇还是上浮了，美国人一看苏联潜艇漂上来了，也就没再攻击，这边和莫斯科一联系，说没大战那么回事。

潜艇上的人这时候都是一身冷汗，如果当时核鱼雷发射出去，那几乎可以肯定美国一定会用核武器反击，那样一来，核大战几乎是不可避免，从这个意义上说，这位瓦西里才是挽救地球的"超人"。

但是危机仍旧没有解除，也就是在同一天，10月27日，美国U-2侦察机在古巴上空被苏联从古巴发射的两枚常规导弹击落，飞行员牺牲。

这个消息让美国军队的鹰派当即明确了立场，要马上把古巴境内的导弹基地全部摧毁，但是这个命令必须肯尼迪来下，肯尼迪考虑再三，最后否决了这个进攻方案，他让美国可以打到苏联本土的"民兵"洲际导弹进入戒备状态，随时准备发射，然后给赫鲁晓夫发了一封长电，要求赫鲁晓夫在24小时内解决问题，否则美国就要进攻古巴。

接下来，按照美国官方的说法，赫鲁晓夫服软了。

10月28日这天，两国达成了一个协议，苏联同意撤走在古巴的所有导弹设施，这场"古巴导弹危机"算是初步解除了。

表面上看，美国是这场危机的胜利者，因为苏联在它的教训下，把在古巴的导弹撤走了，可是实际上，也许恰恰相反，美国暗中的让步要更大一些，肯尼迪为了让赫鲁晓夫尽快答应撤走导弹，在秘密协议里承诺，要悄悄地把美国部署在土耳其和意大利的导弹拆除，并且美国永远不再入侵古巴。

用已经部署好的导弹系统换取对方刚刚搭了一个架子的导弹系统，美国自然是没占到便宜，只不过这个协议不公开，肯尼迪的面子上是相当好看，但他是瞒不过美国军方的，那些鹰派自然对他很不满意。

"古巴导弹危机"还促成了另外两件事：

第一件事，美苏两国为了以后沟通方便，设立了总统之间的专门热线，这样以后万一拌两句嘴，不至于马上就互扔炸弹，这也算是开了一个大国之间沟通的先河，以后被各国纷纷效仿，主要国家领导人之间都安装热线。

第二件事，肯尼迪意识到，虽然他是总统，有决定是否使用核武器的权力，但那玩意的实际发射按钮掌握在军队的技术军官手里，要是这些军官哪一天不高兴，顺手一按，那地球就完了，于是他下令，以后所有核武器都要安装密码，密码由总统和军方高层保管。这个命令，美国军方是十分不愿意执行的，一直都在敷衍，这些家伙糊弄总统的方式就是给所有核武器加装了密码锁，但是将密码设置为"00000000"，据说这糊弄密码使用了很多年，到20世纪80年代才形成今天严格管理核密码的局面。

肯尼迪死因谜团

1963年11月22日，肯尼迪和夫人杰奎琳在副总统约翰逊陪同下到得克萨斯州的达拉斯市访问。12时30分，他乘坐的敞篷车行至一个拐弯处时，被事先埋伏好的枪手连开3枪，第二枪正中头部，肯尼迪应该是当场就死亡了。

几个小时后，传说中的凶手李奥斯·瓦尔德被抓获，但是还没等到审讯，更神奇的事情发生了，如此重要的犯人，仅仅在抓到两天之后，居然被一个叫杰克·卢比的夜店老板在警察局门口，在众目睽睽之下连开数枪给干掉了。

很自然地，夜店老板杰克·卢比被判处死刑，开始的时候他也不认罪。到了1965年3月，他认罪了，并且在电视上发表了一个简短的讲话，其中最著名的一段话是："真相并没有浮出水面。这个世界不会再知道实际发生了什么，包括我的动机。那些当权的，别有用心的，把我推到风口浪尖的人们，将不会把真相公布于众。"1966年12月9日，医生在鲁比的肝、肺和大脑各处发现大量癌细胞，6个星期之后，他就归天了。

诡异的事情还没有完，肯尼迪的另一个情妇，玛丽·梅耶尔，在肯尼迪遇刺身亡不久之后，被人枪杀，这个案件一直到今天都没有被侦破。

不仅如此，在肯尼迪被刺杀后短短3年中，18名和他有关的人相继死亡。

此外，肯尼迪的弟弟，罗伯特·肯尼迪，在五年之后的1968年，宣布要竞选总统，可是就在他渐渐获得大量民众支持的时候，就被一个来自巴勒斯坦的阿拉伯人索罕枪杀了。

问题是，索罕在认罪之后，又否认了，说自己完全不记得干过什么，这一点得到了心理学家卡拉斯的认可，他和这个索罕在监狱一共谈了35个小时，最后得出的结论是，索罕真的不记得他刺杀了罗伯特·肯尼迪。

所有这一切，都让大多数美国人相信包括肯尼迪兄弟二人在内的一系列死亡事件都是一场阴谋，至于说是什么样的阴谋，说法很多。

比如有人说肯尼迪当年在古巴发生导弹危机的时候，直接派出自己的弟弟和手下私自与赫鲁晓夫达成协议，这让副总统和军方对他产生了很大的怨恨，还有"猪湾行动"的失败让他和CIA之间也发生了很多的不愉快，导致彼此不信任等等。

当然，其中有一口黑锅是直接扣在了美联储的脑袋上。事情是这样的，1963年6月4日，肯尼迪签署了一份鲜为人知的11110号总统令，他命令财政部"以所拥有的任何形式的白银，包括银锭、银币和标准白银美元银币作为支撑，发行'白银券'"，这相当于是赤裸裸地宣布要从美联储夺回货币发行权，如果这个计划得以实施，美国政府可能就最终转变为以银本位为基础的白银券，将摆脱为了发行美元而需要付给美联储大量利息的荒唐局面。

肯尼迪确实签署过这个总统令，而且肯尼迪死了之后，这个总统令也确实是作废了，没有实施。所以，这一次，在证据确凿的真相被公布之前，只能说银行业和美联储的大佬们嫌疑是一定有的。

美国政府在肯尼迪被刺之后成立的沃伦调查委员会，经过了10个月的调查，在1964年9月27日宣布，这个案子就是李奥斯·瓦尔德一个人干的，纯属个人行为。至于说作案动机，仅仅是"对一切权威根深蒂固的憎恨以及对马克思主义和共产主义的信仰"，这就是美国政府在当时给出的"真相"，也就是说，这口锅被美国政府扣到了马克思和社会主义的脑袋上。

在所有的阴谋论当中，当时的副总统，也就是后来的总统约翰逊也是一位嫌疑人，因为他下令，这些调查档案要封存75年，一直要到2039年才会全部解封。

这么明显的掩盖事实和封杀证据，让人觉得，肯尼迪之死不太像是一次秘密的谋杀，更像一次公开的处决。也就是说，有很多人参与了，也有很多人知道真相，只是知道的人也都是既得利益者，没人说而已。

这其实已经不是少数人的观点了，2003年肯尼迪遇刺40周年，美国ABC广播公司搞了一次调查，高达70%的美国人认为刺杀肯尼迪是一个大规模的阴谋事件。

02 北部湾谎言和越战泥潭

越南，当年和柬埔寨、老挝一样，都是法国人的殖民地，统称为"法属印度支那"，二战的时候，被日本人占领了，等到二战结束，英国人占着这块地的南边，中华民国占着这块地的北边，在美国人的劝说之下，英中两国同时撤兵，把这地方还给了法国人。

但如果你还记得小罗斯福和丘吉尔签订的那个《大西洋宪章》，你就应该知道，那个宪章鼓励各民族起来独立，建立自己的国家。

越南人也听说了这个宪章，于是他们也想要独立，一场轰轰烈烈的农民独立运动就在这些地区如野火一样蔓延。

对于法国和西方世界来说，这场运动的一个最大的威胁就是，领导这场越南独立战争的是一个共产党人，他叫胡志明。

这位曾经化名为"阿三"的胡志明，年轻时在英、美、法、德和非洲都待过，最后在1920年加入了法国共产党，是越南的第一个共产党员。

1929年的时候，因为他折腾得太厉害，法属印度支那的法庭在他缺席的情况下，判处他死刑，然后他就一直被法国人通缉。

1945年9月2日，在日本投降之后的第18天，胡志明在越南河内宣布成立越南民主共和国。

当时有50多万人聚集在河内的巴亭广场上，胡志明当场宣读了《独立宣言》，控诉法国人对越南的残暴统治，然后坚决要求独立。

在这之后，胡志明给美国当时的总统杜鲁门写信，从1945年10月至1946年2月，4个多月，写了8封信，中心思想就一个：要求美国和联合国主持公道，遵守《大西洋宪章》所承诺的民族自决权，让越南独立。

前文说过，美国人一般对于这种民族独立是抱着欢迎态度的，但这一次不行。

美国人为什么不让越南独立

原因极其简单，胡志明是一名共产党员，并且越南在"雅尔塔协定"体系上，并不属于苏联的社会主义阵营。

很自然地，胡志明的书信没人搭理，美国总统和联合国一个字都没回。

接下来，法国人和越南人不可避免地打起来了。法国人开始的时候很自负。但事实证明，他们很快就顶不住了。

1950年朝鲜战争爆发之后，美国人回头看看法国人，叹了口气，只好开始大规模援助法军。到1954年的时候，美国为在越南的法国军队提供了30万支小型武器和机枪，以及10亿美元的援助，所有这些加在一起，美国实际上承担了法国战争支出的80%。

为什么美国要援助法国，不让越南独立？

美国政府给公众的解释是，美国需要帮助越南和亚洲遏制共产主义，这当然也是一条很好的理由，在当时的国际环境中，美国人民都理解。但这不是全部理由，美国政府对他们的民众只说了上半句，下半句可以在美国国家安全委员会的备忘录里找到，1952年6月，它在备忘录里是这样说的："共产主义控制整个东南亚将会严重危害美国在远东的根本利益……（东南亚）是世界上天然橡胶、锡、石油及其他重要战略物资的主要产地……"1953年，美国国务院的一份备忘录也指出："如果法国确实决定撤出，美国将不得不非常审慎地考虑是否应该占领该地区。"

既然涉及国家利益，那就简单了，这种情况下，美国是不分党派，不分群体的，大家撸起袖子一起上就是了。

美国支持法国，越南的领导人胡志明自然也有支持者，那就是中华人民共和国，当时陈赓大将率领了一个顾问团帮着他出主意，最后的结果就是，即便有美国人源源不断的物资援助，法国人还是节节败退，尤其是越南人民军取得奠边府大捷之后，法国人更觉得这仗打不下去了。

1954年，法国被迫和越南在日内瓦签署条约，越南暂时实行南北分治，法国统治南方，胡志明领导的越南在北方，两年内，法国人回家，越南实行全国大选。

美国人只好另找对策，1955年，他们从美国新泽西州找到了一个以前在越南当过官的越南人，叫吴庭艳，让他回到越南建立了一个越南共和国，并且告诉他，要是没有稳赢的把握，千万不要按照《日内瓦公约》规定的那样按时举行选举。

但是美国人千算万算，漏了一条，那就是宗教因素。

吴庭艳是一个基督教徒，而越南世世代代都是佛教徒的地方，再加上他一副"美国老大他老二"的嘴脸，残酷镇压当地的各种不服，结果在南方的统治越来越不得人心，本来计划好的全越南选举就黄了。

到了1960年，他的统治力已经极其衰弱。南方成立的地下民族解放阵线，看起来和北方没关系，实际上，这个组织最大的靠山就是胡志明。为了支援南方反对吴庭艳政府，胡志明给这个民解组织提供了大量的援助，并开辟了一条著名的"胡志明小道"，从北方往越南南方运送物资。

到了1963年，吴庭艳的政府已经成了美国政府很头疼的一个累赘，不仅不能有效地控制越南南方，而且还到处惹事，需要美国时不时地帮他擦屁股。

在美国中央情报局特务科奈恩的帮助下，一些越南共和国的将军在1963年11月1日发动政变，杀死了吴庭艳，据说肯尼迪总统对此很是犹豫，但并未阻止，而且3周后，他本人也被刺杀了。

回顾美国对越南的态度，你就会发现，艾森豪威尔当总统的时候，美国人还是偷偷摸摸的，在越南只有大概900人的顾问团，但是当肯尼迪上台的时候，政策就变了。肯尼迪的就职演讲中有一句话我们现在都很熟悉："不要问你的国家能为你做什么，而要问一下你能为你的国家做什么。"除了这句话，他的另一句话在政治历史中更加出名，那就是："我们将付出任何代价，忍受任何重负，应付任何艰辛，支持任何朋友，反对任何敌人。"这里面的敌人当然包括胡志明领导的越南。

肯尼迪是这样说的，也是这样做的，他大手一挥，"青年到越南去"，美国在越南的顾问团和军事人员很快就增加到16500人。

不过，现在已经有证据表明，肯尼迪在被刺杀之前的1个月，已经开始着手从越南撤军了，并且签署了第263号文件，计划在1963年底之前从越南先撤出1000人。

我们现在可以肯定地说，他的这个做法和美国军队鹰方的意见完全相左，后来在他死之后，副总统林登·约翰逊上台之后，第一件事就是废除了这个撤军的决定，以及那个计划发行白银券的总统令。

事实证明，新的总统约翰逊是一个真正的鹰派，一个狠角色，当看到法国指望不上，吴庭艳也不行了之后，决定挽起袖子自己动手。于是，就发生了下面的事情。

一番谎言北部湾

1964年8月初，美国人突然在全世界到处嚷嚷，国内能够印刷出版的所有报纸等媒体都报道一件事——美国的驱逐舰在公海上受到了越南民主共和国的攻击。

当时的报道是这样描述的，8月2日，"马多克斯"号在公海遭到28英里外的3艘越南民主共和国巡逻鱼雷艇的攻击。8月4日，同样还是这艘驱逐舰，在公海又遭到了5艘越南民主共和国的鱼雷艇攻击，它马上自卫反击，击沉对方两艘，击伤两艘。

这消息一出来，美国人民顿时义愤填膺，国防部部长麦克纳马拉说，"美国驱逐舰在公海例行巡逻时遭到了无端的挑衅"，约翰逊总统对民众大声疾呼，美国"在公海上遇到了最无理的挑衅"。

总之全美国都动员起来了，国会马上以0票反对的结果通过了决议案，授权总统可以采取一切对越军事措施。

约翰逊一刻都没等，马上就派遣大批飞机开始对越南北边进行狂轰滥炸，国防部部长麦克纳马拉几乎在同一时间宣布增兵越南的"六点计划"，美国开始全面介入越南战争，战争瞬间升级了。

那么，越南人莫非是疯了，竟敢突然在公海上进攻美国？

这事儿不仅是我们，就是当时，美国国内很多记者和老百姓都不明白，就质问美国政府：越南这个小国，居然敢在公海上进攻我们的军舰，这是不是误会，搞错了？

对于这个问题，美国国务卿腊斯克在电视里先是肯定地说，这事儿千真万确，他们就是打我们了，至于为什么，他是这样回答的："（越南人）的思维方式与我们完全不同，因此，我们与他们彼此之间都很难跨越意识形态的鸿沟去了解对方的思想。"这话的潜台词就是：你们别管他们为什么要打我们，总之我们被揍了，现在就应该打回去。

但事实上，这哥们就是撒谎不脸红，因为整个"北部湾事件"不过是美国人自编自导自演的一场悲喜剧。

说它是"喜剧"，是因为这个事件让他们当时获得了巨大的成功，不仅军方的鹰派获得了全面出兵的借口，而且那位因为肯尼迪突然死亡而上台的约翰逊总统，也借此在1964年的总统选举里大获全胜；说它是"悲剧"，是因为这场由政客导演的大戏最后让美国人付出了伤亡30多万人的代价，无数越南人更是在战火中失去了财产、亲人和生命。

我之所以这里敢于肯定地告诉你，"北部湾事件"是美国人编织的谎言，因为这一次，是他们自己亲口承认的。

2005年，美国国家安全局发表报告，承认1964年8月2日的事件是"马多克斯"号率先开火，对越南民主共和国舰艇进行攻击，对方没有进行任何还击。并且两天之后，也就是8月4日当夜，越南民主共和国也"没有任何攻击行为"，那天晚上，其海军除了努力地打捞两天前被美国人打沉的鱼雷艇之外，"什么也没做"，"公海上是一片风平浪静"。

在美国的对外战争历史里，他们经常在开战之前受到一些莫名其妙的"伤害"，由此形成了全国人民群情激愤、不得不打的态势，美墨战争、美西战争都是如此。但只有这次越南战争，美国政府在战争结束的30年后，承认当初造假了，承认他们人为地编造了"北部湾事件"。那我们这里就要问一句为什么，为什么他们这一次承认了？

我认为，这里面有两个原因：

第一个原因就是这次越南战争最后实际上美国是以失败告终，而且输得很惨，既然无论如何要对民众认错，那就索性让大家敞开了聊，把一切怨气都发泄在越南战争上，总比没事找事去翻看其他事件好。

第二个原因就是"北部湾事件"没有造成任何美国人伤亡，严格来说，这只是一个谎言，而不是一次事故，如果像美西战争之前的"缅因"号那样，"轰隆"一声，几百名美国官兵被炸死，那它怎么都不会承认那事和自己有关系。

半年越战陷泥潭

无论如何，1964年的美国人下定了决心，要去越南战场上和胡志明掰掰手腕子。

为赢得战争，约翰逊采纳美国著名的战略大师赫尔曼·康恩的"逐步升级"战略思想，第一步就是轰炸。

1965年开始，美军相继在越南实施了"滚雷行动"和"弧光作战"，没别的，就是地毯式轰炸。

但必须提及的是，美国在所有轰炸中，都避开了那些明显有中国或者苏联人员的目标，因为约翰逊绝对不想和苏联直接冲突，也不想和20世纪50年代曾经交过手的中国再打一场，美国空军史学家厄尔·蒂尔福德在回忆录中说："（轰炸目标）挑选甚至不合乎逻辑，如果根据任何合理的目标挑选方法，越南民主共和国的机场都应该是优先进行轰炸的对象，然而华盛顿拒绝的理由是担心误炸苏联或者中国的顾问而越了雷池。"

也正因为这些顾忌，后来美国有很多人都认为，这些轰炸行动实际上并没有达到预期的战略效果。

到了1965年3月底，美陆军开始在西贡成立作战指挥机构，实施"墨渍"战略战术，即在越南南方沿海设立基地据点，构成环形防御圈，逐步地，像墨水那样向越南民主共和国占领区渗透，同时寻找越南民主共和国地面部队主力决战。

这标志着美国在越南的"特种战争"升级为"局部战争"，也就是美国陆军登场，开始直接参与战斗了。到了1966年8月，大概有42.9万名美军士兵活跃在越南战场上。

接下来的事情你在很多电影和纪录片中都会看过，美国人占据了海陆空所有优势，甚至还采取喷洒剧毒农药毁灭丛林的策略，对越南人民军展开了残酷的追杀。

对此，越南民主共和国只做了两件事，第一是不打阵地战，军队化整为零，采用游击战术；第二是全民皆兵，一个在路边挖野菜的老大娘，都可能随时掏出一把小手枪，消灭一名美国士兵。

这两招一用，越南民主共和国就变成了"打不死的小强"。

不过，包括约翰逊总统在内的美国政府高官们，在这段时期却一再告诉美国民众，越南人马上就完蛋了，战争很快就结束了，我们的大兵就要凯旋了。

1968年初，约翰逊被狠狠地打脸了，1月30日，越南民主共和国发动了规模空前的春节攻势，兵力超过32万人的越南人民军对着越南共和国几十个城市和50多个战略要地发动袭击，西贡的机场，越南共和国的总统府、总参谋部，甚至美国驻越南共和国的大使馆都被偷袭。

虽然越南民主共和国的这次行动最终被打退了，而且他们也付出了几万人伤亡的代价，但是这让他们在精神和宣传上获得了巨大的胜利，因为越南共和国几十个城市被攻击，大使馆都被人家炸了一个大窟窿，这种事自然是瞒不住国际社会和美国国内老百姓的。消息传出去之后，美国老百姓的第一反应就是：原来我们的总统和军队高官们一直在骗我们啊。

就在这个时候，美国国防部威斯特·摩兰将军再向越南增兵20万的计划曝光了，这一下，美国老百姓是彻底不干了。

前面说过，4年之前，1964年，美国以不存在的"北部湾事件"向越南派兵的时候，美国国内几乎没有任何反对的声音，但随着战争的进行，到了1965年7月份左右的时候，美国国内就出现了"不和谐"的声音，最初是黑人利用越战中死亡的黑人同胞进行反战争的宣传，比如他们号召"在美国的黑人没有都得到自由之前，不要为了白人的自由去亚洲卖命"这样的口号。

到了这一年年底，反战的内容就扩大到了人性关怀的层面，一些州开始打出了"关怀我们的士兵"和"悼念被烧死的越南儿童"这样的标语。

这期间最惨烈的抗议行动当属两个人。1965年11月2日，在国防部下班的时候，3个孩子的父亲，32岁的诺曼·莫里森全身浸透了煤油，站在大楼第三层国防部部长麦克纳马拉办公室的窗台下面点火自焚，为抗议战争献出了生命。还有一位82岁的老太太赫兹，也在同一年为了抗议政府入侵越南的暴行在底特律家里点火自焚。

随后断断续续的抗议行动就没有中断过，一个大学生非暴力协调委员会在第二年夏天，宣称"美国正在实行一种违犯国际法的侵略政策"，并跑到美国的一些征兵处，呼吁美国从越南撤军，结果，他们中的6名骨干成员被捕，理由是非法进入征兵处，被判处了数年的监禁。世界闻名的拳王阿里，也在这一年因为拒绝"白人的战争"而不去服役，最后被取消了"拳王"的头衔。

到了1968年，在几万名美国士兵死亡和20多万美军受伤之后，美国人又听到自己国家的国防部准备再向越南派遣20万美国大兵，这还了得？马上，全国性的反战抗议就升级了，各地反战集会的人员一度达到200多万，人们一边游行，一边喊着一条极具讽刺意味的口号："嘿，嘿，约翰逊，今天你杀了几个孩子？"这种口号，就算是约翰逊总统脸皮再厚，也总是有点儿惭愧的。

就这样，1968年3月31日，约翰逊发表演讲，否定了进一步增兵的计划，表示美军将逐步撤出越南，而且还宣布放弃竞选下一任的总统，这相当于是引咎辞职了。

除了民间对越战的声讨，最重要的，或者说起了决定作用的，就是军队内部对越战的强烈不满。

随着战争的继续，军队开小差的人数激增，据估计，大概有数千人逃往欧洲。当然，大多数人都选择了北边的邻居加拿大，估计有5万到10万的美国人，在这段时间逃到了加拿大。

从越南归来的老兵还组织了一个老兵反战联盟，到1971年的时候，这个组织的大约1000名成员赶到华盛顿特区举行反战示威，他们爬上国会大厦外面的铁丝网，把他们在越战中获得的勋章扔进去，以表达他们对越战的不满。

说到这里，我们就要问一句，美国人以前也不是没打过仗，牺牲也不小，比如说二战的时候，死的人更多，那为什么这一次打越南让美国人如此愤怒？

这个问题的答案，也许用一件小事可以说明。

1968年，一名中尉在华盛顿被捕，原因是他打着一个标语参加群众游行，那个标语上面写着"12万美国人死了，为什么？"这个标语就是答案，归根结底，就是一个英文单词：Why？为什么去打仗？

如果战争顺风顺水，越南很快投降，相信没有美国人会去问这个问题。但是，随着十几万美国兵带着残肢断臂从越南归来，越来越多的人不理解，为什么美国人要去那么远的地方和一群看起来毫不相关的人去打一场让无数个家庭支离破碎的战争？

随着战争的进展，已经没有人能够回答，或者说，没有人能够给出一个令人信服的答案。

政府说了，这是为了防止共产主义扩散，但是当时很多美国人对此嗤之以鼻，当时甚至有报纸讽刺说："难道共产主义可以自己造一艘军舰，横穿太平洋，在美国登陆？"这听起来就是无比荒谬的一件事，对于美国的普通民众来说，"全球布局"和"地缘政治"这样的词汇是无法让他们去支持一场持久战争的。

当时反战的另一个原因，或者说一小部分的原因，应该归结于二战之后的婴儿潮和美国电视的普及。

1945年二战结束之后，大批美国军人返回美国，随之而来的是美国生育高峰，仅仅是1946年，美国就出生了340万名婴儿。

这些孩子在一个和平年代长大，根本没有为了国家牺牲自己的自觉，反而大多数都是左翼，是充满了理想主义的学生。当美国对越南动手的时候，他们恰好是20岁左右的年纪，正是喜欢指点江山的年龄。通过各种渠道，包括新兴的电视新闻报道，他们了解到的不仅仅是美军有大量的伤亡，还有美军在越南的屠杀行动，以及很多手无寸铁的越南老百姓被屠杀。

比如后来被广泛报道的"美莱村屠杀"，就是美军在越南广义省针对四五百名越南村民进行的惨无人道的大屠杀。死难者包括妇女、儿童、老人，一个村子里，所有活动的东西都被当作了敌人，被美军用刺刀、手雷和枪送到了另一个世界。当然，美军还有轮奸妇女、抢劫财物等恶劣行为。

这些婴儿潮时期出生的美国年轻人，相信正义，相信人性，很自然地，对这场造成两方面都有大量伤亡的战争充满了厌恶。

举个例子，1967年10月21日，美国人发动了"向五角大楼进军"运动，示威者冲到五角大楼前的草坪上，扯下旗杆上的星条旗，升起越南民主共和国的旗帜。据事后调查，这场运动里，至少有10万人是年轻的学生。

无论如何，1968年的美国大选充满了反战情绪，民主党约翰逊是没有脸再干下去了，接替他的是共和党的理查德·尼克松。

在1969年的就职演说里，尼克松有一句话后来广为流传，那就是"历史能够赐予的最大荣誉，就是和平缔造者的称号"。听到这句话，当时的美国人民终于放心了，新总统看来是要撤兵了，可是他们只要多学一点点历史，就应该知道，尼克松可是"麦卡锡时代"的反共急先锋，麦卡锡参议员最好的朋友。虽然他在台上左一句"和平"，右一句"撤兵"，但面对越南这个社会主义国家，当上了总统的尼克松那是相当地不甘心，他有自己的小算盘。

传记记者布莱克认为，尼克松当时的策略思想是Madman theo-

图5-1 五角大楼前的反战示威者高举"滚出越南"标语牌，1967年10月21日

ry，也就是"狂人理论"，或者说恐吓策略，他想在撤兵之前对越南进行一次异乎寻常的打击，然后在谈判桌上捞到足够的好处。

于是，1969年3月，尼克松批准秘密轰炸越南民主共和国及其盟友红色高棉的阵地，并且在地面上发动攻势。可是炸了一圈，又打了一圈之后，也没见到越南服软，更没看到任何胜利的希望，到此地步，尼克松也只能实现竞选承诺，计划从越南撤军。

1969年，他开始秘密和越南民主共和国接触，双方开始谈判，最后终于达成协议，按照惯例，在签约圣地法国巴黎，签订了《巴黎和平条约》，美国人在越南打了8年，最终什么也没得到。撤兵之后，越南民主共和国马上就占领了整个越南，1975年，越南社会主义共和国宣布成立。

那么，我们就要问一句，谁是这场战争最大的赢家呢？今天回过头来再回答，答案可能出乎你的意料，既不是战胜国越南，也不是他的同盟军苏联或者中国，当然，更不是灰溜溜回国的美国，而是韩国。

从1964年到1973年，韩国先后向越南战场派出约32万人的兵力，驻越部队长期保持在5万人左右，兵力仅次于美国。如此大规模地帮助美国人欺负越南，让它得到了三方面的好处。

第一就是加强了美韩的关系，当时面对一个比它强大的朝鲜，死死地抱住美国人的大腿，对于韩国的国土安全，是有好处的。

第二就是得到了美国无数的先进武器装备，越战期间，美国向韩国提供了约20个师的装备，这些装备极大地改善了韩国军队的装备水平。

第三点是最重要的，那就是获得越南战争的军需物资订单。日本在二战之后经济迅速腾飞的一个秘诀，就是当年朝鲜战争的时候，日本军工企业和民用企业马力全开，获得了无数订单，挖到了二战之后的第一桶金。1952年和1953年，日本出口额的66.1%和63.5%是给美国人用在朝鲜战场上的，这是一个相当大的数字。而在越战期间，韩国干的是一样的事情，通过向越南出兵，仅仅是美军军需订单就达到10亿美元以上。同时，大量的韩国企业，借着越南战争和美国贷款扩张到东南亚，开始了它们的腾飞之路。

可以说，二战之后，美国绝对是一个巨无霸的存在，一个名副其实的世界帝国。但朝鲜战争让它蒙上了不胜的阴影，而越南战争更是这个新的世界帝国所遭受的第一次确定无疑的失败。

美国在越南的失败对它自己有一个比较致命的影响，那就是美国人穷兵黩武，把自己打没钱了。短短20多年时间，美国人就把二战前后积攒的家底挥霍了七七八八，它在越战中花费了大概2500亿美元。

这直接导致了一个影响深远的事件，那就是在1971年8月15日，尼克松宣布美元贬值，同时停止了美元兑换黄金。在历史上，这个事件叫作"布雷顿森林体系崩溃"。

03 "特里芬难题"

要搞清楚什么叫"布雷顿森林体系",必须先搞清楚什么是货币。所谓的货币,就是大家之间的一种信用,今天你卖出10个鸡蛋,人家给了你10元纸币,实际上就是你相信这张10元的纸币和你的10个鸡蛋是等价的。

在现代社会,这种信用一般是和政府的信用捆绑在一起的,普通人随便画一张10元钱给你,你是万万不会接受的。二战后期,每一个国家的货币信用都在经受严峻的考验。

于是,以美国为首的一些国家决定建立一个国际货币体系,让所有国家的货币都不那么大起大落,这就需要一个方案。经过一番讨论,美国的前财政部部长助理哈里·怀特提出的方案获得了44个国家的认可。哈里·怀特就是后来被怀疑为苏联间谍的那位,他当时提出的方案最后于1944年在美国新罕布什尔州布雷顿森林这个地方签署了协议,所以,大家就称呼这个新的系统叫"布雷顿森林体系"。

"布雷顿森林体系"的崩溃

所谓的"布雷顿森林体系",简单地说,就是把美元和黄金挂钩,规定1美元等于0.89克黄金,你只要手里有1美元,那任何时候,你都可以去到一家美国银行,把它换成0.89克黄金放到自己家的保险柜里。这样一来,美元这张纸实际上相当于黄金的等价物,那和金子是一样的,这就是后来美元又被叫作"美金"的原因。

美元在当时之所以这么牛,是因为美国在两次世界大战中发了财,拥有全世界近80%的黄金储备,说他家里的钱可以和黄金一样,那也不算是吹牛了。

但"布雷顿森林体系"不仅仅是把美元和黄金挂上钩,这只是程序的一半,它还要世界各国把它们的货币和美元挂上钩,就是所谓的固定汇率,一英镑等于多少美元都是规定好的,其他国家不能随便改动汇率,只能在可接受的范围内有微小的波动,这样一来,等于整个国际社会的钱币都和黄金挂上钩了。

以上就是关于"布雷顿森林体系"的简单解释,听起来还不错,因为这样一来,各国就不能打货币战了,国际金融也就稳定住了,这套系统对于战后各国经济的恢复起了很大的作用。

对于当时的美国来说,这是超级利好的,既然规定了美元等于金子,那么各国之间就一定要用美元结算才能各不吃亏,从此之后,美元在全世界畅通无阻,大家卖了东西之后,都用美元结算,然后存起来,作为自己国家的外汇储备,这样一来,美元完完全全地充当了国际货币的角色。

但是,在实际运行当中,这套系统后来出问题了,最关键的两个问题是,首先,这套体系设置了一个国际贸易的天花板,实际上,世界上黄金的产量无论如何是跟不上世界贸易需要的货币量的。

打个比方,在没有战争的情况下,你今年养1只母鸡,明年就可能养100只,这些母鸡下的蛋都需要拿到市场上去,换回美元,你一下子多养了99只母鸡,它们下的蛋就需要多出来相应的美元来交换——可是美元是和黄金挂钩的,没有黄金,多印的美元就等于是废纸。

解决这个问题的一个办法就是提高黄金的价格，那样就可以多印点美元，可是这办法是行不通的，你一琢磨就知道了，世界上的国家，有些国家1克黄金都不出产，有些国家黄金很多，你随便提高黄金的价格，那这个世界就乱套了，有黄金的就可以天天什么也不干，没事就给黄金涨价，而另一些没有黄金的国家那就要世世代代做奴隶了。

第二个麻烦就是所谓的特里芬难题，"Triffin Dilemma"这个名词来自1960年美国经济学家罗伯特·特里芬的《黄金与美元危机》这本书。也就是说，这位大神在1960年就意识到，"布雷顿森林体系"有问题，核心就在于美元是世界货币。既然是世界货币，大家做生意的时候就需要手里有美元，可是除了美利坚，谁也不能印美元，也不敢印美元，那手里怎样才能有美元呢？自然是卖给你东西，换回美元，这就要求美国必须是一个长期贸易逆差的国家，也就是美国买进去的东西要多于它卖出去的物品，市场上才能有足够的美元来流通。

可是"布雷顿森林体系"的目的就是保持汇率稳定，你印出了很多美元，交给别的国家，人家只要再用美元把你手里的黄金换出去，你的黄金就会越来越少，到时候人家再拿美元来换黄金，你就只能破产。为了避免这种情况的发生，美国必须阻止美元外流，那就要求美国必须是一个长期贸易顺差——至少贸易平衡的国家。那么这两个要求就是互相矛盾的，是一个悖论，这就是"特里芬难题"。

那么结果是什么呢？一句话，美国保持住了长期贸易逆差，也就是市场上美元很多，但是它不值钱了。因为美国在二战之后，自己国家的经济发展一般，还经常出去和别的国家打仗，只要一打仗，那就需要各种物资。前面说过，朝鲜战争发生后，美国从日本采购了大量的军需物资；越南战争，美国从韩国、新加坡和泰国采购了很多物资，这些采购甚至直接促使了这些国家的经济腾飞。

美国买了人家的货，给了人家美元，人家只要换成黄金存起来，美国的黄金储备就少了，你要是再印美元，那就相当于废纸一张，但是如果你不印美元，那你就得去借钱，这就变成了美国的外债。

到了1971年，越战快打完的时候，美国的黄金只剩下世界黄金储备的30%了，而美国人欠的外债，仅仅是短期之内要偿还的，就有500多亿美元。这时候，美国无论是继续印美元，还是继续欠一大笔债，只要还维持着1美元换0.89克黄金的承诺，那早晚有一天会破产。

撒手黄金抓石油

1968年上台的尼克松面对的就是这么一个烂摊子，他都快被逼疯了，想了半天，琢磨出一个办法，这办法相当简单，赖账。

当然，他把这个叫作"新经济政策"，他宣布停止各国政府用美元向美国兑换黄金，并且决定美元要"适当地"贬值。这消息一出，市场一片混乱，但是大家也没办法。

到了1973年2月，美元再一次宣布贬值。这一次各国实在受不了了，你宣布你的1美元现在只能换0.5克黄金了，却想让我1英镑还保持换你1美元，这等于是变相抢劫！于是，各国都纷纷宣布，开始实行浮动汇率，这也就意味着，"布雷顿森林体系"彻底成为历史，美元和黄金，世界各国货币和美元，这两个连接了20多年的钩子，"啪"的一声，彻底断开了。

可是，钩子的断裂并没有撼动美元在世界上的霸主地位，"布雷顿森林体系"虽然崩溃了，但是美元还很坚挺，各国还在用它结算。

这里面的原因说复杂也挺复杂，涉及很多经济学的知识，但你要是说简单，其实它也挺简单，主要就三点。

美国一直是世界上最强大的国家，无论军事还是工业，这让其他国家心里一合计，还是觉得美元垮台的几率比较小，货币最本质的属性是什么？就是信心啊！对美国有信心的话，自然对美元就有信心。

第二个原因就是美国半强迫半引诱地让石油输出国家都坚持使用美

元结算，20世纪末的几十年，是世界各国大发展的阶段，只要想搞工业，就需要石油，想买石油？就必须用美元。这样一来，世界各国都不得不把美元作为外汇储备，基本都继续认可了美元的世界货币的角色。

第三个原因就是凡是想着拉帮结派，不使用美元而去使用其他货币的，基本上，都在第一时间被美国处理了，比如卡扎菲、萨达姆，再比如欧盟，1999年刚推出欧元，两个月之后，科索沃战争就打响了，欧元直接跌成了白菜价。

我们天天说美国霸权，但你要知道他霸在什么地方？美国现在一不殖民，二不占领别人土地，也没要求其他国家上贡，和传统的帝国有本质的区别，那怎么还说人家霸权呢？原因就在于美元是世界货币，只要你做国际贸易，你就要用美元，只要你用美元，美国就有无数种方法控制你。

那谁给美元撑腰呢？自然是无比强大的美军和高科技，这就相当于两个肾脏，给美元提供源源不断的生命力。另外，互联网上一多半内容是英文，而且还是美式英文，这叫话语权，让越来越多的全球精英支持美国，这相当于第三个肾脏，对支撑美元也有很大的作用。

所以，有美军、高科技、话语权三大动力源支撑的美元，在很长时间内，还会继续在世界称霸。

04
尼克松访华：实用主义的握手

尼克松上台的第二年，美国人就登上了月球，这让他极为兴奋，干起活来就格外地卖力气。他在内政上的关注点基本都和老百姓有关系，比如说控制物价、稳定工资、协调劳资矛盾，还有治理环境等等，这些事情有的取得了比较好的效果，而有的确实是短时间内很难见效，比如说环境问题，那就要一直等到20世纪80年代后期，美国把很多工厂搬迁到其他国家之后，才逐步好转起来。

如果要评选20世纪发生的能够影响这个世纪的大事，那么无论如何，中国和美国这两个意识形态完全不一样的国家最后能够建交，并且在国际舞台上开始合作的姿态，绝对应该算是一件。

中美建交始末

在尼克松上台的1968年前后，中国和苏联之间因为领土问题，爆发了一系列的冲突，这些冲突中，最有名的就是1969年的珍宝岛保卫战。

大东北乌苏里江上的珍宝岛是一个弹丸之地，中苏争得你死我活，几次易手之后，最后被中国夺回，并且一直坚持到20世纪80年代后期，苏联变得衰弱之后，被迫承认珍宝岛为中国领土为止。

珍宝岛保卫战尽管没有美国和古巴的导弹危机那么有名，但却是人类历史上第二次逼近核战争的边缘。

中苏两国决裂的原因不仅仅是边界问题，里面还掺杂了无数复杂的情况。总之，1968年的时候，中苏这对曾经的好友之间，矛盾已经变得十分尖锐了。

敌人的敌人自然就是朋友，不论是尼克松，还是美国高层的其他人，都把这一切看得清清楚楚。而且当时美国自身由于朝鲜战争和越战，越来越感觉到在和苏联的对抗里处于下风，这更强化了与中国合作的意愿。

1968年末，美国的《外交》杂志发表文章，引述尼克松的话说："这个小小的星球上还不足以容纳10亿可能最有能力的人生活在愤怒和与世隔绝之中。"这当然是指中国，中国人在尼克松这位"反共专家"的眼里，从敌对的共产分子变成了"最有能力"的群体，这是一个很明显的信号，清晰地表明美国有意与中国联手。

对中国而言，既然和苏联撕破了脸皮，那和美国建交，就是最符合国家利益的。看到美国"投之以桃"，中国很快就"报之以李"，1971年初，中国邀请一个美国乒乓球队访问中国，展开友谊比赛，这成为两国关系上的一大突破。

打完乒乓球不久，1971年7月8日，尼克松的国家安全助理基辛格在访问巴基斯坦的时候，找借口躲开了媒体和记者，直接秘密飞到北京。

基辛格和周恩来谈了3天，这些密谈到现在还没有完全解密。最后，两人在7月15日发表了一个公告，说尼克松次年要来中国旅游。

可想而知，这个消息马上震惊了整个世界。

估计中国老百姓一时也反应不过来，因为那时候单位里开会偶尔还要喊两句"打倒美帝和苏修"的口号。美国的老百姓自然也是一脸蒙，震惊之余，当时美国各大报纸甚至用了这样的标题："我们的总统下一次访问对象会是火星吗？"实际上，1971年的中国在99.9999%的美国人眼里，确实如同火星一样神秘。

1972年对于中美来说，是相当不平凡的一年，这一年的2月21日，尼克松两口子呼呼啦啦带了100多名记者来到了中国。这是第一位出访中华人民共和国的美国总统，历史意义相当重大，打破了两国互不理睬的局面。

图5-2　毛泽东主席会见尼克松总统，1972年

尼克松和夫人一共在中国待了7天，实际上，除了见见毛主席，还真就是旅游，具体谈判的活儿都是其他人在做。这对夫妻的任务就是到处露脸，北京、上海、杭州，都溜达一遍，至于故宫和长城，那一定也是要去看看的。等玩得差不多了，2月28日，双方发表了一份《上海公报》，这份公报的一大特点就是双方都承认存在分歧，同时也都认可两国需要实现关系的正常化。

关于台湾，双方也达成一个共识，台湾是中国的，台湾问题属于中国内政。

《上海公报》等于是美国从苏联的阵营里切走了最大的那块蛋糕，无论是面子还是里子，对美国都是一件大好事。当然，对于中国来说，也是好事，它终于拥有了世界大国的政治地位，现在面对苏联，腰杆子更硬了，所以，这件事对于中美双方，在当时可以算是双赢。

那么，中、美这两个曾经破口大骂，甚至大打出手的国家现在握上了手，世界上其他国家有什么反应呢？或者说，这事儿对于世界有什么影响？

先说欧洲，基本上四个字就可以概括，一脸漠然。欧洲那些国家，当时基本上都和中国建交了，他们觉得美国和中国接触并且建交，只是时间问题。

再说日本，二战之后日本基本就是美国的殖民地，以前一直跟在美国人后面对中国采取政治上的敌视态度，现在美国政治态度大转弯，日本的变脸也比翻书还要快。美国虽然这时候和中国出了一个公报，但一直到1979年才和中国正式建交，而日本仅仅在尼克松访华6个月之后，1972年9月29日，就正式和中国建交了，签署了《中日建交公报》。

第三个要说的是台湾岛上的蒋介石，他当时还在世，自然也是大为震惊，并且强烈抗议，据说当时台湾方面还有官员建议派飞机伪装成大陆的飞机，把尼克松的"空军一号"打下来。对于这种根本不靠谱，台湾方面也绝对没有能力做到的建议，蒋介石自然是不会采纳，思前想后，最终也只能是长叹一声，什么也做不了。

最后再说苏联，中美接触，觉得很受伤的除了蒋介石，就是苏联，不过它的反应也是相当的迅速，而且正确——苏联马上邀请尼克松在1972年访苏。

他为什么这么急切地想邀请尼克松呢？

因为美国需要中国帮助结束越南战争，中国需要美国对抗苏联的威胁，而当中美确定联手之后，苏联是没办法应付的，他即便是不愿意，也只能乖乖地进入"三国演义"的剧本里。在现实和国家利益面前，没有一个高明的政治家会抱着意识形态不放。

尼克松自然是答应了，于1972年5月，也就是访问中国之后的3个月，他出访莫斯科，并签署了一系列的和平协议。

无论如何，1972年都是20世纪很重要的一年，中、美、苏三个大国之间由于彼此的需要，开始了合作之旅。

水门事件

可是，尼克松刚刚吃了烤鸭和鱼子酱，喝完了茅台和伏特加，心满意足地回到美国，就发生了一件大事，这件事让他成了美国历史上第一位,也是迄今为止唯一一位,还活着就从总统宝座上跌下来的总统,当然,体面地说,他是自己辞职的。

这件事是这样的:

尼克松是共和党人,1972年是大选年,他的竞争对手自然就是美国的另一大党,民主党。

1972年6月17日凌晨,民主党的全国委员会所在地——水门大厦的保安偶然间发现,地下停车场通往大厦内部的门被人用胶带卡住了,门锁失灵了,什么人都可以畅通无阻地进入大厦。这个保安一开始没当回事儿,随手把胶带撕掉,就出去吃饭了。

等他回来的时候,又看了一眼,才发现那道门居然又被胶带卡住了。现在问题就来了,这位保安必须做出选择,因为这件事只有两个可能:一个是有人进来破坏捣乱,另一个是水门大厦当天晚上闹鬼。这位保安是一个无神论者,他认为鬼神都是扯淡,于是选择了报警。

两个便衣警察来了之后,在大楼里抓获了5名正在安装窃听器的犯罪嫌疑人。这些犯罪嫌疑人的初步交代是,白天他们把门用胶带卡住了,准备晚上进来,结果晚上发现胶带没了,他们只好用特殊手段和工具把门打开,为了出去的时候方便,就随手用胶带把门又卡住了。

随后警车蜂拥而至,灯火通明地搜查,对面一个小旅馆里指挥这5个犯罪嫌疑人的两个人吓得赶紧逃了,谁知他们逃走的时候,居然忘了把文件箱、连号的百元大钞和电话号码本带走,而这些东西,都是他们指挥监听的铁证。

后来调查发现,原来这7个人在两个月前,就已经用同样的办法窃听过一次了,只是因为上次干的活儿太糙了,安装的两个窃听器除了噪音外,基本上什么也听不见,他们才想着再来一次。

说到这里,你可能会想,这7个笨蛋,可能不是街头的小混混,就是没读过几天书的辍学少年吧?你错了,被抓的7个人里,有4个是退役的特工,还有一个是美国中央情报局的前顾问。

美国警方通过缴获的那些东西，最后把线索指向了白宫，也就是尼克松的竞选委员会，认定是他们干的。不过，这件事并没有影响到尼克松的连任，他还是在11月份竞选总统中连任成功，原因有两个：

一是美国FBI和各政府部门的办事效率并不高，查到尼克松竞选委员会的时候，大选已经结束了。

二是尼克松暗中出手了，他通过总统能指挥的CIA，就是中情局，来阻止FBI继续调查这件事。顺便说一句，美国的中情局，主要是负责对外的间谍和情报活动，而联邦调查局FBI主要是对内的，维护联邦法律。不过两者有时候也会互换身份，中情局处理美国联邦内的事务也不是什么新闻。

纸里包不住火，FBI查到尼克松的竞选委员会之后，《华盛顿邮报》、《时代》杂志和《纽约时报》相继开始披露内幕，矛头直指白宫。这些"阴谋论"的报道，据说都来自一个叫"深喉"的匿名者，几家报纸同时收到了看起来很真实的内容，报道起来是特别地卖力气。几十年之后，我们知道了，这位叫"深喉"的人原来是当时的FBI副局长马克·费尔特，因为FBI的调查被总统阻止了，他只能匿名提供调查的内情给媒体。

随着关注这件事的老百姓越来越多，事情也越闹越大，因为它发生在民主党的水门大厦，所以，美国人当时都称呼它为"水门事件"，英文叫"Watergate Scandal"。"Scandal"这个词本意是"丑闻"的意思，但由于这次事件本身是一个偷听事件，所以后来那些涉及到偷拍、偷听，尤其是桃色新闻的事件，都用"某某门"来命名。

终于，1973年7月23日，"水门事件"特别检察官考克斯发出了一张传票，要求白宫交出所有对外通话记录，说：我们要听一听，到底这件事和你们白宫有没有关系，要是没有，也好帮你们洗刷嫌疑，让你们安心继续工作。

那么，白宫会交出这些录音带吗？为什么当时白宫打进打出的电话会有录音？难道有人监视总统？还真不是，答案恰恰是反过来的，是总统想监听别人。尼克松上台之后，不放心白宫里的工作人员，就下令，对于白宫所有打进打出的电话，都进行自动录音，为此还花了纳税人不少的钱财，装了那些看起来奢华无比的监听设备。他自然是想不到，有一天他亲手安装的这些装备，会给他带来这么大的麻烦，正好应了那句俗语，搬起石头砸了自己的脚。

一开始的时候，尼克松还不想交出录音带，但是后来实在是没办法蒙混过关，只好交出了一个有18分钟空白的录音带。由此可见，那时候美国的科技还算不上多先进，今天一个小学生都可以把录音剪辑得天衣无缝，那时候拥有CIA的尼克松总统居然只能把一段录音抹掉，而不会剪接，从这一点上，有人怀疑美利坚登月是造假，也是有理由的。

民众和媒体自然是不可能放过这18分钟的空白。1973年10月10日，尼克松的搭档，副总统阿格纽因为这件事以及他自己的洗钱案被迫辞职，尼克松随后任命杰拉尔德·福特为他的副总统。

到了这时候，丢车保帅的策略已经不管用了，接下来是一系列更深入的调查和取证。总而言之，到了1974年8月份，所有的证据都表明尼克松有可能参与了这起阴谋，而事后他试图阻止调查是铁证如山。

8月7日，当尼克松知道国会的弹劾已经无法阻止之后，选择了主动辞职。辞职信只有简短的一句："我辞去美利坚合众国总统一职，理查德·尼克松。"

尼克松的辞职令世界震惊的程度，丝毫不亚于他两年前去中国溜达的那一圈，甚至有人猜测美国是不是不行了，但是随后副总统杰拉尔德·福特上台，他宣布以总统的权力，赦免尼克松的一切罪行，很快地，这一切就慢慢平息下去了。

虽然有人对于福特这么做不满，但基本上，大家都接受了。当然，这看起来不合法，但合情合理。所以，尼克松最终没有吃上监狱的饭菜。

其实这种事一直到今天也是如此，2016年，特朗普一直到竞选成功之前，都信誓旦旦地怒吼，如果他上台，要调查希拉里的所有违法行为，然后把后者送进监狱。结果等他上台了，却是风平浪静，美国的法律就摆在那里，他嘴里那个犯了滔天罪恶的希拉里也没逃走，但已经没人去追究了。自然地，希拉里也不会那么不识相，沉默并且享受生活是她最好的选择，至于将来怎么样，那是将来的事情。

和台湾当局断交

福特在对外政策上，几乎是100%地延续了尼克松的政策。他在任时，继续和苏联以及中国缓和关系。苏联自然是就坡下驴，顺水推舟。

就这样，继尼克松访问苏联的和解之旅之后，1975年8月，大家又达成了《赫尔辛基协议》，欧洲国家包括苏联和美国、加拿大，一共37个，在芬兰的赫尔辛基签署了一个去除相互敌意、加强合作的协议。

从表面上看，这份协议中，美国对苏联进行了妥协，同意了苏联在民主德国和波兰之间划出来的国境线，但实际上，这份《赫尔辛基协议》给苏联和一些东欧国家后来的剧变埋下了伏笔。原因是这份协议把美国的意识形态装了进去，比如说尊重人权和基本自由，包括思想自由、良知、宗教和信仰自由等等，再比如说人民自决。

这些条款都是对美国相对有利的，你要知道，"人民自决"这件事对于经济不发达的国家，那就是"人民造反"的同义词。当时苏联的卫星国都是这样的经济不发达国家，而美国的盟友都是"有钱人"，这样一来，这些条款和口号最后会促成哪些国家动荡不安，是可以预期的，事实证明也是如此，后来东欧那些国家剧烈的政变无一不与经济危机导致的人民自决有密切关系。

1975年的12月，杰拉尔德·福特成为继尼克松之后第二位访问中国的总统，这就基本上敲定了中美之间关系的发展方向。

但是这种外交关系并没给福特带来很多的加分，相当多的美国人还是不满意他上台之后特赦了尼克松，也不满意他是一个非民选总统，所以，1976年的大选，他败给了吉米·卡特，后者成为美国第三十九任总统。

吉米·卡特上台之后，继续沿用尼克松、福特两位对中国和苏联的外交政策。1978年，吉米·卡特总统在事先没有和美国国会沟通的情况下，以美国政府的身份宣布和在台湾当局断交，转而承认中华人民共和国。1979年1月1日，中国和美国正式建交。

不过美国国会在同一时间，也通过了一个法案，叫《与台湾关系法》，这个法律现在还在美国内部实行。这部法律强调了美国想维持台海之间的平衡，任何改变现状的行为都是美国反对的，会引起美国的密切关切。美国甚至成立了一个叫作"美国在台协会"的组织，以维持美国和台湾方面的贸易往来。

05 中东乱局：人质危机和两伊战争

一转眼，到了1979年，这一年，中东有一个国家，发生了一件大事，这个国家就是伊朗。伊朗这地方，很早之前叫波斯，那也是一个很厉害的存在。

二战之后，国王巴列维是个亲美派，开始实行世俗化，允许妇女不戴围巾，一些娱乐节目也被允许了，土地改革、工业化等，他也都想试试。客观地讲，巴列维的这些改革，对当时的伊朗是好事，极大地解放了人性，当时的伊朗年轻女性可以开车，可以穿短裙，不戴面罩，甚至在大庭广众之下穿比基尼，同时社会经济也有了相当大的进步。

可是他的这些改革也埋下了很大的隐患，让那些还在坚守伊斯兰传统教义的人心生不满，而且这些人还占社会的大多数。贫富距离迅速拉大，富人花天酒地，穷人食不果腹，改革还侵占了传统宗教上层阶级的利益。

所有的这些，让巴列维的统治不稳，但是巴列维的背后有美国和英国支持，所以虽然国内经过了几次动荡，都有惊无险。

伊朗使馆人质危机

事情到了1978年的时候，有点不一样了，这一年，因为爆发了石油危机，伊朗的日子特别难过，1月份就爆发了大规模示威活动，8月至12月，罢工及示威活动彻底让整个国家瘫痪，到了这个份上，巴列维只能流亡海外。

美国有点手足无措，结果在外流亡了15年的宗教领袖霍梅尼回到了伊朗德黑兰，受到数百万伊朗人的欢迎。不久，伊朗整个皇权政府彻底崩塌，经过全国人民公投之后，1979年4月1日，伊朗变成了一个共和国，并于同年12月通过了新的《伊朗伊斯兰共和国宪法》。

伊朗的这次革命，不是一小部分人的革命，而是几乎所有伊朗人都站了出来，大家都认为巴列维这个国王已经成了美国的傀儡，必须推翻他。

从1941年巴列维当上国王到他被赶出了国，这期间美利坚一共经历了8位总统，3个共和党的，5个民主党的，全都是巴列维的支持者，给他提供了大量的军事和经济援助，甚至不惜以武力维护他的统治，用以换取伊朗的石油供应，以及美国在中东的战略存在。可以说，1979年之前的美国和伊朗，一点都不比今天美国和沙特的关系差。

也正是因为美国在背后的支持和援助，巴列维对伊朗国内的同胞极度傲慢，不仅承诺的改革和自由没有实现，而且他和他的亲信们还中饱私囊，奢侈地按照西方的方式生活，泳池派对，香槟美酒，几乎都是和伊斯兰教义对着干的。他还把所有反对他的人都关进了监狱，这一切，让伊朗的老百姓怒火中烧，这把怒火随着巴列维的逃亡，霍梅尼的上台，就烧到了曾经不遗余力帮助巴列维的美国人身上。

确切地说，烧到了在伊朗的美国人身上，美国本土实在是太远了，但德黑兰不是有一个大使馆吗？正好，就是它了。

于是，1979年11月4日，大约500名伊朗学生（也有说是2000多名），包围了美国大使馆，随后冲进去占领了大使馆，66名在使馆工作的美国人成了人质。

这些学生随后对外宣称，这件事首先是对这些年来美国支持巴列维镇压伊朗人民的一个报复，美国要想让这些人质平安回家，必须交出巴列维，并且承诺以后不得干预伊朗内政。

可是无论买卖亏不亏，卡特政府和美国人都是万万不能同意的。不仅仅是他们，这种用一根绳子绑了人，然后开口提条件的事儿，几乎所有国家的政府都不会同意。原因只有一个，国民千千万，如果这次抓了几个就同意对方条件，那么下次同意还是不同意？

所以，当时的美国总统吉米·卡特不仅不答应，而且立即着手反击，对伊朗施加了经济和外交压力，宣布从1979年11月12日起，中止从伊朗进口石油，冻结伊朗人在美国的大概80亿美元资产，并且把一些伊朗人驱逐出境。

1980年4月7日，卡特再一次宣布，美国和伊朗彻底断绝外交关系，不过，卡特可能自己也没想到，他喊出的这一声断交，会持续那么长时间，一直到今天，美国和伊朗这两个国家也没有恢复外交关系。

不过从当时的情形来看，卡特的这些决定没什么实际作用，伊朗的年轻学生初生牛犊不怕虎，根本就不在乎这些威胁。当然，很明显，他们得到了新的伊朗政权——霍梅尼政府的默许。

不过这里我必须实事求是地说，这些年轻人还是挺有风度的，他们把人质里面的13名女性和黑人释放了，安全地交还给美国，只留下53名男性。

可是这53名男性也是美国人，也需要解救，既然外交手段没办法，那就试试武力，1980年4月24日，为了让这些人回家，卡特批准的"鹰爪行动"正式登场。

所谓的"鹰爪行动"，就是使用特种部队直接空降到德黑兰的美国大使馆，消灭一切反抗者，把人质用直升机运回美国的航母上，听起来很简单。

任务听上去简单，再加上几年之前美国军队刚刚灰溜溜地从越南撤兵，各个军种都憋了一肚子的气，准备一展身手，"鹰爪行动"从一开始，就成了美国军方各方势力争夺的一个项目。海军、空军、陆军和特种部队，都想插上一手，秀一下肌肉，显示自己的存在，当然，顺便也可以向国会多要一点钱。

结果整个行动计划越来越大，最后算下来，几个军种全都参与，一艘航母，30架飞机，9个作战特种部队，行动人员多达200人，需要的物资多不说，最关键的，还需要一个相当精细的协调部门。事后来看，最大的问题，恰恰就出现在了协调上。

这个协调的问题大到什么程度呢？

按照计划，事先已经进入伊朗的三角洲特种部队，要和6架C-130运输机，还有8架RH-53D直升战斗机在伊朗大沙漠的某个地点会合，时间是4月24日晚上。

可是一直到了早上，他们才聚到一起。因为他们这三伙人使用的通讯频率不同，跨军种之间的通讯都必须先传送到位于埃及的联合特遣部队司令部，然后由空军的战斗管制小组转接。简单地说，等于是一群美国人之间，需要一大堆翻译，而且还是远程的、非实时的翻译。

这样的通信条件下，想在茫茫沙漠里会合，那当然是相当困难的一件事。说实话，早上能集合到一块，已经是运气不错了。

滑稽的事情还没完，这些家伙到了沙漠才发现，RH-53D直升机不适合沙漠作战，8架飞机已经被沙尘暴毁掉了3架，剩下的5架中，还有一架因为转的圈子太大，已经耗尽了燃油。

当时的现场指挥官凯里上校看了看天上的大太阳，再看看地上的破飞机，就向总部请求放弃这次任务。美军驻埃及的总部没办法，只能说：回来吧。

可是，那架没油的直升机，这时候想靠近运输机加点儿油，然后再飞回去，结果两架飞机在靠近的时候，飞行员根本没办法在沙漠上精细地控制飞机，一个不留神，武装直升机和装满了燃油的运输机来了一个亲密接触。

一声巨响之后，沙漠上燃起了熊熊大火，两架飞机上的人员当场牺牲，凯里上校见状当机立断，剩下的那4架直升机也不要了，大家赶紧地，都坐运输机回去吧。

就这样，一场由美国各大军种联合组织的营救行动，最后以损失8架战斗直升机、1架运输机，以及8名美国士兵的生命为代价结束了。

最莫名其妙的就是伊朗人，他们第二天才知道美国人的这场行动，很自然地，人质马上就被分散转移，美国想要再次营救，已经是不可能了。

伊朗人在公开嘲笑美国的同时，也是一阵阵地后怕，美国这种根本把外国领土和主权视若无物，随意出入人家院子的态度，实在是很可怕，美国人这次失败了，是真主保佑，下次可就不一定了。

当然，这件事也在随后几十年的美伊敌对中，成为伊朗对内宣传的典型材料，宣传的重点就是两个：第一，美国霸权之邪恶；第二，真主保佑伊朗。

卡特政府在证据确凿的情况下，也只能对外宣布，我们昨天解救人质的军事行动失败了。

这件事对于卡特政府的打击是巨大的，大家都知道，1980年是美国大选年，4月份整出这么一件丢脸的事情，老百姓到11月份投票的时候肯定还记得，到时候怎么可能还相信卡特的领导能力？

此外，这事儿对美国军方的震撼也很大，在美国国防部的委托下，时任海军作战部队参谋长詹姆斯·霍洛威成立了一个调查委员会，调查的结果是，军种之间严重缺乏协调统一的指挥能力是行动失败的重要因素。

正是因为这份调查报告，美国成立了一个特种作战司令部，后来美国在1983年入侵格林纳达，1989年入侵巴拿马，都相当顺利地达到作战目的，甚至在巴拿马直接擒获对方的最高领导人诺列加，那都是这个特种作战司令部的功劳。

在"鹰爪行动"失败之后，美国并没有放弃从伊朗要回人质的努力，他们随后释放了一些善意，包括把巴列维驱逐出境——当然，没送回伊朗，巴列维回伊朗绝对会被砍了脑袋，那样的话，以后谁还会跟在美国后面？巴列维离开美国之后，被安排去了埃及，当时的埃及，已经和以色列签了"戴维营协议"，采取了和以色列和平共处的策略。

巴列维自然是很放心地去了埃及，不过他当时已经是癌症晚期了，只在埃及待了几个月，就于当年的7月27日病逝在金字塔之国了。

这对于那些还被囚禁在伊朗的美国人质来说，当然是一件好事：罪魁祸首巴列维都死了，伊朗的各位大哥，是时候放了我们这些倒霉蛋了吧？

两伊战争

就在美国人质翘首以盼，归心似箭的时候，世界又发生了一件大事。这件事发生在巴列维死后的两个月，确切地说，是1980年9月22日，大约80架米格战机，从伊朗的"邻居"伊拉克起飞，目标是伊朗境内的十多个空军基地，后世著名的两伊战争爆发。

这时候伊拉克的掌权者，就是后来大名鼎鼎的萨达姆·侯赛因。伊朗和伊拉克之间的矛盾可谓是由来已久，这里面原因错综复杂，包含了宗教矛盾、边境矛盾、个人恩怨，还有民族矛盾。1979年6月，萨达姆·侯赛因在美国中情局的帮助下，取得了伊拉克的领导权之后，两伊之间的矛盾达到了顶峰。

萨达姆是一个什么样的人？说一件事你可能就明白了，他上台之后，曾经召集他所在党的高级干部开会，当场就把其中一些人拿下，关进了监狱。几天之后，他带着许多伊拉克高级干部来到监狱，每人手里拎一把手枪，就在监狱里，亲手开枪，击毙了那些所谓的叛徒。如此强势霸道的一个人物，自然是"老虎屁股摸不得"。

可是同一年上台的伊朗的霍梅尼，偏偏就是一个"喜欢摸老虎屁股"的人，此人一直试图将他的宗教主张推广到整个中东地区，这里面就包括伊拉克，因此，霍梅尼频繁号召伊拉克民众推翻萨达姆政权。

如此一来，萨达姆自然觉得相当难受。于是，萨达姆率先开火，对伊朗动手，这也是这场打了8年的两伊战争后来在伊朗被称为"被迫之战"的原因，因为从谁先撕破脸皮的角度来说，伊朗确实是被迫的。

战争打起来后，美国人自然是站在伊拉克一边，伊朗的霍梅尼都说了"美国是最大的撒旦"，况且自己还有53名人质在伊朗的手里。

不过这事儿到了卡特政府的嘴里，就变得比较"高大上"了，他们说自己支持伊拉克是期望扫除伊朗宗教激进主义对自由世界的威胁。

当然，若干年之后，美国人终于意识到，原来萨达姆才是所谓的自由世界和美国人利益的最大威胁者，这是后话了。

这样一来，伊朗自然是感受到了巨大的压力，毫无疑问，释放人质，和美国缓和关系，肯定可以释放这种压力。种种迹象表明，伊朗政府也有意这么做，但这53名人质还是拖到1981年初才被释放。

06 演员总统的经济猛药

吉米·卡特的运气实在不怎么样,在他的总统任期内,不仅国际上麻烦不断,戴维营协议、苏联入侵阿富汗、伊朗变天、美国人质被扣、两伊战争等等弄得他手忙脚乱,不停地选边站,而且国内也有忙不完的事儿。

主要的麻烦就是两个,第一个是环境,第二个是经济。

环境污染和通胀

美国的环境污染问题由来已久,开始于19世纪的"镀金时代",伴随工业化而来,在20世纪60年代达到了高潮。前面也说过,二战时期,美国人的工业机器马力全开,为全世界提供军需。二战结束后,这些工厂也不可能都关门,于是,很长一段时间内,美国的工业污染遮天蔽日。

1955年9月,洛杉矶光化学烟雾污染事件爆发,仅仅因呼吸系统衰竭而死亡的就达到400多人。

1963年,"伦敦杀人雾"降临纽约,400多人失去了生命,数千人患上严重的呼吸道疾病。什么叫"伦敦杀人雾"?那就是雾霾,因为英国是最先经历工业化带来雾霾的国家，所以称"伦敦杀人雾"。

1966年，雾霾从11月24日感恩节开始，一直笼罩着纽约市上空，直到11月底还没有散去，在此期间，170多人因雾霾而死亡，也是从这次开始，美国人把"伦敦杀人雾"改名为"纽约雾霾"，一度成了专有名词。

到了1973年和1974年，整个美国的东北部和中部地区经常是雾霾笼罩，几个月都不散，俄亥俄州的克里兰夫市，著名的克拉克大道一天24小时都必须开路灯。

20世纪70年代的盖洛普民意测验多次表明，当时70%以上的美国人把环境问题列为国内的首要问题。

在这种形势下，尼克松在任的时候，就相继出台了《国家环境政策法》《清洁空气法》《清洁水法》等一系列法律，1976年卡特上台之后，本想着环境问题应该解决得差不多了，可是就在1978年，又爆了一颗雷。

事情是这样的，纽约州有一条很久之前就废弃的运河，名字很好听，叫爱河（Love Canal）。可是就在这条爱河的边上，连续几年，当地居民不断出现各种疾病征兆，孕妇流产、婴儿畸形、癌症等情况的发生几率远远高于美国平均水平。

两个记者初步调查后发现，当地的水里有大量的不明化学物质，后来政府介入，仔细调查了一番之后明白了，原来是一个叫虎克的化学公司，1943年到1953年这10年间，在这条废弃的运河下面，埋了2万吨废弃化学物质，虽然他们用铁皮桶封好了，上面还用泥土覆盖起来，但大自然的威力是无穷的，到了卡特执政的时候，这2万吨化学废料几乎变成了2万吨化学武器。

最后处理的办法就是撤离了当地所有居民，对环境进行彻底改造，一直干到2004年，才算是清理完毕。虎克公司花了1.8亿美元，政府付了2.5亿美元。

因为这件事，卡特总统签署了《超级基金法案》，规定从此以后，不管你是不是合法，只要是你污染了环境，你就要负责，谁污染，谁治理。

我们今天去美国，看到的都是蓝天白云，绿树红花，可是你要是穿越到20世纪六七十年代，完全是另一个景象。那时候的美国，可以说大多数地区都是灰蒙蒙一片，雾霾、污水、垃圾，几乎到处都是。

从环境恶劣到山清水秀，这里面当然有政府重视和百姓参与的因素，但还有一条也是很重要的，那就是美国工业占国家GDP总量的变化。

2019年的统计结果显示，美国制造业只占国家GDP的11%了，制造业占比如此之少，工业占比当然就小了，更何况最先转移到其他国家的还都是重工业，所以，你现在去调查美国人，环境问题肯定不是他们最关心的了。

解决了环境问题，接下来是经济问题，1980年的卡特，更操心的是美国的经济问题，从他走上总统岗位以来，通货膨胀率就逐年上升，1976年为6%，1980年已升至12%以上，扩大了一倍有余。老百姓手里的美元越来越不值钱了。

等到两伊战争一开打，那就更加不得了，伊朗和伊拉克都是主要的产油国，这一下石油价格直接从每桶14美元涨到了35美元，很自然地，资本家会把这个涨价转手就加在消费者身上，美国的加油站前经常是大排长龙，就为了能在油价稍微便宜一点儿的时候加点儿油。

这就导致了在1980年这个大选年，卡特的对手说了一段著名的竞选广告词："当你的邻居失业，这叫不景气；当你失业，这叫大萧条；当吉米·卡特失业，那才是经济复苏。"

你要是问，这是谁啊？怎么就这么幽默呢？原来此人就是时年69岁的罗纳德·里根。

演员里根的上台和遇刺

罗纳德·里根在竞选期间和上任之后，经常是名言不断，以擅长演讲和鼓动人心闻名，比如说他自创的另一句竞选口号——"让美国再次伟大"。

虽然没有任何批评卡特的词汇，但是一个"再"字，已经把所有批评的意思都表达了，一句简单的英文，表达了如此丰富的内涵，这口号不是一般的厉害。

作为一位演员，里根是怎么加入共和党，并且成为总统候选人的呢？

长话短说，里根一家子本来都是民主党的信徒，可是到了他40多岁的时候，麦卡锡主义在美国盛行，他渐渐地变成了一个坚定的保守主义者和反对共产主义的斗士，甚至还利用他在好莱坞当演员协会主席的职务之便，给联邦调查局提供一些亲近社会主义的演员名单，当时他在联邦调查局的代号是"Agent T-10"。换句话说，那段时间，他是一个标准的特务。

后来经过长时间的思考，里根终于确定了一件事，那就是共和党看起来更有能力对抗共产主义，于是，1962年，他正式退出了民主党，转而加入共和党。

两年之后，在拍完最后一部电影，已经50多岁的时候，他清醒地认识到，自己在演艺圈永远不可能达到著名影星的地步。或者以一个演员的身份退休，或者就跳个槽去其他行业试试，在一番权衡之后，他选择了后者，而这个新行业，就是政坛。

当然，他的第二任妻子南希在这时候起到了很好的作用，全力支持他试试。这一试，就试出一个政治天才来，他只用了两年时间，就在1966年成功当选为加利福尼亚州州长。

实事求是地讲，他能当选，和他曾经是一名演员也是有关系的，选票制的国家，人气为王，里根在加州的粉丝，加上他还不错的演技，可以说是帮了大忙，后来的大明星阿诺·施瓦辛格，也是在50多岁的时候成功当选为加州州长，那也有粉丝和演技的力量。

既然这么轻松地就当上了州长，里根的野心也就被激发出来。从1968年开始，他就不停地在共和党内部活动，试图获得共和党总统候选人的提名，但阴差阳错，都没有成功，一直到了1980年，69岁的里根终于老树开花，在共和党内部脱颖而出，赢得共和党党内的提名，正式成为总统候选人。

他选择了乔治·布什作为他的副手，这个乔治·布什，就是我们经常说的老布什。美国有"四大政治家族"，除了亚当斯家族、罗斯福家族和肯尼迪家族，就是这个布什家族。

布什家族从老布什的父亲普雷斯科特·布什开始，就在商政两界通吃，也一直都是共和党的铁杆支持者。老布什自小就是共和党党员，是被当作政治明星来培养的，参加过二战，当过中情局局长，在中美建交之前还担任过驻中国办事处处长（相当于驻中国大使），可以说是久历政坛。

你要是问，为什么这样厉害的人物给里根当了副手，自己当总统不好吗？他倒是也努力了，只不过在这一次的共和党党内初选中，他败给了老将里根，而里根之所以选择他作为副手，自然是要弥补自己的不足，那就是在上层社会缺少的那些人脉资源。

事实证明，里根选对了，他和老布什这一对黄金搭档很快就显示出非凡的魅力，民调显示他们遥遥领先当时的总统卡特。尤其是在经过总统电视辩论之后，里根的优势更是明显。

1980年11月4日，大选结果出炉，在538张选举人票上，里根和老布什这一对搭档一举囊括了489张，只给卡特留了49张，可以说是压倒性胜利。

同时，借着里根迷人的风采，共和党在参议院一举增加了12个席次，终结了26年来一直都是民主党在参议院保有多数地位的历史。

1981年的里根和老布什刚刚上任，就给美国人民送上了一份大礼。这一年的1月20日，就在里根就职宣誓几分钟之后，已经扣押了444天的53名原来美国大使馆的工作人员，被伊朗通过阿尔及利亚放回了美国。

人质的回归也仅仅让里根高兴了69天，69天之后，他就笑不出来了。

1981年3月30日，当里根兴高采烈地在希尔顿饭店演讲完毕，刚刚走出大门的时候，一位名叫欣克利的人对着他开了6枪，把左轮手枪里面的子弹全都打了出去。

中弹的除了里根外还有白宫新闻发言人和保镖，一阵手忙脚乱之后，里根被送到了华盛顿大学医院进行紧急手术。

1981年的6声枪响之后，很多美国人都断言，总统肯定要辞世了，甚至国务卿海格和副总统老布什都在琢磨着接班的问题了。

神奇的是，里根居然以最短的时间从死神那里逃了回来，子弹离他的心脏只有2.5厘米，手术进行了1小时45分钟，据说他流出了身体中一半的血，之所以没死，医生的结论是，这个70岁老人有着30岁男人一样健壮的身体。仅仅25天之后，这个男人就回到了工作岗位——白宫椭圆形办公室。

那么，为什么欣克利要刺杀总统呢？

这一次，和美联储还有银行没什么关系，美国政府给出了相当清晰的证据链，这个欣克利确实精神有问题。他喜欢一个名叫福斯特的女演员，可是人家不搭理他，他认为对方不喜欢他是因为他不够出名，于是，从1980年10月，他就计划刺杀总统，这期间还因为非法携带枪支被捕。他一连给福斯特写了好几封信阐述他的"伟大理想"，而福斯特把信交给警察之后，耶鲁的警察局根本就没去调查，也没通知联邦调查局。要是现在的话，你今天写信，明天FBI就敲门了。就这样，不知道的人蒙在鼓里，知道的人没当回事儿，欣克利终于在希尔顿酒店抓住了机会。当然，名是出了，全美国的人都知道了他，可是，人也被送到了精神病院。

里根被刺这件事对他来说至少有两个意义：

第一，支持率从遇刺之前的62%"嗖"地一下子就升到了出院之后的73%，流了一半的血都不死，民众认为，这个演员肯定是天选之人，是上帝派来拯救美国的，必须支持啊。

第二，里根对自己的认知发生了改变，从此之后，他坚定地相信，他的幸存是上帝的意旨，上帝之所以这么做，就是为了让他实现一个更伟大的目标——这个目标在里根心里，被固执地锁定为苏联。

里根还没当上州长的时候，就因为共和党对共产主义更强硬而改换门庭，从民主党跳到了共和党，并且他曾在1977年1月的一次谈话中透漏了对冷战的看法："在我心目中美国对苏联的政策很简单，那就是，我们要赢得胜利，让他们失败。"这在20个世纪70年代，美苏关系缓和的大前提下，是一种相当另类的想法和做法，因为当时西方主流观点对苏联的看法，多半是认为虽然苏联有这样那样的问题，但能长期保持稳定，西方世界必然要在很长的时间内，保持与其合作，建立共识。

里根绝对不这么看，现在他大难不死，就更加坚定了和苏联对抗的想法。1983年3月8日，他在佛罗里达州给全国福音派协会的演讲中，第一次把苏联称为"邪恶帝国"，并且预言这个国家将会很快被"丢进历史的尘埃之中"，而这就是他，罗纳德·里根，为之奋斗的目标。

三板斧助力经济复苏

我们先来看看他是如何解决美国国内经济问题的。

前面说过，里根之所以能上台，很大的一个原因也是因为当时美国低迷的经济状况，在大选之前的电视辩论中，这个演员就曾经不紧不慢地向观众提出了一个问题："你的生活比四年前更好吗？"

这么简单的一个问题，让很多老百姓流出了眼泪，坚定了投票给里根的决心。是的，既然生活质量持续下降，那还不如换换人，让这个演员来折腾折腾，至于说卡特那个家伙也想改革，对不起，没机会了。

美国在20世纪70年代经济面临的情况，用一个经济学术语来说，就是滞胀。"滞"是停滞，"胀"是通货膨胀，合起来的意思就是，一方面经济停滞不前，大家都没活儿干，另一方面却是物价飞涨，货币飞速贬值。

按道理说，大家找不到工作，手里没钱，物价肯定应该降下去，可是滞胀这种经济现象在20世纪70年代，就偏偏在美国出现了。

如何对付这种经济领域的新现象呢？里根抡起了三板斧。

第一板斧是放松管制，这可以通过他就职演说里的一句话来总结："在这场（经济）危机中，政府不是解决问题的药方，问题就在政府本身。"他认为政府管得太多了，应该给企业松绑。

二战之后，因为美国人有钱了，仓廪实而知礼仪，就有越来越多的人把注意力转移到普通老百姓的疾苦上，出台了很多法律法规，这些法律法规基本上都是限制大企业的，比如防止滥用自由市场，促进社会平等，改善人民的总体生活质量。

现在里根认为，这种对企业的监管是有代价的，代价就是企业利润被压低，经济增长过慢。所以他一上台，第一个命令就是停止联邦政府对石油价格的控制，用他的话说，这"可以恢复在石油生产和探测上的市场动力"。

对于这一点，《剑桥美国经济史》里是这样记录的："放松管制作为缩减联邦政府作用的一部分，是里根竞选纲领中的一个重要内容，里根的班子制订了一个雄心勃勃的计划，要着手消除环境保护和核能、消费品和职业卫生安全、农业、广播电视以及金融服务中的管制。"

里根的第二板斧是减税，1981年推行的减税法案规模是美国史上前所未见的，而且主要是针对大企业和大富豪来减税，边际税率甚至从

70%降到了28%。

里根和他周围的经济学家是这么想的，政府从富人和大企业手里少收1000美元的税，这些企业家和富豪就会用这1000美元去做更大的买卖，开更大的店，最后政府收的税反而更多，然后达到社会所有老百姓都受益的地步。

图5-3 里根在电视上说明减税法案的计划，1981年7月

用今天时髦的话来说，蛋糕做大了，大家都可以分到更多的蛋糕，如果使用经济学术语，这种理论被称作"供应经济学派"。

他的最后一板斧是提高利率，也就是紧缩银根，希望市场上流通的钱少了，通货膨胀就下去了。

那么，里根这三板斧见效了吗？实话实说，见效太快了，只不过是反方向的——他把本来已经脆弱不堪的美国经济直接给撂倒了。从1981年7月开始，美国经济开始急速衰退，一直持续到1982年11月。

当时的人们嘲笑里根的三板斧是"里根经济学"，意思就是不懂装懂，瞎指挥。《纽约时报》等各大民主党的报纸，天天都是长篇累牍地对里根进行的批判，用经济学家的话说是："不容置疑的是，这是一种不折不扣的（经济改革）失败，而且现在已经到了彻底的建设性的改革我们国家的经济和货币管理的时候了。"

这种话，和高喊"里根下台"也没什么区别。

为什么会出现这种情况呢？套用经济学家米尔顿·弗里德曼的话说就是："若要成功遏止滞胀，金融的管制、提高利率和短暂的经济衰退都是不可避免的。"换句话说，治这个病，需要猛药，但一时半会儿是不可能见效的，而且开始的副作用还不小。

卡特总统在台上的时候，应该也是知道这一点的，他任命的美联储的主席保罗·沃尔克一直都采用的是紧缩银根的方式对抗通货膨胀，只不过卡特倒霉，他治理的时候，正好是大选年，就被赶下了台，而里根有充裕的时间，整整4年可以供他折腾，这就是两者的区别。

果然，从1983年年初开始，里根的这三板斧猛药见效了，美国经济开始爬出泥潭，全面复苏。到1983年底，GDP增长了6.5%，全年共增加350万个就业岗位，增长速度令人瞠目结舌。与此同时，通货膨胀率明显减低，从1980年的12.4%下降到1983年的不到5%。

事实胜于雄辩，经济的全面复苏让所有里根的反对者都闭上了嘴，本来对里根经济学将信将疑的人们，到这时候，也不得不接受这个好莱坞演员骨子里面还是一位经济学家的事实。

在1984年的总统大选里，里根以压倒性胜利击败了来自民主党的总统候选人沃尔特·蒙代尔，连任总统。这个胜利有多辉煌呢？——里根在1984年赢得了50个州里的49个州，可怜的蒙代尔只获得了他老家明尼苏达州1个州的选举人票！

可以说，里根制造了美国总统选举史上少有的选举人票的悬殊比例，这里面最大的原因就是美国经济的强劲复苏。

硅谷奇迹和军售门

过去一般认为，美国经济在"里根经济学"的催化下，先抑后扬，在经历了1981年和1982年的剧烈衰退之后，于1983年开始腾飞。

现在有很多人则认为，美国在20世纪80年代经济上能够咸鱼翻身，取得很大的成就，除了"里根经济学"，还有很多其他重要因素。

比如说，1985年9月，美、日、英、法、德五个国家在纽约签订的"广场协议"，迫使日元大幅度升值，就严重地打击了日本出口，而对美国的工业则是大大的利好。至于说这种以国家机器赤裸裸地干预外汇市场的行为，到底还是不是美国人自己提倡的市场经济和自由主义经济，根本没人关心，连日本都不去问，其他人更是懒得理会。

除此之外，谈论那时候美国经济复苏，还离不开下面这个人和他的故事。

信息时代硅谷人

比尔·盖茨，1955年出生于西雅图，父亲是著名的律师，母亲是银行董事，姥爷曾经是美国国家银行行长，一家子都是高智商、高学历、高阶层的"三高"人员。

小比尔的基因相当好，从小也是一个学霸，一路轻松愉快地进入了哈佛，在大三那一年，1975年，他和他高中同学保罗·艾伦一起创建了今天著名的微软公司，然后就不上学了。

1981年，机会来了，国际商业机器公司，也就是IBM，推出了一款个人用的电脑，但当时没有合适的操作系统软件，比尔·盖茨在手上也没有任何软件的情况下，对IBM的人吹牛说：我有一款基于英特尔86系列的操作系统，正好适合你们的个人电脑。随后这个商业天才一转身就找到了一家名为西雅图电脑的本地公司，以5万美元的价格从其手里买下了一套操作系统。盖茨和艾伦这两个天才把这套系统改了改，起了一个名字叫作PC-DOS，和IBM的个人电脑绑在了一起，随后，盖茨又通过商业谈判，把这套系统安装在每一台美国出售的个人电脑上。

后面的事情大家都知道了，微软公司以这套系统起家，在20世纪80至90年代横扫世界，成为世界个人电脑的领军公司，而比尔·盖茨更是从1995到2007年，连续13年蝉联世界财富第一名。即便是到了2020年，他在福布斯富豪排行榜上还是第二名。而那个西雅图电脑公司，据说和比尔·盖茨打了一段时间官司，最后庭外和解了。

没错，20世纪80年代，美国经济崛起不可忽视的一个因素就是高科技。对美国经济来说，80年代是一个分水岭。在那之前，美国人自豪的是制造业和工业；从里根上台开始，美国就悄悄启动了另外一种经济模式，那就是金融业和高科技的组合，而工业和制造业，几乎是以惊人的速度迅速地转移到了其他发展中国家。

现在我们都知道了，这正是人类第三次工业革命，也就是信息革命的开端。美国在这一次的革命中，成为扛大旗的国家。

提起信息革命，就不得不提一下美国的硅谷。"硅谷"是美国加利福尼亚州圣克拉拉山谷的一个别称。硅是一种化学元素，是做半导体和电脑的主要材料。这种物质本身一点儿也不珍贵，在茫茫的大漠里面，都是这种物质，因为沙子里就含有硅，但是你要想把沙子做成集成电路，难度就大了，否则的话，也不至于一直到了今天，美国还是能以集成电路"要挟"别的国家。

既然名字叫硅谷，当然就是用硅做集成电路起家的，这事儿还要归功于一个名叫肖克利的人。

肖克利是一名电子工程师，1953年之前，一直在贝尔实验室上班，可是因为和同事搞不好关系，一气之下，辞职回到了老家加利福尼亚。那时候，美国的科技人才还都集中在美国东部的波士顿和纽约长岛地区，他回到加州一看，这地方大多数本地人都是农民，自己一个人也玩不转，就从美国东部又找来了8个人，一起在加州创业。

可惜的是，肖克利当员工的时候和同事搞不好关系，当老板了，和员工也搞不好关系，那8个人跟着他干了一段时间，实在是受不了了，就集体跳槽。跳槽之后，这8个人成立了一家公司，下面重点来了：

第一个重点是，这家名为"仙童半导体公司"的企业，是第一家完全接受风投创建的公司。风投就是风险投资，也就是投资人完全承担风险，这8个人什么也不用管，专心致志地搞研究就行了。

那么，是谁第一个吃螃蟹，敢于把钱砸给一群年轻人呢？此人的名字不重要，重要的是他的姓，Rockefellers，洛克菲勒。

从仙童半导体公司开始，"风投"这两个字就和高科技公司绑在了一起，一直到今天，还是高科技融资的主要渠道。据说投资几十家小公司，只要有一家成功，那就赚了，可谓是高风险高回报的赌博。

第二个重点是，仙童半导体公司真的研发出了第一款商用集成电路，也就是我们今天所说的芯片。随后，8位创始人陆续地离开了仙童半导体，又创建了AMD、英特尔、国家半导体等等后世赫赫有名的半导体公司。其中诺伊斯和摩尔创建的英特尔公司，现在已经是世界上最大的半导体公司了。

这些半导体公司里的工程师仿效他们的前辈和老板，不断地跳槽。只要跳槽，可能就又在圣克拉拉山谷附近开一家新的高科技公司。时至今日，这些公司包括了谷歌、脸书、苹果、雅虎、思科，等等。

总结为一句话就是，一个名叫肖克利的工程师，给加利福尼亚带来了8名工程师，然后圣克拉拉山谷就变成了硅谷。

集成电路和个人电子计算机的普及，意味着人类开启了第三次工业革命。回顾历史，英国人发明了蒸汽机，开始了第一次工业革命；美国人发明了电灯，是第二次工业革命；现在美国人又发明出了第三次工业革命的标配，集成电路。

为什么美国人在高科技上这么牛，能够引领两次工业革命？依我看，这主要是归功于美国社会有下面这三种人：

第一种人整天神神叨叨，净琢磨一些谁也看不懂搞不明白的东西，我们通常认为他们是书呆子，但只有他们才能搞出那些神一样的基础科学和技术创新。

第二种人就是那些整天伸长鼻子，跟在第一种人身后，时不时地闻闻有没有钱的味道的技术型商人。一旦他们发现了一个重大研究成果，就会像秃鹰一样扑上去，要钱给钱，要人给人，然后赶紧生产出来，赚大钱。

第三种人就是那些到处找人打官司的律师，他们就负责一件事，谁一不留神把别人研究的东西拿来自己赚钱了，他们就留下一句话，法庭见。

实际上，第二种人是第一种人的经纪人，第三种人是第一种人的保镖，一个社会，只要有了大批的这三种人，科技发展是早晚的事儿。

你要是问，那怎样才能大量催生这三种人呢？

其实，后两种人简单，只要依法治国，保护商人，鼓励以法律解决问题，不用特别行动，必然涌现出一大批商人和法律顾问。关键是怎样催生出第一种人。

咱们再看看，为了留住这些技术人才并且让他们专心做自己的研究，美国做对了哪些事。

首先就是国家制定法律，鼓励各大学各州从全世界吸引各种各样的人才，这件事从1921年的《移民配额法令》就开始了，一直到20世纪五六十年代的各种移民法出台，中心思想只有一个，为各种高科技人才开绿灯，率先批准移民。

其次就是在法律层面上严格保护个人专利，不能让一个人千辛万苦研发出来的东西，一转眼就满大街都是了，发明者获利很少，这肯定不行。

最后就是社会要提供一定的物质保障基础，如果一个人痴迷于某种研究，他也许只要吃方便面就可以了，但社会如果连方便面都不让他吃上，那恐怕很多这样的人就只能去研究方便面了。

除了这三点，还有一点我个人认为也很重要，那就是社会不要去逼某些人做出改变。什么意思呢？就是他周围的环境，包括上级、朋友和他的父母、妻子、孩子等等，如果大家都觉得只有当大官，或者赚大钱，才是成功的人生，他也许就只能顺应形势，走向官场、商场，而社会因此失去了一位可能的技术天才。

美苏冷战三板斧

可能正是在第三次工业革命这样的大背景之下,"里根经济学"才取得了比较好的成果,无论是GDP、通货膨胀率,还是失业率、政府税收,每一张答卷上的分数都不错。就以税收为例,虽然里根大幅度地减了税,但是美国税收从1980年的每年5170亿美元,到他下台时,大幅地跃升至超过1万亿美元也是事实。

不过,你要是说他的这套方法相当好,那我就要告诉你另一个数据了,美国的国债。

里根当政期间,大量从国内老百姓和国外借债,到里根第二届任期期满,民间老百姓所持有的国债已经从1980年占GDP的26%,大幅提升至1989年的41%,而且,在世界舞台上,美国从他上台前的世界最大债权国,变成了世界最大债务国。

8年时间,美国从借给别人钱最多的国家,一跃而成为欠债最多的国家。

艾伦·布林克利在其巨著《美国史》中是这样说的:"里根上任时曾经许诺在4年任期内平衡财政预算,但预算赤字最后却达到前所未有的最高纪录,他在8年任期中积累的国债规模超过了历史上所有国债的总和。"

这么一来,就要问一句为什么,美国经济增长强劲,高科技日新月异地发展,怎么还欠了一身债呢?

原因自然只有一个,花钱大手大脚,政府开支太多,其中最大的开支是军备竞赛。

前面说过,二战之后,伴随着丘吉尔在美国的一篇著名的铁幕演讲和杜鲁门主义的诞生,美苏两国就算是开始了冷战。

"Cold War"这个单词的发明权要归于乔治·奥威尔,此人是一个英国作家，是一个社会主义者，幽默的是，他的两本传世之作，《动物庄园》和《1984》，却都是讽刺斯大林的。1945年，奥威尔最先预感到苏联和美国在意识形态上的巨大冲突，在报纸上发表文章，说我们地球人的未来肯定要活在核战争阴影之下，那是一种"没有和平的和平"，可以称之为"冷战"。

后来的一些政治家、文学家就不断地引用奥威尔的这个词汇，渐渐地就成了一个流行词。

美苏关系在里根上台之前，经历了一个完整的波形周期，从二战之后，关系迅速冷却，从盟友变成敌对；到1968年苏联入侵捷克，达到最低冰点；然后在尼克松、福特和卡特三届政府的努力之下，逐渐缓和。

可是这种缓和在苏联入侵阿富汗之后，又逐渐地紧张起来。所以，里根上台的时候，对于苏联，他可以继续执行卡特政府的和缓政策，也可以重新捡起杜鲁门主义，无论哪一种，都可以得到美国国内的支持。

根据前面的介绍，你当然知道，他是不会对苏联采取和缓政策的，事实也是如此，现在历史学家把他对苏联的政策称为"里根主义"。在我看来，这只不过是"杜鲁门主义"的另一个说法，指的就是和苏联争夺世界的控制权，只不过，里根比杜鲁门更激进一些，因为他的目标是彻底打败苏联。

那么，怎么才能让苏联彻底失败呢？

里根又挥起了三板斧。

第一板斧就是继续和苏联进行军备竞赛。无论怎么说，美国都比苏联有钱，就算是借，也比苏联有优势，且不说美元是世界货币，人家的欧洲盟友也都是富裕人家，既然有钱，那就疯狂地砸钱，美国总统们一直也都是这么干的，四个字：拖垮苏联。

只不过这一次里根玩得更大，他在1983年3月提出了"星球大战"计划，官方叫"反弹道导弹防御系统的战略防御计划"，直白地说，就是在苏联的洲际导弹打到美国本土之前，在天上就把它摧毁，整个计划的预算是1万亿美元。

那时候美国政府每年的税收才几千亿美元，可是里根总统说了，要玩就玩大的，1万亿，干了。

苏联方面的反应相当地惊慌，也紧跟着搞了很多类似的计划，不过按照现在解密的文件来看，当时苏联科学家和高层的普遍认识是"不知道美国人办不办得到，却很清楚，我们一定做不到"。

其实，随着美国中央情报局冷战密件曝光，现在很多人都认为，"星球大战"计划可能就是一场骗局，是美国政府为了拖垮苏联而采取的一种宣传手段而已。不过五角大楼是不承认的，他们坚持说，计划之所以没实施是因为存在技术缺陷。

不管是不是骗局，钱确实是花了不少，甚至一直到今天，还有一些项目在进行。

里根对苏联的第二板斧就是经济和科技遏制，当时的美国中情局根据所有收集到的资料，明确指出，苏联的计划经济就是他们的致命弱点，而且20世纪70年代以来，苏联在东欧的负担和阿富汗的战争，更是对其经济造成雪上加霜的损害，这是一个历史性的机会，处理得当的话，美国可以由此重创苏联。于是，1982年5月，里根签署了一份国家安全决策备忘录，明确提出了对付苏联的措施，主要有两个：一是各种威逼利诱，让沙特等石油大国将石油的价格压到10美元以下，让苏联不能靠着出口石油赚钱；二是游说西方盟国，禁止对苏联输出高科技，断绝跟苏联的天然气合作，并且减少西方对苏联的贷款。

里根的最后一板斧就是支持世界上一切反对苏联的外国势力。这一招一点儿都不新鲜，历届美国总统都是这么干的，而且从尼克松开始，福特、卡特这些人上任之后，有一个国家是一定要去看看的，虽然这个国家的意识形态也不符合美国价值观，但为了对付苏联，必须拉拢这个国家也是美国总统们的共识。

这个国家就是中国。

里根虽然对共产主义嗤之以鼻，但是在和中国合作对付苏联这件事上，里根和前几任总统没什么区别，1982年8月17日，中美两国签署了《八一七公报》，全称是《中美就解决美国向台出售武器问题的公告》。美国在这个公告里承诺将逐渐减少对台湾方面出售武器，不过在同一时间，里根也对台湾问题提出了6项保证，大致上，就是维持了《与台湾关系法》里面的承诺。

这些纸片子上的政治口号，在国际上从来就没有什么约束力，到时候该撕的撕，该退的退，但是经济上的互惠条约，就不一样了，那都是真金白银，立马就能兑现的东西。

1984年，里根在他第一次访问中国的时候，一边吃着烤鸭，一边就签订了很多这样的经济互惠条约，这些优惠条约对于中国20世纪80年代的经济起飞确实起到了很大的作用。那段时间是中美蜜月期，两国的关系相当好。当时中国大学校园里，铺天盖地都是托福培训班的广告，稍微有一点点能力的大学生，都想毕业之后去美国留学，就是这种关系的明证。

人质事件伊朗门

就在里根四处出击，在很多国家煽风点火，和苏联争夺世界的时候，又一起人质事件发生了。

1984年3月，美国驻黎巴嫩大使馆一等秘书，同时也是美国中央情报局黎巴嫩首都贝鲁特站的站长巴克利被绑架了。

谁干的？黎巴嫩真主党。你一听名字就知道了，这是一伙和以色列对着干的家伙，绑架美国人，自然是为了报复美国对以色列的支持。同一时间，被绑架的还有6名美国平民。

这一下，里根政府就比较头疼。黎巴嫩真主党也提出了几个条件，除了要求以色列释放一些恐怖分子，还有一条居然是要求美国到黎巴嫩投资，大家一起搞经济建设。可以说，这不是一群简单的绑架犯，而是具有一定经济头脑的民族主义分子。

但正如前面所说，任何国家都不可能在这时候妥协，里根政府一方面声称要作出强硬反应，拒绝与恐怖主义者妥协；一方面又绞尽脑汁寻求人质获释的途径。但是黎巴嫩真主党不想无限期地等下去，一年之后，巴克利的尸体出现在照片上。意思很明显，这是告诉美国：我们不是开玩笑，是玩真格的。

这样一来，里根的脑袋就更疼了。怎么办呢？就在这时候，当时的CIA局长威廉卡西获得了一个情报：正在和伊拉克打仗的伊朗急需武器装备，尤其是美国人的武器零部件，缺得厉害，而伊朗的霍梅尼政府和黎巴嫩真主党关系密切。很自然地，这就推导出了一个结论：如果向伊朗提供军火，让他当说客，就有可能促使黎巴嫩真主党释放美国人质。

可是这事儿相当地难办，因为无论是伊朗政府，还是美国政府，都不敢明目张胆地办这件事，伊朗是因为民意，整个国家都处于反美高潮，而美国是国会有严格的法律规定，禁止向伊朗出售武器。

那怎么办呢？当然是瞒着两边的老百姓秘密进行。在美国国家安全事务助理麦克法兰的操纵之下，1985年9月，中情局和以色列合作，装载着美式装备的飞机停入了伊朗机场，结果第二天，1名被绑架的美国律师就被释放了。

麦克法兰一看，卖武器赚大钱，人质还能回家，这买卖太划算了，于是，美国的武器就源源不断地进入了伊朗。到1986年11月，美国共向伊朗进行了6次军火销售，伊朗向黎巴嫩真主党施压，释放了3名人质。总的交易金额大概是1亿美金，这其中有1000万至3000万美金被美国的国家安全委员会转入了尼加拉瓜反政府军在瑞士银行的账户，美国人实现了一箭三雕：

第一，卖军火赚钱；第二，支持了尼加拉瓜的恐怖分子，当然，他们称之为"自由战士"，因为当时的尼加拉瓜政府是亲苏联的；第三，救回了人质。

可是，纸里包不住火，这件事最后还是被一家黎巴嫩的杂志捅了出来。伊朗马上处决了一名高官，然后说政府什么也不知道。美国这边从1987年也开始调查，前前后后调查了几年，最后的结果是没结果，虽然很多人被判了刑，但随后又被里根之后的总统特赦了。

在这个被称为"伊朗门"的事件里面，最重要的一个调查就是，里根是不是知道并且同意了这件事。可是那时候的里根，已经走下了总统的位置，77岁的他还表现出了老年痴呆的症状，连问话都听不清楚，你还能怎样？所以，最后里根也没有因为这件事受到任何影响。

平心而论，我们根本就不必讨论里根是否知情，几乎百分百的美国民众都相信，里根是百分百地知道，并且是同意了向伊朗出售武器这个计划的。一个国家表面的光鲜亮丽，是不是就说明它肯定不干那些肮脏的事情呢？或者换句话说，国家利益，是不是能够凌驾于法律和道德之上呢？

这些问题，都是伊朗门带给我们的思考。

无论如何，里根在任8年，对内实行"里根经济学"三板斧，对外硬怼苏联三板斧，这六大斧子下来，美国人民是买账的，大家都认为这个演员把总统这个角色表演得相当出色。

07 对手远去，睥睨天下

1988年美国大选的两个选手，分别是共和党的乔治·布什，也就是我们经常说的老布什，和民主党的杜卡基斯。

本来，凭借里根留下的巨大政治财富，已经和里根搭班子当了8年副总统的老布什，占尽了先天上的优势，经济上的成就，外交上的果实，军功章上不能说有老布什的一半，至少，四分之一总是有的。但即便这样，在竞选开始之后，杜卡基斯依旧和他不分伯仲，由此可见，杜卡基斯是相当优秀的政治人物。

事实上也确实如此，杜卡基斯当时是马萨诸塞州的州长，在他的努力下，20世纪80年代马萨诸塞州经济发展得相当快，失业率从12%一路降到3%，当时还有一个专有名词，叫作"马萨诸塞的奇迹"。不过，就是这样一位优秀的政治家，却因为一句话而彻底失去了竞争力。

那是在1988年的总统竞选电视辩论里，因为民主党的杜卡基斯是反对死刑的，主持人就问他，如果您的夫人被强奸之后杀掉，您会判凶手死刑吗？这位主持人应该是共和党的，或者说亲近共和党的，因为这问题本身就是一个巨大的陷阱，也许最好的答案就是，"这事要法官来决定，所以我不能回答你的问题"，可惜的是，杜卡基斯搞经济有一套，这种文字游戏他不擅长,"扑通"一声,他掉进了这个大陷阱。他当时看起来相当镇静,风度翩翩地回答说;"NO,我一辈子都反对死刑。"

就因为这句回答,美国大多数老百姓随即抛弃了这位可怜的民主党候选人,因为这句回答让杜卡基斯看起来就像一个冷血的政客。

普通人,尤其是广大妇女同志们,觉得实在是无法接受。当然,这些人可能也全力支持废除死刑,但那绝不是面对这道题的时候。

就这样,杜卡基斯的一句话,让老布什的民调"嗖嗖"往上涨,最后以大幅度领先的优势拿下了竞选。1989年1月20日,乔治·布什当上了美国第41任总统。

老布什刚一上任,就访问了中国。这事很让人吃惊,因为以前的总统没有谁像他这么迫不及待想吃北京烤鸭的,他1月20日就职,2月25日就跑到了北京天安门前合影留念了。你可以说他重视中美关系,但是也可以说他对中国有一种独有的感情。

事实证明,感情应该是有的,在后来中美关系出现危机的时候,也正因为老布什处在美国总统的位置上,才巧妙地维护了中美关系,并很快地度过了危机期,从这一点上说,老布什绝对算是中国人民的老朋友。

但他面对伊拉克的时候,态度就不一样了。

海湾硝烟神鬼泣

前面说过,伊拉克和伊朗在1980年爆发了两伊战争,一直打了8年,和里根的任期是同步的。两个小国家之所以能打那么长时间,和大国们的支持是离不开的,大国们基本上都是两边卖武器,只要有钱,有石油,武器就敞开来供应。

前面也说了,美国因为卖武器,还出了一个伊朗门,搞得里根灰头土脸的,如果不是后来有点老年痴呆了,他肯定要被仔细调查一番。

两伊战争结束后,伊拉克的萨达姆发现他欠了一身的债务,尤其是他南方的邻居科威特，更成了他的大债主，他欠了人家140亿美元。

伊拉克这地方，除了石油也没别的，萨达姆能做的，就是向真主祈祷，希望油价赶紧地，能"蹭蹭蹭"地涨上去，和这个祈祷同步进行的，就是萨达姆要求阿拉伯的盟友们降低石油产量。

他的如意算盘是这么拨打的：油少了，价格就贵了，利润就大了。可惜的是，他的阿拉伯盟友们手里也都拎着一个大算盘，噼里啪啦地为自己国家算计，尤其是科威特，这个伊拉克最大的债主相当嚣张，不仅不降低石油产量，反而是开足马力，挽起袖子拼命干，增加了石油产量。

科威特的如意算盘是这样的：趁着你伊拉克有求于我，我必须要挟你一下，先把我们之间的领土纷争搞定。一句话，科威特趁火打劫，想扩大一点领土面积。

前面说过，萨达姆是一个拎着手枪，亲自去监狱枪毙犯人的主儿，怎么能够轻易受科威特的这种威胁，况且，科威特虽然小，但是占据着很多波斯湾的出海港口，萨达姆早就对这些优良的港口垂涎三尺了，再回过头来一看，两伊战争购买的大量武器还剩下很多没用完，也不能都浪费了是不是？

于是，1990年8月2日，伊拉克军队大举入侵科威特，推翻了科威特政府，并且马上就宣布，科威特自古以来就是伊拉克领土的一部分，今天，科威特"回归"了，大伊拉克"统一"了。

科威特跑到国际社会告状，联合国当然也是一片谴责之声，因为这事儿无论到哪里，伊拉克都理屈词穷，人家科威特是联合国成员国之一，而且伊拉克曾经信誓旦旦地承认1913年《海湾协定》里伊拉克与科威特的边界，现在突然宣布，科威特成了自己国土的一部分，难道不是强词夺理吗？

苏联入侵阿富汗，国际社会不管，美国入侵格林纳达，国际社会也不管，那是因为那两个国家的胳膊相当粗，联合国管不了。可是伊拉克这个"世界第三强国"是自封的，联合国当然要站出来了。

1990年11月29日，联合国安理会通过第678号决议，限期要求伊拉克遵守之前的相关决议，立即无条件地撤出科威特，狠人萨达姆却坚持不撤。那就没办法了，联合国随即授权了多国部队以武力手段迫使伊拉克遵守这个决议，把伊拉克赶回老家去，海湾战争随即于1991年1月17日打响。

这场战争在美国被称为"沙漠风暴行动"，多国部队一共956600人，其中美军就占了697000人，可以说是完全由美国主导的战争。

在战争开始之前，很多国家的军事专家都预测，这可能是另外一场持久的战争，甚至很有可能演变为另一个越南战争，或者阿富汗战争，美国人很可能会再次陷入泥潭，得不偿失。

事实却让人大跌眼镜，经过42天的空袭之后，仅仅在伊拉克和科威特边境地区打了100多个小时——不到5天的陆地战争，伊拉克就彻底败下阵来，伤亡和被俘虏的士兵10多万人，损失飞机300多架、坦克4000辆、火炮3000门、舰艇140艘。

更要命的是，伊拉克的石油工业和基础设施损毁殆尽，失去了经济支柱，直接和间接的经济损失高达2000多亿美元。原本是为了赖掉140亿美元的欠账，现在损失如此惨重，萨达姆确实亏大了。

伊拉克输得这么惨，那么联军的伤亡如何呢？实际上，联军只死了378人，而且一半以上都不是直接战死的。

在这样的损失对比之下，萨达姆根本就没有第二条路可走，他只能选择投降，最终接受联合国安理会的决议，从科威特撤军。

为什么萨达姆领导的伊拉克这么弱，这么不禁打呢？我这里可以引用美国当时的参谋长联席会议主席鲍威尔的话，他用了五个"理想"来形容这场战争："（沙漠风暴）行动是与理想的敌人进行的一场理想的战争……我们获得了理想的联盟、理想的设施和理想的战场。"同样，在1992年4月，美国国防部提交给国会关于海湾战争的报告中也说，这场战争的胜利，"得益于对方的孤立，得益于盟国的支援，得益于独特的沙漠环境，得益于战争发生时间"。

无论是鲍威尔还是切尼都说得很对，天时、地利、人和都被美军占据了。除此之外，美军之所以那么轻易地获胜，还有一个重要因素，那就是高科技。

随着第三次工业革命，也就是信息化的迅猛发展，计算机技术的突飞猛进，各种精确制导导弹，无论是准确度，还是杀伤力，都比以前的战争强实在是太多了。另外，全球定位系统——GPS的使用，让盟军几乎是处于绝对隐身的情况下对对方进行攻击，空中预警机和卫星通信系统等也第一次被用于战争。

可以这样说，美国当时使用的依赖高科技技术的战略战术，给全世界上了一堂生动的现代战争课，很多国家从此彻底改变了军队建设的策略，掀起了向美国学习的狂潮。

海湾战争的胜利虽然是老布什的一枚巨大的军功章，但是这件事比起另一件来，就微不足道了。

苏联解体

1991年12月26日，苏联的最高权力机关和立法机关，苏联最高苏维埃宣布苏联"停止存在"。

苏联的全称是"苏维埃社会主义共和国联盟"，是由很多共和国，比如俄罗斯、白俄罗斯等组成的一个联盟国，"停止存在"就意味着，这个联盟解散了，苏联解体了。

毫无疑问，这是一件震惊世界的大事情，也正是里根曾经无数次期盼过的"苏联彻底的失败"。那么，苏联怎么就四分五裂了呢？

如果想搞清楚苏联解体这件事，有一个人是绕不过去的，此人就是米哈伊尔·谢尔盖耶维奇·戈尔巴乔夫。

戈尔巴乔夫在1985年出任苏联共产党中央委员会总书记，成了苏最高领导人，但当时面临的情况并不乐观，1985年的苏联和1980年的美国一样，最大的问题都是钱，也就是经济问题。

苏联的经济问题由来已久，但和美国不一样的是，它的问题不在于市场发展的随机性和无秩序，恰恰相反，他们是太有计划了，计划到了完全不平衡的地步。一直到20世纪70年代末，苏共中央总书记勃列日涅夫还强硬地坚持"军备优先"的发展战略，重工业的比重长期高达85%以上，结果轻工业跟不上，农业跟不上，日用品也跟不上，再加上一些特权阶级的腐败，老百姓一肚子的怨气。

举个例子，在阿富汗战争期间，苏联一架米-24武装直升机仅仅能换9吨猪肉，这不是说苏联直升机多么便宜，而是意味着苏联的猪肉实在太贵了，而这背后，就是苏联国内轻重工业的严重失衡。

很难说1980年的里根和1985年的戈尔巴乔夫，谁面对的国内经济情况更复杂，更棘手，但有一点是清楚的，他们采取了不一样的策略。

里根"嗖嗖嗖"三板斧，解决的都是实际问题，而戈尔巴乔夫完全是从另一个角度看待苏联问题的，他认为，经济之所以不行，是因为苏联的根本政治制度不行，解决的办法不是什么经济措施，而是要有"新思维"，也就是"公开化""多元化"和"西方的民主化"。

具体到实际行动上，就是要放弃苏联当时的制度，进行激烈的彻底的社会变革，他在短时间内完成了下列事情：放弃对生产配额的限制，允许私人拥有商业，开放外国的投资，允许外国银行进入，把苏维埃大会改成全国人民代表大会，等等。

这意味着，他恨不得一天之内就把苏联变成先进的资本主义国家，这就好比美国总统宣布，半年之内要把所有私人企业收归国有，还要人家心甘情愿，你想想这对苏联当时的冲击有多大？

如果说这种"大干快干"的行动反映出了戈尔巴乔夫的急躁，那么，在思想领域里的彻底开放，暴露出来的，就是他的天真。

这里只举一个小例子。对于国家档案，戈尔巴乔夫当时大声疾呼：

"人们有权了解过去的全部真相，必须废除关于档案的禁令，使任何文献都成为公开性的财富，如实地恢复我们所经历过的一切的本来面目。"国家过去做的那些上不得台面的事情，都要拿出来，在大庭广众之下晒一晒，这样一来，后果当然只有一个，那就是老百姓对于这个国家的不满瞬间爆棚。

这事儿你只要对比一下几年前特朗普关于肯尼迪之死调查材料的公布态度，就明白了，当时，这位一贯以大嘴著称的总统，对于不能完全解密这些50多年前的资料是这样解释的："以免对我们国家安全造成不可逆转的损害。"

急躁加上天真，戈尔巴乔夫仿佛是中国汉朝的王莽，整个国家也和西汉末年差不多。

最先分裂的，就是周围的附属国，也就是原来受苏联掌控的东欧各国。1989年，东欧社会主义国家的共产党政府相继倒台，匈牙利、保加利亚、捷克斯洛伐克、南斯拉夫等等，全都改换了制度，不再走社会主义道路了，史称"东欧剧变"。

其中最著名的就是1990年10月3日民主德国和联邦德国的正式合并。德意志这个国家，时隔45年，再次统一成了一个国家，但是我们必须强调的是，这不是简单的统一，实际上，这是一次吞并。

这样说的理论依据很简单，那就是，合并完成之后，德国不再是一个社会主义国家了，而是采用原来联邦德国的制度和治理模式，那当然意味着民主德国的失败和投降。更进一步说，东欧剧变，两德统一，实际上已经证实了，社会主义实验在欧洲基本上失败了。

为此，戈尔巴乔夫还获得了当年的诺贝尔和平奖，授勋的证书上是这么说的，"表彰戈尔巴乔夫在和平进程中发挥的主导作用"，一点也没有错，在西方人的眼里，敌人纷纷倒戈，世界当然是和平了。

有了诺贝尔奖这个奖励，戈尔巴乔夫干劲儿更足了，1991年，他创立并出任苏联总统一职，宣布从此之后，"苏联共产党必须在民主的体制下"竞争上岗了，这等于是宣布苏联共产党放弃了领导地位。

同一时间，东欧的剧变也强烈地刺激了苏联内部的加盟共和国，凭什么那些家伙可以独立，而我们就要继续待在苏联的镰刀锤子旗下面呢？于是，各加盟共和国也纷纷造反，闹着要独立。

折腾得最厉害的，就是苏联最大的加盟共和国俄罗斯，当时的领导人叫叶利钦，他在1991年6月，搞起了俄罗斯独立运动。

事情到了这一步，眼看着苏联这个社会主义共和国就要分崩离析了，一些比较保守的，原来苏联共产党的高官们决定放手一搏。1991年8月19日，保守派软禁了戈尔巴乔夫，让他停止所谓的改革；或者下台，让保守派的亚纳耶夫上台。一句话，他们要搞政变。

可是，这些保守派的苏联高官们只能称为乌合之众，既没有控制好军队，把改革派都抓起来，也没有一个适当的执政纲领和后续举措，结果政变了3天，就因为内部问题进行不下去了。不仅戈尔巴乔夫被解救出来，俄罗斯的叶利钦也抓住了机会，把各种罪名都扣在了苏联共产党的头上，然后宣布，终结苏联和俄罗斯的共产党在俄罗斯境内的一切活动。

你要知道，俄罗斯在苏联占有75%的土地和70%的人口，叶利钦这等于是在戈尔巴乔夫宣布放弃共产党领导地位之后，又取消了苏联共产党的合法地位。

随后的事情就简单了，1991年12月25日，印有锤子和镰刀的红旗自克里姆林宫前降下，取而代之的是俄罗斯的三色旗。苏联，这个曾经的大国，不复存在。

戈尔巴乔夫也同时失了业，宣布辞去苏联总统职位。继承了苏联在联合国安理会常任理事国位置的，是俄罗斯。

以上，就是苏联解体的大致过程。

毫无疑问，苏联政治和经济模式僵化，上层严重腐败和特权化，长时间不自量力地发展重工业，和美国人比拼军事力量，这些事实是它垮台的重要原因。可是另一方面，改革者戈尔巴乔夫和他战友们的天真急躁，苏联老百姓对于资本主义不切实际的幻想，也是压倒骆驼的一大捆稻草。

最后的结局就是，外国财团和苏联内部的既得利益集团，原来的那些高官们，合理合法地把苏联在20世纪70年积累的国家资产以烂白菜的价格划到了自己的名下，而苏联老百姓得到的，是更加贫困的日子。

我们接下来探讨一个问题：美国人在这件事中起了什么作用？

提起美国在苏联解体中起了什么作用，有一个词汇大家都是耳熟能详：和平演变。什么是和平演变？实际上，很简单，就是宣传、教育、苦口婆心地劝你跟我走。我举个例子，你和家人想创业，选择了一条路，卖臭豆腐，结果由于经营方式有问题赔本，这时候你周围的人就劝你了，说你别干那玩意了，搞电子商务，搞淘宝网，我帮你，肯定赚钱。如果劝你的人是一个乞丐，你肯定嗤之以鼻，说一边凉快去，可是如果劝你的人是世界首富呢？世界首富劝你搞电子商务，还要帮助你，你听还是不听？答案自然在你心中。

这就是和平演变。那么，对谁和平演变呢？肯定不是家里的伙计和老百姓，而是掌权者和有话语权的知识分子，只要说服了这两种人，那这个卖臭豆腐的，就有极大的可能砸了自己煎臭豆腐的平底锅，转身去搞电子商务。可是究竟是臭豆腐这个生意不行，还是你卖臭豆腐的方式不对，还有你不适合搞电子商务，搞电子商务是不是比卖臭豆腐更有前途等等，这些东西，世界首富都是不管的。并且你真的去搞电子商务了，人家世界首富帮不帮你，那也不一定，从苏联解体这事儿上来看，首富是一甩袖子就走了，没帮。

对付苏联的手段，当然不止和平演变这样的宣传。在波兰出生的美国著名的国际关系学者布热津斯基就毫不讳言地说，瓦解苏联是美国一以贯之的长期战略，他说："苏联的解体是长达40年的两党共同努力的结果。几乎每位美国总统都以不同方式为此结果做出了实质性的贡献。"

这话很在理，二战之后几乎每一位美国总统都在逼着苏联和它竞争，这种竞争让苏联在它不擅长的民生经济和政治体制上彻底处于劣势。每一个国家在完成了工业化之后，都需要停下脚步，调整一下，解决社会发展和供需平衡等一系列问题，这一点无论是英国的工业革命，还是美国的"镀金时代"，都遵循了这一法则。可惜的是，苏联根本就没有任何喘息之机，当然，你也可以说，在美国的压迫下，他根本就没意识到自己需要调整。于是，一辆高速飞奔却极端不平衡的马车，最终翻下了山涧。

无论如何，1991年苏联的解体，标志着美国在这场冷战中的胜利，也标志着由美国主导的经济、政治和宗教等意识形态，将更深刻影响世界。很自然地，美国成了这个世界上唯一的霸主。

什么是霸主？你可以这样理解，一个霸主，他不一定是穷凶极恶的，反而大多数时候是和煦如春风一样，甚至在你受苦受难的时候，还会对你温柔以待，问寒问暖，但是这有一个前提，那就是，必须是他，而且只能是他，是世界规则的制定者和守护者，也是最大的受益者。任何不遵守规则的，或者企图挑战他位置的，都必须做好准备，承受他的怒火和惩罚。

后　记

　　当我写这篇后记的时候，窗外烟雨蒙蒙，柳翠风轻，墙上的挂历静悄悄地显示着2024年5月13日，这真是一个巧合，417年前的今天，弗吉尼亚公司建立了詹姆斯要塞——正如书中所说，那是英国人在美洲大陆上第一个永久性殖民地。当时那些在沼泽里忍受蚊虫，饥一顿饱一顿，向老天爷要饭吃的新移民应该想不到，400多年后的今天，他们的后世子孙建造了一个多么强大的帝国。

　　何其有幸，我能够在数百年的尺度上和大家重温这一历史进程。从詹姆斯镇，到"五月花"号；从莱克星顿的枪声，到制宪会议的费城小屋；从南方的棉花地，到北方轰鸣的车间；从一个为新教徒遮风挡雨的世外桃源，到今天这个似乎号令天下莫敢不从的"世界老大"，这中间的各种经历、是非黑白、心路历程，我在这本书里虽然有诸多描述，但肯定不能穷尽，而其中波澜壮阔的历史事件，读者朋友们更是仁者见仁、智者见智。我想做的，我能做的，只是尽量去阐述历史的真实，并且把一个尽量客观的、多角度的美国展现在大家面前。

　　在我看来，客观和多角度很重要，特别是面对这个"世界第一强国"时，尤其如此。

20世纪70年代初，正是尼克松总统访华的时候，而我恰好出生在东北的一个小城。今天我们都知道，那次访问是中美的破冰之旅，但即便那样，我小的时候，依旧是将美国当敌人看待的。记得那时候我痴迷于小人书，除了历史上的各种演义，小人书多描述抓间谍、抓特务这类内容，几乎每个人都知道美国是坏的，它不仅残酷压迫本国人民，还在世界各地进行破坏活动，就是为了不让我们过上好日子，而我们的任务就是时刻准备解放世界。伴随着一种懵懵懂懂的恨，我得出的结论是美国不仅一无是处，还邪恶。

这样的事情在我上高中后发生了巨变，仿佛一夜之间，美国变成了一个好人，纵然中间有一些波折，有的看起来还是灾难性的波折，也丝毫没能阻止这股思潮。美国富庶的生活、自由的思想和发达的科技，吸引着很多人，它甚至被誉为人类文明的灯塔，大家读美国小说，看好莱坞电影，吃麦当劳，穿牛仔裤，一切向美国看齐。只要照着美国说的去做，就能变好——在那时候，这种思潮代表很多人的想法，美国，毫无疑问，又变成了完美无缺的。

幸运的是，现在这一切正慢慢成为历史。

还原一个真实、客观、多角度的美国，成为越来越多人之共识，我希望我的书能够对此有一点点推动作用，如果您读完此书，面对"美国到底是一个什么样的国家"这个问题时，不再给出一个单一的、武断的、简单的答案，那也正是我期盼的结果，将令我无比欣慰。

古人说，"三人行，必有我师"，我们说无论什么时候，无论如何看待美国，向其学习都不是一个问题，但是否客观地看清楚了美国，却会影响我们学什么和怎么学。

这世上没有任何两片雪花是相同的，也没有任何两个国家是一样的，学习不等于模仿，更不是复制。我想，1620年"五月花"号上的清教徒，1787年费城小屋里的制宪者，还有1860年的林肯，1939年的小罗斯福等一定是知道这个道理的，也正是如此，他们才能行前人所未行，做前人所未做，在蛮荒中走出了一条属于自己的道路。

在这条路上，美国人筚路蓝缕，从最初的十三州扩展到了整个北美大陆；在这条路上，美国人脚踏实地，从一个农业国转变为世界第一的工业国；在这条路上，美国人勇于创新，从科学萌芽到引领全球的高科技；也是在这条路上，美国人自由自在，每一个人都以自己的方式追逐着"美国梦"……

当然，我们也不应该忘记在这条路上，还有印第安人的斑斑血泪，有黑人农奴戴着镣铐的舞蹈，有"镀金时代"那些悲惨死去的童工，以及愈演愈烈的党派、种族和阶级冲突，整个国家指数级增长的债务危机……这些，同样是美国，一个在痛苦中不断挣扎的美国。

东晋时期，有一位来自西域的和尚，精研佛法，具有无穷智慧，名叫鸠摩罗什，号称中国佛教的八宗之主。此人曾经说过这样一句话"臭泥中生莲花，但取其花勿取臭泥"，面对今日之世界第一强国，正如面对一朵璀璨夺目的莲花，当我们小心翼翼地撷取，采摘那些让我们受益的莲瓣时，也要避开和提防脚下的臭泥，这也正是美利坚合众国当年对待其他世界强国的态度。

最后，我想对所有曾经鼓励我、支持我的朋友真诚地道一声"谢谢"，没有你们，我无法完成"美国史话"音频节目，更无法完成这本书。你们出现在我的世界里，就像此时窗外的小雨，及时地驱走了夏日所有的烦躁，让我可以心平气和地描述这500年来美洲大陆的风云变幻——因为平和，所以客观。